A Trajetória do Departamento Estadual do Trabalho de São Paulo e a Mediação das Relações de Trabalho

(1911 — 1937)

Aspectos da formação do Direito do Trabalho

Dedicatória

Vim de muito longe: fui Otávia, Alzira, Lourdes, Romeu; depois Victor, Rui, Romeuzinho, Ana, Jorge e Conceição.

Depois, tornei-me multidão.

Adotei-me Maria Nizete, presente em todas as linhas desta, de (quase) todas as formas. Fiz-me Kena e Anana.

Sou os que permanecem lutando contra a barbárie

O Capital é a forma aniquiladora e destrutiva da humanidade.

Marcelo Antonio Chaves

Doutor em História Social. Especialista em arquivo.

A Trajetória do Departamento Estadual do Trabalho de São Paulo e a Mediação das Relações de Trabalho

(1911 — 1937)

Aspectos da formação do Direito do Trabalho

EDITORA LTDA.

© Todos os direitos reservados

Rua Jaguaribe, 571
CEP 01224-001
São Paulo, SP — Brasil

Fone (11) 2167-1101

Produção Gráfica e Editoração Eletrônica: RLUX
Projeto de Capa: FÁBIO GIGLIO
Impressão: COMETA GRÁFICA E EDITORA

LTr 4575.9
Mar;o, 2012

Visite nosso site
www.ltr.com.br

Dados Internacionais de Catalogação na Publicação (CIP)
(Câmara Brasileira do Livro, SP, Brasil)

Chaves, Marcelo Antonio
   A trajetória do Departamento Estadual do Trabalho de São Paulo e a mediação das relações de trabalho (1911-1937) : aspectos da formação do direito do trabalho / Marcelo Antonio Chaves. — São Paulo : LTr, 2012.

   ISBN 978-85-361-2043-0

   1. Departamento Estadual do Trabalho (DET) — São Paulo (Estado) — História 2. Direito do trabalho - Brasil 3. Justiça do trabalho — Brasil 4. Liberalismo 5. Ministério do Trabalho, Indústria e Comércio (MTIC) — Brasil 6. O Estado 7. Relações de trabalho — Brasil — História, 1911-1937 8. Trabalho e classes trabalhadoras — Brasil I. Título.

12-00696   CDU-34:331(091)

Índice para catálogo sistemático:

1. Departamento Estadual do Trabalho de São Paulo e a mediação das relações de trabalho : 1911-1937 : Direito do Trabalho : História 34:331(091)

Palavras de agradecimentos

Muitos corações, mentes e mãos dão o caráter coletivo a essa solitária atividade da escrita. O reconhecimento dessa *coletividade anônima* não é esvaziado de sentido. De fato, de uma maneira genérica, é preciso reconhecer que a sociedade despende muitos esforços para garantir que certos indivíduos possam se dedicar a tarefas como essas, que se inserem no plano do pensamento e da reflexão, em uma sociedade cuja esmagadora maioria da população ainda luta para conquistar os mais básicos recursos para produzir a sua existência.

Ao fim desta escrita, uma série de *professores* me vêm à mente, aos quais, genericamente, presto reverência. Meu agradecimento especial à *Fernando Teixeira da Silva*, que me proporcionou a necessária liberdade condicionada. Sempre atento e animado com as minhas apaixonadas descobertas e que, nos momentos certos, orientava-me e não me deixava escapar. O apoio de Fernando foi perene. Minha certeza era forte, mas pouca, tamanho era o chão, tantas eram as nuvens. Somamos as nossas dúvidas e chegamos!

Agradeço a uma procissão de **colegas e amigas(os)**, os de perto e os de longe, que em maior e menor grau interferiram no meu trabalho. Optei pela anonímia em relação àquelas(es) que colaboraram direta e indiretamente e são responsáveis por este resultado escrito. A dificuldade em graduar níveis diferenciados de colaboração e o receio de ser traído pela memória, fizeram-me optar pelo agradecimento generalizador, porém sincero e profundo.

Agradeço às(aos) *funcionárias(os) das instituições nas quais pesquisei, principalmente àquelas(es) que trabalham nas profundezas cinzentas dos arquivos*, que realizam serviço essencial, mas pouco visível e valorizado. Em Brasília e em São Paulo, encontrei mais que documentos: encontrei respeito, aconchego e amizade.

Esta tese, que me põe na condição de doutor, é fruto de um trabalho contado em anos e foi elaborada nas adversas condições de estudante atípico, que nunca abriu mão da sua condição de operário (de coisas e do novo mundo), sempre pronto a assumir o papel de coveiro (da barbárie capitalista).

Reconhecimento

A publicação deste livro se tornou possível devido a verba de auxílio à publicação concedida pela *Fundação de Amparo à Pesquisa do Estado de São Paulo (FAPESP)*.

Essa agência de fomento, pelo seu programa de concessão de bolsas, já havia possibilitado a minha dedicação exclusiva à pesquisa que resultou na tese de doutorado. A duras penas, é óbvio. Pouco, para tanta vida a reproduzir. Muito, pelo privilégio. Fica o desejo que se torne direito de todos.

Por tudo isso, o meu reconhecimento a essa instituição.

Figura 1: Prédio do Ministério do Trabalho, Indústria e Comércio
(Arquivo Gustavo Campanema, CPDOC/FGV GC721-66)

Figura 2: Sede do DET na década de 1930
(AESP — Correio de São Paulo, 19.10.1932)

SUMÁRIO

Apresentação 11

Prefácio 15

Introdução 19

Capítulo I
O DISCURSO ANTILIBERAL DO DEPARTAMENTO ESTADUAL DO TRABALHO NA PRIMEIRA REPÚBLICA

Breve apresentação 31
O surgimento do DET em contexto de esforço legislador 31
Um impulso legislativo de "proteção" ao trabalho 40
Discurso "contra-hegemônico" de um deputado representante do poder hegemônico paulista 43
A intervenção do Patronato Agrícola: um parêntese necessário 53
Conclusão: uma "burocracia clarividente" 57

Capítulo II
O DEPARTAMENTO ESTADUAL DO TRABALHO VISTO POR MEIO DOS SEUS BOLETINS

Introdução 66
Características gerais do boletim do DET 67
Uma imprensa a ser pesquisada 68
O público possível 70
À imagem e semelhança: olhar para o estrangeiro para enxergar o nacional 73
O espectro temático dos boletins 77
As características das informações veiculadas pelo Boletim 81
Alguns aspectos do trabalho expostos nos inquéritos 86
Da imigração à intervenção: as inspeções 91
O tema predileto dos boletins: entrelaçamento entre regulamentação e lei de acidentes 95

Periodização: ideias em dois tempos 101
Qual a regulamentação proposta pelo DET? 105
O DET e a criação do Departamento Nacional do Trabalho 113

Capítulo III

A INTERVENÇÃO DO ESTADO NAS RELAÇÕES DE TRABALHO SOB O IMPACTO DA CRISE FEDERATIVA: DET *VERSUS* MTIC

Introdução 117
O DET como modelo 118
O "Ministério da Revolução" 120
A "revolução" atinge o DET 124
Os "tenentes" ocupam o DET 128
Proeminência do DET 130
Em busca de legitimação e aproximação 134
Unidade de ação e descentralização: o MTIC e a criação das Inspetorias Regionais do Trabalho (IRT's) 143
O emblemático encontro de representantes da FIESP com Waldomiro Lima ... 145
O Convênio 147
O DET e o dilema da centralização *versus* autonomia estadual 150
Entre trabalhadores e patrões: o DET como ponta de lança da legislação trabalhista 156
Frederico Werneck, o DET, o PSB e a Constituinte como componentes da luta de Waldomiro Lima contra o tempo 167

Capítulo IV

PROCESSO DE SINDICÂNCIA: A "CONTRARREVOLUÇÃO" ATINGE O DET

Introdução 170
"Um acervo imenso de irregularidades" 175
Padrão de intervenção dos revolucionários outubristas e dilemas na luta contra a reação (e contra o tempo) 180
Socialistas anticomunistas, impondo a lei aos empresários 185
O DET nos bastidores de uma greve geral malograda 187
As promíscuas relações com os sindicatos operários 195
DET *versus* Ministério do Trabalho: problemas de jurisdição 201
Breve nota sobre os boletins 214

Capítulo V
O DET COMO SÍNTESE DO ESTADO OPRESSOR E CONCILIADOR

Introdução 216
O DET "paulista" 217
O DET executivo e interventor 227
O DET e o DOPS: associação antioperária 245
A face conciliadora do Estado: o DET mediador no rastro da Justiça do Trabalho 255
O DET e a metamorfose da Justiça do Trabalho 261
O DET como fonte material do Direito do Trabalho 271

CONCLUSÃO 275
Epílogo: defunto insepulto 278

BIBLIOGRAFIA 281
Acervos documentais consultados 287

APRESENTAÇÃO

Da curiosidade à pesquisa

Meu interesse em realizar uma pesquisa que fosse focada no Departamento Estadual do Trabalho (DET) nasceu em 2001, a partir do meu contato com fontes primárias, da década de 1930, de um sindicato de trabalhadores localizado na periferia de São Paulo, e que, para a minha felicidade, tinha parte da sua documentação histórica razoavelmente organizada.

Correspondências dirigidas a empresas e ao próprio Departamento Estadual despertaram a minha curiosidade (elemento inspirador de toda pesquisa) para esse órgão que, até aquele momento, eu desconhecia. Também as fichas de trabalhadores eram todas elas carimbadas pelo Departamento, demonstrando o potencial de controle desse órgão. No início, pensei tratar-se apenas de uma repartição do Departamento Nacional do Trabalho. Entretanto, a curiosidade deu lugar a certa dose de perplexidade quando me deparei com correspondências do sindicato dirigidas ao Ministério do Trabalho, Indústria e Comércio (MTIC), que teciam críticas e cobranças à atuação do DET em relação ao sindicato. Minha imaginação foi alimentada quando vislumbrei a perspectiva de encontrar o acervo do Departamento Estadual do Trabalho. Se o DET mantinha relação estreita com um sindicato, à época, distante e remoto, naquelas paragens de pedreiras e plantação de *pinus*, no bairro de Perus, como não seria o acervo desse Departamento a guardar documentação dos sindicatos mais centrais, como dos gráficos, metalúrgicos, têxteis, e de tantos outros, além de documentação de empresas?

Não demorou muito para eu tomar conhecimento do desaparecimento completo do acervo desse órgão que surgiu em 1911 e teve existência por mais de 40 anos. Nenhum rastro dessa documentação, a não ser alguns boletins que o órgão produzia com alguma regularidade.

Entretanto, para mim, a maior surpresa foi perceber o quase completo ostracismo a que foi submetido esse Departamento do Trabalho que atuou no âmbito regional. A surpresa aumentava na medida em que eu ampliava o meu contato com a documentação primária, principalmente de sindicatos de trabalhadores, do período pós-1930. Foi quando me dei conta do papel-chave desempenhado pelo DET e, então, passei a pesquisá-lo, procurando entender a relação deste órgão com o Ministério do Trabalho.

O apagamento de uma instituição implica apagamento das pessoas e forças políticas que a fizeram existir. Está oculta (desaparecida) toda a documentação administrativa desse Departamento que permeou a história política do trabalho no Estado de São Paulo, durante cerca de quatro décadas. Essa é uma proeza administrativa de um país construído por personagens que desprezam arquivos, portanto, desprezam a memória e a construção da história.

Isso implica dizer que, se dependêssemos unicamente da documentação primária diretamente produzida pelos sujeitos históricos, poderíamos afirmar que o Departamento Estadual do Trabalho, instituição criada em 1911 e extinta definitivamente em 1952, jamais existira.

Delimitação cronológica e distribuição do tema no texto

A intenção era estender a pesquisa até o final da trajetória do DET, em 1952. Porém, a densidade do trabalho foi se tornando muito grande, o que me levou a adotar o limite no ano de 1937, com a instalação do Estado Novo, que inaugurara uma configuração nova na política brasileira. Praticamente, já em 1936, com o inaudito recrudescimento da repressão e fechamento de vários canais políticos, encerra-se o período de indeterminações aberto com o movimento vitorioso em 1930. Uma vez instaurada a ditadura do Estado Novo, haveria que se repensar a relação entre as esferas do Estado sob outra ótica.

Porém, a necessidade de entender melhor o papel mediador do DET fez com que o limite cronológico fosse extrapolado no último capítulo, que avalia a atuação do Departamento ao mediar conflitos no âmbito judicial, por meio de um processo trabalhista iniciado no final da década de 1930 e que se conclui em meados da década seguinte.

Os capítulos 3º, 4º e 5º, foram construídos para explicar a atuação do DET no pós-1930, no Estado de São Paulo, na sua relação com entidades patronais, sindicatos de trabalhadores e, também, com o órgão federal responsável pela intervenção direta nas relações de trabalho, o Ministério do Trabalho, Indústria e Comércio (MTIC). Cada um desses capítulos trata de um período bem demarcado da trajetória do Departamento estadual. Os capítulos terceiro e quarto são aqueles que respondem à questão central que originou a pesquisa e analisam a trajetória do DET até o final de 1933, quando ele respondia claramente às diretrizes de um determinado grupo político. O quarto capítulo baseia-se em uma fonte primária--chave e inédita, que registra o processo de sindicância que atinge o DET, em 1933. O quinto capítulo traça a trajetória desse Departamento, já sob outras condições, impostas pelo novo contexto político no plano nacional e da reordenação das forças políticas dentro do bloco dos "vencedores" e da nova relação com os "vencidos". Essa trajetória é analisada seguindo-se o roteiro de um processo trabalhista que, inicialmente, foi conduzido pelo DET. Com o Departamento paulista, flagra-se a metamorfose de uma atividade que era exercida no âmbito do Executivo e se constituiu no ramo do Direito do Trabalho, no plano do Judiciário.

Ora, essa história ficaria sem a explicação devida se não respondêssemos como e por que o Departamento estadual inicia a década de 1930 com legitimidade suficiente para anteceder o Ministério do Trabalho na produção de leis sociais, fato que também passou despercebido pela historiografia. Esse desafio me impôs a necessidade de promover o esforço retroativo e buscar a história mais remota do DET. Assim, o primeiro capítulo traz uma visão panorâmica e introdutória da atuação do DET durante a Primeira República, onde se põe à tona fatos não explorados pela historiografia e, principalmente, se reforça, com testemunhos documentais importantes, algumas teses de historiadores da Primeira República que aperfeiçoam o conceito e as características do "liberalismo" nesse período. Esses mesmos propósitos são realçados no capítulo segundo, porém, referenciados pelos discursos presentes nos boletins do Departamento Estadual do Trabalho. Tenho consciência de que os mais de cinquenta boletins, que serviram e servem como fonte de informação fundamental sobre imigração e trabalho na história brasileira, mereciam (e continuam a merecer) uma análise mais ampla e aprofundada. Porém, me contento com o fato de ter iniciado o preenchimento dessa lacuna na historiografia.

A "lente" sobre o DET

Ora, a ausência de reflexões sobre esse Departamento paulista obrigou-me a colocá-lo no foco da análise, a fim de compreender a arquitetura do seu discurso e buscar enxergar as formas de interface desse órgão com a sociedade de então. De certa forma, há um exercício de abstração que faz com que a perspectiva de (re)construção da história cause a impressão de que, naquele período, a história tenha sido protagonizada por aquele sujeito institucional (especialmente na Primeira República, quando o ocultamento do DET parece mais acentuado). Corre-se o risco de se inferir um protagonismo que o DET não teve. De fato, durante a Primeira República, a sua atuação não se deu no âmago do conflito de classes. Por outro lado, tenho a certeza de que esse exercício de recorte do objeto cumpriu bem o objetivo de revelar uma instituição que desempenhou papel atuante e importante e que não havia sido destacado por aqueles que discorreram sobre a história do trabalho no Estado de São Paulo e suas repercussões no âmbito nacional.

A ausência das fontes primárias centrais — a documentação produzida pelo DET — não inibiu a minha pesquisa, mas forçou-me à busca de muitas outras fontes que dialogaram diretamente com essa documentação central do Departamento. A tentativa foi enxergar esse órgão a partir dos discursos de suas publicações oficiais e de documentação paralela, produzida por outras instituições a ele relacionadas.

No entanto, uma vez contornada a debilidade de carência de fontes, o maior desafio foi buscar o equilíbrio na análise, tendo em vista que eu me propunha a olhar a história com a atenção centrada na trajetória de um órgão que teve a sua existência obscurecida pela historiografia, ainda que eu tenha evitado escrever uma história institucional. Nesse exercício melindroso, a força de expressão de uma frase poderá causar estranheza a experimentados historiadores do período, que podem julgar excesso de "luz" em um objeto que, na realidade, teria sido muito opaco.

Confesso que cheguei ao final da pesquisa com a sensação de ter conseguido delimitar um tema relevante e inédito, mesmo em um período que foi (e continua sendo) objeto de pesquisa de renomados historiadores. Resta a dúvida se consegui extrair dele o enorme potencial de elucidação que contém e se produzi uma narrativa no nível que o tema merece. Quanto a isso, tenho a dizer que fiz enorme esforço em busca da objetividade científica no meu processo de escrita, não me restando senão aguardar o julgamento dos leitores.

PREFÁCIO

Quando imaginamos saber quase tudo ou o essencial sobre as relações de trabalho no Brasil e suas formas de regulação no século XX, eis que surgem novas pesquisas para desfazer esta falsa percepção. Fatos que pareciam bem estabelecidos, balizas cronológicas devidamente assentadas, interpretações coroadas pelo tempo, instituições consagradas — tudo é revisto, revirado e ganha contornos e significados renovados. É como parte do vigoroso movimento de inquietação historiográfica das últimas décadas que se insere este livro de Marcelo Antônio Chaves. No entanto, se é tributário de uma caudalosa produção acadêmica, o estudo que ora se apresenta aos leitores traz em si mesmo sua marca distintiva. Diversos pesquisadores da história do trabalho no Brasil, entre os quais devo me acusar, tropeçaram no Departamento Estadual do Trabalho (DET) de São Paulo, sem lhe dirigirem mais que um rápido olhar, um aceno fugaz ou breves palavras. Ao fim da leitura do livro e, portanto, após conhecermos pela primeira vez a história da instituição e do seu lugar na formação do Direito do Trabalho brasileiro, especialmente no pós--1930, fica a perplexidade: como foi possível quase ignorar — e por tanto tempo — a sua existência?

Uma razão aparentemente óbvia é jamais termos encontrado a documentação produzida pelo Departamento. Mas também isso mal sabíamos, pois Marcelo Chaves talvez tenha sido igualmente pioneiro na caçada ao acervo da instituição. Numa de suas buscas, descobriu que parte significativa dos papéis do DET foi vítima, em caso rumoroso no início dos anos 1930, de uma queima de arquivo, no duplo sentido da expressão. Todavia, a cada tentativa frustrada de sujar as mãos nos documentos do Departamento — o que, na condição de orientador da pesquisa, levava-me a temer pelo destino de uma tese e de um orientando —, Marcelo não se fez de rogado e, com a coragem que a obstinação lhe deu, aceitou enfrentar uma das maiores provações do historiador: escrever sobre um objeto — no caso, uma instituição — cujas fontes não contaram com a prodigalidade do tempo. Por outro lado, convém não exagerar. Afinal, o DET é lembrado basicamente pelos numerosos boletins que produziu ao longo de várias décadas. Entretanto, para os objetivos do estudo em tela, o periódico mostrou-se lacunar, exigindo do autor muita pesquisa em duas dezenas de arquivos. Grande imprensa, jornais operários, inquéritos administrativos, legislação, recenseamentos, relatórios de instituições estatais congêneres, fontes parlamentares, processos trabalhistas, compilações jurídicas, correspondências e circulares da FIESP (Federação das Indústrias do Estado de São Paulo), prontuários do DOPS (Delegacia de Ordem Política e Social) compõem o vasto campo documental varrido por Marcelo Chaves.

Assim, temos agora diante dos olhos a excelente história de uma instituição, sem ser uma história institucional descarnada, voltada para si mesma e captada por suas supostas lógicas internas. Ao contrário, uma das grandes contribuições deste livro é mostrar que o Estado não é o simples efeito de discursos ou um conjunto de repartições públicas sempre a bater continência para os senhores do capital, ou a tutelar os de baixo. O DET é compreendido aqui como sujeito articulado a complexas correlações de forças, que só podem ser capturadas pelo pesquisador em conjunturas precisas e, sobretudo, em meio à lógica da mudança histórica. É por esta razão que *A trajetória do Departamento Estadual do Trabalho de São Paulo* abarca um longo período formativo do Direito do Trabalho no Brasil, que não começa no ainda canônico ano de 1930. Nesta perspectiva, a atuação do DET na Primeira República deitou raízes em instituições e práticas políticas e jurídicas do corporativismo getulista.

A contradição aparente de tal atuação, conforme o esforço analítico de Marcelo Chaves, é o afã intervencionista do Departamento Estadual do Trabalho nas relações de trabalho. A instituição, ao contrário do que sabíamos até agora, não estava voltada exclusivamente ao meio rural e à produção de estudos e estatísticas sobre o mundo do trabalho, mas interveio mais diretamente no processo de imigração, no mercado de trabalho e até mesmo na constituição de normas legais, tendo papel importante na aprovação da lei de acidentes de trabalho, de 1919. A contradição é apenas aparente, pois um dos maiores mitos construídos pela "era Vargas" talvez tenha sido atribuir à Primeira República o epíteto de liberal. Introduzir milhões de imigrantes no mercado de trabalho sob os auspícios do Estado, no caso especial de São Paulo, basta para diluir a certeza de que vivíamos no reino do liberalismo. Se a pedra de toque do ideário liberal for a ausência de mediação ou intervenção direta do Estado nas relações de trabalho e nos conflitos de classes, em nome da ficção de uma sociedade autorregulável, ainda assim os anos de 1889 a 1930 não estão em condições de testemunhar a favor de tal definição. Ou, se fizermos concessão admitindo que o período fora marcado ao menos pelo credo e imaginário liberais, vale advertir que já não é de hoje o registro de que até mesmo os mais ferrenhos defensores do liberalismo são capazes de abrir mão dos seus princípios mais caros por espírito meramente realista e pragmático, como Karl Polanyi tão bem observou décadas atrás.

Talvez por isso não devamos mais nos espantar quando, em um dos boletins do DET, um representante da burguesia cafeeira de São Paulo parece incidir em apostasia por abjurar o liberalismo, insistindo na necessidade de o Estado regular as relações capital-trabalho, inclusive com instituições mediadoras, para evitar o pior da luta de classes: a completa subversão da ordem. Este livro mostra à saciedade a pregação do Departamento paulista neste mesmo sentido. Por outro lado, como Marcelo Chaves reconhece com muita pertinência, até o fim da Primeira República a instituição não interferiu diretamente nos conflitos entre trabalhadores e patrões se não de forma "circunstancial e indireta". Seja como for, está fora de dúvida agora que, no "ensaio geral" da Primeira República, o DET — vale repetir — fez muito mais pela formação do Direito do Trabalho no Brasil do que todos supúnhamos.

A pesquisa de Chaves já faz parte do repertório de leituras obrigatórias sobre a regulamentação do trabalho durante os primeiros anos do governo Vargas. O Ministério do Trabalho, Indústria e Comércio já nos foi apresentado à exaustão e é figura destacada no olimpo do corporativismo. Mas, eis que, talvez movido por comichão iconoclasta, aparece um historiador decidido a tirar-lhe as vestes divinas, ao menos em terras paulistas, e deslocar o foco para o até então obscuro Departamento Estadual do Trabalho. Assim como a análise sobre a instituição no pré-1930 poderá acender alguma polêmica, não despertará menos fricção a rajada de munição empírica do livro a mostrar que muito do poder, das atribuições e da jurisdição do Ministério do Trabalho estava, na verdade, nas mãos do DET, em São Paulo, sobretudo na primeira metade da década de 1930.

O imbróglio que Marcelo Chaves precisou entender e tão bem deslindar ao leitor exigiu-lhe um trabalho hercúleo. Desvendar que o Departamento estava envolvido em atividades de sindicalização, fiscalização do trabalho, conciliação de classes e processos trabalhistas, entre muitas outras, já não é coisa de pouca monta, quando a pesquisa depende de garimpagem nos mais estreitos aluviões dos arquivos. É ainda mais impactante o esforço do autor ao buscar compreender como uma instituição do Estado de São Paulo ocupou papel tão proeminente, quando aprendemos desde tenra idade que a "revolução de 1930" veio, entre outros objetivos, para acabar com o pacto federativo da "República Velha" e centralizar o poder. Para aumentar a confusão, basta por agora informar que à frente do DET estiveram por algum tempo os "tenentes", um dos principais bastiões do corporativismo que então se iniciava, protagonistas da centralização do regime e, por isso, adversários, por que não dizer, mortais "dos paulistas", aqueles mesmos do movimento constitucionalista de 1932, em meio ao qual estava em jogo o próprio destino do DET.

Porém, como nada é mais sem graça do que contar o final da história quando ela mal se inicia, fica ao leitor a tarefa de descobrir o desfecho de um enredo que tem em Marcelo Chaves um narrador e intérprete a altura de seus segredos.

Fernando Teixeira da Silva
Departamento de História da Unicamp

INTRODUÇÃO

A questão central que orientou esta pesquisa foi a seguinte: como explicar a existência de um órgão estadual voltado para a mediação das relações de trabalho, mesmo após ter sido instituído o poderoso Ministério do Trabalho, Indústria e Comércio? Sim, porque desde a posse dos novos dirigentes, em outubro de 1930, tivera início um processo de centralização dos poderes na esfera federal, que tornava competência exclusiva da instância máxima do Estado, no plano nacional, legislar sobre questões do trabalho. No entanto, o Departamento Estadual do Trabalho (DET), criado no início da segunda década do século XX, não só não foi extinto, como se presumiria, mas, ao contrário, se fortalecera, e mais, permaneceu em cena, desafiando, inclusive, texto constitucional, até o ano de 1952!

Ora, não teria sido possível responder a essa questão central sem a reconstituição da trajetória desse Departamento paulista, desde a sua criação, no ano de 1911. Isso porque, só o processo de consolidação dessa instituição, em um estado com a história que tem São Paulo no contexto de conflito federativo, poderá nos fornecer elementos para compreender esse complexo problema.

Encarando o DET-SP como uma das expressões institucionais da política de Estado em relação à chamada "questão social", espero contribuir para dar mais consistência histórica àquelas generalizações que versam sobre a intervenção do Estado nas relações de trabalho. Através do DET, poderemos divisar, a partir de um foco privilegiado, os padrões de gestão da força de trabalho e de intervenção estatal, em um período crucial da política brasileira. Aproximar-nos-emos da atuação do Estado, que, muitas vezes, aparece na literatura especializada como uma entidade meramente abstrata, sem concretude.

A reconstrução da trajetória do DET se baseou em análise dos documentos produzidos pelo próprio Departamento, mas buscou também os enfoques de organizações de trabalhadores, de organizações empresariais e de outros órgãos governamentais. Especial atenção foi dedicada à **relação entre o Departamento Estadual do Trabalho e o Ministério do Trabalho**, principalmente na turbulenta primeira metade da década de 1930, a fim de se conhecer melhor **as relações entre as esferas federal e estadual**, no que diz respeito à gestão da força de trabalho.

A invisibilidade do DET

O desafio deste trabalho é demonstrar que o Departamento Estadual do Trabalho foi uma importante instituição do Estado de São Paulo, que atravessou quatro décadas de um período crucial da história paulista e, no entanto, experimentou um ostracismo na historiografia que precisa ser explicado.

De fato, este Departamento paulista foi uma experiência singular, sem similar em outras unidades da federação brasileira, que nunca foi pautado nas pesquisas historiográficas. Em grande parte das publicações acadêmicas que abordam a história do trabalho no Brasil contemporâneo, ele aparece citado por meio do seu Boletim, que foi editado entre 1912 e 1934. Não obstante tanto ter sido escrito acerca da intervenção do Estado nas relações de trabalho, a partir dos mais diversos enfoques, esse órgão talvez não tenha recebido a devida atenção dos pesquisadores, para se fazer jus ao relevante papel que desempenhou em sua trajetória relativamente longa. Até hoje, nenhuma obra foi editada contendo fartas informações sobre esse órgão. Nada que tenha dedicado ao DET-SP mais que alguns parágrafos, ou notas de rodapé, sem elevá-lo, portanto, à categoria de objeto de pesquisa.[1]

Esse ocultamento não acontece apenas na primeira fase do Departamento, mas, mesmo a partir de 1930, quando o DET, de fato, foi protagonista do processo de mediação, a sua intervenção sequer fora distinguida da ação do Ministério do Trabalho, Indústria e Comércio. Enquanto Kazumi Munakata chega a sugerir o desaparecimento do DET em 1934, quando teria sido "incorporado ao Departamento Nacional do Trabalho", Jacy Montenegro Magalhães, em seu esforço de memória, afirma que o DET teria sido criado por Jorge Street, em 1934.[2]

Houve um estudo inicial feito por pesquisadores da Unicamp, no final da década de 1970, cujos resultados aparecem em artigo assinado por Déa Fenelon, na *Revista Brasileira de História,*[3] e que pode ser considerado como o texto com informações mais substanciais sobre a primeira fase do Departamento. Esse artigo expõe as diretrizes do projeto *Fontes para o estudo da industrialização no Brasil, 1889 — 1945,* desenvolvido pelo Departamento de História da Unicamp. A pesquisa foi organizada em três linhas de investigação:

---

(1) MADDI FILHO, Ramiz. *Relações de trabalho e política no Brasil.* O capítulo IV da tese é dedicado inteiramente a comentários baseados em fragmentos de boletins do DET, mas que não acrescenta informações qualificadas sobre o Departamento.
(2) MUNAKATA, Kazumi. *A legislação trabalhista no Brasil.* Coleção Tudo é História, São Paulo: Brasiliense, 1981. p. 76, e GOMES, A.C. *Ministério do Trabalho:* uma história vivida e contada. Rio de Janeiro: CPDOC, 2007. p. 116. Montenegro foi funcionário graduado do MTIC nos primórdios da década de 1930, atuou em vários Estados, fez parte do gabinete do Ministro do Trabalho e foi nomeado interventor do Estado de Pernambuco, em 1937, durante o Estado Novo.
(3) FENELON, Déa. Fontes para o estudo da industrialização no Brasil, 1889-1945. In: *Revista Brasileira de História,* n. 3. São Paulo: ANPUH, março de 1982. No Arquivo Edgard Leuenroth da Unicamp há um fundo intitulado *História da Industrialização,* que guarda o material produzido por esse grupo de pesquisa. A equipe organizada para o estudo da industrialização brasileira tinha "como executor o professor Ítalo A. Tronca, congrega[va] alguns professores do Departamento e mais de 10 pesquisadores contratados", conforme consta na apresentação do artigo de Fenelon. Os pesquisadores responsáveis pelo estudo dos boletins do DET eram: Kazumi Munakata, Antonio Paulo Rezende e Heloisa de Freitas, sob coordenação de Maria Auxiliadora Guzzo Decca.

1. Legislação sobre a atividade industrial;
2. Condições de vida e trabalho do operariado industrial;
3. Indústria e tecnologia.

Interessante notar que o DET aparece nesse trabalho como um 4º tópico suplementar a esses três itens, quando trata especificamente das fontes para tal estudo da industrialização. O projeto chegou a prever a pesquisa sobre o DET:

> No contato com a série existente de Boletins do Departamento Estadual do Trabalho, de São Paulo, sentimos necessidade de organizar algumas ideias acerca do próprio Departamento, de sua criação e função, para levantar algumas hipóteses sobre a natureza e o alcance da intervenção do Estado nas relações de trabalho, no âmbito estadual, no período de 1911 a 1927/1928, que é o período que pesquisamos.[4]

Para mim foi uma grata surpresa o contato com o esboço de projeto desses historiadores e perceber que ele coincidia muito com a minha proposição de pesquisa. Isso representou um grande alento, pois tive a sensação de desenvolver uma pesquisa que já havia sido esboçada por uma equipe que se dispusera a refletir sobre a industrialização no Brasil. A leitura de boletins do DET instigou em mim a mesma curiosidade causada nos pesquisadores da Unicamp, que demonstravam certa perplexidade pelo fato de o DET nunca ter sido objeto de estudos, até então:

> É interessante ressaltar que, apesar dos boletins do Departamento Estadual do Trabalho serem fontes familiares a todos os que trabalham com a temática das condições de vida e trabalho do operariado em São Paulo no período da Primeira República, e, mesmo fonte básica a estudos pioneiros na área, como o de Aziz Simão; o órgão que os publica, o próprio Departamento Estadual do Trabalho, nunca foi objeto de estudo sistemático por parte desses pesquisadores.[5]

A pesquisa daquela equipe de professores vinculados à Unicamp chegou a sondar a história dessa instituição do trabalho em São Paulo e seu sentido de intervenção como órgão estatal. Com a finalização do financiamento pelo FINEP, as investigações não tiveram sequência, mas, algumas informações sobre o Departamento e seus boletins aparecem expostas no artigo de Déa Fenelon.

À exceção desse artigo, portanto, as pesquisas acadêmicas passaram ao largo do Departamento Estadual do Trabalho como expressão de intervenção do Estado nas relações de trabalho. Seja como for, isso merece alguma justificativa.

---

(4) *Idem, ibidem*, p. 100.
(5) FENELON, Déa. *Fontes para o estudo...* cit., p. 101.

Uma explicação plausível diz respeito à leitura feita sobre o liberalismo e às consequências de uma historiografia bastante influenciada, não sem razão, por uma análise bipartida da história contemporânea brasileira, em decorrência da inegável irrupção de fatos políticos de grande envergadura, gerados a partir da chamada revolução de 1930. O ímpeto legislativo, de iniciativa do Executivo federal, durante os governos de Getúlio Vargas, banhado em discursos produzidos em detalhes pelos principais agentes governamentais e intelectuais da época, contrasta com o primeiro período republicano, este identificado pelo "liberalismo" predominante no pensamento da elite da época.

Assim, a história da República Velha é marcada pela tênue interferência do Estado nas relações de trabalho, contrariamente ao intenso intervencionismo estatal desde a chamada Revolução de 1930, fato que não se pretende contrariar. No entanto, esse contraste faz com que os instrumentos estatais do pré-30 tenham a sua existência nublada, enfraquecida, desmatizada, e as suas expressões, sob a forma de instituições, apareçam como estágios "embrionários" ou formadores de algo que se "amadurece" até ganhar forma definitiva. Numa intuição teleológica da história, o DET-SP, criado em 1911, seria um protótipo da intervenção do Estado na esfera da luta de classes, que se consubstanciaria, finalmente, no Ministério do Trabalho em 1931. Estudando-se, portanto, este, aquele teria a sua história explicada.

Por outro lado, a instituição do "Ministério da Revolução", em dezembro de 1930 e os grandes debates gerados pela profusão de decretos "trabalhistas" desde aquele ano pelo governo Vargas, certamente ofuscaram as ações de órgãos "secundários" e de alcance estadual, como o DET. Além do mais, a partir daquele período, a tendência à centralização do poder nos organismos da esfera federal, tornou coadjuvantes as forças atuantes no plano estadual. Quando se estuda esse período, ou o DET deixa de aparecer nas pesquisas, ou aparece como sinônimo indistinto do MTIC, ou, ainda, com nomes descaracterizados (Secretaria Estadual do Trabalho,[6] Delegacia Regional do Trabalho,[7] Delegacia Estadual do Trabalho, Repartição Geral do Trabalho[8]).

São argumentos plausíveis, capazes de esboçar uma explicação genérica para isso que consideramos como invisibilidade do Departamento Estadual do Trabalho.

---

(6) WEINSTEIN, Bárbara. *(Re)Formação da classe trabalhadora no Brasil (1920-1964)*. São Paulo: Cortez, 2000. p. 73. É digna de nota a confusão em que o Departamento aparece como *Secretaria* (o que reforça o meu argumento da invisibilidade daquele órgão). De fato, esse *status* administrativo de *Secretaria* só acontecerá em 1946, com a criação da Secretaria do Trabalho, Indústria e Comércio, que incorpora o DET. Entretanto, como se trata de obra traduzida de original em língua inglesa, é plausível a hipótese de problema na tradução.
(7) HADLER, Maria Silvia Duarte. *Sindicato de Estado e legislação social:* o caso dos gráficos paulistas nos anos 30. Dissertação de mestrado, Campinas: Unicamp, 1982. p. 123.
(8) SILVA, Fernando Teixeira da. *Operários sem patrões:* os trabalhadores da cidade de Santos no entreguerras. Campinas: Editora Unicamp, 2003. p. 118 e 191, respectivamente. Nesse caso a diferença na nomenclatura pode ser resultante da própria fonte, tendo em vista que em Santos havia uma Delegacia do Departamento Estadual do Trabalho.

Além do mais, a profusão de trabalhos historiográficos que não ultrapassam o empirismo, mantendo-se no nível descritivo das fontes e que se afastam das abordagens políticas e institucionais ajuda na ocorrência desse obscurecimento.

Dos estudos que abordam a questão do trabalho, de forma mais minuciosa, na década de 1960, merece destaque a obra de Azis Simão, tendo em vista que José Albertino Rodrigues passou distante de detalhes que dessem relevo a órgãos como o Departamento Estadual do Trabalho. Rodrigues se limita a fazer uma imprecisa afirmação de que o DET *teve atuação exclusiva no meio rural*.[9]

Já o estudo pioneiro de Aziz Simão,[10] nos fornece um minucioso levantamento de leis com teor trabalhista no início do século XX, chegando a destacar o importante papel do DET com suas informações detalhadas sobre as condições de trabalho nas indústrias paulistas. Ainda assim, o autor chega a uma enfática conclusão que também merece ponderação:

> Naquele mesmo ano, também criou o DET na Secretaria de Agricultura, Comércio e Indústria, mas sem lhe conferir capacidade de intervir, de qualquer forma, nas relações de produção, além dos serviços de imigração.[11]

Simão enfatiza a *não intervenção* do DET *nas relações de produção*, o que, na perspectiva aqui tratada, não corresponde à realidade, se levarmos em conta a atuação mediadora e regulamentadora no próprio processo de imigração, emprego e geração de normas legais (e isso não é algo desprezível). Destaca-se, também, a atuação do DET como órgão de pesquisa e diagnóstico (por meio da sua Seção de Informações), como formador de opinião, ao publicar as várias notícias sobre legislação do mundo do trabalho em diversos continentes, ou, ainda, quando gesta leis trabalhistas, como se verá mais adiante. Por fim, o conceito *relações de produção*, é inadequado, por ser mais amplo que aquele que trata mais especificamente das *relações de trabalho*.

Joseph Love não figura entre os historiadores que abordam o trabalho como recorte de pesquisa, pois suas obras são mais abrangentes e permeadas pelo viés da política. Entretanto, o DET chega a figurar, de forma ocasional, em uma de

---

(9) RODRIGUES, José Albertino. *Sindicato e desenvolvimento no Brasil*. São Paulo: DIFEL, 1968. p. 55.
(10) SIMÃO, Azis. *Sindicato e Estado:* suas relações na formação do proletariado de São Paulo. São Paulo: Dominus, 1966. Considero esse trabalho, que serviu de base para várias pesquisas subsequentes, aquele que deu mais visibilidade à trajetória do DET, antes e depois de 1930. No capítulo 2 dessa publicação, o autor relaciona as diversas medidas intervencionistas do Estado em questões do trabalho, desde a abolição da escravidão, citando interferência no processo de migração, criação de caderneta agrícola em 1904, a lei federal que criou os tribunais rurais em São Paulo e tantas outras. No entanto, todo esse aspecto é minimizado, o que leva o autor a concluir que não houve mudanças expressivas na posição do Estado, e as que ocorreram foram ocasionadas pela pressão do movimento operário e não por efetivos atos governamentais.
(11) SIMÃO, Azis. *Op. cit.*, p. 78.

suas obras que tratam sobre o poder e a estrutura de classes no estado de São Paulo durante a Primeira República. Ao demonstrar o desenho da estrutura concentrada de poder, restrito a um pequeno número de pessoas no estado paulista (Love chega a quantificar, nominar e dimensionar esse poder em São Paulo), o autor conclui, genericamente, que o DET surge "em benefício do fazendeiro":

> Na esfera social, as políticas estaduais de imigração, naturalmente eram planos que tinham em mira beneficiar o fazendeiro, como foi a criação do Departamento Estadual do Trabalho em 1912 (sic), dezoito anos antes de organizar-se o Ministério do Trabalho federal. Parece, todavia, que o Departamento proporcionou alguns benefícios reais aos trabalhadores rurais (que constituíam a sua preocupação exclusiva).[12]

Não há como negar o papel do DET como encarregado de lubrificar a máquina estatal para atender às necessidades de alocação da força de trabalho imigrante nos grandes cafezais paulistas, atendendo, assim, aos interesses da burguesia latifundiária cafeeira. Essa era a função explícita da *Agência Oficial de Colocação*, uma das repartições do DET de 1911 e que, não há dúvidas, era, de fato, voltada para atender às necessidades dos fazendeiros. Acontece que essa não era a única face do Estado e nem do DET. Como será fartamente demonstrado adiante, esse Departamento operou funções mais complexas que simplesmente "beneficiar o fazendeiro". Joseph Love não levou em conta as minúcias da lei e não considerou as funções acumuladas pelo Departamento, principalmente por meio da sua repartição chamada de *Seção de Informações*, encarregada do *estudo metódico das condições de trabalho na lavoura e nas demais indústrias do Estado*.[13] Por outro lado, o trabalho de Love não demonstrou os "benefícios reais aos trabalhadores rurais", conforme cita o autor. Mesmo porque, a atuação do DET não se deu, prioritariamente, no meio rural.

Boris Fausto[14] destaca o papel do DET, *"encarregado do estudo, informação e publicação das condições de trabalho no Estado* [de São Paulo]*"*, mas não tece comentários mais densos sobre a função desses estudos e informações coletados pelo Departamento. Outros trabalhos acadêmicos importantes e voltados para a questão do trabalho no período recorrem aos boletins do DET como fonte, porém, não chegam a destacar a atuação do Departamento.[15]

---

(12) LOVE, Joseph. Autonomia e independência: São Paulo e a federação brasileira (1899-1937) In: *História geral da civilização brasileira*, Tomo III, v. 1.
(13) Cf. Lei n. 2.071, de 05 de julho de 1911, capítulo IV.
(14) FAUSTO, Boris. *Trabalho urbano e conflito social (1890-1920)*. Rio de Janeiro: Difel, 1986. p. 224.
(15) Apenas como exemplo destaco algumas obras: ALMEIDA, Maria Hermínia de. *Estado e classe trabalhadora no Brasil (1930-1945)*. Tese de Doutoramento, Campinas: Unicamp, 1978. ARAÚJO, Ângela Mª Carneiro. *A construção do consentimento:* corporativismo e trabalhadores nos anos 30. São Paulo: Scritta, 1998. HADLER, Maria Silvia Duarte. *Op. cit.* MARAM, Sheldon L. *Anarquismo e anarquistas no Brasil (1890-1920)*. Rio de Janeiro: Paz e Terra, 1979. PAES, Maria Helena S. *O*

Feitas essas considerações, ressalto que em hipótese alguma se pretende diminuir o valor dessas obras quando citam ou omitem a prática do DET. Certamente elas não se propuseram a tal tarefa e estavam guiadas por outros interesses. Apenas quero destacar que, nos seus 40 anos de existência, o DET não logrou chamar a atenção dos historiadores.

Mesmo o trabalho coletivo dos pesquisadores da Unicamp, que aparece no artigo assinado por Fenelon, conclui que:

> A atuação do DET quanto às relações de trabalho parece ter permanecido bem aquém das suas intenções iniciais. Até o fim da década de 1920 a intervenção do Estado não foi, ao que tudo indica, direta, a não ser na lavoura, onde o Departamento chegava inclusive a estabelecer os termos do contrato de trabalho.[16]

Conforme veremos adiante, esses pesquisadores fazem uma proposição mais complexa e mais aprofundada do que essa que aparece nesse trecho. Entretanto, vale questionar aqui quais seriam os requisitos básicos para se configurar como *direta* a intervenção do Estado. Isso seria determinado pela intensidade e pelo grau de intervenção? Ela só se realiza nos espaços e momentos de conflito de classes? O papel de regulação do estoque de trabalhadores e, consequentemente, do preço da força de trabalho, não representa um aspecto relevante de intervenção direta? Essa assertiva não estaria muito vinculada a uma visão de contraste em relação ao período pós-1930? De fato, qualquer intervenção reguladora se torna débil se comparada a um processo em que o Estado impõe sindicatos únicos por força de lei e vinculados à própria estrutura orgânica ministerial, como aconteceu no período liderado por Getúlio Vargas. Talvez fosse mais plausível estabelecerem-se comparações com a realidade de outros países no mesmo período e não entre períodos distintos, ainda que no mesmo país, afinal, a década de 1930 é marco para profundas mudanças, com forte intervenção estatal em vários países no mundo. Ou seja, se o conceito *intervenção direta* se restringir ao processo de mediação nos *conflitos de classes*, a assertiva é inquestionável. As pesquisas não apontam qualquer atuação direta do DET em conflitos, senão de forma circunstancial ou indireta. Entretanto, se ampliarmos o espectro da intervenção, não se poderá negar a atuação **direta** do Departamento na perspectiva mais ampliada das relações de trabalho.

Em algumas obras, quando o papel regulamentador do DET chega a ser percebido, conclui-se pela inoperância das leis, em razão da predominância da concepção liberal que nortearia o Estado. Segundo Simão,

---

Sindicato dos Metalúrgicos de São Paulo: 1932-1951. São Paulo: Dissertação de Mestrado, Departamento de História, FFLCH-USP, 1979. RIBEIRO, Maria Alice Rosa. *Condições de trabalho na indústria têxtil paulista (1870-1930)*. São Paulo: Unicamp/Hucitec, 1988. VARGAS, João Tristan. *O trabalho na ordem liberal*. O movimento operário e a construção do Estado na Primeira República. São Paulo: CMU, 2004. WEINSTEIN, Bárbara. *Op. cit.*
(16) FENELON, Déa. *Op. cit.*, p. 111.

O mesmo Boletim do Departamento do Trabalho, em comentário a este fato [desrespeito à lei de proteção ao trabalhador], dizia que, apesar de proibido por lei federal de 1891, em São Paulo empregavam-se pessoas menores de idade na indústria do tabaco. O fato, pela gravidade que assumia, passou a ser objeto de regulamentação em 1911, embora essa se tornasse inoperante devido às condições em que se encontrava a indústria em crescimento e a inexistência de um serviço capaz de efetivá-la. Contudo, essa primeira tentativa legal comprova a amplitude do fato em questão.[17]

Heloísa de Souza Martins constata que, em razão do desenvolvimento do sindicalismo e da organização das greves na Primeira República, o Estado foi forçado a se interessar pela regulamentação das condições de trabalho, tendo em vista o *status quo* social. Essas leis, no entanto, permaneceram "letra morta", posto que o patronato não se dispunha a cumpri-las, chegando até mesmo a ignorá-las completamente. A autora faz um breve histórico dessa legislação trabalhista e cita a criação do Departamento Estadual do Trabalho em São Paulo:

> Foram criados alguns órgãos que se preocupavam com as condições de trabalho, mas eram inoperantes com relação à fiscalização e aplicação de leis existentes. Ainda em 1911, foi criado em São Paulo, pelo Decreto n. 2.971 [*sic*], o Departamento Estadual do Trabalho, na Secretaria de Agricultura, Comércio e Indústria [*sic*]. Entretanto, não lhe era dada a atribuição de intervir nas relações de trabalho. Cabia-lhe, apenas, realizar estudos, e informar ao Governo sobre as condições do trabalho no Estado.[18]

Não está em discussão a aplicação ou não das leis trabalhistas então vigentes, ou mesmo a inoperância e incapacidade de fiscalização do DET. Que as leis nesse período eram frequentemente desrespeitadas e a capacidade de fiscalização era mínima, isso me parece fato reiteradamente denunciado nos órgãos de imprensa operária e até admitido pelo próprio Departamento. Heloísa Martins acerta quando afirma que ao DET *não lhe era dada a atribuição de intervir nas relações de trabalho*, se raciocinarmos em termos do conflito de classes, conforme já ponderamos. Aliás, essa intervenção mais direta nos conflitos era desejo revelado pelos dirigentes do DET. Entretanto, é necessário destacar que a incapacidade de fiscalização e o desrespeito generalizado às leis, por parte dos patrões, continuariam a ser problemas frequentemente denunciados pelos trabalhadores e reconhecidos pelos próprios órgãos de mediação no pós-1930, como veremos nos capítulos subsequentes. Durante o período de vigência de determinada lei (que pode ser muito longo), percebemos muitas variações na sua aplicação real, que diferem de acordo com a correlação de forças na conjuntura e também das composições dos governos.

---

(17) SIMÃO, Azis. *Op. cit.*, p. 64.
(18) MARTINS, Heloísa de Souza. *O Estado e a burocratização do sindicato no Brasil*. São Paulo: Hucitec, 1979. p. 20.

De qualquer forma, se quisermos proceder a um maior rigor conceitual, ao nos referirmos às alterações ocorridas a partir da década de 1930, devemos falar em **mudança no padrão de intervenção estatal**, com ampliação inaudita do processo mediador e legislativo após 1930, no âmbito das relações de trabalho.

Mesmo a partir de 1930, quando o Departamento paulista aparece **protagonizando** a mediação das relações de trabalho, em geral, a historiografia não distinguia o Departamento paulista do órgão ministerial federal. Em trabalhos em que o DET aparece reiteradamente como sujeito de mediação, os autores não se dão conta da distinção entre DET e Ministério do Trabalho, Indústria e Comércio e, portanto, não exploram essa aparente contradição.

Muitas vezes prevalecem colocações destituídas de sentido e sem qualquer fundamentação, conforme fica claro nessa confusa citação de Luiz Werneck Vianna:

> A boa vontade do Ministério do Trabalho em relação ao empresariado paulista foi a ponto de delegar sua atividade fiscal ao Departamento de Trabalho do Estado, órgão subordinado à Secretaria de Agricultura. Por esse mecanismo, as classes dominantes de São Paulo passaram a controlar a implementação das leis trabalhistas, o que diz bem da eficácia da nova fiscalização.[19]

John French parece ter percebido claramente a relação conflituosa entre essas instâncias do Estado, pois esse destaque aparece em, pelo menos, duas de suas obras.[20] Ainda assim, há uma passagem de um desses trabalhos dele que merece uma consideração. Em *O ABC dos operários*,[21] French insinua que a delegação de poder ao DET, pelo MTIC, viria a agradar aos interesses dos industriais paulistas e, citando Letícia Canêdo, afirma que o Departamento seria mais *maleável*. A nossa pesquisa mostra, no entanto, que essa relação é muito mais complexa e, pelo contrário, a atividade ímpar e precursora do DET (não havia similar em outro Estado) parecia causar muito incômodo aos empresários paulistas. Além do mais, a autora do livro sobre o sindicalismo bancário em nenhum momento faz esse tipo de caracterização do Departamento paulista. Ao contrário, ela passa a ideia de uma relação política tensa, difícil e de conflitos entre o DET e o sindicato e que variava de acordo com os distanciamentos e afinidades ideológicas em diferentes contextos, conforme veremos no último capítulo.

Instituições gêmeas

Outro equívoco comum entre alguns autores, que nubla a atuação do DET, se refere à sua suposta ação principal no meio rural. Também os autores destacam

---

(19) VIANNA, Luiz Werneck. *Liberalismo e sindicato no Brasil*. Rio de Janeiro: Paz e Terra, 1989. p. 177.
(20) Refiro-me às obras de FRENCH, Jonh. *O ABC dos conflitos operários*. Conflitos e alianças de classe em São Paulo, 1900-1950. São Paulo: Hucitec/Pref. de São Caetano do Sul, 1995, e *Afogados em lei*. A CLT e a cultura política dos trabalhadores brasileiros. São Paulo: Perseu Abramo, 2001.
(21) FRENCH, J. *Op. cit.*, p. 284, nota de rodapé n. 40.

a maior expressão da intervenção do DET na lavoura. Este trabalho não é capaz de verificar e medir essa intervenção no âmbito rural, entretanto, mostrará a importante atuação do DET no meio urbano, por meio de inquéritos nas fábricas, da elaboração de leis, da tentativa de interferência na dinâmica do custo da força de trabalho na capital e do discurso fortemente regulamentador. Já vimos como isso aparece nos textos de Albertino Rodrigues, Joseph Love e Fenelon. Kazumi Munakata também sugere o mesmo, dando a entender que a prática do DET o teria levado a extrapolar a sua ação do ambiente agrícola para o fabril, em processo de acumulação de consciência por parte do órgão de Estado:

> ...a ação deste Departamento ...começa a transbordar os limites do trabalho agrícola e da imigração. É como se o DET fosse percebendo que os problemas do trabalho agrícola são também problemas do trabalho em geral, e que, por isso, demandam soluções globais.[22]

A lei original e os textos dos seus boletins indicam que o DET já nascera voltado para pesquisar e interferir no âmbito do trabalho urbano e não apenas no trabalho agrícola.

Infelizmente, só no final da minha pesquisa fui perceber as conexões entre o DET e o **Patronato Agrícola**. Levanto a hipótese de que as duas instituições são criadas concomitantemente para exercerem funções idênticas nos espaços diferenciados da cidade e do meio rural. Portanto, a pesquisa seria mais completa se investigássemos conjuntamente as duas instituições, durante a Primeira República. Ou seja, ao contrário dos autores que fazem a imprecisa afirmação de que o Departamento Estadual do Trabalho *"teve atuação exclusiva no meio rural"*, a nossa hipótese é de que o DET não atuara no meio rural, exatamente porque para isso havia sido criado o Patronato Agrícola.

Ora, os levantamentos minuciosos feitos em fábricas da capital, apresentados nos seus primeiros boletins, são provas da atuação do DET no meio fabril. Destaco um minucioso levantamento das condições de trabalho na indústria têxtil de São Paulo, de 40 páginas, datado de 1912, portanto, ainda no início da existência do Departamento.[23] Aliás, quando quantifico os títulos dos textos publicados na íntegra da coleção dos boletins, concluo que a grande maioria deles se referia aos problemas restritos ao meio urbano. De qualquer forma, fico com a estranha sensação de que a possibilidade da "prematura" ou "extemporânea" intervenção do Estado nas relações de trabalho seria hipoteticamente mais aceitável se acontecesse no campo, mas não na cidade. O que nos parece um contrassenso.

---

(22) MUNAKATA, K. *A legislação trabalhista no Brasil*. São Paulo: Brasiliense, 1981. p. 32.
(23) Logo no período inicial de sua atuação, o DET chegou a elaborar minuciosos inquéritos sobre indústrias paulistas, destacando-se esse da indústria têxtil, o da indústria de chapéus e dos trabalhos nas docas de Santos.

Um engenheiro chamado Silvio de Almeida Azevedo, que apresenta uma tese ao 9º Congresso Nacional de Geografia, em 1940, ao fazer um histórico da legislação social, referindo-se ao período de 1910 a 1919, destaca a atuação do DET nesses termos:

> Ampliávamos a nossa organização trabalhista. O Decreto n. 2.071 de 5 de julho de 1911, criava o Departamento Estadual do Trabalho destinado ao estudo ...e meios de assistência. Iniciava-se a fiscalização e proteção ao trabalhador, *principalmente nas zonas urbanas* (Grifos meus).[24]

Enfim, ao contrário da visão corrente, a nossa pesquisa mostra que o Departamento Estadual do Trabalho dedicou, prioritariamente, a sua atuação no meio urbano, cumpriu papel de destaque no plano geral de intervenção nas relações de trabalho (ainda que não atuasse diretamente nos conflitos de classe, antes de 1930) e não fora, de fato, "incorporado pelo MTIC". Aliás, a impressão que fica é de que o MTIC parece ser engolido pelo DET, na década de 1930, afinal, o órgão federal passaria a ter em São Paulo, em 1933, uma Delegacia dentro do órgão paulista!

Por fim, é interessante destacar que a análise da trajetória do Departamento Estadual do Trabalho em São Paulo, nos fornece elementos significativos sobre a história da formação das ideias que, posteriormente, conformariam o ramo do Direito do Trabalho no Brasil. Como se verá, o discurso fortemente regulamentador dos dirigentes do DET durante a Primeira República se coaduna com ideias de muitos advogados e juristas do período. Com a acentuada intervenção do Estado nas relações de trabalho, a partir de 1930, veremos o DET interferindo tão amplamente nessas relações, que chegamos a flagrá-lo como um dos espaços institucionais concretos de onde se gestou a Justiça do Trabalho, no âmbito do Estado de São Paulo. Não à toa, muitos dos pensadores e articuladores de ideias seminais do Direito do Trabalho, que circularam nas primeiras revistas especializadas no tema, na década de 1930, têm, no seu currículo, passagem pelo Departamento paulista. Esse também é o caso de jovens advogados formados na Faculdade de Direito do Largo de São Francisco. Veremos que mesmo as primeiras publicações de peso da área do Direito do Trabalho, surgiram de pessoas ligadas ao DET.

---

(24) Artigo encontrado na *Revista do Arquivo Municipal*, ano VII, v. LXXV.

Figura 3: O DET coordenava projetos que visavam à fixação
do trabalhador no campo, visando à "desurbanização"
(Biblioteca do Memorial do Imigrante, Boletim do DET, n. 4, 1912)

Figura 4: Entretanto, o DET fora criado para atuar, prioritariamente, no meio urbano
(Biblioteca do Memorial do Imigrante, Boletim do DET, n. 4, 1912)

Capítulo I

O DISCURSO ANTILIBERAL DO DEPARTAMENTO ESTADUAL DO TRABALHO NA PRIMEIRA REPÚBLICA

Breve apresentação

Já na Introdução, ao apresentar uma explicação para o "ocultamento" do Departamento Estadual do Trabalho, indico que a atuação desse Departamento extrapolara em muito o âmbito rural e a intermediação do processo migratório para São Paulo nas primeiras três décadas do século XX. O desvelamento do DET nos impõe a reflexão sobre uma questão que tem sido recorrente na historiografia brasileira: o esforço legislador nas questões de trabalho no primeiro período republicano e o consequente debate em torno da conceituação de liberalismo e da intervenção do Estado nas relações de trabalho.

O recorte histórico e os temas propostos para o debate aqui levantado baseiam-se, fundamentalmente, em informações obtidas nos primeiros boletins do DET. Ao utilizar esse periódico como fonte, já adiantamos algumas reflexões que retratam o perfil da instituição e que servem de fio condutor desta pesquisa.

Nesta primeira parte, o meu foco concentra-se na questão do *esforço legislador* do estado paulista no momento de criação do DET, não se estendendo, portanto, ao longo de todo período da Primeira República. De qualquer modo, utilizamo-nos da figura institucional do DET e de seu boletim, nos seus primeiros instantes de existência, para pôr em debate questões conceituais candentes da historiografia brasileira.

O surgimento do DET em contexto de esforço legislador

Em 5 de julho de 1911, o presidente do Estado de São Paulo, Manoel Joaquim Albuquerque Lins, assina o Decreto de n. 2.071, que dá existência legal a uma nova instância administrativa do Estado de São Paulo que será vinculada àquela Secretaria de Estado então responsável pela regulação do setor mais importante e dinâmico no cenário econômico brasileiro:

Art. 1º O Departamento Estadual do Trabalho é a repartição encarregada do estudo, informação e publicação das condições de trabalho no Estado, bem como de facilitar a colocação, nas diversas profissões e ofícios, de todos que a ele recorrerem para o dito efeito, — cabendo-lhe igualmente receber, alojar e colocar na forma da lei, os imigrantes que pretenderem ficar-se no Estado.[1]

O novo órgão, subordinado à Secretaria de Estado dos Negócios da Agricultura, Comércio e Obras Públicas, à época capitaneada pelo Secretário Antonio de Pádua Salles, será estruturado em quatro repartições: a Diretoria, a Seção de Informações, a Hospedaria de Imigrantes (que já funcionava desde 1887) e a Agência Oficial de Colocação (nova denominação da Agência Oficial de Colonização e Trabalho, criada em 1906). Havia, ainda, uma Inspetoria de Imigração, com sede em Santos, responsável pelo acolhimento imediato dos imigrantes que chegavam pelo porto.

O Decreto n. 2.071 tem sua gênese em debates que culminaram na Lei n. 1.205, de 6 de setembro de 1910, que autorizara o governo a promover a reestruturação da Secretaria da Agricultura. Essa lei foi resultante da iniciativa do Executivo paulista, por intermédio do seu Secretário da Agricultura, Pádua Salles.

Que papel competiria a um *Departamento do Trabalho* em uma sociedade com uma (relativamente) incipiente indústria e que se supõe orientada pelos princípios do liberalismo, que prima pela não intervenção do Estado nos negócios concernentes às relações de trabalho?

Tudo indica que o Departamento Estadual do Trabalho[2] significava, naquele momento, um importante e necessário reforço político-burocrático do Estado, visando melhor administrar o excepcional mecanismo de transplantação de enormes contingentes populacionais, trazidos principalmente da Europa, com o fim de alimentar o voraz "mercado de trabalho", potencializado pela expansiva economia cafeeira. De fato, o DET viria a ser uma estrutura de segundo escalão, ligada diretamente ao Secretário de Estado responsável pela pasta que respondia às demandas do setor econômico (e político) mais poderoso do País: a agricultura paulista de então.

A política de subsídio do Estado paulista ao processo de imigração forçava aquele gigantesco mecanismo de importação de força de trabalho estrangeira a dispor de serviços burocráticos e aparelhos institucionais muito bem equipados para captar, transportar, acolher e distribuir a imensa massa de trabalhadores pelos cafezais paulistas e, em menor escala, para empreendimentos localizados nos centros urbanos. Não deveria ser tarefa simples administrar os inúmeros problemas decorrentes dessa complexa operação de acomodação, feita de forma relativamente abrupta, e que corroborou para o crescimento inusitado da população desse Estado.[3]

---

(1) Todos os textos extraídos das fontes primárias aparecem com a ortografia atualizada.
(2) Doravante tratado, simplesmente, pela sua sigla — DET.
(3) Apenas para ilustrar as dimensões desse crescimento, citamos o colossal salto demográfico da capital paulista, conforme o recenseamento geral: em 1893, a população de São Paulo era de 130.775 habitantes. Em menos de três décadas, essa população cresceu quatro vezes e meia, atingindo a quantidade de 587.072 habitantes! Cf. Censo Geral de 1920, v. V.

Assim, o Departamento Estadual do Trabalho deveria dar maior suporte institucional para a efervescente Hospedaria de Imigrantes, localizada nas imediações da região central da cidade de São Paulo.[4] A criação do DET significou uma reestruturação no aparelho de Estado paulista, que concentrou em um único órgão as várias ações institucionais voltadas para a organização da força de trabalho a serviço do capital cafeeiro e aqueles localizados nos centros urbanos.[5] O Decreto n. 2.400, de 9 de julho de 1913, "manda observar a consolidação das leis, decretos e decisões sobre a imigração, colonização e patronato agrícola".[6] Esse Decreto foi assinado por Francisco de Paula Rodrigues Alves, então presidente da Província, e por Altino Arantes, Secretário Interino da Secretaria de Agricultura. Nele aparecem agrupados os textos legais que instituem todo o processo de imigração e colocação dos trabalhadores no espaço da produção, bem como dos órgãos responsáveis por sua gestão.

> Os serviços públicos que se relacionam com a imigração, colocação, colonização, proteção dos trabalhadores e estudo das questões atinentes aos trabalhadores e ao trabalho em geral, pertencem, no Estado de São Paulo, ao quadro das atribuições da Secretaria de Estado dos Negócios da Agricultura, Comércio e Obras Públicas, que os executa por intermédio das seguintes repartições: Departamento Estadual do Trabalho — Diretoria de Terras e colonização — e Patronato Agrícola.[7]

Figura 5: Na Hospedaria funcionava a sede do DET, desde 1911
(Biblioteca do Memorial do Imigrante, Boletim do DET, n. 1/2, 1912)

---

(4) A partir de 1905, a Hospedaria dos Imigrantes, ainda no Bom Retiro, passou a ser administrada pelo então recém-criado Departamento de Terras, Colonização e Imigração (DTCI).
(5) Sobre a Hospedaria dos Imigrantes (hoje denominada de *Memorial do Imigrante*), ver: PAIVA, Odair Cruz e MOURA, Soraya. *Hospedaria de imigrantes de São Paulo*. São Paulo: Paz e Terra, 2008; MOURA, Soraya (Org.). *Memorial do imigrante*. São Paulo: Imprensa Oficial do Estado de São Paulo, 2008.
(6) *Caput* do Decreto n. 2.400/1911.
(7) Cf. Decreto n. 2.400, de 09 de julho de 1911.

Vejamos, portanto, que há um esforço de *consolidação de leis* em que o DET é apresentado como uma das peças de um tripé institucional que é voltado para o âmbito do trabalho, incluindo-se o processo de imigração.

A **Hospedaria de Imigrantes** resultou de projetos de alojamentos de imigrantes, postos em execução desde 1878, em sede localizada no Núcleo Colonial de Sant'Ana, que foi desativada em 1880. Em 1882 a Hospedaria começou a funcionar no bairro do Bom Retiro e permaneceu até 1907, quando se inaugurou o prédio definitivo no Brás, estrategicamente localizado à beira de uma linha de trem acessível ao porto de Santos, com instalações sofisticadas, contando com considerável infraestrutura de acolhimento: 10 dormitórios (com capacidade para abrigar 2.000 pessoas), refeitório, barbearia, creche, serviço de tradução, enfermaria, farmácia, assistência médica, lavanderias, serviços de despacho de bagagens, correios e agência de câmbio. Os imigrantes ali chegavam e se acomodavam durante cerca de uma semana, quando eram transferidos para os seus futuros locais de trabalho, em sua maioria, nas lavouras de café. O fluxo na hospedaria era intenso e funcionava como um *barômetro da situação da lavoura paulista*,[8] refletindo as oscilações do desempenho desse setor que mais dependia da absorção de força de trabalho. De 1887 até o ano de 1911, por lá passaram 1.150.320 hóspedes. Só no primeiro trimestre de 1912, o número de alojados chegou a 50.178, significando uma média de quase 17 mil pessoas por mês, ou um fluxo diário de 557 transeuntes. Isso demonstra o funcionamento eficiente de um grande equipamento voltado para o fornecimento de força de trabalho para a economia paulista.[9] Não obstante a magnitude da estrutura de hospedagem, havia períodos em que a Hospedaria abrigava contingente bem acima da sua capacidade instalada. Segundo publicação do Memorial do Imigrante, essa estrutura "fora construída para atender, por um período de uma semana, até três mil pessoas em suas dependências (...), não raro esse número foi excedido, abrigando até 8.000 imigrantes de uma só vez".[10] Uma superlotação considerável que nos faz imaginar uma caótica Babel no alvorecer do Século XX em São Paulo.

A máquina operacional e administrativa da Hospedaria, em 1911, dispunha de um administrador, auxiliado por 24 funcionários, entre médicos, enfermeiros, inspetores, escriturários, encanadores etc. Nesse período, o administrador da Hospedaria do Brás era João Marques Pinheiro.

Em 1906, o governador Jorge Tibiriçá criou a Agência Oficial de Colonização e Trabalho, que em 1909 foi anexada ao prédio da Hospedaria, a fim de facilitar o processo de alocação dos imigrantes nos locais de trabalho. Com a criação do DET, essa Agência passa a nomear-se **Agência Oficial de Colocação**. Por meio

---

(8) BOLETIM do Departamento Estadual do Trabalho, n. 4, p. 399.
(9) Dados extraídos do Boletim do DET, n. 4.
(10) GOVERNO do Estado de São Paulo, 2007. *Op. cit.*, p.15.

dela alocavam-se "imigrantes e trabalhadores na indústria ou arte mais adequada às suas aptidões, com as garantias dos contratos e das leis da União e do Estado". Entre as atribuições decorrentes de suas funções de agência de alocação de força de trabalho, destacamos aquela de

> fiscalizar e intervir nos contratos e na localização dos imigrantes e trabalhadores alojados na Hospedaria ou que recorram à sua mediação, — providenciando que sejam observadas as leis, regulamentos e contratos em vigor, bem como para que as partes sejam convenientemente esclarecidas sobre suas obrigações e direitos.[11]

Já aqui se percebe a função de *fiscalizar e intervir nos contratos,* delegada a uma das repartições do DET. Ainda segundo a versão oficial, enquanto alojados na Hospedaria,

> os trabalhadores eram conduzidos à Agência Oficial de Colocação, onde são informados relativamente às procuras de trabalhadores, vantagens oferecidas etc., ficando, desse modo, suficientemente orientados para pessoalmente contratarem seus serviços. (...) Uma vez escolhido o patrão, voltam os imigrantes à Agência, a fim de firmarem os respectivos contratos, sendo, então, registrados, em seus cartões de rancho, os destinos tomados, os nomes dos respectivos patrões e o da estação mais próxima da localidade para a qual têm de seguir.
>
> Para a viagem recebem uma ração de pão e salame. As refeições, que são de boa qualidade, compõem-se de pão, carne, feijão, arroz, batata ou verdura, café e açúcar.

A viagem do imigrante contratado e as despesas com as bagagens eram ainda custeadas pelo Estado.[12] O fazendeiro começava a desembolsar a partir do transporte do trabalhador desde a estação de trem até a sua fazenda. Um contrato era formalizado entre o trabalhador e o seu novo patrão, mediado pelo Patronato Agrícola, órgão sobre o qual farei breves comentários adiante.

Não obstante considerarmos plausíveis esses "benefícios" destinados aos trabalhadores no ato de acolhimento e transferência aos locais de trabalho — pois faria parte de uma estratégia de sedução e incentivo ao trabalho dos imigrantes —, há que se ponderar essa versão oficial com depoimentos de trabalhadores que experimentaram esse processo que envolve deslocamentos, estadia e trabalho. Além do mais, essa versão sobre a "escolha" de patrão precisa ser considerada

---

(11) Conforme Boletim do DET n. 5.
(12) Só para se ter uma ideia, a verba destinada à imigração pela província de São Paulo representava cerca de 7% do total das despesas da Província, conforme o *Boletim do Serviço de Imigração e Colonização*. São Paulo: Secretaria da Agricultura, Indústria e Comércio, n. 3, março de 1941, p. 6-7. In: GOVERNO do Estado de São Paulo. 2007, *op. cit.*, p. 19.

como pertencente à mesma natureza do ideário ideológico que trata da "liberdade" do trabalhador submetido às relações capitalistas.[13]

Figura 6: Agência Oficial de Colocação, repartição do DET, na Hospedaria
(Biblioteca do Memorial do Imigrante, Boletim do DET, n. 1/2, 1912)

A Agência de Colocação dispunha do seguinte pessoal: 1 encarregado, 1 guarda-livros, 1 ajudante de guarda-livros, 5 escriturários, 1 intérprete, 1 porteiro e 1 contínuo. O encarregado da Agência de Colocação, em 1912, era o Eduardo Alves Guimarães.

---

(13) Como o nosso interesse mais imediato, neste momento, ainda se situa no âmbito do discurso oficial, apenas deixaremos indicado o farto material de imprensa operária que denuncia as péssimas condições de existência dos imigrantes àquela época. As denúncias de precariedade da vida dos trabalhadores partiam até de muitos membros da elite, como é exemplo o discurso pronunciado em 1911, por Edmundo Lins, formado em Direito e que chegou a ser ministro do Supremo Tribunal Federal em 1917. Lins, ao exortar os colegas a apoiarem medidas legislativas de proteção ao trabalho, acaba por denunciar as péssimas situações de vida e trabalho a que é submetida a classe trabalhadora paulista. Ver: PINHEIRO, P. S. & HALL, M. *A classe operária no Brasil, 1889 a 1930*. São Paulo: Brasiliense, 1981. p. 259. O livro *Os companheiros de São Paulo: ontem e hoje*, de Paula BEIGUELMAN, São Paulo: Cortez, 2002, traz um ótimo relato das mobilizações operárias, que denunciam as condições de vida e trabalho nesse período. Também são muitos os jornais da imprensa operária que fazem denúncias vigorosas à exploração do trabalho: *A Plebe, Emancipação, O Despertar, Kultur, A Greve, O Protesto, Terra Livre, Fanfula, La Battglia*, entre outros.

A **Diretoria** é o órgão executivo do Departamento. No organograma político, a ela ficam subordinadas todas as seções, incluída a Hospedaria. Quando da lei que a instituiu, além da figura do Diretor, essa seção era composta por mais sete funcionários: chefe de seção, arquivista-protocolista, oficial de expediente, intérprete-tradutor, datilógrafos e contínuo. Como diretor de repartição de segundo escalão do Estado paulista, é presumível que esse cargo fosse dotado de razoável poder. O primeiro diretor do DET chamava-se Luiz Ferraz.

Entretanto, a grande novidade com a criação do DET é a **Seção de Informações**, que exerce função até então inexistente no aparelho de Estado paulista. Trata-se de setor que passará a cumprir a função precípua de *diagnóstico socioeconômico, vinculado ao trabalho, do Estado paulista*. Produção de dados que seriam transformados em informações, eis o propósito estratégico do DET. Informação sempre foi elemento estratégico de poder. Além de dimensionar e quantificar o fluxo de força de trabalho, por meio dessa Seção, o DET realizará minuciosos levantamentos sobre as condições sociais de trabalhadores em empresas paulistas. Se considerarmos que os diagnósticos compõem a parte preliminar de todo e qualquer tipo de intervenção planejada, de qualquer natureza, então poderemos dimensionar a importância dessa função para aquele aparelho de Estado.[14]

Essa dimensão do planejamento, embrionariamente contida na fase dos diagnósticos, é, simplesmente, ignorada, quando se pensa o DET como órgão que, de alguma forma, interfere nas relações de trabalho naquele período. Esse aspecto, de algo em vias de formação, parece compor a previsão daqueles que arquitetaram a criação do Departamento. No boletim inaugural do DET, no texto de apresentação do novo órgão administrativo de São Paulo, podemos ler:

> Considerando o trabalho, isoladamente, das riquezas que produz, aproveitará os dados colhidos, para aplicá-los no sentido da previsão e da assistência social, já divulgando as condições e as vantagens que o comércio e as indústrias proporcionam aos cooperadores do nosso progresso, já apresentando aos nossos legisladores, para isso acompanhando a evolução do trabalho, dados positivos para que as suas leis, regulamentos, práticas e hábitos firmem-se em bases racionais e verdadeiras, correspondendo ao exato grau do nosso adiantamento social.[15]

Atentemos para as palavras do texto que destaca o desiderato de um Departamento que produzirá um diagnóstico a serviço da assistência social, dos

---

(14) Do ponto de vista funcional, a Seção de Informações se assemelha aos órgãos que compõem, atualmente, todas as instâncias diretivas que produzem *painéis* e *observatórios*, que estão preocupados em compor visão de conjunto de determinada realidade, a fim de dimensionamento e previsão de tendências. É claro que nem sempre essas informações produzidas são incorporadas, de fato, em projetos ou políticas públicas.
(15) Cf. *Boletim do DET*, n. 1 e 2, p. 8.

cálculos econômicos (presumivelmente, investimentos) e base para formulação de leis. Essa função de diagnóstico, certamente, se fazia imperativa diante de uma sociedade que, em curto período de tempo, se tornava complexa, tendo em vista o aprofundamento do processo de divisão do trabalho e o intenso crescimento populacional, acompanhados de vigoroso processo de urbanização, ocorridos no estado de São Paulo desde o final do século XIX.[16] Uma expansão que segue as necessidades dos capitais investidos em busca de lucros seguros e rápidos, respondendo às múltiplas vontades individuais e de grupos capitalistas que não encontram barreiras legais e institucionais para se reproduzirem e se expandirem nesse "novo eldorado" em que se torna, principalmente, a São Paulo dos primórdios do século XX. Portanto, nesse contexto, os diagnósticos tornam-se cada vez mais necessários aos responsáveis pela gestão pública, para que se possam empreender os ajustes mais refinados entre os interesses conflitantes e antagônicos.

As palavras contidas no editorial do primeiro boletim do Departamento parecem prever uma atuação ainda discreta e "quase imperceptível" do DET nos seus primeiros momentos:

> Não se deve, porém, esperar que o seu esforço verse, desde logo, sobre todos os ramos que manifeste o trabalho. A sua ação há de ser muito lenta, seu concurso inicial muito pequeno e sua contribuição quase imperceptível. Mas, mesmo assim, de alguma utilidade serão os seus primeiros esforços, na nobre e elevada aspiração do estudo do trabalho no nosso Estado, como problema humano e sob as suas diferentes modalidades.[17]

Entretanto, essa percepção de uma lenta, mas progressiva tentativa de intervenção do DET nas relações de trabalho prevê uma ação que extrapola a simples detecção dos dados no âmbito do trabalho, como podemos perceber no texto que institui o Departamento:

> Art. 6º À Secção de Informações compete:
>
> § 1º O estudo metódico das condições do trabalho na lavoura e nas demais indústrias do Estado.
>
> § 2º O estudo das medidas tendentes a melhorar as condições de trabalho, quer quanto a leis e regulamentos, quer quanto à natureza dos serviços, horário de trabalho, salários, épocas de pagamento e meios de assistência e cooperativas.
>
> § 3º O levantamento, com auxílio das autoridades locais [...] do recenseamento da população operária do Estado, compreendendo:
>
> Discriminação dos operários ocupados pelo Estado, dos ocupados por empresas ou particulares;

---

(16) Sob uma perspectiva sociológica, Wanderley Guilherme dos Santos trata das mudanças na esfera política, em decorrência desses fenômenos econômicos, demográficos e sociais, no seu livro *Cidadania e Justiça:* a política social na ordem brasileira. Rio de Janeiro: Campus, 1979.
(17) Cf. *Boletim do DET*, n. 1 e 2, p. 8.

Classificação e natureza das indústrias;

Número, nacionalidade, estado civil, sexo, idade, infração (?) e profissão dos operários;

Horário do trabalho e do descanso;

Custo mensal de vida, com alimentação, habitação e vestuário;

Beneficência e outros meios de proteção contra enfermidades e acidentes.

§ 4º A habilitação, por meio de relações com as filiais da Agência Oficial, Câmaras Municipais, Comissões Municipais de Agricultura, repartições e de associações, empresas e particulares, que tenham terras à venda ou empreguem artistas ou trabalhadores, para fornecer aos imigrantes e trabalhadores informações sobre a oferta ou procura do pessoal, bem como sobre a situação, condições e preços das terras oferecidas ou procuradas em núcleos coloniais ou fora deles.

§ 5º A organização e publicação de um Boletim, trimestral, contendo as informações, mapas ilustrações, estatísticas e dados, colecionados pelo Departamento, bem como as medidas legislativas das principais nações, com referência às condições de trabalho.[18]

Aqui podemos enxergar com clareza a intenção de realização de estudos pormenorizados e abrangentes sobre as condições de trabalho e de vida em geral, com objetivo de "estudar medidas tendentes a melhorar as condições de trabalho", inclusive no que diz respeito a "leis e regulamentos". Como se verá adiante, o DET funcionou com muita coerência com o que propõe a lei. Decorrente do dispositivo jurídico de 1911, há uma estrutura criada e que põe em prática o dispositivo legal. Por outro lado, é perceptível que a estrutura instituída pelo Estado logo se mostrou relativamente pequena diante da dimensão dos problemas e das tarefas que caberiam ao Departamento durante a sua trajetória. Em alguns boletins aparecem reclamações do diretor do Departamento em relação à exiguidade da estrutura que não dá conta de realização dos seus propósitos.

As próprias edições dos boletins do DET parecem refletir oscilações na atuação político-institucional do Departamento, que não deve ter sido uniforme ao longo de sua existência na Primeira República. Diante das tarefas colocadas para a repartição, a exiguidade da estrutura da Seção de Informações do DET é tão flagrante que, em 1918, o presidente do Estado, Altino Arantes, envia proposta ao Legislativo, solicitando a remodelação da organização daquela Seção. Em tal projeto, assinado por Cândido Motta, a Seção de Informações passaria de um funcionário para quatro funcionários, sendo que dois deles seriam inspetores.[19] Apesar disso, nos relatórios oficiais da Secretaria da Agricultura, as produções da Seção de Informações figuram como vitrines dos bons serviços da Secretaria. Os dados, os gráficos e as análises produzidas são reiteradamente elogiados.

Também é possível que o apoio governamental tenha variado nesse período. Contudo, o que quero é chamar a atenção para essa dimensão do DET como

---

(18) Coleção de Leis do Estado de São Paulo.
(19) Cf. Boletim do DET, n. 28 e 29, de 1918, p. 457.

órgão produtor de diagnóstico que revela a necessidade de planejamento na estrutura estatal paulista, por meio do DET. Essa função, mesmo quando detectada, não recebeu a importância devida pela historiografia brasileira.

Um impulso legislativo de "proteção" ao trabalho

Aparentemente, mais que uma simples reestruturação burocrática, o DET surge em meio a uma espécie de *impulso legislativo* voltado para a "proteção" do trabalho, no momento em que o adensamento operário no Estado começa a proporcionar uma nova configuração social que precisa ser mantida sob controle. Em dezembro de 1911, ano de criação do DET, é editada a Lei n. 1.299-A, de 27.12.1911, constituindo o Patronato Agrícola,

> ...destinado a auxiliar as execuções das leis federais e estaduais no que concerne à defesa dos direitos e interesses dos operários agrícolas.
>
> §1º Consideram-se operários agrícolas os jornaleiros, colonos, empreiteiros, feitores, carreiros, carroceiros, maquinistas, foguistas, e outros empregados no prédio rural (Decreto Federal n. 6.437, de 27 de março de 1907, art. 1º, § 2º).

Apenas dois meses depois, o Decreto n. 2.214 aprova a regulamentação da Lei n. 1.299-A, o que demonstra a urgência de implementação das medidas. Ao que nos parece, a criação desse órgão faz parte do mesmo esforço e da mesma concepção que gerou a instituição do DET. Não à toa, as leis de criação do DET e do Patronato aparecem em sequência no Boletim n. 1 do Departamento.

O Patronato Agrícola surge com o fim claro de mediação entre trabalhadores e cafeicultores:

> Art. 3º — São atribuições do Patronato Agrícola:
>
> I — Promover por todos os meios ao seu alcance a fiel execução do Decreto federal n. 6.437 de 27 de março de 1907, e mais disposição sobre colonização e imigração do Estado, procurando, além disso, resolver, por meios suasórios, quaisquer dúvidas que por ventura surjam entre os operários agrícolas e seus patrões.
>
> II — Intentar e patrocinar as causas para cobrança de salários agrícolas e para o fiel cumprimento dos contratos nos termos da legislação vigente.
>
> III — Fiscalizar as cadernetas dos operários agrícolas, a fim de verificar se estas se revestem das formalidades prescritas pela Lei federal n. 6.437 de março de 1907.
>
> IV — Promover contra os aliciadores de colonos as providências autorizadas por lei.
>
> V — Fiscalizar as agências e sub-agências de venda de passagens e de câmbio aos operários agrícolas.
>
> VI — Levar ao conhecimento das autoridades competentes as queixas dos operários agrícolas relativamente a atentados contra a sua pessoa, família e bens.
>
> VII — Promover a organização e fiscalizar o funcionamento de cooperativas entre os operários agrícolas para assistência médica, farmacêutica e ensino primário.

VIII — Promover a organização de cooperativas para os acidentes do trabalho.

IX — Impor e promover a cobrança de multas estabelecidas por esta lei.

X — Apresentar um relatório mensal ao Secretário da Agricultura, sobre o serviço ao seu cargo.

Art. 4º — O Patronato terá um Diretor, um Advogado Patrono e um Oficial Ajudante, com os vencimentos da tabela anexa.

Sem entrar em debates sobre a eficácia ou não, ou mesmo os reais compromissos e interesses por detrás dessa medida, fica muito claro que o Patronato surge como recurso legal de "defesa" do trabalhador agrícola, que passará a dispor, então, de advogado que atuará visando ao cumprimento das leis já existentes, se configurando em algo que nos lembrará vestígios de uma espécie de Justiça do Trabalho:

> Art. 23º — Cabe ao operário agrícola a ação sumária estabelecida no Regulamento n. 737, de 25 de novembro de 1850, arts. 237 e 245 para cobranças das dívidas provenientes de seus contratos, assim como para solução judicial de quaisquer litígios sobre o cumprimento desses contratos, seja qual for o valor da causa.
>
> Art. 24º — As causas a que se refere o art. 27º serão patrocinadas, perante o Tribunal de Justiça, pelo procurador geral do Estado.

A lei que cria o Patronato Agrícola também dedica atenção às cooperativas voltadas para a difusão de educação formal e auxílio à saúde, em especial nos casos de *acidentes de trabalho*, o que não é mera coincidência. A medida legal prevê a manutenção do órgão com verbas do Fundo Permanente de Imigração e Colonização. Adiante, voltarei a tratar brevemente do Patronato Agrícola.

Ainda que se possa questionar a eficácia de um órgão constituído com estrutura tão delgada, vale a pena ressaltar a iniciativa que, no mínimo, pode representar ideias e vontades explícitas e materializadas de setores políticos que atuam na esfera do Executivo paulista, de onde, aliás, veio a iniciativa da lei. Além do mais, deve-se pensar na estrutura do Patronato sempre somada às estruturas do DET e da Agência Oficial de Colocação.

Ainda em 1911, outro dispositivo legislativo, com teor regulamentador do trabalho, é editado, sob a forma de Decreto estadual, que leva o n. 2.141, de 14 de novembro, direcionado à reorganização do Serviço Sanitário do Estado de São Paulo. Essa lei, também publicada no Boletim do DET, o de número 3, contém várias cláusulas reguladoras. O próprio texto de apresentação das leis no boletim é enfático em afirmar que:

> É pela primeira vez, ainda que de um modo geral, que na legislação estadual se incluem disposições no sentido de dar ao trabalho uma regulamentação, quer com referência à segurança e higiene dos trabalhadores ou dos locais onde os mesmos trabalhem, quer cominando obrigações a serem observadas pelos industriais ou estabelecendo regras e preceitos a serem seguidos nos estabelecimentos fabris.

Em meio a numerosas cláusulas de caráter higienista, incluem-se medidas que dizem visar à proteção dos operários, dos acidentes, das ações nocivas ou incômodas de gazes, poeira, vapores, medidas contra indústrias inconvenientes aos trabalhadores e moradores dos arredores dessas empresas; medidas que preveem normatização sobre espaço, iluminação e ventilação adequadas ao exercício do trabalho do operário; situações seguras de pisos, número de latrinas condizentes com a quantidade de operários e até cláusulas que proíbem trabalho de menores em fábricas. A referida lei prevê fiscalização e aplicação de multas cumulativas em caso de reincidência.

É digno de nota o fato de que, ao lado da publicação de fragmentos dessa lei estadual, aparece a publicação de outra lei que também flagra a intenção de uma intervenção reguladora do Estado, mas esta de âmbito municipal e circunscrita ao então Distrito Federal. Trata-se do Decreto n. 846, de 21 de dezembro do mesmo ano de 1911, que regula a concessão de licença para o funcionamento dos estabelecimentos comerciais. Também nesse caso, promete-se fiscalização e execução de multas para os casos de infração.

Não à toa, o boletim paulista divulga uma legislação que é aplicada aos cariocas. Certamente, os editores do periódico apontam caminhos com a sua publicação. De qualquer forma, a criação do DET não parece ter sido um fato isolado e anacrônico naquela conjuntura. A intervenção do Estado nas relações de trabalho era pauta corrente nos debates parlamentares e tinha suas influências no Executivo também. Influência que não nos parece inexpressiva, se observarmos o espaço concedido pelo boletim do DET, n. 4, de 1912, à íntegra de um discurso do deputado paulista, Salles Júnior, onde o parlamentar faz uma defesa clara e contundente da necessidade de intervenção do Estado nas relações de trabalho, como forma de prevenção de problemas sociais.

Esse impulso legislativo voltado para a "proteção" do trabalho demonstra a necessidade sentida pelas autoridades governamentais em combater o conflito de classes já acentuado àquela época. Concomitante às medidas de repressão ao proletariado, torna-se sensível a necessidade de leis "protetoras" do trabalho que, na verdade, podem ser vistas como protetoras dos investimentos do capital, pois têm a função precípua de prevenção contra o recrudescimento dos conflitos no âmbito do trabalho e, naquele contexto, de garantia de continuidade do processo de "importação" de força de trabalho.

Paula Beiguelman também enxerga a criação do DET e do Patronato Agrícola dentro desse contexto. Assim ela introduz as suas considerações sobre a criação dos órgãos:

> As precárias condições de vida do operariado urbano passam a preocupar o governo, receoso de uma repercussão negativa sobre todo o sistema

de introdução de braços para a lavoura: os imigrantes continuariam a afluir se o chamariz — deslocamento para os grandes centros — permanecesse tão pouco atrativo?[20]

Discurso "contra-hegemônico" de um deputado representante do poder hegemônico paulista

A intervenção direta e generalizada do Estado nas relações de trabalho certamente não fazia parte dos programas políticos das facções hegemônicas da burguesia paulista. Entretanto, o tema não era estranho nos vários círculos do poder e a resistência a ele talvez se devesse menos às questões de princípios da doutrina liberal e mais às resistências a novidades no campo do Direito e o receio de suas consequências no âmbito empresarial.

Para que possamos nos ambientar nesse debate sobre a legislação social naquele período, escolhemos o discurso proferido em 11 de setembro de 1912, pelo deputado Salles Júnior, da bancada estadual paulista, por considerá-lo emblemático, em razão de sua forma sucinta e esclarecedora, revelador dos dilemas vividos pelas classes dominantes paulistas de então. O discurso precede a entrega do projeto que propõe a transformação do Patronato Agrícola em Patronato do Trabalho, de autoria do próprio deputado. Mais que mera alteração na nomenclatura, o parlamentar enxergava a natureza mais profunda de arbitragem e conciliação desse órgão.

Por outro lado, esse discurso aparece publicado, na íntegra, em um dos primeiros boletins do DET,[21] lembrando que a presença explícita de parlamentares nos textos desses boletins é algo de rara ocorrência e, quando acontece, se refere sempre ao tema da legislação do trabalho. Isso só reforça a ideia de proximidade de interesses entre a linha editorial da publicação e aqueles professados pelo deputado do Estado de São Paulo. Trata-se de um discurso direto e que tem como interlocutor, certamente, a ala de políticos que resiste às alterações legislativas em prol da "proteção" ao trabalho:

> Sr. presidente, venho à tribuna fundamentar um projeto que estabelece a intervenção preventiva e conciliatória do Estado nas questões de trabalho.

O nome de Antonio Carlos de Salles Junior figura no seleto grupo da elite tradicional que controlou a política paulista na Primeira República e aparece durante longo tempo em diversos órgãos de poder. Filho de família de cafeicultores de

---

(20) BEIGUELMAN, Paula. *Op. cit.*, p. 81.
(21) Esse discurso é transcrito no boletim n. 4 do DET, no ano de 1912.

Campinas e Ribeirão Preto,[22] Salles Junior foi deputado estadual por São Paulo em três legislaturas, desde 1910 até 1918, e também compôs a "bancada paulista"[23] na Câmara Federal, desde 1918. Teve passagens pelo Executivo paulista, onde ocupou cargos importantes: foi secretário de Justiça entre os anos de 1927 a 1930, acumulando cargo como secretário da Fazenda entre 1929 e 1930. Em 1938, sua rubrica aparece subscrevendo decretos, indicando ser ele funcionário graduado da Secretaria de Agricultura, na gestão de Adhemar de Barros. Compôs a executiva do PRP entre 1933 e 1934, quando este partido se opunha ao governo de Getúlio Vargas. No organograma elaborado por Joseph Love, que mostra as interconexões entre os membros da elite política paulista,[24] Salles Júnior aparece como genro de Antonio de Sales Pádua, que foi o secretário da Agricultura, entre 1909 e 1912, quando da criação do DET, e que também figurou como ministro da Agricultura na mesma década.

O discurso desse deputado paulista revela a emergência de debates e leis regulamentadoras do trabalho no Estado de São Paulo e, no mínimo, a simpatia de setores do Executivo por elas. Esse pioneirismo regulamentador paulista pode ser explicado como uma expressão da irrupção do trabalho naquela região do país que concentrava capitais de forma inusitada, a partir do robustecimento do capital cafeeiro e industrial, desde o final do século XIX. Disso decorre a emergência da questão social, que assume tal relevância, ao ponto de se tornar centro de preocupações não apenas das "castas que aspiram ao predomínio", mas também de intelectuais e trabalhadores:

> Não pretendo esquivar as relações próximas deste assunto com os problemas sociais que, na hora presente, constituem uma das mais sérias preocupações — assim do idealismo sociológico, como da lei positiva, tanto da filosofia humanitária como da ciência política, e não somente das castas que aspiram ao predomínio, senão principalmente das classes que, muitas vezes, reclamam justiça.

Porém, as ideias intervencionistas de Salles Júnior não compõem o ideário dominante à época e parecem causar certos melindres, mesmo em ambiente parlamentar:

---

(22) Informação extraída de discurso proferido pelo Senador Marcondes Filho em 11.10.1953, por ocasião da morte do ex-deputado paulista. Cf. *Diário do Congresso*, Seção II, p. 1199, de 20.10.1953, Arquivo do Senado Federal.
(23) No seu *Burguesia e Trabalho. Política e legislação social no Brasil (1917-1937)*. Rio de Janeiro: Campus, 1979, Ângela Castro GOMES classifica a atuação da Câmara Federal, na Primeira República, em relação à *questão social*, em *Trabalhistas, Paulistas e Gaúchos*.
(24) LOVE, Joseph. *A locomotiva:* São Paulo na federação brasileira (1889-1937). São Paulo: Paz e Terra, 1982. p. 245. Joseph Love assim define o uso do termo *elite* naquele período: "um grupo definido de detentores de importantes posições nos partidos e nos governos dos Estados, nos anos que vão da Proclamação da República ao Estado Novo" (*idem, ibdem*, p. 185).

> Pouco importa que sejam melindrosos os termos da questão. Prevenir-lhe as dificuldades, [antes que] se acentuem os vivos antagonismos de interesses aos quais tem sucedido, notadamente nas velhas sociedades europeias, graves conflitos perturbadores da ordem pública, parece muito mais prudente do que aguardá-las com indiferença.

Ciente da sua condição adversa, Salles Júnior critica o conservadorismo e se projeta como porta-voz de ideias de um *progresso social* que já se tornara realidade em outras nações:

> Explicam-se certas vacilações, alguns escrúpulos, cautelosas reservas, no tratar da questão social, pelas constantes malsinações que costumam condená-la como um movimento subversivo das bases atuais do direito de propriedade.
>
> (...) Pois não se viu depois disso, sr. Presidente, a terceira República, originariamente aristocrática [refere-se à França], transformar-se gradativamente numa democracia socialista que, representando-se primeiro nas Câmaras, galgou, a breve trecho, o poder, logrou em seguida estabelecer o Ministério do Trabalho e da Previdência Social e, finalmente, elevar um partidário ostensivo, o sr. Aristides Briand, à presidência do conselho de ministros?
>
> E não vemos ainda agora a Inglaterra, isto é, a pátria tradicional do individualismo, entregue à orientação social de Lloyd George?
>
> Quando, para justificar a indeclinável intervenção do Estado nas questões do trabalho, fosse mister outro argumento, além de evidentes razões de ordem prática, bastaria lembrar as memoráveis palavras de que se serviu o presidente Cleveland, na mensagem que em 1886 dirigiu ao Congresso dos Estados Unidos: (lê) "No nosso regime político, o valor do trabalho como elemento de prosperidade industrial deve ser claramente reconhecido, e o bem-estar do operário merece um título especial à solicitude do legislador...".

Salles Junior recorre aos exemplos paradigmáticos da Europa e dos Estados Unidos, que já experimentavam algum grau de intervenção estatal, por entender que o Brasil estaria sujeito aos mesmos fenômenos sociais, frutos do "progresso" capitalista.

A primeira parte desses extratos nos sugere que uma das causas das resistências à legislação social seja o fato de ela vir revestida de bandeiras políticas, sustentadas pelo proletariado, que causariam pavor às classes dominantes. Os desdobramentos das profundas e rápidas alterações na sociedade paulista, após o aporte inusitado e maciço de trabalhadores que se instalaram nos campos e centros urbanos do Estado, se apresentam sob vários aspectos sociais, principalmente urbanísticos e reivindicativos.

Além de a legislação social ser experiência recente e ainda rara, naquele momento, ela também aparecia pautada pelas reivindicações operárias no Brasil e nas mais diversas partes do mundo. A regulamentação das relações de trabalho, sob a forma de leis, faz parte das lutas operárias desde o alvorecer do século XX e esse fato aparece refletido no famigerado 4º Congresso Operário, realizado no mesmo ano de 1912, onde aparecem reivindicações de intervenção regulamentadora do Estado, contrariamente às posições das lideranças operárias anarquistas do período. São muitos os itens da pauta de reivindicações que sugerem medidas de proteção ao trabalho, entre os quais destaco o 15º e 16º artigos do *Manifesto do 4º Congresso Operário Brasileiro*:

> 15º Legislação atinente à defesa e amparo do operariado nas fábricas e oficinas particulares ou empresários;
>
> 16º Legislação regulamentar sobre o trabalho das mulheres e dos menores nas fábricas e oficinas, tendendo à sua extinção.[25]

É interessante observarmos a justificativa para a recorrência à legislação:

> Considerando que a ação direta, exclusiva ou não, pode evidentemente, proporcionar senão resultados locais, incompletos e instáveis porque só a lei tem a força precisa para generalizar, completar e tornar as conquistas do proletariado e não esquecendo que a ação direta, para ser eficaz, necessita de um exercício contínuo e intenso, que fortalecendo alguns homens talhados para a luta, enerva e desanima a grande maioria dos proletários.[26]

Entretanto, na 5ª Seção do Congresso, discute-se particularmente o tema *O Contrato de Trabalho*. Após os "considerandos", que reconhecem o desequilíbrio de forças entre patrão e operário, citam os "ensaios" de contratos coletivos nos "países adiantados", entre outros, e resolve:

> 1º — A Confederação Brasileira do Trabalho (...) fará uma propaganda ativíssima para que se constituam em todas as localidades associações corporativas, isto é, de classe, cujo fim seja a resistência à opressão capitalista e a gradual substituição do contrato coletivo ao contrato individual de trabalho.
>
> (...)
>
> 3º — Para resolver os conflitos entre patrões e operários, e para dirimir as divergências de interpretação dos contratos de trabalho, sejam individuais ou coletivos, servirá o tribunal Árbitros--Avindores, criado por lei, com representação igual de patrões e operários e sem outros membros, além, quando for preciso, do desempatador.
>
> 4º — Para encaminhar as coisas no sentido da introdução, gradual embora, do contrato coletivo de trabalho, a comissão central organizará um serviço de estatística do trabalho para evidenciar

---

(25) *Conclusões do 4º Congresso Operário Brasileiro, 7 a 15 de novembro de 1912*. Rio de Janeiro: Tipografia Leuzinger, 1913. p. 17. Encontrado no acervo do ASMOB, Arquivo do CEDEM/UNESP.
(26) *Idem*, p. 40-41.

as condições de trabalho nas várias localidades e nas várias indústrias e tratará de criar, especialmente nas cidades populosas e nos centros industriais, agências para facilitar a colocação dos operários nas melhores condições possíveis.[27]

Além da similaridade dos discursos, chamo a atenção para o 4º item, cuja proposição de *serviço de estatística do trabalho* tem caráter muito semelhante ao que se apresenta como função da Seção de Informação do DET, bem como a sugestão de *agência de colocação,* que, conforme vimos, é instituição que compõe a estrutura daquele Departamento paulista. Curiosa coincidência, ou temos aí algum vestígio de interação entre setores do movimento operário com o DET?

Talvez a visibilidade dessas correntes "reformistas" não correspondam, nos discursos dos historiadores, ao peso real desses setores no movimento operário brasileiro. Esse mesmo Congresso de 1912, que ficou famoso pelo controverso apoio decisivo do filho do então presidente da República, teve a representação de 74 delegações de 13 Estados brasileiros.[28]

Ora, esse invólucro político reivindicativo, imprimido pelas classes subalternas às questões sociais, certamente assustava e atiçava os sentimentos refratários das classes dominantes. Luiz Werneck Vianna tratou de forma inovadora e aprofundada a questão da relação entre liberalismo e democracia. Ao referir-se ao final do século XIX e às três primeiras décadas do século XX, o autor constata que

> Nesse período, operou-se a ampliação dos direitos de cidadania para os não proprietários, processo que compeliu o liberalismo a incorporar o problema da democracia. Sob a pressão do desafio democrático, que não atuava sobre ele apenas na dimensão política, mas, sobretudo, na social, procedeu-se o conjunto de transformações que induziram a reorientação do papel do Estado, a redefinição do privado na ordem pública, e a intervenção legal no mercado de trabalho através da paulatina criação de um Direito do Trabalho.[29]

Daí o receio do aspecto subversivo ao qual se refere Salles Júnior. As referências do deputado são interessantes, pois sugerem que a prática regulamentadora do trabalho pelo Estado poderá causar **alterações, pelas vias das adaptações, nos pressupostos liberais, sem colocar em risco os pilares da sociedade mercantil.** Os exemplos históricos estrangeiros de países até então modelares, e também a sua percepção empírica dos fatos que se desenrolam em São Paulo, lhe garantem essa convicção que o faz exortar os seus interlocutores a aderirem ao seu projeto. Uma convicção que o faz revelar palavras premonitórias:

---

(27) *Idem*, p. 79-80.
(28) Sobre esse Congresso e essa corrente político-sindical na Primeira República, ver: BATALHA, Cláudio M. *Le syndicalisme "amarelo" a Rio de Janeiro, 1906-1930*. Tese de doutorado pela Universidade de Paris I, 1986.
(29) VIANNA, Luiz Werneck. *Liberalismo e sindicato no Brasil*. Rio de Janeiro: Paz e Terra, 1989. p. 7.

> O projeto que venho apresentar à consideração da Câmara espera merecer mais que uma simples tolerância; espera granjear mesmo alguma simpatia, não só porque não são quimeras os resultados referidos, mas, principalmente, porque o Estado de São Paulo já reconheceu a impossibilidade de se atrair a imigração europeia sem a proteção legal do trabalho. Aí, está, para prová-lo, o Patronato Agrícola.
>
> (...) Bem limitadas ou incertas são, por enquanto, as faculdades do Estado, diante das da União, para regular a organização do trabalho. Mas surpreendidos não fiquemos, à hora em que se travar um caloroso debate sobre a necessidade de se atribuir ao Estado a mais ampla competência para legislar sobre o assunto.

Aí está o Patronato Agrícola a figurar no discurso do deputado como órgão de regulação e de prevenção de conflitos. Mas, os exemplos empíricos não são os únicos alicerces argumentativos utilizados pelo deputado paulista. Filósofos e juristas são citados para justificar as suas críticas a alguns dos pressupostos do liberalismo então em voga. O deputado parece não compartilhar do culto ao individualismo e chega a fazer ponderações à suposta primazia absoluta da propriedade individual. Ele combate o conservadorismo jurídico argumentando a historicidade não só do Direito, mas da própria ciência:

> Mas só se poderia cuidar justificável o repúdio das teorias inovadoras, anterior a qualquer ordem de indagações, no caso de se admitir a atual organização da propriedade como uma rígida e imutável representação do progresso jurídico. E teremos realmente, sr. presidente, nesse ponto, tocado o extremo da evolução do direito?
>
> Henri Poincaré, o grande filósofo e matemático, que a França acaba de perder, esforçou-se por demonstrar que a ciência não passa de uma hipótese acomodada aos resultados que conhecemos.
>
> No seguir esse critério, alcançou um escritor contemporâneo enterreirar [sic] essa questão num plano superior. "As múltiplas teorias e hipóteses da ciência jurídica valem pelos seus resultados, porque elas não são mais ou menos verdadeiras, senão, apenas, mais ou menos vantajosas. A propriedade individual é uma afirmação do direito que nasceu com a Revolução Francesa. Mas não é ela, principalmente, uma hipótese acerca do progresso econômico? E que seria feito dessa hipótese no dia em que a propriedade coletiva, sob formas novas, se demonstrasse, pela experiência, um método superior de produção agrícola ou industrial?"

Salles Junior toca em um ponto sensível e crucial do pensamento liberal, quando trata de desmistificar o princípio absoluto da propriedade individual, historicizando-o. De fato, a necessidade de se legislar a partir de interesses que são coletivos, e não individuais, força o Direito a buscar apoio em novas bases doutrinárias. Uma das poucas leis editadas no início do século XX, o Decreto n. 1.637, de 1907, que cria o direito de associação para todos, já significou uma declinação dos princípios liberais. Segundo Werneck Vianna,

> Rompia-se um flanco na rígida disposição da ordem liberal. O individualismo legal, pressuposto da teoria contratualista para as relações de trabalho (...) passará a conviver no mundo real com formas heterodoxas do liberalismo. Um dos parceiros do contrato de trabalho — o assalariado — terá admitida a possibilidade de se converter num ente coletivo. A ordem assume uma duplicidade básica. Pela lei, quem está dotado de aptidão para contratar é o operário isolado, mas, ao se permitir a organização sindical, faculta-se a viabilidade prática desse comparecer no mercado como categoria social[30].

Luiz Werneck Vianna aponta as modificações adaptativas, impostas pela realidade social ao ideário liberal, desde os fundamentos propostos por John Locke. Ele analisa a redefinição conflitante da relação público *versus* privado, em que o Estado deixa de figurar como mero árbitro na sociedade para se tornar o representante máximo, legitimado por interesses individuais de cidadãos desiguais. Para o autor, o liberalismo desvincula-se da sua base original, armada em torno de uma psicologia do homem, para convertê-lo no ideário da forma desejável de convivência social. Conforme afirma Vianna,

> Precisamente nesse ponto ocorre um efeito de deslocamento — o pensamento liberal desliza do plano do indivíduo para o da sociedade. Decorre daí uma profunda mutilação na consciência liberal, em que o próprio direito de propriedade e a motivação "natural" para se tornar proprietário demandam uma prévia justificação moral e legal. A ordem liberal se esvazia do seu conteúdo substantivo — sua psicologia do homem — que emprestava consistência a seu discurso, para se transformar no formulário de como produzir e conservar a ordem e a estabilidade sociais. A propriedade individual, na medida em que é vista como uma exigência de tipo operacional para a organização de sociedades políticas democráticas — e não como realização "natural" humana — gradativamente se afasta da órbita das relações privadas para ser pensada como meio de realização de "funções sociais".[31]

É exatamente a esse raciocínio que o discurso de Salles Júnior nos conduz, quando esboça a defesa ao direito de associação dos trabalhadores e do contrato coletivo, que aparece como uma "evolução" no âmbito do Direito, em lugar dos contratos individuais de trabalho. Seguindo-se o raciocínio do deputado, é como se os movimentos dos trabalhadores nas bases sociais fossem impondo a necessidade de criação daquilo que no jargão jurídico chama-se de jurisprudência:

---

(30) VIANNA, L. W. *Op. cit.*, p. 50.
(31) VIANNA, L. W. *Op. cit.*, p. 8.

Com efeito, sr. presidente, as relações contratuais do meio econômico vivem num regime jurídico puramente nominal. As convenções coletivas do trabalho, que se praticam nas grandes usinas industriais, ligando corporativamente os operários, parece escaparem à categoria, que se lhes pretende impor, no nosso direito civil, dos simples contratos individuais de locação de serviços.

Tão várias são as circunstâncias que, na prática, concorrem para imprimir a essas convenções uma caracterização diferencial, que se torna absolutamente impossível iludir a existência de um tipo novo na sistemática do direito, de uma espécie original dos vínculos obrigacionais de uma criação espontânea e inesperada da evolução econômica, distinta de outros tipos, de outras espécies, de outras criações.

A locação de serviços é um pacto singular, que regula intenções individuais; o contrato de trabalho é uma convenção geral, que traduz a vontade corporativa, e tão importante é esse contraste, que alguns escritores cuidam mais lógico incluir o de trabalho na categoria incerta dos contratos inominados. Ao demais (...) a locação de serviços (...) não acompanha o espírito moderno, é apenas uma sobrevivência da tradição romana.

Essa longa passagem do discurso do parlamentar se justifica pelo seu teor revelador de tensões e transformações que emergem desde a base social, pressionando os costumes e acomodações no campo de normas jurídicas, que já não dão conta dos fatos sociais presentes naquela sociedade paulista. O raciocínio do deputado chega ao ponto de pôr em questão a necessidade de um Direito específico a regular o trabalho:

Ora, é precisamente este contrato conjunto e solidário que se não encontra definido nas leis civis. Daí partiram as dúvidas de muitos publicistas.

Deve mesmo o contrato de trabalho ser objeto do direito civil, ou, antes, de uma legislação especial?

As dúvidas estão de pé.

Essas palavras parecem compor o discurso que é comum a várias pessoas da área jurídica no período, que aos poucos vai ganhando consistência e adiante irá desaguar na criação de um ramo específico do Direito: o Direito do Trabalho. O nome mais conhecido desse período é o de Evaristo de Moraes, destacado militante no âmbito jurídico, que desde o final do século XIX já apresenta ideias que muito se assemelham às de Salles Junior.[32]

---

(32) A obra de Evaristo de Moraes Filho. *Introdução ao direito do trabalho.* São Paulo: LTr, 1971, é referência para o debate sobre esse ramo do direito. Evaristo de Moraes é personagem frequentemente citado pelos estudiosos do movimento operário brasileiro. Ele é objeto de estudo de Joseli Maria Nunes Mendonça em livro intitulado *Evaristo de Moraes, tribuno da República.* Campinas: Unicamp, 2007.

Em direção idêntica, segue o discurso de outro advogado que, em 1911, exorta a elite a combater as desigualdades sociais e a exploração aviltante do trabalho, como forma de precaução das ideologias anarquistas e socialistas. Trata-se de Edmundo Lins, que em 1917 tornar-se-ia ministro do Supremo Tribunal Federal:

> É possível, entretanto, e cumpre, quanto antes, por medidas adequadas, minorar, senão remover, os males que resultam de defeitos da organização social, exercitando para com a grande maioria da sociedade, formada de proletários, os princípios da justiça, pois esta é a função primordial do Estado.
>
> (...) regulamentando o trabalho, desempenha o Estado a atribuição de prevenir atentados contra o desenvolvimento físico, intelectual e moral da população operária. Do excesso de trabalho resulta a degeneração da raça.[33]

O discurso de Salles se concentra na crítica ao regime de contratos individuais de trabalho então vigentes e, por isso, ele aprofunda os seus questionamentos, atingindo a noção de liberdade no caso do contrato:

> É certo que, no regime atual de liberdade ilimitada de contratar, o operário se deve presumir voluntariamente obrigado às exigências dos patrões. Mas é preciso considerar que essa liberdade de contratar obedece ao determinismo das condições sociais da vida, constringe-se sob a pressão das mais urgentes necessidades pessoais, chega, até, a anular-se objetivamente, diante das inelutáveis imposições da natureza.
>
> (...) Pode-se asseverar que, em todos esses casos, o contrato de trabalho contém intrinsecamente o vício originário, a nulidade insuprível da coação de vontade.

Após discorrer sobre os malefícios gerados pela liberdade ilimitada que resulta em opor, frequentemente, os representantes do capital e do trabalho, configurando-se em uma guerra permanente, o autor torna claras as suas proposições:

> Qualquer que seja, porém, a diversidade das opiniões que a este propósito se professem, o que é preciso reconhecer, acima de tudo, é que a proteção legal do trabalho, de que hoje se incumbem todas as nações industrialmente poderosas, exprime uma vitória considerável das doutrinas reformadoras sobre o supersticioso respeito das fórmulas consagradas.
>
> (...) A lógica legislativa aconselha a que não nos detenhamos em meio do caminho. Se vencermos uma outra distância, que não é remota,

---

(33) Trecho de discurso de colação de grau, pronunciado em 1911, extraído do livro de PINHEIRO & HALL, 1981, *op. cit.*, p. 262.

alcançaremos, a respeito deste assunto, uma justiça integral, que abrigue todos os direitos ameaçados de ultraje.

A realização desses intuitos depende de uma extensa e minuciosa regulamentação de todas as questões relativas ao trabalho...

As palavras do deputado não aparentam pensamentos oblíquos ou ideias turvas que merecessem interpretações muito diversas sobre o assunto. Vejamos que em 1912 ele propõe não medidas introdutórias ou preparatórias para uma legislação do trabalho. Ele fala da necessidade de *minuciosa regulamentação de todas as questões relativas ao trabalho*. Esses argumentos embasam o projeto por ele entregue à Câmara dos Deputados de São Paulo, que prevê a transformação do Patronato Agrícola em Patronato do Trabalho.

E quais objetivos se esconderiam por detrás desse amparo legislativo proposto pelo autor do projeto na Câmara de Deputados de São Paulo? A proteção legal do trabalho serviria como atrativo de trabalhadores imigrantes, conforme aparece no texto do deputado, mas, principalmente, como forma de prevenção dos conflitos de classes, já conhecidos desde os exemplos europeus, conforme salienta o parlamentar:

> Melhor do que condená-la ou incitá-la [a greve], é, sem dúvida nenhuma, preveni-la, e tal tem sido o empenho de todos os governos, que lhe têm experimentado as consequências.

Como vimos acima, esses são os mesmos argumentos do advogado (depois ministro) Edmundo Lins, que também se preocupava com a carência de força de trabalho no país:

> Vivemos da imigração, e o imigrante já nos vem trabalhado pela corrente socialista, de sorte que, igualmente necessitados de braços e mais precavidos que nós, já o tenham feito, como a Austrália.[34]

As palavras do deputado (e também do jurista citado) são recheadas de exemplos de outras sociedades, de pensamentos de políticos, juristas e filósofos, para dar consistência às suas ideias que parecem apontar um caminho preventivo ao igualitarismo socialista e, ao mesmo tempo, limitador da ganância capitalista. O discurso do parlamentar vem ilustrar exatamente aquela caracterização que Ângela Castro Gomes fez da "bancada paulista" dos deputados federais da segunda metade da década de 1910, bancada que o próprio Salles Junior compôs à época:

> Isto porque o principal aspecto a ressaltar em sua participação é justamente o fato de reconhecerem a intervenção do Estado e, sobretudo, a elaboração de leis sociais como um instrumento útil para o enfrentamento da questão operária.

---

(34) PINHEIRO & HALL, 1981, *op. cit.*, p. 260.

Portanto, a análise e a ação dos deputados paulistas nos assuntos relativos ao trabalho demonstram uma posição como que de *tertius*, pois, ao reconhecerem a necessidade de uma legislação social, não o faziam associando tais medidas a um combate às atividades dos enriquecidos comerciantes e industriais. Ao contrário, suas propostas visavam à defesa do interesse privado e da paz social, em que se incluíam os empresários. Assim, não se situavam, nem com o positivismo gaúcho, nem com o trabalhismo de Maurício de Lacerda e Nicanor Nascimento.[35]

Feitos esses comentários em torno da questão legislativa do trabalho, reiteramos, então, o fato curioso: como explicar um discurso com esse teor, divulgado por meio de um boletim oficial de um órgão de segundo escalão da Secretaria da Agricultura de então? Esse fato indica que a questão social relativa ao trabalho dividia o próprio núcleo do poder paulista, pois, como já vimos acima, o deputado Salles Junior pertencia ao grupo hegemônico na política paulista da Primeira República. Não obstante o teor fortemente regulamentador do seu discurso, esse deputado não constava entre os "trabalhistas" representantes da Câmara Federal, na citada obra de Ângela Castro Gomes.

A forma como essas fontes são ordenadas e apresentadas neste trabalho certamente tensiona com algumas demarcações e periodizações que "empurram" os esforços legislativos (que dizem respeito ao trabalho) para o pós Primeira Guerra e pós conflitos do ano de 1917. Ou seja, além de reforçarmos a crítica à visão historiográfica que enxerga o período pré-1930 como sendo nulo em legislação, sugerimos marcos anteriores, que nos levarão a repensar a relação entre liberalismo e legislação social no Brasil.

A intervenção do Patronato Agrícola: um parêntese necessário

As minhas pesquisas não abordaram a intervenção no âmbito rural, mesmo porque, os boletins do DET pouco se referem a esse tema. Entretanto, ao tentar entender o porquê de se pensar que o DET tenha atuado com algum sucesso no meio rural, cheguei aos Relatórios da Secretaria de Agricultura e acabei por me surpreender ao perceber o intervencionismo explícito do Patronato Agrícola, órgão também instituído em 1911. Então, passei a raciocinar sobre essa instituição como sendo outra face do mesmo fenômeno que justificava a existência do DET. Por esse motivo, resolvi abrir um breve parêntese sobre o Patronato, o que poderá nos ajudar a ampliar a nossa compreensão sobre o próprio Departamento do Trabalho.

Doravante, quando as pesquisas em relação ao DET forem aprofundadas e combinadas com o estudo mais minucioso da atuação do Patronato Agrícola, talvez

---

(35) GOMES, Ângela Castro. *Burguesia e trabalho...*, p. 81.

possamos tecer análises mais complexas. Basta ler os relatórios produzidos pela Secretaria de Agricultura de São Paulo para reconhecermos como a arbitragem nas relações de trabalho se impunha como necessidade indiscutível.[36] Se há dificuldades em se classificar a intervenção do Departamento Estadual do Trabalho como sendo uma "intervenção direta", não há porque ter dúvidas em relação ao Patronato Agrícola, conforme apontam os registros dos Relatórios oficiais.

Esses relatórios mostram o Patronato Agrícola como instituição similar ao DET, cujo raio de ação está voltado para as relações de trabalho no meio rural, com função arbitral em um mecanismo estruturado para aperfeiçoar a acumulação de capitais, preservando-se os interesses dos cafeicultores. O Patronato é fruto das pressões dos consulados estrangeiros que recebiam denúncias dos maus-tratos recebidos pelos trabalhadores imigrantes nas fazendas paulistas, como podemos conferir em vários dos relatórios oficiais da Secretaria de Agricultura:

> Com esta orientação, as queixas dos colonos estrangeiros, que logicamente iam ter aos respectivos consulados, encaminhando-se agora quase todas para o Patronato, desfalcando assim os arquivos consulares de queixas contra o país, com proveito evidente para o nosso prestígio de Estado, que procura braços para a lavoura e elementos bons para o povoamento do seu solo.[37]

Isso, entretanto, não dispensa a necessidade de pesquisa sobre o seu funcionamento mais amiúde, para que compreendamos com mais fidelidade as suas contradições e a forma com se articulava dentro do aparelho de Estado. As informações e os dados divulgados pelos relatórios oficiais reiteram, periodicamente, o papel arbitral e conciliador do Patronato, esse sim, que atua diretamente nos conflitos de classe, além de manter uma estrutura assistencialista considerável.

O Patronato dispunha de equipe de advogados que circulava no Estado de São Paulo interferindo diretamente nos mais variados tipos de conflito, desde os simples furtos de bagagens até a intermediação dos muitos processos de greves que aconteceram naquele período. Pincamos informações de um dos relatórios para que possamos enxergar o raio de atuação do Patronato Agrícola.

Em 1927, o Patronato registrou 834 autuações, assim classificadas: internas (16) e externas (818). As externas poderiam ser pessoais (756) ou consulares (62). Entre as pessoais, 10 foram consultas e 746 reclamações. As reclamações pessoais dos operários eram contra fazendeiros (684), contra outros operários (6) e contra estranhos (12). As reclamações dos fazendeiros (44) foram contra outros fazendeiros (14), contra colonos (16), contra parceiros (6) e contra empreiteiros

---

(36) Encontrei os relatórios desse período na biblioteca do Instituto Agrícola de Campinas (IAC), que herdou boa parte do acervo bibliográfico da Secretaria de Agricultura do Estado de São Paulo.
(37) Relatório da Secretaria de Negócios da Agricultura, Comércio e Obras Públicas, 1915. p. 171.

(8). As reclamações de operários agrícolas eram motivadas por: atraso de pagamentos (62); retenção de mudança (8); retenção de cadernetas (3); retenção de bens (8); erros de contas (23); multas (37); despejos violentos (5); exigência de contrato escrito (3); exigência de casa melhor (2); moléstia (5); ajustes de contas (67); inadimplemento contratual (121); rescisão de contrato (3); venda de fazenda sem liquidação de conta (4); descontos indevidos (27); desinteligência da administração da fazenda (34); camaradas na empreitada (8); falta de meios de subsistência (11); despedidas (115); diversos (87); estranhos à competência do Patronato (47) e maus-tratos (22).[38]

Os relatórios discriminam as nacionalidades dos reclamados e dos reclamantes, realizando comparações entre eles, e trazem outras informações relevantes, como o cálculo dos valores envolvidos nessas reclamações. Segundo os dados, de 1912 a 1927, o valor estimativo das questões reclamadas foi de 5.699:082$117, sendo que apenas 3.781:192$492 foram efetivamente recebidos pelos reclamantes, ou seja, cerca de 60%.

Em seu discurso, o Patronato diz privilegiar a ação conciliadora a fim de evitar o conflito de classes e "se constrange" ao ter que levar o caso para o Judiciário:

> Mas, as poucas vezes que procura o Poder Judiciário é bem recebido, e vai tendo ganho de causa na interpretação que dá aos vários artigos do Código Civil aplicáveis aos casos que interessam a operários agrícolas, e, por isso, defende em juízo. O Patronato Agrícola evita questões judiciárias, porque são morosas e, portanto, incompatíveis com interesses e negócios a seu cargo.[39]

Em quase todos os relatórios da Secretaria de Agricultura destaca-se a função conciliadora do Patronato Agrícola, que, segundo o discurso oficial, teria provocado a melhoria substancial dos conflitos do trabalho. Segundo essa versão, "os fazendeiros olhavam o Patronato com desconfianças", entretanto, nos casos em que

> esta Diretoria resolveu favoravelmente aos patrões, viram eles que a missão do Patronato Agrícola era muito mais elevada e equitativa de que pensavam: não é um mero advogado de colonos, mas um verdadeiro Tribunal de Assistência encarregado de resolver amigavelmente as questões de desinteligência e atritos surgidos entre os fazendeiros e operários agrícolas na execução de seus contratos de locação de serviços gerais.[40]

As greves de trabalhadores agrícolas aparecem em vários relatórios. Em uma delas, o Patronato elaborou uma nota que foi "divulgada pelos principais órgãos

---

(38) Relatório da Secretaria de Negócios da Agricultura, Comércio e Obras Públicas, 1927. p. 221.
(39) Relatório da Secretaria de Negócios da Agricultura, Comércio e Obras Públicas, 1922. p. 112.
(40) Relatório da Secretaria de Negócios da Agricultura, Comércio e Obras Públicas, 1923. p. 152.

da imprensa paulista [que] produziu bons efeitos: — de um lado animou a resistência dos fazendeiros; de outro lado, chamou os colonos à razão. A greve entrou em declínio, as partes harmonizaram-se, e normalizou-se logo depois o trabalho da colheita de café".[41]

Nas greves ocorridas no ano de 1918, esses foram os comentários registrados no relatório:

> Nos casos de greve a intervenção do Patronato deu os melhores resultados e obteve sempre o restabelecimento da mais perfeita harmonia entre os interessados. De resto, os operários estavam com a razão e não foi difícil, portanto, fazer ver aos patrões que os deviam atender. Todos os casos foram de greve pacífica, que durou poucos dias, isto é, apenas o tempo necessário ao fazendeiro para conseguir meios para regularizar suas contas.[42]

Após fazer comentários sobre variados tipos de violência que têm sido solucionados pelo Patronato (agressões físicas, sequestro de bagagens e outros) não se faz menção às greves. Estas são comentadas em tópico específico, nesses termos:

> As greves dos operários agrícolas dão-se em regra no início da colheita. O seu fim é o aumento dos preços estipulados e redução das medidas de capacidade adotadas nas fazendas. Em 1913, os operários de várias zonas, notadamente na de Ribeirão Preto, declaram-se em greve, exigindo melhor salário. Em relação à medida, o movimento grevista tem obtido ganho de causa, porque sendo o alqueire legal de cinquenta litros, o Patronato facilmente chama os infratores à boa razão, de modo que, quando as medidas empregadas sejam de capacidade superior a cinquenta litros, o excesso é pago na mesma base do preço ajustado para a medida legal.[43]

Em sequência, no mesmo trecho do relatório, podemos observar que, naquele contexto específico, as greves podem ser vistas como mecanismo de regulação:

> Se as cadernetas não se acham revestidas das formalidades legais, só no momento da greve é que se formam os contratos, pelo que cabe aos patrões e operários resolverem sobre o caso, como for mais conveniente aos seus interesses.

---

(41) Greve ocorrida de abril a maio de 1913, registrada no Relatório da Secretaria de Negócios da Agricultura, Comércio e Obras Públicas, 1912-1913. p. 205.
(42) Relatório da Secretaria de Negócios da Agricultura, Comércio e Obras Públicas, 1918. p. 136.
(43) Relatório da Secretaria de Negócios da Agricultura, Comércio e Obras Públicas, 1912-1913. p. 200.

Em 1923 o Patronato "solucionou 23 greves em vários pontos do Estado, todas elas pacíficas", sendo 11 parciais e 12 gerais. Entre 1920 e 1923 teriam ocorrido 54 greves, todas elas com as suas justificativas econômicas, segundo o Patronato.[44]

Não tenho dúvidas de que essas informações sobre o Patronato Agrícola são elucidativas e reforçam os argumentos tecidos a respeito do Departamento Estadual do Trabalho.

Conclusão: uma "burocracia clarividente"

Conforme sugerimos nestes escritos iniciais, o exemplo do DET poderá nos fazer compor com mais minúcias as ambiguidades na atuação do Estado liberal em São Paulo. Em um primeiro momento, poderemos enxergar antecedentes da legislação trabalhista mais recuados no tempo e não necessariamente decorrentes dos fenômenos globais da Primeira Guerra (1914-1918), da Revolução Russa (1917) e do Tratado de Versalhes (1919). Conforme demonstramos, houve um **impulso legislativo** entre 1911 e 1913, que culminou com uma consolidação de leis, que partiu do Executivo paulista, como resposta à crescente pressão social. Consequentemente, reiteramos os argumentos críticos à simplificação de que "a questão social na Primeira República era caso de polícia". Sem negar essa assertiva, poderemos notar que, além da repressão, a luta de classes mais aberta impunha também a necessidade de busca do consenso nas relações de trabalho.

Há, portanto, um componente regulamentador no próprio âmbito da burguesia cafeeira, não obstante a proeminência de suas concepções liberais. Há uma variedade de concepções em torno da questão da "proteção ao trabalho" mesmo dentro dessa elite que nos parece, à primeira vista, tão monolítica na Primeira República. Talvez haja dificuldades em se enxergar variações nas orientações e diretrizes desse grupo aparentemente tão marcado pelo monolitismo político, representado por uma fração de classe relativamente coesa e tão senhora do poder de Estado, pelo menos, até a primeira metade da década de 1920. A obra maiúscula de Joseph Love[45] demonstra que, de fato, houve pequenas variações nos nomes que exercem o poder no Estado de São Paulo durante a Primeira República.

Acho oportuno citar o estudo sociológico de Wanderley Guilherme dos Santos, que procura entender a lógica das políticas públicas e sugere que as mudanças nas orientações políticas não requerem necessariamente renovações dos quadros políticos:

---

(44) Relatório da Secretaria de Negócios da Agricultura, Comércio e Obras Públicas, 1923. p. 154-155.
(45) Referimo-nos ao seu trabalho intitulado *A locomotiva, São Paulo na federação brasileira, 1889 a 1937*. São Paulo: Paz e Terra, 1982.

> O ponto de partida consiste na crítica à hipótese de que modificações em orientações políticas específicas requerem razoável taxa de renovação da elite política. Embora as especulações em torno da relação entre ambas as variáveis apareçam como razoáveis e sugestivas, escassa tem sido a demonstração empírica de sua existência. Ainda mais, o entendimento implícito de que se trata de uma relação necessária é patentemente falso.[46]
>
> (...) Pela mesma razão, elevada taxa de renovação da elite política, não garante, automaticamente, que se produzirão mudanças consideráveis na orientação das decisões políticas.[47]

Santos sugere outras variáveis capazes de interferir no processo de elaboração das políticas públicas, como, por exemplo, os diversos graus do que ele denomina de "estrutura de escassez, a complexificação social, as crises e outros processos não controláveis (designados pelo autor de processos naturais), como o crescimento populacional, os processos de urbanização e a divisão social do trabalho".

> (...) Uma situação de crise pode induzir mudanças na percepção das elites pela revelação de ângulos da realidade social até então inconspícuos. (...) pode constituir importante fonte de mudança nas decisões das elites, não obstante baixa taxa de renovação...[48]

Essas reflexões de Santos, que pressupõem uma relativa *autonomia do aparato estatal*, nos ajudam a entender aquilo que nos pode parecer variações na questão da legislação social do Estado de São Paulo, quando da criação do DET. Ainda que pertinente e ousada, talvez haja certo exagero na expressão usada por Boris Fausto, quando ele se refere à emergência de uma política "embrionariamente trabalhista" como resposta às primeiras iniciativas organizativas do movimento social urbano na primeira década do século em São Paulo.[49] Os debates que ocorrem hoje em dia em torno do conceito de *trabalhismo* talvez joguem uma carga excessivamente pesada sobre esse termo, nos causando certa sensação de anacronismo. Mas, não há duvidas de que há uma concepção difundida e que se expressa em um corpo de ideias que precisa ser conceituado sobre aquele período.

O artigo assinado por Déa Fenelon, citado acima, nos traz uma sugestão interessante e mais cuidadosa que admite a existência de uma "burocracia clarividente" no seio do Executivo paulista:

---

(46) SANTOS, Wanderlei G. *Op. cit.*, p. 60.
(47) *Idem, ibdem*, p. 67.
(48) *Idem, ibdem*, p. 61.
(49) Boris Fausto (1986) cita a fase ascensional do movimento operário entre 1905 e 1908 e também a partir de 1912, quando se propaga uma greve generalizada no mês de maio. Lembramos, ainda, a criação da primeira central operária em 1906, o grande Congresso Operário de 1912, a Lei de 1907, prevendo a expulsão de estrangeiros, a Lei permitindo as agremiações sindicais, de 1907.

No DET, principalmente no que diz respeito a sua Seção de Informações, acreditamos perceber a formação embrionária de uma "burocracia estatal" que se atribui um papel auxiliar aos poderes públicos e legislativo, na medida em que se propõe, através do "estudo metódico e positivo" das condições de trabalho, fornecer orientações mais seguras sobre a regulamentação do trabalho industrial.

Outro elemento interessante é o caminho que esta "burocracia clarividente" vislumbra para sua atuação, e, que em certa medida, é o caminho trilhado pelo órgão na questão dos acidentes de trabalho. Se concebe a intervenção do Estado nas relações de trabalho não de forma direta, mas através da via reguladora.[50]

Ao apresentarmos a análise mais detida dos textos oficiais desse importante órgão de segundo escalão do Estado paulista, até 1930, poderemos constatar que, além de não expressar a linguagem que se esperaria de um pensamento liberal (apego à versão contratualista individual e à preservação dos direitos privados, lei reguladora do mercado etc.), essa "burocracia clarividente", que se expressa na linha editorial do Boletim do Departamento Estadual do Trabalho, demonstra enorme inclinação em direção à intervenção do Estado, no sentido regulamentador das relações de trabalho.

Nesses termos, fica a impressão de que a trajetória do DET e os discursos veiculados por essa instituição não se encaixam de forma justa nas análises que pressupõem uma nítida ortodoxia liberal do Estado, pelo menos no caso paulista. Isso talvez explique, parcialmente, a manutenção dessa instituição do Estado à sombra da história. De outro modo, o DET seria tratado como algo estranho e isolado, o que nos forçaria a admitir a sua existência apenas por mero capricho burocrático. A alternativa que nos resta talvez seja uma maior aproximação daquela experiência de Estado liberal vigente no Brasil naquele período histórico.

Aliás, não é de hoje que os autores buscam compreender e explicar as especificidades do liberalismo em geral, e brasileiro, em particular. Os autores que se propuseram a uma versão analítica do pensamento liberal nesse período se referem a dificuldades e contradições enfrentadas em se conciliar ideais e práticas liberais. De fato, só poderemos entender o "surto legislativo" citado acima se aprimorarmos as nossas percepções sobre o complexo contexto social, político e ideológico do período.

Já se operou importante revisão das noções que vinculam o pensamento liberal à prática democrática. Por outro lado, há dificuldades em se sustentar uma relação direta entre conceito de liberalismo e a não intervenção do Estado na sociedade. A própria temática pertinente ao âmbito de atuação do Departamento

---

(50) FENELON, Déa. *Op. cit.*, p. 112.

do Trabalho paulista, aqui posta em foco, trabalho e imigração, põe em cheque qualquer expectativa que se baseie na correspondência direta entre liberalismo e não intervenção. Afinal, jamais poderíamos imaginar a tenra economia capitalista brasileira em formação, se não houvesse a *interferência crucial* da forte e nada invisível mão do Estado nesse processo de formação do "mercado de trabalho" e seu respectivo exército industrial de reserva. Intervenção decisiva, se lembrarmos que o sistema capitalista *necessita* da disponibilidade de farta e sobrante força de trabalho, principalmente em seus momentos de estruturação, que requerem altas taxas de acumulação e, portanto, de exploração do trabalho.[51]

Ângela de Castro Gomes foi enfática ao reforçar a tese de que

> a Primeira República foi um período estratégico para a formação do Estado Brasileiro, não constituindo uma espécie de interregno entre "duas fases áureas" — a saber, o Império e o pós-trinta. O conjunto de evidências para sancionar tal afirmação foi cuidadosamente tratado por historiadores, sociólogos e economistas, que destacaram basicamente: 1) a ampliação e especialização do aparato burocrático estatal, com destaque para as transformações ocorridas no Exército; 2) o aumento da capacidade de extração de recursos fiscais da sociedade; 3) o processo de centralização do poder então sancionado pela reforma constitucional de 1926.[52]

Caberia nessa lista de Ângela Gomes o suporte estatal ao fabuloso empreendimento de imigração, a fim de sanar a desesperadora carência de força de trabalho para alimentar os negócios dos cafeicultores e da nascente burguesia urbana (industrial e comercial).

Luiz Werneck Vianna sugere que a concepção liberal no Brasil consiste menos em sua expressão política do que no caráter do seu mercado de trabalho:

> O suposto estaria em que a livre circulação das mercadorias, especialmente a da força de trabalho, é que especifica essa concepção de mundo.[53]

Ao pesquisar a experiência do DET, podemos inferir que, mesmo nesse aspecto, podemos relativizar essa assertiva de Vianna.

---

(51) Ver artigo *Os fazendeiros paulistas e a imigração*, de autoria de Michael HALL. In: SILVA, F.T.; NAXARA, M.R.C. e CAMILOTTI, V.C. *República, liberalismo e cidadania*. Piracicaba: Unimep, 2003. p. 153.
O item *Produção progressiva de uma superpopulação relativa ou exército industrial de reserva*, do capítulo XXIII d'*O capital*, de Karl Marx (1984), permanece como a melhor fundamentação teórica do fenômeno de formação do exército industrial de reserva.
(52) GOMES, Ângela C. A república não-oligárquica e o liberalismo dos empresários. In: SILVA, Sérgio e SZMREECSÁNYI, Tamás (Orgs.). *História econômica da primeira República*. São Paulo: Hucitec/Fapesp, 1996. p. 8.
(53) VIANNA, L. W. *Op. cit.*, p. 7.

Ao tratarmos da percepção que a historiografia teve a respeito do DET, vimos que, para uns, esse Departamento se restringiu ao âmbito agrícola, para outros a sua ação não extrapolou o processo de mediação da imigração, enquanto que para a maioria dos pesquisadores, o Departamento não teve sequer atuação digna de registro. Pelo que foi apresentado até aqui, parece-nos que ficou claro *não se poder dissociar essas duas questões: imigração e esforço legislativo para se regulamentar as relações de trabalho*. Ao contrário, o DET atuou exatamente como instituição que congregou, em um só órgão, ações multifacetadas que significou a *potencialização da intervenção do Estado no mercado de trabalho*, seja regulando o estoque de força de trabalho para a pujante economia cafeeira e a expansiva indústria paulista, seja produzindo diagnósticos, seja criando, a partir do executivo, um ambiente ideológico, mas também legal, para a regulamentação.[54] Portanto, imigração e regulamentação do trabalho compõem o cenário sobre o qual se operou a intervenção estatal no mercado de trabalho brasileiro no início do século XX. É claro que a necessidade de primeira grandeza, àquele momento, era a garantia de formação do exército industrial de reservas. Porém, o controle da força de trabalho, pela via da regulamentação, aparecia como necessidade premente, até mesmo para a própria formação desse exército excedente.

Em síntese, há que se levar em conta a intervenção, ainda que tímida, do Estado, desde a esfera municipal até a federal, reconhecendo-se a instituição de algumas medidas regulamentadoras, tais como criação de cadernetas de controle salarial e edição de normas de conduta em trato de relações trabalhistas, a limitação de horários de trabalho e a criação de órgãos públicos voltados para as questões concernentes ao trabalho, como aconteceu, desde o início do século, em São Paulo. Tudo isso impõe propor ponderações em assertivas taxativas como essas:

> No Brasil, até meados dos anos 20, tínhamos um Estado liberal não intervencionista que deixava o mercado entregue às suas próprias leis.[55]

> O Estado brasileiro, quer por sua representação parlamentar, quer pela posição do Executivo, mantinha-se inflexível quanto à intervenção do poder público nos processos acumulativos.[56]

Maria Stella Bresciani, na sua releitura do liberalismo, parte das reflexões do cientista político Oliveiros Ferreira — para quem "nunca existiu liberalismo no Brasil"

---

(54) Essa era a função da Agência de Colocação, do DET. A preocupação com a regulação dos estoques de força de trabalho em São Paulo se reflete na quantidade de textos sobre a questão, que aparecem nos Boletins, se referindo a excesso ou escassez de trabalhadores. O DET elaborava propostas de transferências de trabalhadores dentro do território brasileiro e, desde 1912, já propõe o incentivo da utilização da força de trabalho nacional e chega a fazer experiências em fazendas "modelos". O DET protagonizou experiências de acordo entre o governo de São Paulo e de outros Estados para fornecimento de mão de obra.
(55) VIANNA, L. W. *Op. cit.*, p. 72.
(56) SANTOS, W. G. *Op. cit.*, p. 23.

— que bem expressam as assimetrias entre doutrina liberal e práticas políticas e sociais. Bresciani recorre às citações desse autor,

> pois elas redizem (...) uma persistente avaliação política do Brasil republicano, feita por levas sucessivas de intelectuais brasileiros e brasilianistas que apontam a paradoxal vigência de instituições de caráter liberal em uma sociedade de estrutura *clânica* (Oliveira Vianna), *patriarcal* (Gilberto Freyre), *oligárquica e caudilhesca* (Sérgio Buarque de Holanda), *patrimonialista* (Raimundo Faoro).[57]

Recorrendo ao pensamento clássico do liberalismo inglês, relacionando-o com intelectuais do pensamento social brasileiro, de antes, em especial, Sérgio Buarque de Holanda e de hoje, como Oliveiros Ferreira, Bresciani procura explicar a longevidade do ideário liberal, exatamente na "maleabilidade inerente aos seus princípios e valores: Estado guarda-noturno para proteger vidas e propriedades, contudo, Estado chamado a apoiar as atividades produtivas com infraestrutura adequada e mantenedor de um exército para a defesa do país de ataques externos".[58]

Na mesma direção, Gomes afirma que:

> Embora não se possa dizer que os princípios liberais não fossem abandonados *tout court*, ou mesmo que deixassem de responder como importante orientação ideológica, pode-se sustentar que a prática desse ator [ela se refere ao Estado] — seus discursos e sua atuação — "adaptaram" tais princípios às questões concretas que encontraram.[59]

Essa maleabilidade nos princípios, forçada pela emergência de fatos decorrentes das contradições sociais e da luta de classes, certamente facilita o caminho da nossa compreensão de fenômenos aparentemente contraditórios.

Essa nossa pesquisa se insere nessa perspectiva de maior aproximação das experiências históricas que podem renovar os debates que buscam produzir novas sínteses, sem necessariamente causar rupturas com as importantes contribuições teóricas que até aqui nos legou um bom acervo de ideias críticas e plurais. Na verdade, o exemplo do DET apenas vem se agregar às exitosas pesquisas de autores já consagrados na historiografia do trabalho. Ângela Castro Gomes, logo na sua primeira obra de fôlego, já alertava:

> O primeiro e mais geral é o de colaborar com novos dados para o fim desse efeito de "ocultamento" que desconhece, em grande parte, as

---

(57) BRESCIANI, Maria Stella. *Liberalismo, republicanismo e cidadania*. In: SILVA, F.T.; NAXARA, M.R.C. & CAMILOTTI, V.C. (Orgs.) *República, liberalismo e cidadania*. Piracicaba: Unimep, 2003.
(58) *Idem, Ibidem*, p. 28.
(59) GOMES, A. C. *A república não oligárquica...*, In: SILVA & SZMRECSÁNYI. *Op. cit.*, p. 9.

origens políticas de nossa legislação trabalhista, vinculando-se a uma concepção propalada de que a "questão social" na República Velha, era apenas um "caso de polícia". Na verdade, procuramos demonstrar que ela já era um problema político da época e que a dimensão policial, logo, seu enfrentamento meramente repressivo, não é suficiente para a caracterização do campo complexo do debate então desencadeado sobre a regulamentação do trabalho.[60]

Não obstante a obra de Gomes voltar-se para o estudo da atuação parlamentar e da burguesia industrial perante a questão social, à autora não escapa a ação regulatória do Estado em São Paulo:

> Desde inícios do século já se desenvolvia, neste Estado [São Paulo] uma experiência de intervenção do poder público na área do mercado de trabalho, através do estabelecimento das condições de imigração que se concretizam na criação do Serviço de Povoamento e Imigração. Portanto, a intervenção estatal num certo setor estabelecia-se fugindo do modelo liberal, ao mesmo tempo em que este Estado estruturava-se segundo o clássico modelo liberal não intervencionista em assuntos econômicos.[61]

Esperamos demonstrar, no entanto, que a ação do DET extrapolou bastante o âmbito da atuação no processo de imigração e que, para além do âmbito do parlamento, a questão social tinha repercussões não desprezíveis no Executivo.

Chegamos ao final desta primeira parte do trabalho, comungando com a conclusão apresentada no artigo coletivo assinado por Déa Fenelon:

> É claro que estas são apenas algumas hipóteses de trabalho e mesmo ponto de discussão e como tal carece de maior aprofundamento. No entanto, eles nos inclinam a pensar e discutir a natureza da intervenção do Estado no período de forma um pouco mais complexa do que a proposta pela maioria dos estudos historiográficos sobre a questão. Pensamos que essas hipóteses, articuladas com elementos como o patrocínio governamental do Congresso Operário de 1912, constituem indicações, que nos levam a resistir a proposições correntes na historiografia, que aceitem sem questionamento a tese de que a questão social na Primeira República se resume tão somente a uma questão de polícia.[62]

Creio que o resgate do Departamento Estadual do Trabalho vem reforçar essa hipótese expressa no texto assinado por Fenelon. Engana-se quem deduz disso qualquer tentativa de recuperar a imagem combalida da Primeira República. Ao contrário, o que esses estudos recentes reforçam é a ponderação em relação à

---

(60) GOMES, A. C., 1979, *op. cit.*, p. 56.
(61) *Idem, ibidem*, p. 82.
(62) FENELON, Déa. *Op. cit.*, p. 113.

retificação do discurso produzido pelos vitoriosos do golpe civil-militar de 1930, que passou a ideia de que o "caso de polícia" seria coisa do passado e que o futuro seria o reino das leis. A história aqui narrada reforça a ideia de que, sob a ótica do movimento operário, a questão social precedeu o marco de 1930 e não deixaria de ser "caso de polícia" posteriormente. Afinal, a enxurrada legislativa da era Vargas, ainda que beneficiasse parcela significativa da classe trabalhadora não dissolveu as contradições fundamentais no processo de exploração do trabalho pelo capital e nem tornou prescindível o frequente uso da força para conter a organização dos trabalhadores.

Quero apenas reforçar a ideia de que a própria existência do Departamento, com toda a sua estrutura e suas diretrizes, *significava um determinado grau de intervenção do Executivo estatal paulista nas relações de trabalho*, cujo papel não poderá ser diminuído pelo fato de a legislação ser considerada "letra morta".

Ainda que não tenha havido uma legislação do trabalho condensada em códigos específicos, várias leis foram editadas durante a Primeira República, seja de forma destacada, seja dentro de outro conjunto de leis, em âmbito estadual e municipal, como o Código Sanitário, conforme vimos. Essas leis não foram generalizadas no País e foram editadas em um período em que a concepção que postulava intervenção profunda e abrangente não era hegemônica no interior do Estado. Melhor que apurar quantidade de leis e efetividade delas é pesquisar as condições de trabalho, concretamente, em cada período.

Figura 7: Até 1935, o DET esteve vinculado à Secretaria de Agricultura de São Paulo. A partir de então, passa a compor a Secretaria de Justiça

Para as construcções muito altas
Um elevador que póde ser impulsionado pelo proprio operario e não offerece o perigo de certos andaimes

Carga e descarga
Um meio de poupar forças e evitar desastres. (Vid. pg. 15)

Figura 8: Desde a sua criação, o tema dos acidentes de trabalho era a obsessão do DET (Biblioteca do Memorial do Imigrante, Boletim do DET, n. 6, 1913)

Capítulo II

O DEPARTAMENTO ESTADUAL DO TRABALHO VISTO POR MEIO DOS SEUS BOLETINS

Introdução

Até aqui procedemos a uma primeira visão introdutória e panorâmica, que problematiza a questão do liberalismo na chamada República Velha e a intervenção do Estado nas relações de trabalho.

Neste segundo capítulo, cabe-nos o desafio de analisar esse importante instrumento de divulgação do Departamento Estadual do Trabalho, o seu conjunto de boletins, que, ao final, irá dar força e volume aos argumentos levantados até aqui. Esta será a primeira experiência de análise mais abrangente dos boletins do DET, não obstante essa publicação ter se constituído em fonte obrigatória para todo historiador que, com intensidades e perspectivas diferenciadas, tratou desse período da história do trabalho no Brasil.

Tenho consciência de que os boletins do DET requerem e merecem esforço de aprofundamento muito maior do que este que se expressa nessas poucas páginas. Portanto, a expectativa é de que esta análise, ainda panorâmica e introdutória, esteja longe de esgotar as possibilidades de crítica aos boletins do Departamento.

Tratarei aqui, em breves considerações, sobre o conteúdo dos boletins editados desde 1912 até 1930, para, a partir daí, procurar extrair definições mais aproximadas sobre o perfil político e ideológico que o Departamento assumia dentro do aparato burocrático do Estado paulista. Com isso, pretendo dar mais substância às teses esboçadas no capítulo anterior.[1]

---

(1) A coleção de boletins de DET encontra-se fragmentada e esparsa em algumas instituições e, infelizmente, está se tornando obra rara. Em alguns locais só constam nos catálogos, não tendo existência, de fato, nas prateleiras. A biblioteca do **Memorial do Imigrante**, em São Paulo, é o local onde se encontra o acervo original quase completo, até o ano de 1933. Na biblioteca da Faculdade de Saúde Pública da USP, após a minha demanda e em razão da sensibilidade das bibliotecárias dali, o acervo original, quase completo, está sendo rigorosamente restaurado. Com recursos da FAPESP, fiz duas cópias de toda coleção, sendo que uma está disponível para consulta no próprio Memorial do Imigrante e a outra foi doada para o Centro de Documentação da UNIFESP, em Guarulhos, em fase de montagem.

Características gerais do boletim do DET

O projeto original, expresso no decreto de criação do Departamento, previa a publicação de quatro boletins anuais, sendo sua periodicidade trimestral, portanto.

Art. 6º À Seção de Informação compete:

...

§ 5º A organização e publicação de um *Boletim*, trimestral, contendo as informações, mapas, ilustrações, estatísticas e dados, colecionados pelo Departamento, bem como as medidas legislativas das principais nações, com referência às condições de trabalho.

Entretanto, desde 1912 até o ano de 1930, ao todo, foram publicados 50 boletins.[2] Isso produz uma estatística de menos de três boletins ao ano, não se confirmando, na prática, a trimestralidade pretendida. Foram publicadas cerca de 9.000 páginas nesses 50 volumes, o que proporciona uma média de cerca de 180 páginas por volume. Entretanto, pelo que pudemos perceber, além dos boletins trimestrais, o DET publicava muitos suplementos avulsos, certamente por serem mais ágeis: alguns, intitulados *Mercado de Trabalho, Acidentes de Trabalho* e outros que abordaram alguns temas específicos sobre trabalhos na lavoura, trabalhadores nacionais, projetos de leis, imigração e condições de trabalho etc.[3]

Não obstante a relativa longevidade desse periódico, devemos notar algumas particularidades na regularidade de sua publicação, que, certamente, têm correspondência com o grau de aparelhamento técnico então disponível, mas também pode ter relações com o grau de respaldo que a instituição ocuparia no interior da burocracia paulista. De fato, constatamos que alguns números aparecem condensados em uma única publicação, e também publicações que ocorrem com bastante atraso, demonstrando a exiguidade da estrutura (política e material) de imprensa que sustentava o boletim. Nos primeiros 19 anos de existência, a organização temática e o formato do boletim, praticamente, não se alteraram, ainda que se perceba alterações significativas na sua linha editorial.

Em geral, o boletim apresentou, nesse período, uma característica temática bastante definida, especializada na abordagem daquilo que hoje denominamos de "mundos do trabalho". Nesse sentido, o boletim se mantém fielmente restrito a esse recorte temático, notoriamente mantendo uma linha editorial que procura se utilizar de linguagem pretensamente técnica e científica.

---

(2) No 3º trimestre de 1930 o DET publicou o boletim n. 71, no entanto, alguns fascículos foram publicados em um único volume. Por isso essa diferença entre numeração e quantidade de volumes.
(3) Ver contracapa do boletim n. 28 e 29, de 1918.

Uma imprensa a ser pesquisada

É pertinente a colocação de Carla Pinsky, quando ela afirma que

> O conteúdo em si não pode ser dissociado do lugar ocupado pela publicação na história da imprensa, tarefa primeira e passo essencial das pesquisas com fontes periódicas.[4]

De fato, para extrairmos uma síntese melhor do conteúdo do boletim, precisaríamos avaliar a sua importância dentro de um conjunto de outras publicações de órgãos oficiais, como parte da estratégia de imprensa e divulgação dos órgãos governamentais do período. Lembremos que a imprensa escrita é, então, o principal meio de formação de opinião naquela sociedade, na qual relativamente poucas pessoas eram habilitadas na leitura de textos, fato que, certamente, se configurava como elemento importante entre os mecanismos de poder. Segundo José Inácio de Melo Souza,[5] a imprensa escrita foi o veículo de comunicação mais importante no Brasil até 1930. À época, São Paulo e Rio de Janeiro eram os espaços onde mais circulavam periódicos no Brasil. Os jornais eram importantes veículos formadores de opinião. Em 1912, São Paulo dispunha de 17 periódicos diários. Jornais e panfletos se destacavam entre as principais armas ideológicas também no meio operário. Maria Nazareth Ferreira afirma que no estado de São Paulo circularam cerca de 149 jornais, entre o final do século XIX e as duas primeiras décadas do século XX.[6]

Ainda que os boletins e relatórios oficiais produzidos se utilizem de discurso mais formal e técnico e atinjam um público mais restrito — setores da burocracia, estatal ou não —, não podemos deixar de considerar que se trata de um público seleto e com grande poder de formação e informação. Vale lembrar que, além da divulgação das informações e atividades pertinentes à própria instituição produtora, as publicações oficiais abrangem temas da área da economia, da administração pública, do Direito, entre outros. No caso do boletim do DET, mais especificamente, percebe-se claramente a perspectiva sociológica que dá o tom em muitas de suas matérias, porém, destacando-se os temas derivados da área do que hoje chamamos de Direito do Trabalho, que, aliás, à época não se configurava ainda como área consolidada do Direito.

Nesse sentido, o boletim do DET se destaca pelo seu pioneirismo em publicar informações e estudos que, posteriormente, serão veiculados em periódicos

---

(4) PINSKY, Carla Bassanezi (org). *Fontes históricas*. São Paulo: Contexto, 2005. p.138-139.
(5) SOUZA, José Inácio de Melo. *O Estado contra os meios de comunicação (1889-1945)*. São Paulo/SP: Annablume, 2003. A obra organizada por CARNEIRO, Mª L. Tucci e KOSSOY, Boris. *A imprensa confiscada pelo DEOPS, 1924-1954*, editado pela Imprensa Oficial Ateliê Editorial, 2003, apresenta o perfil das publicações nesse período.
(6) FERREIRA, Maria Nazareth. *A imprensa operária no Brasil*. São Paulo: Ática, 1988. p. 14.

especializados. Só a partir da década de 1920, mas, principalmente, após 1930, aparecerão diversas publicações especializadas em textos e informações econômicas — *Digesto Econômico, O Observador Econômico, Boletim do Departamento Estatístico* —, na área administrativa — em especial a *Revista do Serviço Público* (1939)[7] —, informações e textos da área do Direito — *Revista do Trabalho* (1932, 1934, 1937).[8] No âmbito administrativo, podemos citar ainda os relatórios oficiais, publicados pelas Secretarias e Ministérios de Governo, que também tratavam de temas muito similares àqueles veiculados pelo Boletim do DET.

Os editores do boletim destacam esse aspecto inovador no Brasil. Expondo sobre a importância da Seção de Informações do DET (Boletim n. 3, 1912), eles destacam que:

> Estas últimas atribuições constituem, no Brasil, novidade entre as múltiplas questões a serem tratadas pelo aparelho administrativo e demonstram a necessidade sentida, principalmente em São Paulo, dado o progresso de suas indústrias, de estar o Estado aparelhado para resolver as questões que interessem à classe operária.

Os estudos minuciosos do ambiente social da classe trabalhadora fazem parte do plano estratégico de condução da sociedade de classes naquele período.

Entretanto, cabe ainda lembrar que o caráter técnico-científico de alguns artigos veiculados no Boletim sob análise nos induz a frisar a incipiência da estrutura acadêmica no Brasil da Primeira República. No âmbito temático em questão — trabalho — destacamos apenas a existência da Faculdade de Direito do Largo do São Francisco, que se notabilizou pelo histórico envolvimento com a política paulista e brasileira.[9]

---

(7) Trata-se de uma publicação muito interessante, que reflete a ênfase adquirida pelo Estado como órgão centralizador e gestor da coisa pública. Marca também o esforço racionalizador do Estado, que procura aplicar, na sua gestão, os princípios de racionalização do trabalho em busca da eficiência máxima na gestão pública. Publicação com muitos textos de orientações sobre organização do trabalho na esfera administrativa e também na área do Direito Administrativo.
(8) Três importantes publicações com título de Revista do Trabalho (ou aproximado) circularam na década de 1930, veiculando debates candentes sobre vários aspectos do Direito do Trabalho e sobre sindicalismo, em momento crucial de conflito e consolidação dos paradigmas corporativistas, da implantação do sindicalismo oficial.
(9) Escapa ao nosso interesse imediato um mapeamento mais amplo das publicações de outras instituições que também abordam temas gerais da sociedade, tais como a *Revista da Faculdade de Direito de São Paulo*, que circula desde 1893, *Revista de Engenharia*, do Centro Acadêmico Horácio Lane, da Universidade Mackenzie, inaugurada em 1896, ou da Faculdade de Saúde Pública (1918), entre outros. Certamente que essa incipiência de espaços acadêmicos em São Paulo (e no Brasil) explique, em parte, a existência de algumas publicações que se notabilizaram pela duração e pelo acolhimento de artigos de intelectuais do período, configurando-se em importante espaço de debates. Talvez o melhor exemplo seja a *Revista do Arquivo Municipal*, cuja publicação se iniciou em 1934 e ocupou espaço destacado no cenário intelectual paulista e brasileiro naquele período.

Portanto, publicações de instituições administrativas, oficias e não oficiais, acabam por se tornar importantes veículos de comunicação, de trânsito de ideias e projetos. Seria necessário elaborar uma visão de conjunto desse setor de publicações periódicas, que tem um circuito fora do âmbito da imprensa mais convencional (periódicos diários ou semanais, publicações de agremiações ou corporações de ofício, como os jornais e boletins operários), para melhor avaliarmos a sua importância e alcance. Se ampliarmos o espectro das publicações impressas, certamente que encontraremos inúmeras delas que passam despercebidas, mas que também cumprem importante papel no âmbito da comunicação, da informação e da formação de opinião.[10]

O público possível

É muito difícil determinar, com precisão, o público atingido pela publicação do DET. A partir da leitura do próprio boletim, enxergamos como prováveis leitores os administradores da máquina burocrática estatal, administradores das municipalidades espalhadas pelo Estado paulista, empresários, parlamentares, órgãos da imprensa convencional e numerosas instituições congêneres espalhadas pelo mundo, compondo o conjunto de leitores do órgão informativo do DET. Trata-se de um público vasto, habilitado e influente, convenhamos. O DET permutava publicações com repartições que atuavam no âmbito do trabalho nas mais diversas partes do mundo: Antilhas, Alemanha, Argentina, Áustria, Austrália, Canadá, Chile, Colômbia, Costa Rica, Estados Unidos, Equador, França, Finlândia, Grã-Bretanha, Espanha, Itália, Paraguai, Peru, Portugal, República Dominicana, Trindade e Uruguai, são alguns dos países citados. Também no Brasil, o Boletim ultrapassava as fronteiras da província paulista:

> O Boletim do Departamento é hoje lido não só no Estado de São Paulo, mas também no Distrito Federal e nos Estados de Pernambuco, Sergipe, Alagoas, Bahia, Rio Grande do Norte, Minas Gerais e Rio Grande do Sul, dos quais nos chegam constantes pedidos de remessa. (Bol. 23, 1917)

Conseguimos detectar em seus textos, pelo menos, indícios do vulto que essa publicação alcançou nesse período até 1930. No boletim n. 23, do segundo trimestre de 1917, aparece a informação de que no ano de 1916 distribuiram-se cerca de 20.000 exemplares de suas publicações. Além dos boletins, inclui-se nesse número a distribuição do suplemento intitulado "O Mercado de Trabalho", que divulgava periodicamente os recursos de mão de obra de cada município. Segundo os editores, foram distribuídos 6.000 desse suplemento naquele ano.

---

(10) A publicação de Freitas NOBRE, *História da Imprensa em São Paulo*, São Paulo: Edições Leia, 1950, apresenta relação de todos os periódicos publicados em São Paulo (certamente, aqueles conhecidos), inclusive publicações institucionais. O próprio boletim do DET consta nessa relação.

Alguns boletins destacam o prestígio alcançado pela publicação, como aparece no boletim n. 10, na seção "Várias Informações", do primeiro trimestre de 1914:

> Inicia o Boletim do Departamento Estadual do Trabalho, o seu terceiro ano de publicação. O que tem ele feito e quais os resultados colhidos com o trabalho de dois anos, atestam-no os elogios da imprensa e dos competentes, o acolhimento honroso de parte de instituições estrangeiras congêneres e a maneira por que têm sido aceitas muitas das indicações por seu intermédio sugeridas.

Há que se fazer ponderações em relação à necessidade de construção de uma autoimagem positiva perante a hierarquia superior, afinal, os boletins funcionavam também como relatórios das atividades desempenhadas pela repartição. Ainda assim, temos motivos para acreditar nessa escala de disseminação do boletim, por causa de sua aparente fluência entre políticos e os influentes meios de comunicação do período.

É interessante notar que essa fluência entre os meios de variadas esferas de poder não aparece de forma escancarada, mas podemos detectá-la em meio aos textos. Ora, já dissemos que o DET é uma instituição de segundo escalão dentro de uma das mais poderosas estruturas do aparelho de Estado paulista — a Secretaria de Agricultura. Os estudos do Departamento eram encaminhados ao Secretário, muitas vezes sob a forma de projetos. A representação que o diretor do DET, Luiz Ferraz, faz ao secretário da Agricultura, no ano de 1914, sobre acidentes de trabalho na capital paulista, relatando as transgressões do Regulamento do Serviço Sanitário, é encaminhada à Secretaria do Interior e chega à Câmara de Deputados.

O arco de relações mantidas pelo DET pode ser demonstrado nesse trecho de um dos primeiros boletins:

> De acordo com o disposto no Decreto n. 2.017, (...) além da organização e publicação deste Boletim e da habilitação, por meio de relações com as municipalidades, filiais da Agência Oficial de Colocação, Comissões de Agricultura, repartições, empresas e particulares, que tenham terras à venda ou empreguem artistas ou trabalhadores, para fornecer aos imigrantes e trabalhadores informações sobre a oferta ou procura de pessoal, bem como sobre a situação, condições e preços das terras oferecidas ou procuradas, à Seção de Informações compete mais...[11]

Resta-nos, portanto, apenas, destacar que, além desses agentes, várias são as passagens de textos dos boletins que demonstram as pontes estabelecidas com a imprensa diária, que reproduziam textos publicados nos boletins ou produzidos por funcionários do DET e também com influentes políticos da época.

---

(11) *Boletim do DET*, n. 3, 1912. p. 219.

Um texto sobre a reforma sanitária, constante do Boletim n. 8/9, de 1913, comenta o debate que aconteceu na Câmara dos Deputados em torno da reforma do Regulamento Sanitário. Tal debate ganhou a imprensa diária de São Paulo. A discussão foi provocada pelos relatos apresentados pelo DET sobre os acidentes de trabalho, mostrando a relação entre esse órgão e a ação parlamentar, bem como a importância dedicada pela imprensa.

No Relatório da Secretaria de Negócios da Agricultura e Obras Públicas, referente aos anos 1912-1913, demonstra o alcance das informações produzidas pelo DET:

> Da atividade da Seção de Informações, resultou também a cópia dos dados com que foi instruída a representação transmitida à Secretaria do Interior na qual foi exposta a situação dos operários, no tocante a acidente de trabalho. Neste particular, é evidente que a estatística da seção tem chamado para o assunto preciosas atenções. Desastres que não há muito passavam quase despercebidos constituem hoje fatos sensacionais. Mais de um diário tem comentado abusos que o boletim denunciou, tendo se formado uma corrente de opinião em torno de fatos recolhidos pela estatística oficial e que, em vez de ficarem constituindo curiosidades de arquivo, preocupam espíritos que se mantinham indiferentes.[12]

Não há indícios de que os boletins fossem distribuídos entre sindicatos operários. Mas essa é uma pesquisa a ser feita. Entretanto, algumas mensagens veiculadas provocam-nos suspeitas de um público mais abrangente. Em quase todos os boletins, há uma seção intitulada *Aviso aos trabalhadores*, que reproduz curtos editais da Agência de Colocação divulgando vagas de trabalho. Há um reclame intitulado de *Conselhos à mulher grávida* que fornece noções de higiene às mulheres e vários são os textos com instruções dirigidas a operários e industriais sobre cuidados referentes aos acidentes de trabalho.

Diante disso, a análise dos boletins do Departamento me leva a crer na sua importância como função de imprensa, ainda que com alcance restrito, e, portanto, nada comparável às publicações convencionais.

Pelas suas características discursivas, podemos caracterizar o Boletim como um periódico de natureza técnico-científica, destinado a um público seleto. Não obstante a dimensão quantitativa diminuta e o alcance muito mais restrito, em comparação com um jornal diário, não podemos menosprezar as possibilidades de influência de um periódico como esse. Apesar do número relativamente pequeno de leitores, há que se considerar as características desse público e sua inserção na malha de poder. Um periódico trimestral, com suas características discursivas tecnicamente fundamentadas, pode atingir extratos sociais formadores de opinião. Ou seja, principalmente pelo seu aspecto de pioneirismo, podemos destacar o

---

(12) Página 184.

periódico do DET, inaugurado em 1912, como órgão de divulgação e formação de opinião, cuja importância real carece de ser avaliada, juntamente com outras publicações da mesma natureza. A Secretaria de Agricultura, em seu relatório anual, assim se referiu ao Boletim do DET:

> Esses boletins cheios de fatos, reduzidos a números e quantias, falam com uma eficácia infalível, despertam uma confiança inteligente e documentam o adiantamento de um país nos processos que emprega para se tornar conhecido e procurado.[13]

À imagem e semelhança: olhar para o estrangeiro para enxergar o nacional

O boletim do DET era, de fato, uma novidade editorial no Brasil, no âmbito da temática do trabalho. Não temos indícios de publicação similar em outro Estado da federação durante a Primeira República. Entretanto, organismos oficiais criados para controle do trabalho, com edições de boletins semelhantes ao do DET, parecia a regra da moda em boa parte do mundo de então, como podemos inferir a partir dos próprios textos publicados no boletim paulista.

A criação do DET parece ter sido inspiração direta de modelos importados, conforme sugere texto inicial do primeiro boletim:

> São Paulo, como todo país novo, para utilização de suas forças naturais e aperfeiçoamento de sua organização social e econômica, precisa da estima e do concurso dos países mais antigos e adiantados, de onde possam irradiar, com os capitais e com os braços, que são os fatores de prosperidade geral, as instituições modelares, que interessem sua civilização e progresso (1/2:7, 1912).[14]

A burocracia paulista estava atenta ao que experimentavam os "países modelares". Note-se que São Paulo aqui aparece com *status* comparável a um país, expressando bem a autonomia das províncias da federação à época e também o ufanismo já forte nessa parcela da federação que crescia e se industrializava de forma acelerada.

Essa atenção com o que ocorre pelo mundo afora na questão do trabalho é flagrante. Toda experiência estrangeira de intervenção do Estado é citada no boletim, com o fim de chamar a atenção para a questão no âmbito interno. Parte significativa dos textos da coleção de boletins é dedicada às informações vindas do exterior. Em um primeiro momento, poderíamos avaliar isso como uma simples estratégia editorial

---

(13) Relatório da Secretaria de Negócios da Agricultura, Comércio e Obras Públicas, 1912-1913. p. 183.
(14) Doravante, as referências ao Boletim do DET aparecerão entre parênteses, com o seguinte formato: o primeiro número corresponde ao número do boletim, seguido do número da página e do ano de edição do boletim.

de fuga ou relativização dos problemas intestinos referentes ao trabalho. Mesmo sem termos de abdicar dessa possibilidade, poderíamos enxergar, alternativamente, o esforço dos funcionários do Departamento em buscar parâmetros que dessem sustentação às reflexões sobre esse desafio em um país onde a questão social do trabalho já se esboçava com força, principalmente na província paulista.

Essa segunda hipótese me parece plausível quando observo o enfoque e a disposição dos textos nos boletins. Afinal, praticamente todos os textos que refletem sobre as questões nacionais relacionadas ao trabalho fazem referências às experiências estrangeiras. Esse fato é tão recorrente e flagrante que a exemplificação poderia tornar a redação exaustiva e por demais prolongada. Por isso, opto por apresentar um único exemplo que bem ilustra como essa orientação aparece nos boletins. Ao relacionar fatores responsáveis pela queda do fluxo imigracionista, os editorialistas do boletim recorrem ao exemplo da Argentina:

> Por que é que não haveremos de confessar que a Argentina com o seu Departamento Nacional do Trabalho consegue mais, muito mais, no terreno da imigração do que outros países obstinados no empirismo e na rotina? (23:265, 1917).

O texto do qual esse trecho foi extraído (*A legislação do trabalho sob o ponto de vista da imigração*) sugere claramente uma crítica à tímida política regulamentadora do trabalho no Brasil, aqui citada pela sua prática "empirista" que não ultrapassa o ritmo da "rotina", não se configurando uma política voltada para as questões do trabalho. Aqui a referência a exemplo estrangeiro é direta. Essa é a regra que norteia a opção editorial da publicação brasileira.

Se observarmos a síntese editorial do boletim, expressa nos *Índices Analíticos* elaborados ao final de cada volume (que agrupa as edições por ano), perceberemos essa abertura para fora, que, presumo, é explicada não só pelo modismo em voga (a obsessão pelo estrangeiro), mas pela necessidade de busca de paradigmas. Os editores classificam o boletim em três grandes temas: Trabalho, imigração e colonização e "Vários". O tema trabalho é dividido, por sua vez, em dois grandes subitens: "No Brasil" e "No Estrangeiro". Daí, podemos perceber a força dessa perspectiva de abertura para fora que apresenta a publicação.

Não há dúvidas de que o mundo capitalista de então reagia às iniciativas político-organizativas dos trabalhadores do campo e da cidade, enquanto o Estado buscava se aparelhar com instituições mediadoras dos conflitos de classe. Os relatos dessas experiências pelo mundo formavam uma das especialidades editoriais dos boletins do DET e me parece flagrar o processo de construção da reação burguesa, que nos sugere a gestação de alternativas sistêmicas à temerária politização da classe trabalhadora, que dava cores mais vivas ao seu projeto socialista nesse período. O boletim do DET nos dá oportunidade de flagrar esse processo de formação e institucionalização de uma política de conciliação de classes, em nível mundial, mediante a incorporação da classe trabalhadora, com suas reivindicações e suas organizações, dentro da esfera da ação estatal. A esse respeito, há uma matéria de 1912, transcrita de jornal italiano, intitulada *As associações agrárias patronais na Itália*, que faz alusão à criação de associações patronais em resposta à ofensiva organizativa operária:

> Há alguns anos que assistimos ao início e ao desenvolver das "associações patronais" cujos fins, embora não se oponham aos das associações formadas por operários, vêm, de certo modo, contrariá-las.
>
> Com o aparecimento e desenvolvimento das organizações operárias, que têm conseguido com a sua resistência, ora moral, ora, mais frequentemente, material, modificar notavelmente as condições econômicas do trabalho para os seus associados, era natural o aparecimento, para combatê-las, de associações constituídas por patrões.
>
> (...) São duas forças ligadas por lados opostos a uma ideia única, e que se agitam à volta de um só fato: a luta de classes (3:251, 1912).

Os boletins contêm notícias variadas, inclusive, de nações que não se enquadram no perfil de grandes potências, como Sérvia, Romênia, Antilhas, Grécia, Luxemburgo e tantas outras. No curso das edições dos seus boletins, desde 1912, aparecem relatos mais ou menos detalhados das instituições existentes e aquelas criadas por governos para administrarem as relações entre capital e trabalho, indicando que o primeiro quartel do século XX fora mesmo o período de reação propositiva da burguesia, e dos seus Estados correspondentes, ao amplo e profundo processo de organização e politização dos trabalhadores.

Em quase todos os boletins, há notícias genéricas ou detalhes de instituições voltadas para o trabalho, em várias partes do mundo. A matéria com o título de *A legislação do trabalho sob o ponto de vista migratório*, no Boletim n. 23, de 1917, dá destaque para algumas experiências no mundo:

> A necessidade das Repartições do Trabalho acha-se hoje demonstrada nos principais países do mundo. Perfeitamente organizadas, funcionam: na Alemanha, a Repartição da Estatística do Trabalho; na Áustria, com esse mesmo título, uma seção do Ministério do Comércio; na Finlândia, a Administração Geral da Indústria. A França possui o "Ministère du Travail et de la Prevoyance Sociale"; a Inglaterra, o "Board of Trade"; a Itália o "Ufficio del Lavoro". Nos Estados Unidos da América do Norte, cada um dos grandes estados industriais tem o seu "Departement of Labor" ou a sua "Factory Inspection". Em Porto Rico, existe também um "Departamento de Trabajo". No Canadá, o "Departement du Travail". O Uruguai e o Chile há muito que experimentam os resultados das suas "Oficinas del Trabajo". O mesmo se pode dizer da Argentina e do México, relativamente aos seus "Departamento del Trabajo". Possuem ainda repartições para o estudo das questões sociais, a Grécia, a Suécia, a Bélgica, a Suíça, o Peru e muitos outros países.

Nesse sentido, as informações ali contidas fornecem uma visão panorâmica interessante sobre atuações simultâneas, ainda que com intensidades e conteúdos diferenciados, de diversos Estados espalhados pelo mundo, no que diz respeito ao trabalho.

Deduzo que essa reiterada alusão aos exemplos internacionais, que aparece na maioria dos boletins, faz parte da estratégia de persuasão para a reflexão sobre o caso brasileiro. Ainda com o intuito de ilustração, recorro a outro exemplo em que se faz presente a utilização de paradigmas estrangeiros. A mesma matéria citada apresenta conteúdo fortemente marcado pela defesa da regulamentação de leis protetoras do trabalho e sugere dirigir críticas a um sujeito oculto que professara a desestruturação do sistema de proteção ao trabalho no período da Primeira Guerra. Segundo os editores, a guerra não só não desestruturou as instituições do trabalho, mas, ao contrário, as reforçou, a não ser em casos excepcionais. Cita exemplos de leis editadas na Áustria e Itália, favoráveis aos trabalhadores, aplicadas durante o conflito, e conclui:

> Diante dessa verificação da experiência, o que sucedeu foi o seguinte: os países menos apercebidos dos recursos que fornece uma boa sistematização do trabalho tratarem de imitar os mais adiantados, mesmo à custa de um pouco de amor próprio.
>
> (...) Portanto, a guerra, que a muitos se afigurava mortal às leis do trabalho, em vez de as suprimir, obrigou os parlamentos e os governos a melhorarem-nas.

Trata-se de longa matéria que nos faz supor aqui um possível tom crítico à situação do Brasil, que não se situa entre os países "adiantados", e que deveria tomar para si o exemplo.

No Índice Analítico constante do Boletim n. 12/13, de 1914, p. 844, uma nota explicativa sobre a legislação estrangeira diz o seguinte:

> Tem o boletim muitas vezes indicado a matéria e a data das Leis estrangeiras, sem lhe publicar o texto. Uma sinopse dessas indicações, embora não elucide o leitor sobre todas as medidas postas em prática nos diferentes países, para a regulamentação do trabalho servirá para que os estudiosos tenham presente a cronologia da Leis operárias, e para que os refratários à regulação vejam a importância dada pelos legisladores europeus e americanos a questões que a muitos se afiguram insignificantes.

Eis, pois, um diálogo direto entre os gestores do DET e os "refratários à regulação", dirigido aos "estudiosos" da questão do trabalho, a elucidar de forma inconteste os motivos que levam o boletim a dedicar tanto espaço às notícias estrangeiras sobre a regulamentação do trabalho.

Conforme sugiro acima, a remissão ao exemplo estrangeiro não passa de estratégia para se pensar o caso brasileiro, tomando aquele como exemplo paradigmático, conforme deixa claro o texto presente no Boletim n. 24, de 1917:

Os nativistas extremados, se é que os há neste país, não se irritem com esta referência ao que fazem os países estrangeiros. Porque a lição que eles nos mandam é justamente que olhemos para nós mesmos em vez de olhar para eles.

Portanto, é dentro desse contexto que enxergo a criação do DET, ao mesmo tempo em que destaco os indícios de abertura, demonstrada por parcela da elite paulista que se encontrava à direção do aparelho de Estado, para as experiências estrangeiras no campo do trabalho. A troca de experiências, simbolizada pela frequente correspondência e intercâmbio de publicações originárias de várias partes do mundo, certamente poderá explicar a força das convicções demonstradas pelos responsáveis pelas edições do boletim, que, curiosamente, parecem empreender uma verdadeira cruzada em prol da regulamentação do trabalho, como veremos adiante.

O espectro temático dos boletins

Desde 1911, o DET é o órgão do Estado paulista responsável pelo gerenciamento do fluxo imigracionista e, consequentemente, pela produção dos dados decorrentes dessa atividade. Os estudiosos da imigração encontram no conjunto de boletins do DET as informações oficiais, amplas e sistematizadas, sobre o tema. Informações que extrapolam em muito o tema do trabalho, como podemos ver nesse simples exemplo:

As 67.789 pessoas entradas em 1912 e as
84.021 entradas em 1913, assim se distribuíram:

Foram para o interior do Estado	52.576	66.546
Ficaram na capital	12.775	15.577
Foram para Estados vizinhos, por contado povoamento do solo	339	318
Foram repatriados	929	665
Faleceram	229	140
Existiam a 31 de dezembro	941	775
Totais	67.789	84.021[15]

A mesma fonte nos informa que entre os 1.793 trabalhadores que "baixaram" à enfermaria, registrou-se o incrível número de 336 mortes.[16]

Seguindo ainda a nossa rota descritiva, é importante tecer breves comentários sobre o conteúdo e a organização temática apresentada nos boletins. Em geral, estes apresentam uma formatação mais ou menos padronizada, com sessões que

---

(15) Informações do boletim, expostas no Relatório da Secretaria de Negócios da Agricultura, Comércio e Obras Públicas, 1912-1913. p. 187.
(16) Página 189.

se repetem em todos ou em vários boletins: *Movimento da Hospedaria de Imigrantes, Movimento Imigratório, Movimento da Agência Oficial de Colocação, Salários na lavoura cafeeira, Salários correntes, Ocorrências sobre acidentes de trabalho, Cotação dos gêneros de primeira necessidade, Mercado de trabalho, Mercados livres, O custo de vida, Publicações recebidas, Preços de terras, Os municípios paulistas, O Departamento Estadual do Trabalho em [ano tal], Várias Informações, O Movimento social internacional, Publicações recebidas.*

Essas seções são frequentemente entremeadas por textos com características editoriais, onde se encontram as opiniões e proposições dos responsáveis pela edição do boletim.

O boletim do DET abrange um enorme arco de assuntos no campo temático referente ao mundo do trabalho: direito e legislação social, economia, sociologia do trabalho, política de controle e gestão das relações de trabalho, saúde do trabalhador, com ênfase na questão da segurança e higiene do trabalho. Desde o decreto de fundação, esse campo temático é esboçado com clareza: [caberá à Seção de Informações] *o estudo do trabalho como esforço humano nos seus múltiplos aspectos e diversidade de organização, bem como nas suas crises e acidentes.*[17] Um universo vasto, sem dúvidas, mas que nos é apresentado pelo olhar relativamente restrito de um órgão oficial do aparelho de Estado paulista.

Optei por apresentar os temas predominantes no conjunto de boletins sob a forma esquemática de organograma, pelo poder de síntese desse instrumento e pela facilidade de visualização do conjunto temático ali produzido. No caso, o esquema foi montado a partir de *Indicie Analítico* de um dos volumes do boletim, correspondente à sequência do 1º ao 13º volume, ou seja, desde o primeiro boletim, editado em 1912, até o boletim referente ao 4º trimestre de 1914.

A opção por reproduzir a organização de um dos exemplares da coleção se justifica, pois me baseio no fundamento de que a forma de ordenamento e classificação revela traços de conteúdos da concepção dos autores.

(Ver organograma no final deste tópico)

O organograma expõe concepção dos editores do Boletim voltada para dois grandes temas que aparecem justapostos, mas que estão relacionados entre si. *Trabalho* e *Imigração*, de fato, são duas dimensões de um mesmo fenômeno do qual se ocupa o Departamento. Afinal, o que genericamente se chama de *imigrante*, no caso do DET, refere-se à força motriz (trabalho vivo) necessária para pôr em movimento todo o mecanismo (trabalho morto) montado sob a forma de capital fixo.

É possível perceber que os tópicos relacionados à imigração e colonização se referem às atividades mais operacionais, ligadas à Hospedaria e à Agência de Colocação. São informações e dados relatoriais que, seja pelo aspecto quantitativo

---

(17) Boletim n. 1/2, 1912. p. 8.

ou qualitativo, são menos representativos e são agrupados sob o título *Imigração e Colonização*, na elaboração dos editores. Já sob a epígrafe *Trabalho*, ao contrário, se agrupam os textos com caráter editorial, onde se veiculam as opiniões e debates, e os relatos e informações ligados às condições de trabalho. A essência que justifica a existência do boletim reside aí, no tópico abrangido pelo que os editores denominam *Trabalho*. Isso reforça o argumento de que a grande preocupação do Departamento estava voltada para a questão da regulamentação das relações de trabalho e menos para o processo imigratório em si. Mesmo quando o tema da imigração é abordado, muitas vezes ele aparece vinculado à questão da regulamentação do trabalho.

Outro aspecto interessante a se observar é que o item "Acidentes no trabalho" aparece em tópico separado da "Regulamentação do Trabalho", não obstante a proposta regulamentadora feita pelo DET ser guiada pela bandeira da prevenção contra os acidentes. Mais que isso, esse tema ocupa, de longe, o maior número de páginas do boletim, demonstrando a opção do Departamento que dá prioridade absoluta a essa questão. O item "Regulamentação do trabalho" é o segundo a ocupar mais páginas nos boletins. Esses dois itens conjuntamente ocupam a maior parte da redação da publicação. Creio ser isso extremamente revelador, de fato, das grandes questões que impulsionam os gestores do DET. O outro grande eixo de classificação apresentado no organograma agrupa os temas no plano nacional (*No Brasil*) e as experiências internacionais (*No Estrangeiro*). Parte significativa das páginas do boletim é ocupada por textos voltados para a experiência estrangeira, ilustrando aquilo que já foi referido anteriormente.

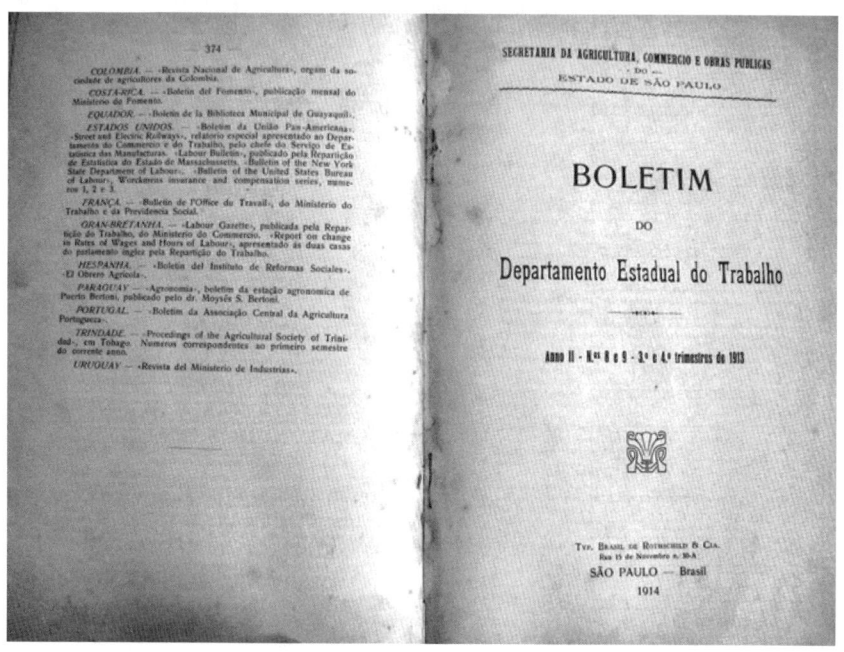

Figura 9: Contracapa de boletim do DET
(Biblioteca do Memorial do Imigrante, Boletim do DET, n. 7, 1913)

TRABALHO

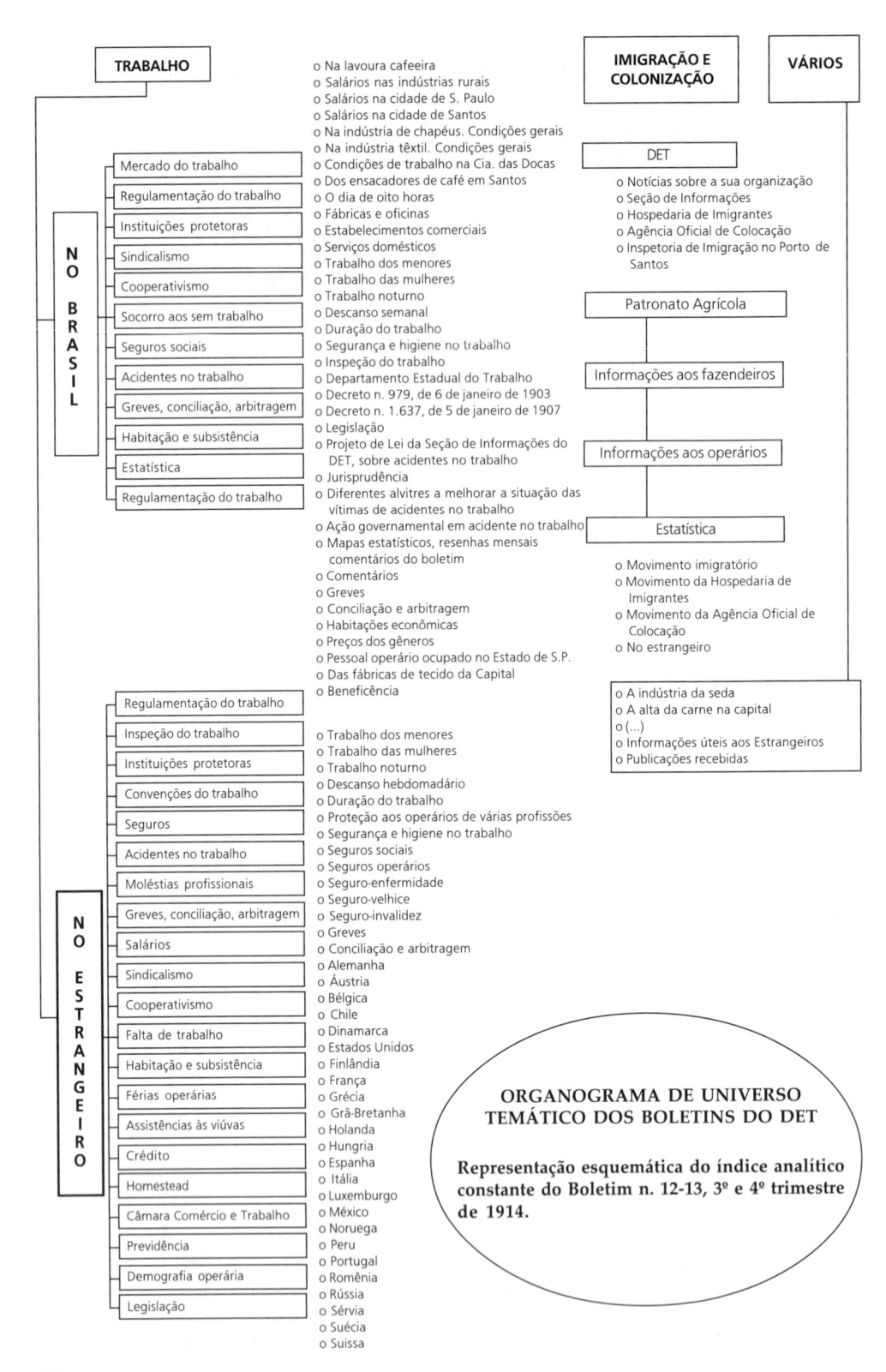

NO BRASIL
- Mercado do trabalho
- Regulamentação do trabalho
- Instituições protetoras
- Sindicalismo
- Cooperativismo
- Socorro aos sem trabalho
- Seguros sociais
- Acidentes no trabalho
- Greves, conciliação, arbitragem
- Habitação e subsistência
- Estatística
- Regulamentação do trabalho

  - o Na lavoura cafeeira
  - o Salários nas indústrias rurais
  - o Salários na cidade de S. Paulo
  - o Salários na cidade de Santos
  - o Na indústria de chapéus. Condições gerais
  - o Na indústria têxtil. Condições gerais
  - o Condições de trabalho na Cia. das Docas
  - o Dos ensacadores de café em Santos
  - o O dia de oito horas
  - o Fábricas e oficinas
  - o Estabelecimentos comerciais
  - o Serviços domésticos
  - o Trabalho dos menores
  - o Trabalho das mulheres
  - o Trabalho noturno
  - o Descanso semanal
  - o Duração do trabalho
  - o Segurança e higiene no trabalho
  - o Inspeção do trabalho
  - o Departamento Estadual do Trabalho
  - o Decreto n. 979, de 6 de janeiro de 1903
  - o Decreto n. 1.637, de 5 de janeiro de 1907
  - o Legislação
  - o Projeto de Lei da Seção de Informações do DET, sobre acidentes no trabalho
  - o Jurisprudência
  - o Diferentes alvitres a melhorar a situação das vítimas de acidentes no trabalho
  - o Ação governamental em acidente no trabalho
  - o Mapas estatísticos, resenhas mensais comentários do boletim
  - o Comentários
  - o Greves
  - o Conciliação e arbitragem
  - o Habitações econômicas
  - o Preços dos gêneros
  - o Pessoal operário ocupado no Estado de S.P.
  - o Das fábricas de tecido da Capital
  - o Beneficência

NO ESTRANGEIRO
- Regulamentação do trabalho
- Inspeção do trabalho
- Instituições protetoras
- Convenções do trabalho
- Seguros
- Acidentes no trabalho
- Moléstias profissionais
- Greves, conciliação, arbitragem
- Salários
- Sindicalismo
- Cooperativismo
- Falta de trabalho
- Habitação e subsistência
- Férias operárias
- Assistências às viúvas
- Crédito
- Homestead
- Câmara Comércio e Trabalho
- Previdência
- Demografia operária
- Legislação

  - o Trabalho dos menores
  - o Trabalho das mulheres
  - o Trabalho noturno
  - o Descanso hebdomadário
  - o Duração do trabalho
  - o Proteção aos operários de várias profissões
  - o Segurança e higiene no trabalho
  - o Seguros sociais
  - o Seguros operários
  - o Seguro-enfermidade
  - o Seguro-velhice
  - o Seguro-invalidez
  - o Greves
  - o Conciliação e arbitragem
  - o Alemanha
  - o Áustria
  - o Bélgica
  - o Chile
  - o Dinamarca
  - o Estados Unidos
  - o Finlândia
  - o França
  - o Grécia
  - o Grã-Bretanha
  - o Holanda
  - o Hungria
  - o Espanha
  - o Itália
  - o Luxemburgo
  - o México
  - o Noruega
  - o Peru
  - o Portugal
  - o Romênia
  - o Rússia
  - o Sérvia
  - o Suécia
  - o Suissa

IMIGRAÇÃO E COLONIZAÇÃO

DET
- o Notícias sobre a sua organização
- o Seção de Informações
- o Hospedaria de Imigrantes
- o Agência Oficial de Colocação
- o Inspetoria de Imigração no Porto de Santos

Patronato Agrícola

Informações aos fazendeiros

Informações aos operários

Estatística
- o Movimento imigratório
- o Movimento da Hospedaria de Imigrantes
- o Movimento da Agência Oficial de Colocação
- o No estrangeiro

VÁRIOS
- o A indústria da seda
- o A alta da carne na capital
- o (...)
- o Informações úteis aos Estrangeiros
- o Publicações recebidas

ORGANOGRAMA DE UNIVERSO TEMÁTICO DOS BOLETINS DO DET

Representação esquemática do índice analítico constante do Boletim n. 12-13, 3º e 4º trimestre de 1914.

As características das informações veiculadas pelo Boletim

A moda dos dados e sua funcionalidade

Há um grupo de textos cujos objetivos principais se assemelham a relatórios técnico-administrativos que constroem dados quantitativos, importantes para controle de políticas governamentais, e sugerem também relatórios de atividades da repartição. São textos presentes em todos, ou em vários dos boletins, sob a forma de seções editoriais fixas e que, mais ou menos, coincidem com os tópicos agrupados no item *Imigração e Colonização* que constam nos índices analíticos do boletim. Aqui aparecem expostos vários dados estatísticos que interessarão, principalmente, a pesquisadores de informações quantitativas sobre imigração.

Como órgão responsável pela organização do mercado de trabalho, a partir do controle do processo migratório, ao DET cabia a responsabilidade de regular esse fluxo. Por meio da Agência de Colocação, o Departamento mantinha cadastros de empresas, de donos de terras e de prefeituras e, assim, controlava informações sobre ofertas e demandas de trabalhadores. Com as composições dos dados em tabelas poder-se-ia ter uma noção mais panorâmica das regiões com sobra ou carência de mão de obra.

Os dados produzidos periodicamente tinham função bem pragmática, decorrentes dos quais se sugeriam alterações ou não, de determinadas políticas. Tomemos como exemplo o caso dos debates em torno do problema da imigração. Quando a crise de fornecimento de força de trabalho se torna aguda, a partir do conflito mundial de 1914, o reflexo aparece nos boletins, que se mostram como espaço de debate e de proposição de políticas imigracionistas.[18] A partir do boletim n. 12/13, referente aos 3º e 4º trimestre de 1914, são recorrentes as notícias e artigos sobre a questão da imigração estrangeira, do excesso de braços em determinada região do país e da carência em outras, das demandas dos fazendeiros etc. Dispondo de informações construídas a partir dos inquéritos e também dos contatos que o Departamento mantinha com prefeitos, empresários e fazendeiros, o DET formulava propostas tais como o incentivo à utilização da mão de obra nacional, mediante realocação inter-regional.

> Complementarmente, seria bom ampliar o serviço de desurbanização às grandes cidades do interior, a exemplo do que já está se fazendo com inteiro êxito em Sorocaba, para assim cercear completamente o urbanismo... (Bol. 23, 1917)

---

(18) Vale ressaltar que o caráter de *debate* deve ser ponderado tendo em vista que os interlocutores dos editorialistas do Boletim só aparecem subliminarmente nas suas narrativas críticas. Ou seja, de fato, o "debate" não se consubstancia nas páginas do boletim, por meio de textos que refletem pensamentos contrários à regulamentação do trabalho, por exemplo. Mas, nota-se, claramente, nas narrativas dos editorialistas do boletim, o tom reativo das suas matérias.

Uma tabela com dados da imigração induzida da capital para o interior de São Paulo acompanha esse texto extraído da matéria intitulada *O Departamento Estadual do Trabalho em 1916 — Emigração do Nordeste*, indicando o sucesso de políticas implementadas pelo DET. Aliás, esse tema do controle do fluxo de imigrantes, das iniciativas visando à "desurbanização" e a busca pela força de trabalho nacional são temas recorrentes do boletim. O processo era tão ousado que se previa até a elaboração de acordos internacionais entre departamentos:

> Foi autorizada a introdução de algumas levas de imigrantes japoneses, e promoveu-se, além da melhoria das vantagens gerais oferecidas aos imigrantes, acordo com os Departamentos do Trabalho da Argentina e do Uruguai, com o intuito de facilitar a permuta de braços, entre este Estado e aqueles países, não estando, porém, ainda assentadas as respectivas bases.[19]

O boletim expressa bem o *status* que as estatísticas assumem nesse período em que os números e as tabelas causam não apenas fascínio, mas também persuasão pelo seu caráter pretensamente probatório e científico. Aliados às ideias que espelham a fé no progresso social e científico humanos, os dados realçam bem o escopo positivista dos editorialistas do Boletim do DET.

Seja como for, os editores do boletim tinham plena clareza da importância do estudo e revelação desses dados, pois eles orientaram as políticas governamentais.

Na primeira parte deste trabalho, já fiz notar a importante função de planejamento assumida pelo DET, com seus estudos pragmáticos, colados à realidade social. Aqui realçamos esse aspecto pioneiro dessa instituição:

> O objetivo desses inquéritos é fornecer ao poder público a maior cópia possível de informações exatas e positivas, que oportunamente possam orientá-lo acerca da regulamentação do trabalho, estabelecimento de medidas de previdência e assistência em favor do operariado, instituição dos seguros sociais, construção de habitações econômicas ou sobre a determinação de outras providências que o nosso adiantamento social exija. (3:220, 1912)

No boletim n. 16, essa visão estratégica da informação é mais esclarecedora:

> A mais urgente necessidade do Estado é informar-se com exatidão das condições do mercado de trabalho em todo o território nacional, mediante uma estatística *quantitativa* e *qualitativa* dos trabalhadores

---

(19) Relatório de 1916, p. 151. Trata-se da Lei n. 1596, de 29.12.1917, publicada no D.O. em 11.1.1918.

ocupados e desocupados. (...) Medidas isoladas, de momento, não integradas num plano de conjunto, nada valem, podem até ser nocivas (16:463, 1915).

Podemos, portanto, reforçar o destaque do papel estratégico e pioneiro do DET como produtor de informações cruciais para o planejamento e formulação de políticas governamentais.[20]

Quantificações carregadas de informações qualitativas

Há uma série de textos que considero de natureza técnico-científica, também do âmbito da estatística, mas que são resultantes de estudos das condições de vida e de trabalho naquele período. São informações quantitativas e qualitativas preciosas para pesquisadores da história do trabalho em São Paulo: levantamentos sobre custos de vida dos trabalhadores, levantamentos sobre salários, preços de terras, informações sobre municípios paulistas etc. Entre estes, se destacam os minuciosos levantamentos em numerosas fábricas paulistas, que são verdadeiros mananciais de informações detalhadas sobre condições de trabalho durante a Primeira República.

---

(20) A Seção de Informações se propunha a executar tarefas que hoje em dia são estratégicas nos órgãos de gestão públicos. Departamentos de *Estatísticas, Sistemas de Informações* (hoje ajudados pelas *Tecnologias de Informações*) e *Observatórios* são responsáveis pela alimentação de bancos de dados que compõem painéis de diagnósticos que servem para a orientação das políticas públicas. Já àquela época, o DET esboçava essa tendência.

Levantamentos sobre salários, condições de vida e formação das feiras livres paulistanas

Os frequentes levantamentos sobre salários, juntamente com as tabelas de preços dos gêneros de consumo da classe trabalhadora, trazem informações riquíssimas, ótimas para se compor quadros das condições de vida, à época. Os funcionários do DET demonstravam a preocupação com uma melhor aproximação da realidade dos trabalhadores, quando realizavam os levantamentos nas mais variadas regiões de concentração operária.

O boletim n. 3, referente ao 2º trimestre de 1912, relata a primeira tentativa da Seção de Informações de colher dados no varejo, em cinco zonas da cidade, a fim de acompanhar variação ou elevação nos gêneros de primeira necessidade, segundo o boletim. Verificou-se que no Brás, onde vive metade dos operários da capital, os preços de gêneros básicos eram mais altos por causa da enorme divisão do comércio, à venda a crédito e à venda fragmentada em diminutas quantidades. Por meio dessa matéria, ficamos sabendo que, à época, na capital existiam 138 padarias; 341 açougues; 2040 mercadores de gêneros alimentícios, alguns associados ao comércio de ferragens, louças, padaria e restaurante; 765 botequins e enorme quantidade de vendedores ambulantes, sendo a maioria no Brás. Ainda segundo os autores do levantamento, vendas e botequins localizam-se no Brás em razão da menor exigência das autoridades e da maior quantidade de operários, o que apresentava como consequência o menor cuidado com higiene no local. Os autores concluem que "Os gêneros são mais caros e de qualidade inferior e, não raro, a clientela é lesada no peso".

Tabelas com preços de diversos produtos coletados em 5 regiões da capital são apresentadas. O acesso empírico a esse manancial de informações certamente induzia o Departamento a extrapolar o âmbito do estudo. O processo de corrosão dos salários pelo fenômeno da inflação era detectado e reconhecido pelo DET, que enxergava nisso um dos principais focos de tensão na relação capital-trabalho.

O empirismo dos funcionários do DET talvez não lhes permitisse ir além da superfície desses fenômenos, motivo pelo qual eles se detinham no simples mecanismo regulador da oferta e da procura. Visando interferir no problema, dentro do alcance legal das atribuições do Departamento, e sempre baseados em experiências estrangeiras, o DET propõe a formação das feiras livres na capital paulista, como forma de combater as ações dos intermediários e diminuir os preços dos gêneros de consumo operário.

> Não se descurou a Seção de Informações, do Departamento Estadual do Trabalho, de estudar a situação, mormente tendo um guia seguro no exemplo argentino. As conclusões, *mutatis mutandis*, foram idênticas (...).
>
> A ideia do estabelecimento das feiras francas, pelo Diretor do Departamento levada ao seio da Comissão de Socorro, instituída para

providenciar quanto ao restabelecimento da normalidade na situação quase aflitiva de grande massa do nosso proletariado, encontrou o apoio merecido, que se traduziu num apelo ao Sr. Prefeito Municipal da Capital. (12/13:792, 1914)

Segundo esse boletim, aos poucos a adesão às "feiras francas" se ampliaram e se espalharam pela capital paulista, influenciando decisivamente para a baixa dos preços nos bairros operários.

Tão grandes foram os benefícios prestados à população da Capital pela instituição dos mercados livres, que estamos certos da sua transformação em instituição permanente. São Paulo não fará mais do que imitar as inúmeras cidades da França, Bélgica, Suíça e Itália, onde os mercados livres são citados até como ponto de atração, como curiosidade local aos turistas. (12/13:793, 1914)

Não importa aqui verificar se o DET, de fato, possui o "atestado batismal" das feiras livres nos bairros, hoje tão tradicionais e pitorescas em São Paulo. Mas é digno de nota o fato de que uma das medidas prometida pelo prefeito da capital paulista em negociação com os grevistas, no famoso movimento geral de 1917, tenha sido exatamente o aumento do número de mercados livres na capital, que funcionariam duas vezes por semana.

Os "inquéritos"

Entretanto, a parte mais preciosa dos boletins talvez seja aquela que reúne os inquéritos construídos a partir de inspeções nas fábricas, que revelam informações detalhadas de ambientes que normalmente são enclausurados pelas barreiras políticas impostas pelos patrões, que criam uma territorialidade de difícil penetração. As fábricas são verdadeiras clausuras sagradas, onde se realiza o ritual da geração de riquezas, sob o vil processo de exploração do trabalho. Ao contrário da exploração exposta no período da escravidão, a exploração capitalista, dos tempos de "liberdade", não pode ficar exposta ao público, ou melhor, nem sequer ao poder público. Talvez por necessidade de preservação dos segredos das novidades engenhosas que se apresentavam sob a forma de maquinarias, que deveriam ficar ocultos aos concorrentes, mas talvez para esconder o novo tipo de "escravidão" que chegava a exaurir trabalhadores, trabalhadoras e também crianças, que dedicavam até 16 horas diárias de suas vidas para produzir o lucro do patrão, este, sempre encoberto pela materialidade e brilho das mercadorias e que, frequentemente, aparecem nesses inquéritos realizados pelo DET.[21]

---

(21) Essa relação de correspondência entre os conceitos antitéticos de "liberdade" e "escravidão" pertence ao linguajar corrente da parcela militante do movimento operário do período, conforme pode ser constatado em publicações da imprensa operária que fazem denúncias vigorosas à exploração do trabalho: *A Plebe, O Despertar, A Greve, O Protesto, Terra Livre, Fanfula, La Battaglia*, entre outros.

Esse mundo fechado das pequenas e grandes fábricas, até então denunciado episodicamente pelos trabalhadores, foi enxergado através das fendas abertas pelas inspeções do DET. Pode-se legitimamente questionar os limites do campo de visão dos burocratas daquele departamento, que eram admiradores confessos do "progresso" sob a forma capitalista, em visita a ambientes que, certamente, eram previamente maquiados pelos administradores das empresas. Podemos ter certeza dos silêncios dos relatores e dos recônditos das fábricas deles ocultados. Mas não podemos deixar de nos surpreender com informações que, às vezes, nos impressionam pelo nível de detalhamento.

Muitos textos descrevem ambientes do trabalho operário: metalúrgicos, construção civil, têxteis, gráficos, trabalhadores em empresas estatais, e até o trabalho domiciliar foi objeto de pesquisa. O Boletim n. 31/32 é todo dedicado à apresentação de inquéritos realizados em várias fábricas de São Paulo. Esses inquéritos, repito, longe estão de expor com amplitude e fidelidade as minúcias do perverso processo de exploração da classe trabalhadora paulista. Além do mais, é perceptível que, durante as visitas aos estabelecimentos, os olhos dos representantes do governo se colocavam mais atentos para as questões de higiene e segurança, por serem estas as preocupações prioritárias do DET. Se isso ajuda a aguçar a observação mais para as condições físicas de trabalho dos operários, por outro, certamente obscurece a visão para aspectos sociais nos ambiente, se é que podemos proceder a essa divisão.

Entretanto, a escassez de documentação primária que registra aspectos do cotidiano e do clamor das classes subalternas é tão aguda, que documentos como estes apresentados nos boletins do DET passam a ter valor inestimável. Ademais, há que se valorizar a abrangência do relato, que envolve aspectos que revelam desde traços do patamar tecnológico da época, até imagens da situação social dos trabalhadores nos seus locais de trabalho. Muitos dos levantamentos apresentam mapas com múltiplas informações ordenadas, tais como faixas etárias, nacionalidades, salários etc.

Porém, certamente que o DET tinha muitas dificuldades em manter tais inquéritos, pois não há muita regularidade na sua publicação nos boletins. Doravante, passo a apresentar pequenos extratos de alguns dos inquéritos, apenas para aguçar a curiosidade do leitor e também para, por meio de exemplos, passar uma ideia geral do tipo de abordagem feita pelo DET, o que, além do mais, ajudará na composição que aqui tentamos realizar sobre as concepções que dirigem as ações dos gestores daquele órgão governamental paulista.

Alguns aspectos do trabalho expostos nos inquéritos

Passo a apresentar alguns exemplos de aspectos que foram abordados nesses inquéritos, a fim de que possamos melhor ilustrar e compreender a abrangência da atuação daquele Departamento paulista.

Processo de trabalho

Alguns desses inquéritos revelam aspectos dos processos de trabalho na lavoura cafeeira, como podemos conferir na matéria de 15 páginas, *Condições de trabalho na lavoura cafeeira do Estado de São Paulo*, do Boletim n. 1/2, de 1912.

No relato da visita dos pesquisadores do DET às indústrias têxteis de São Paulo, publicado em 40 páginas, no mesmo boletim acima citado, há uma breve descrição do maquinário utilizado, revelando particularidades que podem compor o quadro do nível técnico e uso de forças motrizes à época.

Em relato de 13 páginas, feito após visitas em 31 fábricas de chapéus, pinçamos pequenas informações que flagram o processo de substituição da mão humana por máquinas e são úteis para estudos que se proponham a analisar a configuração da indústria paulista naquele período.

No Boletim n. 4, 1912, encontra-se um relato exposto em cinco páginas, com detalhes do processo de trabalho executado nas "Docas" de Santos, em que se destaca o trabalho "penoso" dos ensacadores de café e sugere a mecanização:

> Fato que desagrada a todos quantos visitam as instituições do porto de Santos é a falta de aparelhamento mecânico do seu cais e armazéns. Ali quase tudo se faz á mão.

> Á imitação do que se observa em outros portos, em tudo inferiores ao de Santos, já poderia a companhia concessionária de seu cais ter tratado do dito aparelhamento, diminuindo assim o esforço exigido no emprego do braço humano e o número dos trabalhadores ocupados.

> O único serviço melhorado nesse sentido, o do desembarque de trigo em grão, foi feito de uma maneira ainda imperfeita. O embarque de café poderia ser feito, quase que exclusivamente, por meios mecânicos. A descarga de muitas espécies de mercadorias, da mesma forma.

Salários

Fartos levantamentos comparativos de salários praticados nas mais diversas categorias de trabalhadores são apresentados em todos os boletins. Porém, nos inquéritos essas informações aparecem com algumas particularidades. Alguns inquéritos informam valor e periodicidade de pagamentos de salários praticados nas fábricas e informam ocorrências de greves no setor, como mostra o relato sobre a indústria de chapéus, no Boletim n. 3, de 1912. No inquérito sobre o setor têxtil aparece uma informação emblemática:

> Esses menores de 12 anos, ganham de 40 a 80 réis por hora de serviço, trabalham na fiação, nas massarocas, nas espulas e carretéis, exatamente nas secções onde se depreende maior quantidade de resíduos (Bol.1/2, 1912).

Em um dos relatos sobre salários dos trabalhadores nas "Docas" em Santos aparece pouco mais do pensamento do funcionário do DET que reclama do "injustificável" aumento dos salários dos ensacadores após a realização de uma greve:

> Os ensacadores de café, em Santos, acham-se agremiados num sindicato, que depende da "Federação Operaria", daquela localidade. Esta federação é que tem dirigido as inúmeras greves havidas em Santos.

Benefícios sociais

Os inquéritos destacam a existência ou não de outros benefícios para os trabalhadores:

> Poucos são os industriais que se preocupam com o problema das habitações operárias. Desses mesmos, nenhum o faz com intuito humanitário ou altruísta.
>
> No município da Capital, um único industrial de tecidos subvenciona escola para os filhos dos seus operários. (Bol. 1/2, de 1912)
>
> Nenhum industrial de chapéus subvenciona escola: um somente fornece casa para os seus operários. (Bol. 3, 1912)

Ambiente de trabalho

Entretanto, o maior destaque dos inquéritos diz respeito às condições dos ambientes de trabalho:

> Estão em maioria as fábricas que funcionam em edifícios de construção especialmente destinada ao seu fim e nas quais são regularmente observadas as prescrições de segurança e higiene, quer em relação às instalações, quer quanto aos operários.
>
> (...) Apenas em um reduzido número de fábricas — e é isto fato que salta aos olhos do visitante — a defeituosa disposição das transmissões e o pequeno espaço existente entre as máquinas favorecem a ocorrência de acidentes. Ao menor descuido, são ali os operários ora colhidos pelas correias, ora quando caminham por entre as máquinas, colhidos não só pelas correias, como também pelas engrenagens.
>
> (...) Esses defeitos e outros — como a deficiência de ventilação e iluminação, a falta de aspiradores de pó, a ausência de vestiários, principalmente para as operárias — notados em alguns estabelecimentos, seriam facilmente corrigidos desde que houvesse, por parte dos industriais, um pouco de boa vontade. (p. 60)

Alguns relatos ganham ar de dramaticidade:

> (...) Impressão desagradável causa ao visitante o excessivo número de menores em trabalho.

> (...) A fiação ocupa 180 pessoas, das quais 74 são do sexo masculino e 106 do feminino. São menores de 16 anos cerca de 60 por cento e, destes, são de menos de 12 anos 32, dos quais, 9 são do sexo masculino. Na seção de carretéis trabalham 44 operários, 41 dos quais são menores de 16 anos e, destes, 12 são de menos de 12 anos, sendo todos do sexo feminino. (...) Esqueléticos, raquíticos, alguns! O tempo de trabalho varia para as seções de onze horas e meia a doze horas e meia. A última greve, ocorrida entre o pessoal desta fábrica, foi motivada pelos excessos de toda sorte, cometida por um contramestre de origem russa, demitido pela administração da fábrica, que assim atendeu aos operários.

> (...) É enorme o número de menores em serviço, 731 ao todo, dos quais 77 menores de 12 anos (Bol;1/2, 1912, p. 66)

Às vezes, alguma riqueza de detalhes nos faz flagrar hábitos curiosamente notados pelos averiguadores do DET:

> (...) Parte desta fábrica funciona numa casa quase no centro da cidade, absolutamente sem segurança e higiene. A outra parte funciona em um dos bairros industriais da Capital. Não a pudemos visitar por nos ter sido negada a necessária permissão. (...) os operários fumam no interior da fábrica e fazem suas refeições junto às máquinas.

Os relatos realçam as condições de higiene e segurança dos ambientes de trabalho fabris, não só por ser este o aspecto que mais preocupa os agentes do Departamento, mas, talvez, por existir uma legislação que serve de parâmetro para as sua investigações:

> Em desacordo com o que dispõe o art. 169, do Regulamento Sanitário do Estado de São Paulo, notamos, em algumas fábricas, deficiência de W.C. postos à disposição do pessoal. Não existem vestiários e nem todas têm lavabos à disposição do pessoal. (3:226, 1912)

Em agosto de 1911, um funcionário do DET fora destacado para verificar *in loco* os motivos que levaram os operários das "Docas" e os ensacadores de café dos armazéns de Santos a entrarem em greve. Do relato desse agente do Departamento, surge um relatório que, entre outras coisas, descreve com alguma força as agruras de um processo de trabalho:

> O trabalho dos carregadores do cais é pesadíssimo. Sob um sol ardente, sob a chuva e em dias de noroeste, esse pessoal, nas 10 horas de serviço que tem, executa um trabalho fatigante e perigoso.

> O serviço, que começa às 6 horas da manhã e termina às 5 horas da tarde, é interrompido, às 10 horas, pelo descanso de uma hora destinado à refeição. (4:409, 1912)

Acidentes de trabalho, um caso à parte

Já se sabe que os acidentes no trabalho são o foco obsessivamente privilegiado pelo DET. Há uma infinidade de relatos que descrevem com dramaticidade os mais variados tipos de acidentes que mereceriam destaque, mas não cabem ser expostos neste trabalho. Os relatos chegam a ser tão exaustivos e minuciosos que poderão escapar ao leitor do boletim ricos detalhes que revelam curiosos lances do cotidiano de um grande centro urbano como, por exemplo, quando o DET enquadra os acidentes de trânsito como acidentes de trabalho. A redação alerta que os acidentes relatados são apenas aqueles atendidos pela Assistência Policial, sendo, portanto, um número ainda subestimado:

> Em março, sete carroceiros ferem-se em quedas, abalroamentos e atropelamentos; no encontro de um bonde com um automóvel, ferem-se duas mulheres, uma carroça atropela uma mulher; outro é atropelado por um auto; um guarda cívico e um empregado no comércio caem de bicicletas, um guarda cívico é atropelado por um auto; dois vendedores ambulantes são atropelados por automóveis; um padeiro por uma bicicleta e um carpinteiro por um automóvel; uma criada cai de um bonde; um leiteiro *idem*; um choffeur quebra uma perna ao chocar-se o seu automóvel com um poste; um cocheiro cai do carrinho; uma costureira é atropelada por uma carroça; um grafeiro por um caminhão. Soma: 26. (1/2:105, 1912)

As informações sobre os acidentes no trabalho revelam, com cores vivas, uma dimensão da exposição dos trabalhadores à exploração, que não aparece nos dados sobre salários e condições de vida na aurora do capitalismo no Brasil. Nem mesmo as conhecidas publicações das organizações de trabalhadores exploram essa questão com profundidade, já que as lutas sempre se concentram mais em torno dos salários. É digno de nota a abrangência do conceito de acidente de trabalho, que, segundo esse informe, abarca as ocorrências fora do ambiente de trabalho, como se pode ver no caso dos comerciários que caem de bicicleta, ou do carpinteiro atropelado por automóvel.

A infinidade de informações sobre ocorrência de acidentes, regularmente organizados pelo Departamento só foi possível após a criação do serviço da *Assistência Policial*, responsável pelo primeiro socorro ao acidentado e pelo registro das ocorrências. Os dados são minuciosos e cruzam diversas variáveis, como idade, nacionalidade, estado civil, localidades, regiões afetadas, entre outros. Adiante comentarei sobre a perspectiva que os acidentes de trabalho assumem na proposição de regulamentação feita pelo DET.

Trabalhadores em órgãos governamentais

O levantamento feito junto às Secretarias de Estado proporciona um interessante relato de 13 páginas, no primeiro boletim, com muitos dados estatísticos, do "pessoal operário ocupado pelo Estado de São Paulo". Ali aparecem expostas as repartições governamentais do período (Escola Politécnica, vários Institutos, repartições de água e esgoto, estradas de ferro, escola agrícola etc.), os diversos ofícios e seus respectivos salários e dados estatísticos sobre os trabalhadores. Entre tantos dados, um é particularmente curioso: entre 2.290 "operários do Estado", apenas 05 são mulheres e 114 são menores de 16 anos.

Há diversos outros tipos de informações nos inquéritos: muitas estatísticas sobre nacionalidade, idade, estado civil, ocorrências de greve, entre outras. Entretanto, evitarei o prolongamento do relato por supor que esses breves extratos dos boletins são suficientes para ampliar as nossas impressões sobre o Departamento que é foco das minhas considerações.

Conforme podemos perceber, os boletins nos fornecem um conjunto de informações que servem às mais diversas pesquisas históricas que extrapolam em muito o tema da imigração.

Da imigração à intervenção: as inspeções

Essas visitas aos espaços de produção em São Paulo devem ter sido fundamentais para a formação do componente crítico que nos parece peculiar aos gestores do Departamento paulista. Além do mais, essa intromissão dos inquiridores do DET naqueles ambientes, certamente gerou reação dos administradores das fábricas, mas serviu para consolidar a concepção intervencionista naqueles dirigentes de segundo escalão do aparelho de Estado. Muitos são os relatos que indicam as restrições impostas pelos empresários às visitas dos funcionários do DET nos seus estabelecimentos, alguns dos quais aparecem nos extratos apresentados acima. Certamente, por esse motivo, a inspeção passou a se constituir em uma bandeira daquele Departamento.

> Em cada uma das fábricas visitadas (algumas das quais só à custa de muito empenho conseguimos visitar), formulamos ligeiras notas, detalhando, para cada uma, as condições de trabalho, segurança e higiene, horário de trabalho etc., notas estas que acompanham esta relação. Nem todos os industriais atenderam ao pedido de informações

a eles dirigido. Alguns forneceram dados insuficientes e outros o deixaram de fazer por completo. Por esse motivo, os quadros organizados, além de imperfeitos, abrangem um número diverso de fábricas.

Seria uma injustiça não aproveitar a oportunidade para salientar a maneira gentil por que fomos atendidos pelos Srs. Manuel Oronso, Francisco M. dos Santos e Giuseppe Crespi, respectivamente, gerentes das fábricas "Anhaia", "Santista" e "Cotonifício Rodolfo Crespi". (1/2: 63, 1912)

O afago a notórios representantes do capital pode indicar traços de subserviência, mas pode também ser visto como indício das dificuldades de penetração nos ambientes fabris. Desde os mais remotos boletins, os funcionários do DET já reclamam da necessidade de se criar instrumentos para a garantia das inspeções nas fábricas. Após visitar 31 fábricas em São Paulo, o relator reclama:

> Na sua exposição, o Chefe da Seção de Informações salienta a necessidade de disposições regulamentares que tornem obrigatória a concessão de licença para a visita dos estabelecimentos, bem como o fornecimento das informações julgadas necessárias a esses estudos. Insistiu também na parte relativa ao pessoal da seção que julga escasso demais para o prosseguimento dos serviços iniciados. (3:225, 1912)

A necessidade de se manter algum controle ao que se passa nos espaços de produção é claramente explicitada no referido projeto encaminhado ao Legislativo, em 1918, pelo presidente da província, Altino Arantes, assinado por Cândido Motta, que prevê a remodelação do DET e a incorporação de dois inspetores na Seção de Informações, propõe alteração no Decreto n. 2.400, de 1913:

> Art. 245-B — Terão direito de livre entrada em todos os estabelecimentos fabris, agrícolas e comerciais, oficinas, laboratórios e depósitos de manufaturas de todo e qualquer município do Estado, os funcionários da Seção de Informações do Departamento Estadual do Trabalho.
>
> Parágrafo Único — Será passível de uma multa de 100$000 a 500$000 o patrão que se recusar à observância do art. 245-B.[22]

A cada boletim editado é perceptível a consistência gradual que vai ganhando o discurso dos gestores do DET em relação à necessidade de reaparelhamento do órgão, para capacitá-lo e qualificá-lo melhor na tarefa de acompanhamento da regulamentação do trabalho. O tom das matérias nos causa a impressão de que os boletins passam a ser veículos de reivindicação do Departamento junto à hierarquia superior. Por isso os redatores reiteradamente recorrem ao texto de fundação do DET, de 1911, para afirmar que a inspeção está prevista na lei:

---

(22) Boletim do DET, n. 28 e 29, de 1918, p. 459.

As do § 2º desse Art. [244, do Decreto n. 2.400] referem-se ao melhoramento das condições de trabalho por meio da legislação.

O exercício eficaz destas últimas atribuições depende essencialmente da solução de uma preliminar. Efetivamente, como encontrar fórmulas legais, úteis e práticas, para ocorrer ás necessidades da segurança no trabalho, sem observar *in loco* as condições em que o trabalho se efetua?

(...) Pode-se afirmar que, na letra dos dois primeiros parágrafos do art. 244, está implicitamente contida essa inspeção, pois, sem ela, é impraticável "o estudo metódico das condições de trabalho na lavoura e nas demais indústrias do Estado" e das medidas tendentes a melhorar essas condições. O aperfeiçoamento dos serviços desta repartição, no tocante ao particular de que me ocupo, consiste, pois, na divisão dos trabalhos da Seção de Informações pelos seus dois ramos naturais: o da estatística e o de legislação, e na explícita inclusão da inspeção entre os seus encargos. (n. 17:610, 1915)

Essa passagem nos faz deduzir que o DET surgira com a função precípua de coordenar o fluxo de trabalho no estado de São Paulo (em especial o imigrante), mas logo se torna um órgão mais dedicado à legislação e que passa a reivindicar a condição "explícita" de inspeção. De fato, a partir de certo momento, os boletins passam a veicular essa cobrança de remodelação do DET, com a ampliação de sua estrutura e seu quadro funcional, para dar conta das suas atribuições e poder assumir novas. Partindo do pressuposto de que "o problema operário não se resolve pela força", o órgão insiste na necessidade de implantação da política de inspeção, "sistemática, perseverante, imparcial", da qual "resultarão as leis operárias que nos faltam, leis exequíveis, leis de verdade, nascidas da observação dos fatos".[23]

Para os gestores do DET desse período, a intervenção do Estado ocorreria por meio de órgão específico para esse fim:

> Se queremos que a anunciada lei de acidentes produza resultados, preparemos desde já, modestamente embora, o órgão administrativo que deve acompanhar-lhe a execução. [ ] Já possuímos uma lei de sindicatos profissionais que é uma incógnita a mais em nosso problema operário. Não repitamos a aventura de legislar sobre a questão sem avocar para a administração pública um direito que é ao mesmo tempo um dever. As leis do trabalho devem ser preparadas por uma repartição oficial, e esse é o único meio de impedir que sejam feitas empiricamente ou que, não encontrando fórmula a vaga aspiração proletária desfeche em tumultos evitáveis. (24:413, 1917)

---

(23) Boletim do DET, n. 24, 1917. p. 413.

Na verdade, as inspeções passam a se constituir na pedra de toque do DET, pois a sua instituição e generalização deveriam preceder a criação das leis do trabalho. O estudo concreto da realidade fabril e operária deveria dar o suporte para a elaboração das leis, pois, do contrário, segundo o Departamento, corria-se o risco de tornar as leis meras abstrações.

A proposição intervencionista do DET parece evoluir, muito provavelmente impulsionado pelo grau de efervescência da luta de classes. Não à toa o tom mais grave da linguagem dos editores do boletim é datado do ano de 1917:

> A fábrica deixará de ser uma cidadela inexpugnável que hoje é, de encontro a cujas paredes vêm quebrar-se impotentes as ondas da opinião pública. Os inspetores do trabalho ali entrarão para fazer respeitar a lei. A mediação constante do Estado entre o operário e o patrão irá abrandando certos rigores que são produtos de um autoritarismo doentio, bom para o tempo da monarquia absoluta. Os abusos serão punidos e divulgados. (24:435, 1917)

O Departamento chega a elaborar projeto de lei instituindo a Inspeção do Trabalho, cujo teor pode ser conferido na página 439 do Boletim n. 24, de 1917. Trata-se de um projeto com proposições fortemente intervencionistas. A leitura sequenciada dos textos dos boletins nos sugere, portanto, que a experiência concreta dos funcionários do DET, seja pelos intercâmbios de materiais estrangeiros, seja pelo contato direto e frequente com as duras realidades do trabalho, permitiu o aprofundamento de suas concepções intervencionistas que visavam à atenuação da exploração capitalista sobre os trabalhadores.

Segundo o Relatório da Secretaria de Agricultura, de 1917, o pré-projeto de inspeção do trabalho, elaborado pelo DET, teria influenciado a Lei que reformou o Serviço Sanitário do Estado, em 1917:

> Ainda em 1917, no dia 29 de dezembro, foi promulgada a Lei que reforma o Serviço Sanitário, na qual se incluíram algumas disposições constantes do esboço de projeto de Lei que institui neste Departamento a Inspeção do Trabalho. (1917, p. 112)

Esse fato apenas reforça a constatação de que o DET tentava atingir as fábricas utilizando-se da legislação sanitária do Estado de São Paulo.

Aliás, na conjuntura crítica de agitações operárias em São Paulo, no ano de 1917, o DET aparece no processo de negociação entre operários, empresários, patrões e governo. Barbara Weinstein faz a seguinte referência a esse episódio:

> Logo depois do movimento de 1917, a Secretaria Estadual do Trabalho de São Paulo [sic] começou a estudar a viabilidade de usar a legislação federal do trabalho para arbitrar conflitos entre capital e trabalho e para considerar determinadas queixas dos trabalhadores. Ela

imediatamente consultou o Centro de Comércio e Indústria de São Paulo, que organizou um encontro bastante concorrido para discutir o problema e informou o governo de que o Centro "viu sempre a necessidade de adotar-se um Código do Trabalho, como regulador das relações entre o capital e o operário e mediador dos contratos entre este e os patrões".[24]

Essa citação de Weinstein é muito importante, embora as minhas pesquisas não tivessem sido capazes de detectar qualquer envolvimento do DET no processo de negociação nos episódios operários de 1917. Esse evento, citado pela autora, refere-se a uma passagem relatada por José de Souza Martins, em que o DET aparece intervindo como órgão de mediação, sugerindo aos industriais a união em torno da regulamentação do trabalho, certamente forçado pelas circunstâncias da forte mobilização operária.[25] Os boletins do Departamento se mostram impermeáveis ao movimento operário, ainda que os discursos ali produzidos demonstrem o seu interesse direto com a instituição da arbitragem e da conciliação. No boletim do 2º semestre de 1917, a grande greve aparece diretamente citada em três lacônicas páginas, onde se expõem as reivindicações dos operários e a intervenção do Estado nas negociações. Porém, os editores não deixam de demonstrar a lição que se deveria extrair dos acontecimentos, ao concluírem que:

> Devido à intervenção conciliatória do Poder Público e da imprensa, os operários retomaram o trabalho, uma semana depois de se haverem declarado em parede. O movimento terminou, pois, pela vitória de um princípio: o princípio da conciliação e da arbitragem.[26]

O tema predileto dos boletins: entrelaçamento entre regulamentação e lei de acidentes

Muitos são os textos que apresentam um caráter editorial, carregados de elaborações, proposições e indicações de políticas no âmbito do trabalho. O tema central que melhor expressa as ideias veiculadas por esses textos trata da necessidade de intervenção do Estado no processo de regulamentação das relações de trabalho. A linha editorial explicita abertamente a sua posição clara em prol da ampla regulamentação. Entretanto, a questão dos acidentes de trabalho tem proeminência absoluta, se configurando como se fosse uma verdadeira obsessão do Departamento. A grande maioria dos textos dos boletins está relacionada com

---

(24) WEINSTEIN, Bárbara. *(Re)Formação da classe trabalhadora no Brasil (1920-1964)*. São Paulo: Cortez, 2000. p. 73.
(25) A citação de Weinstein é extraída da obra de José de Souza: *Conde de Matarazzo, empresário e empresa*, São Paulo: Hucitec, 1974. p. 95.
(26) Boletim do DET, n. 24, p. 451.

a questão dos acidentes, cujos dados e informações são publicados farta e exaustivamente. De fato, é dentro do DET que se elabora aquela que é considerada a primeira lei trabalhista em âmbito nacional do Brasil. O Departamento permite toda a fundamentação teórica e jurídica para a elaboração da lei, que será apresentada ao parlamento pelo senador Adolpho Gordo. Abaixo transcrevemos o teor da carta assinada pelo senador Adolpho Gordo, que consta na contracapa do boletim do DET n. 11, de 1915:

Senado Federal

Rio, 29 de abril de 1915.

Ilmo. Sr. Diretor do

Departamento Estadual do Trabalho

Tendo lido, no Boletim desse Departamento, os interessantes estudos relativos ao importante problema da reparação dos danos causados pelos acidentes no trabalho e desejando elaborar um projeto de lei sobre o assunto, venho pedir a V. S. as estatísticas e mais subsídios referentes ao mesmo assunto, que devem existir nos arquivos da redação do Boletim.

Com a mais distinta consideração, tenho o prazer de subscrever-me,

Am. Admr.
ADOLPHO GORDO

A autoria do projeto que dá origem à lei sobre acidentes de trabalho é revelada em Relatórios da Secretaria da Agricultura:

> Está dependendo da votação final na Câmara dos Deputados, com a respectiva discussão já encerrada, o projeto de Lei relativo aos acidentes de trabalho, elaborado pela Seção de Informações deste Departamento e apresentado ao Congresso Nacional pelo Sr. Senador Adolpho Gordo.[27]

Uma vez tornado lei, o DET é chamado a colaborar na sua regulamentação:

> Este projeto é hoje a Lei de acidentes, promulgada em 15 de janeiro de 1919, pelo Sr. Vice-Presidente da República em exercício, e em sua regulamentação foi este Departamento chamado a colaborar.[28]

O DET acompanha passo a passo todo o penoso processo, com seus avanços e reveses, no âmbito parlamentar. Seguramente ele formará o mais importante *lobbie* pela aprovação da lei. *Lobbie* que enfrentava resistência dos industriais, encabeçados pelo CIB, pelo que podemos presumir na leitura de matérias dos boletins.[29]

---

(27) Relatório... cit., 1917. p. 111.
(28) Relatório... cit., 1918. p. 109.
(29) Ver, especialmente, os boletins n. 24 e 25.

Essa face do DET tendente à regulamentação escapou aos raros historiadores que, de alguma forma, fazem menção ao Departamento. A própria lei de acidentes de trabalho aparece como uma espécie de "lei menor" e isolada. Porém, no contexto dos boletins do DET, ela não pode ser dissociada da proposição de regulamentação geral do trabalho. Nos boletins podemos perceber não só toda a genealogia da formulação da lei, mas também estratégias que se escondiam por detrás dos debates que a envolviam.

As referências feitas ao DET, pelos historiadores, nos sugerem uma relação fraca no sentido regulamentador, ou, quando muito, que destacam o papel do Departamento preocupado unicamente com a proposição de uma espécie de "lei menor", como essa sobre acidentes. Porém, qualquer análise ligeira dos textos sobre acidentes indicará que eles não podem ser dissociados da proposição de regulamentação geral do trabalho.

Desde o começo de sua existência, o DET propõe a regulamentação geral das relações de trabalho. Nos boletins, pelo menos até 1925, esse discurso é explicitado reiteradamente no corpo das matérias que tratam da lei de acidentes de trabalho:

> Antes de expormos os algarismos finais da nossa estatística de acidentes de trabalho (...) entendemos necessário insistir novamente sobre o estado da numerosa classe dos trabalhadores, no tocante à regulamentação do trabalho e à reparação dos danos resultantes dos acidentes, quando ocorridos no exercício do trabalho profissional.
>
> Em toda parte, como entre nós também, um justo clamor se levanta, pedindo a instituição de medidas que melhorem as condições das classes laboriosas, sejam elas tendentes à regulamentação geral do trabalho ou instituidora dos chamados seguros sociais, ou ainda criadora de modernas organizações, destinadas a proteger o trabalhador, quando lesado em seus direitos, quando envolvido em uma parede, num *lock-out* ou numa questão de interpretação de contrato de trabalho. (10:5, 1914)

Ainda nesse mesmo texto sobre acidentes, ao chamar a atenção para a inobservância da legislação vigente, o DET questiona fundamentos do liberalismo:

> As prescrições relativas a este assunto são da competência do Congresso Estadual: as aplicações, embora afetem relações contratuais e se prendam à liberdade de cada um, têm, não obstante, uma face social, preponderante, a da ordem e da higiene. A ordem e a higiene preventiva devem ser objeto de ação e da legislação do Estado. (10:8, 1914)

A crítica ao poder absoluto do patrão na fábrica aparece em texto dedicado à reflexão sobre acidentes, intitulado *O problema considerado no Brasil. Prevenção*. O DET reclama da falta de regulamentos elaborados na esfera pública, em contraposição aos regulamentos elaborados dentro das fábricas:

> Quem é, porém, que fez esse regulamento? O patrão. Em que é que se inspiraram as ordens do contramestre? Na sua vontade, no seu modo de ver, no seu estado de espírito, nas variações do seu humor. Não há regras a que estejam sujeitos todos os patrões, não há regulamentos comuns às fábricas de cada indústria, elaborados, não pelo proprietário, do ponto de vista que mais convém aos seus interesses, mas pelo poder público, do ponto de vista dos interesses da coletividade e da proteção aos desfavorecidos. Cada qual procede, até certo ponto, como bem lhe apraz. Têm-se visto até industriais que legislam sobre a idade de admissão dos operários ao serviço. Não há, em suma, regulamentação do trabalho, e essa ausência de medidas protetoras do trabalho explica as iniciativas audazes e os inumanos abusos dos que se sobrepõem à sociedade e, simples particulares, ditam Leis aos seus subordinados. (11:283, 1914)

Portanto, os textos argumentativos sobre acidentes de trabalho levam, inevitavelmente, para a questão da regulamentação. Entretanto, a análise apressada sobre o Departamento paulista não permitiu que se enxergasse essa dimensão que vincula a luta pela regulamentação contra os acidentes à luta pela regulamentação geral das relações de trabalho. Na introdução do artigo que trata dos *Três projetos de Lei relativos a acidentes de trabalho,* os editores refutam alguns argumentos do pensamento hegemônico à época:

> Na opinião desses entendidos, a legislação do trabalho "bole com os grandes princípios" e ameaça, por conseguinte, os baluartes da sociedade. "Não precipitemos a questão social"! Toda tentativa de melhoramento das condições do trabalho é suspeita aos olhos de tais indivíduos, que a taxam invariavelmente de extemporânea.
>
> Têm eles alguma razão? Nenhuma. Questão social significa desigualdade de condições. Tudo, portanto, que diminuir esta contribuirá para resolver aquela.
>
> Já é tão sensível entre nós essa desigualdade, que urja remediá-la?
>
> A resposta é simples. Ainda que sensível não fosse, conviria sempre pôr mãos à obra, tanto por aproveitar o favorável e benigno da situação, quanto para evitar futuros e possíveis obstáculos ou impedimentos.
>
> A observação nos mostra, porém, que a regulamentação do trabalho já se tornou para nós uma necessidade. (21:567, 1916)

Esses trechos nos dão a impressão de que os gestores do DET alimentavam uma estratégia de regulamentação mediante a ampliação daquilo que já se encontrava estabelecido nos textos legais e que se baseava em três pilares: as leis protetoras que constavam no **Código Sanitário** e outras leis menores; a rápida aprovação da **lei de acidentes** e criação de amplo e eficaz processo de **inspeção** nas empresas. Esses três instrumentos combinados funcionariam como ponto de partida para uma regulamentação ampla. Segundo eles, um projeto factível e capaz de vigorar imediatamente, cuja estratégia se diferenciava daquelas que propunham um Código do Trabalho. Os funcionários do DET não discordavam de tal Código, mas consideravam-no irrealizável dentro daquele contexto político:

> Sem entendermos que se possa fazer um trabalho completo ou instituir um conjunto de medidas radicais sobre o assunto, acreditamos, entretanto, oportuna a inclusão no código sanitário de mais alguns dispositivos, que virão sanar lacunas graves, faltas sensibilíssimas, que o estudo da nossa estatística revela com abundância de provas. (10:6, 1914)

> Promulgada a lei de acidentes, reconhecido, portanto, oficialmente, o direito do operariado ao melhoramento das suas condições de vida e de trabalho, — recairemos na costumada inércia, à espera de novas catástrofes? Confiaremos à concordância ocasional das opiniões a tarefa delicada, complexa, melindrosa, de promover esse melhoramento? Se o fizermos, cometeremos um erro que o tempo agravará, um erro que nem sequer poderá ser justificado pela ignorância, porque, neste como em tantos outros dos nossos problemas, o caminho a seguir está apontado. (24:413, 1917)

Quando de uma das votações da Lei de Acidentes no Congresso Nacional, em 1917, a decisão fora adiada por causa dos argumentos de que deveria incluir essa lei em código maior regulamentador das relações de trabalho. O DET enxerga nisso uma manobra do Centro Industrial do Brasil (CIB)[30], aliada ao equívoco das lideranças dos trabalhadores:

> Não padece dúvida que a resistência dos industriais, tão claramente manifestada pelo Centro Industrial do Brasil, encontrou excelente aliada na utopia do Código do Trabalho. À passagem da Lei Adolpho Gordo opuseram-se, de um lado, os patrões, ou antes os grandes industriais sindicados no Rio de Janeiro, com a sua intervenção junto à Câmara; de outro lado, com a sua preferência por um Código do Trabalho, os utopistas. Da combinação dessas duas forças resultou ser o projeto de acidentes mutilado e amalgamado com outros, e condenado afinal a retrogradar...

Enquanto acusa o CIB de manipulação, o DET ataca as direções dos trabalhadores, que teriam se submetido às manobras do CIB ao recusar uma lei que estava à mão, na ilusão de se conseguir uma lei maior:

> Não se dirá que tenham sido extraordinariamente hábeis os defensores do operariado que, dispondo de voz na Câmara dos Deputados, não

---

(30) À época, dirigido por Jorge Street.

souberam ou não quiseram pô-la a serviço dos proletários, preferindo a votação de uma Lei a sua protelação por tempo indefinido.

É necessário que fiquem arquivadas estas observações como elementos históricos para o conhecimento da questão operária no Brasil.

Que faziam, porém, os operários, a grande massa deles, em face da situação?

Os operários (...) deixavam-se estar, iludidos, como sempre, pelas aparências. (...) Tendo feito uma greve colossal para obterem, além de outras coisas, a introdução de novas medidas nas Leis do país, permitiram que suas reclamações chegassem ao Congresso Nacional sob uma forma exagerada, e perderam a oportunidade de apressar a marcha de um projeto já encaminhado.

Sirva isto de lição aos ingênuos que se deixam levar por programas irrealizáveis. (25:590, 1917)

Portanto, ao que parece, os funcionários do DET não discordavam do Código do Trabalho, o problema é que eles não enxergavam o contexto favorável para isso naquele momento:

Se o Congresso leva dois anos para votar uma simples lei de acidentes, com pouco mais de vinte artigos, quanto tempo levará para elaborar um Código em que, além dessa matéria, pretende uma dezena de outros assuntos? (24:434, 1917)

Assim, o DET — por intermédio do seu funcionário, que aparece assinando matéria da qual extraímos esses trechos do Boletim n. 24, J. Papaterra Limongi — vê um caminho gradual para criar uma legislação. Defende leis parciais, mas que sejam aplicadas. Segundo os funcionários do Departamento, as leis gerais recebem tanta resistência, que viram leis "decorativas", "hipócritas", "para inglês ver":

Quem nos dera que se pudesse implantar desde já no Brasil tudo quanto se tem aventado de generoso, de nobre, de elevado, em favor dos operários! Se alguém acha isso exequível, que o faça. Hipoteco desde já a minha admiração a esse herói. O Projeto Adolpho Gordo, porém, está aí sobre a mesa da Câmara? Por que motivo não entra em terceira discussão? (24:436, 1917)[31]

---

(31) A leitura dos Boletins me faz supor que o funcionário João Papaterra Limongi seja um dos principais articulistas do periódico (senão o principal), e, talvez, responsável pelos textos mais incisivos que propõem a intervenção direta do Estado nas relações de trabalho. Ele assina alguns artigos com o mesmo teor e verve. Não à toa ele aparecerá como vice-diretor do DET em 1934, já na gestão do então diretor Jorge Street. Na segunda metade da década de 1930, aparece assinando pareceres, na condição de sub-diretor da Assistência Judiciária, nos processos de trabalhadores

Pertencentes à estrutura de poder, os funcionários do DET pareciam apalpar as dificuldades políticas para se implantar leis:

> Há cinco anos que eu estudo um meio eficaz, decisivo, de se lançarem as bases da legislação operária no Brasil, e a cada dia me convenço mais que o maior obstáculo à consecução desse fim é a obstinada recusa de certas pessoas a reconhecerem o Estado de direito de penetrar na fábrica, na oficina, no estabelecimento comercial, para proteger o operário. Toca ao Poder Executivo exercer todo o rigor de sua força coercitiva para firmar esse princípio. O Estado não pode ser um mero expectador das lutas entre o patrão e o operário. O dever dos governantes é reagir contra o odioso preconceito. (24:435, 1917)

Os organizadores do boletim cultivavam uma ideia que recusava o "sonho irrealizável" dos "utopistas" ou "radicais" e combatia o "conservadorismo" dos industriais, que eram guiados exclusivamente pelos cálculos do lucro rápido.

Pois bem, tudo indica que, mesmo a visão reformista e pragmática do DET não se mostrou factível naquela conjuntura, pois, a partir de certo momento, a gritaria de tom reivindicativo dos boletins fora sufocada e substituída pelo silêncio frio de dados relatoriais, na primeira metade da década de 1920.

Periodização: ideias em dois tempos

A leitura do conjunto de boletins datados desde 1912 a 1930 nos sugere uma demarcação de dois períodos distintos na direção política do Departamento, tendo em vista uma clara mudança de orientação na condução do órgão.

Aparentemente, temos uma orientação política muito mais definida por um apoio aberto (que mais se assemelha a reivindicação) à institucionalização de legislação regulamentadora do trabalho, desde 1912 (Boletim n. 1/2) até 1922 (Boletim n. 42/43), quando o boletim experimenta a sua fase mais regular e mais fértil, nesse período. Desde a sua criação, o DET parece assumir crescentemente um perfil "militante" em torno da causa da regulamentação do trabalho, veiculando, por meio dos boletins, um discurso reiteradamente persuasivo. A intensidade desse discurso parece ganhar consistência com a observação do panorama internacional e também com a experiência da intensificação da luta de classes na sociedade paulista da época. O Departamento chegou a um ponto que parece ter se configurado em um *bunker* dentro da burocracia do Estado paulista em prol da regulamentação, utilizando-se da lei de acidentes como ponta de lança.

---

mediados pelo DET, conforme se verá no capítulo 4 desta tese. Limongi se tornou catedrático da Faculdade de Direito da USP em 1938 e professor de várias outras renomadas instituições acadêmicas de São Paulo, militou em organizações católicas e sua fama e influência o tornou nome de rua na Vila Sônia, capital paulista (ver: <http://www.dicionaroderuas.com.br>).

O Boletim referente aos dois últimos trimestres de 1922 (n. 44 e 45) não demonstra ainda uma aparente mudança editorial, não obstante ser quase todo ocupado com texto contendo informações sobre os municípios paulistas, divididos por zonas. São 193 páginas de informações, com alguns detalhes geográficos e de produção, sobre os municípios.

Os boletins do ano de 1923 (n. 46 a 49) já aparecem mais condensados e destituídos de textos com visões políticas bem delineadas. Neles são publicados os decretos de criação do Conselho Nacional do Trabalho, de criação dos Tribunais Rurais (Lei Estadual n. 1.869, de 10.10.1922), o Decreto Federal instituindo a aposentadoria dos Ferroviários. Entretanto, não há qualquer comentário sobre tais medidas, a não ser um tímido informe sobre a criação do CNT, na página 179 do Boletim n. 48/49.

Os boletins do ano de 1924 são tímidos e lacônicos. O Boletim n. 52, do terceiro trimestre, é todo destinado a publicar informações sobre os municípios paulistas, listados em ordem alfabética. Porém, ainda neste ano o Departamento, desde a fundação, é dirigido pelo mesmo Luiz Ferraz que, aliás, aparece sob a insígnia de "Major". Nesse Boletim n. 52 o Major Luiz Ferraz discorre sobre "*A questão meridional e a emigração italiana*".

Nada desprezível essa patente militar do, até então, diretor do DET. Ainda mais se atentarmos para a efervescente conjuntura paulista de grandes movimentos grevistas, seguidos de forte repressão, encerrada com a decretação do Estado de Sítio, com a política de expulsão de estrangeiros no início da década de 1920 e também com as movimentações protagonizadas pelo militares de baixa patente, principalmente nos anos de 1922 e 1924.[32] Interessante ainda notar que, no chamado período da *Reação Republicana*, quando se monta a chapa oposicionista liderada por Nilo Peçanha e J. J. Seabra, o bloco oposicionista, com forte pressão popular, tem a participação dirigente dos conhecidos parlamentares "trabalhistas" Nicanor Nascimento e Maurício de Lacerda, juntamente com amplas parcelas de militares, principalmente, aqueles de baixa patente. Aliás, Lacerda é citado como "intérprete do movimento tenentista na Câmara".[33] Ou seja, essa possível guinada do DET, certamente, reflete a conjuntura política do período.

Em mensagem memorialística do DET, produzida no boletim deste mesmo departamento, no ano de 1951, ficamos sabendo que, "devido ao movimento

---

(32) A década de 1920 foi marcada pela ocorrência de fortes movimentações militares que ganharam ampla expressão social. Além do épico episódio conhecido como "Coluna Prestes", ocorreram expressivas revoltas em alguns Estados brasileiros nos anos de 1922 e 1924. A historiadora Anita Leocádia Prestes é convincente quando demonstra a profunda crise política no início da década de 1920, analisando a chamada *Reação Republicana*, que abalou seriamente o poder dos setores tradicionais e conservadores da oligarquia brasileira, e o protagonismo revolucionário (ainda que desorganizado) da "juventude militar". Ver: PRESTES, Anita Leocádia. *Os militares e a reação republicana. As origens do tenentismo.* Petrópolis: Vozes, 1994.
(33) Cf. SODRÉ, Nelson Werneck. *História da imprensa no Brasil.* São Paulo: Civilização Brasileira, 1966. p. 419.

revolucionário de 1924, chefiado pelo General Isidoro Dias Lopes, a administração pública de São Paulo esteve acéfala, desde 5 de julho até 6 de agosto do mesmo ano. Quando todas as autoridades administrativas se retiraram da Capital, pressionadas pelas forças revolucionárias",[34] Felisberto Augusto de Oliveira, então administrador da Hospedaria de Imigrantes, assumiu interinamente o cargo de Diretor do DET.

Felisberto Oliveira é lembrado por não ter abandonado o posto público, mesmo

> compreendendo o perigo que representava para a repartição a presença de algumas centenas de imigrantes húngaros, bessarábicos e rumenos, irritados pelo fato de não poderem seguir viagem com destino às fazendas paulistas, resolveu não abandonar seu posto e, passando dias e noites a cuidar de todo expediente, ao lado de funcionários subalternos, também abnegados, conseguiu gerir satisfatoriamente os trabalhos, até que, em meados de agosto de 1924, todos os serviços do Departamento passaram a seguir a sua rotina normal. Dessa forma, durante todo o período da revolução, quando pipoquearam as metralhadoras assentadas nos quatro ângulos do velho e soberbo edifício da rua Visconde de Parnaíba, onde funcionava o Departamento Estadual do Trabalho, Felisberto Augusto de Oliveira, além de administrador, foi seu diretor eficiente, merecendo elogios pelo fato de não abandoná-lo, com risco de sua própria vida.[35]

Esse trecho não tem a intenção de fazer coro com a memória laudatória produzida, mas revelar um detalhe menor sobre os dirigentes do Departamento paulista e também mostrar um rasgo interessante de uma conjuntura efervescente, desde a Hospedaria.

Todavia, é a partir de 1925 que notamos claramente uma guinada nítida na linha editorial da publicação, que passa a ocultar quase que completamente o tom contundente reivindicador de política pública regulamentadora do trabalho. Nesse período, o boletim assume uma linguagem muito mais técnica, relatorial, caracterizada por um silêncio absoluto em relação aos temas antes tratados com certo vigor. Os sinais de crise são nítidos, se observarmos a diminuição do número de páginas de cada fascículo, a maior irregularidade nas edições e o esvaziamento editorial do boletim. No ano de 1926, o boletim não é editado e nos anos seguintes é publicado apenas um boletim anualmente, com poucas páginas. Chama a atenção apenas o fato de o boletim (e o próprio Departamento) não ter encerrado as suas atividades.

No Boletim n. 56, do 3º trimestre de 1925, a primeira matéria noticia a reorganização nos quadros da Secretaria de Agricultura,[36] com reflexos também

---

(34) Boletim do DET, n. 27, de março de 1951 (trata-se de uma nova série de boletins editada a partir de 1948).
(35) *Idem*, p. 34-5.
(36) Decretos Estaduais n. 3.872-A e 3.872-B, ambos de 10 de julho de 1925.

no Departamento do Trabalho, que sofre corte de pessoal e a supressão da *Seção de Informações,* que foi substituída pela *Seção de Expediente e Informações.* Na reforma, a Secretaria de Agricultura ficaria constituída por uma diretoria geral e outras nove diretorias. Pela leitura dos boletins sequentes fica claro que esta seção assume mais a função de expediente e menos de informação.

> A Seção de Expediente e Informações teve, também, muito melhorados os seus serviços. O expediente foi, de fato, executado, tendo triplicado o movimento de correspondência, que, além de copiada, deixou o correspondente carbono para o arquivo. (62/65:48, 1928)

Em 1926 não é editado o boletim do DET. Já o tom da matéria *O Departamento Estadual do Trabalho em 1926, A crise* [imigratória], que abre o Boletim n. 58, do primeiro trimestre de 1927, não deixa dúvidas: ocorreram mudanças na direção do Departamento. Referindo-se à crise nos serviços imigratórios do Estado e à consequente estagnação da Hospedaria, o editorialista não titubeia em encontrar as fontes do problema:

> O Departamento Estadual do Trabalho não soube, em fins de 1924, orientar, convenientemente o Governo sobre as necessidades de braços da lavoura de café, exagerando muitíssimo tal necessidade; os introdutores, habituados com a prejudicial complacência de serviços e funcionários, cometeram toda sorte de abusos; os fiscais, sem a mão forte da administração, para orientá-los e puni-los, praticaram também verdadeiros desmandos; e, finalmente, a lavoura, de sobreaviso, cansada das experiências dos anos anteriores, retraiu-se, ocasionando a redução da procura. Foram esses os motivos da crise.

Na visão dos novos dirigentes do DET, os responsáveis pela crise da imigração tinham nome e endereço: os funcionários *complacentes* do Departamento.[37] Deve ter sido forte a intervenção no DET, por parte do governo Estadual. Essas mudanças políticas frequentemente vêm temperadas com revanchismos, ressentimentos e denúncias. Certamente, essa reorientação político-administrativa no Departamento está vinculada às mudanças na cúpula do governo de São Paulo: em maio de 1924, Carlos de Campos sucede Washington Luis na presidência do Estado. A revolta militar de 1924 já acontece sob o governo de Campos.

Além dos termos usados — "prejudicial complacência", "abusos", "desmandos" —, a nova direção do DET sugere ter havido, durante a gestão precedente, ocorrência de irregularidades administrativas. Pelo menos é o que inferimos com a leitura do decreto de reorganização do Departamento, que, a partir de então, impõe a realização de inventário anual na repartição, conferência das faturas pela Diretoria de Contabilidade — nova repartição criada. Além disso, o decreto impõe que:

---

(37) No boletim n. 59-60-61, referente aos três últimos trimestres de 1927, p. 5, há menção à nova diretoria, sem, no entanto, dar maiores pistas sobre ela.

As promoções dos funcionários far-se-ão exclusivamente por merecimento. Todos os anos, no mês de Janeiro, uma comissão composta dos chefes e diretores e presidida pelo diretor geral organizará o respectivo quadro. Para inclusão nesse quadro de merecimento será tomado em conta: a hierarquia, a idoneidade, a dedicação ao serviço, e competência técnica, e as comissões que houverem desempenhados os funcionários.

A ênfase textualmente expressa na lei sugere uma (re)ação político-administrativa que parece acontecer com frequência no DET e que é típica das repartições governamentais, que sofrem os constantes abalos decorrentes das mudanças políticas nas esferas superiores da burocracia governamental. No capítulo seguinte, veremos como isso se repetirá na história do Departamento Estadual do Trabalho no período subsequente.

No Boletim n. 66-69, de 1929, página 71, aparece o nome do novo diretor do DET, Sr. Marcello Piza.

O terceiro período se inicia a partir de 1931, após as mudanças no plano federal. Este será objeto de análise nos próximos capítulos desta tese.

Qual a regulamentação proposta pelo DET?

Até aqui produzimos fartos exemplos e fortes argumentos que demonstram, com limpidez, haver espaço dentro do aparelho de Estado paulista para circulação de ideias que alimentavam o discurso da regulamentação do trabalho, contrariando, assim, o pensamento hegemônico calcado nos princípios liberais.

Cabe-nos agora, portanto, tentar uma maior aproximação que nos ajude a revelar qual o matiz dessas ideias. Ou seja, qual projeto de regulamentação brota de dentro do DET. Não devemos esperar uma resposta muito precisa a essa questão, afinal, estamos partindo de uma fonte mais ou menos uniforme, produtora de um discurso que, em geral, dialoga com um espectro muito amplo de ideias que se organizam em torno do princípio geral do liberalismo, que prevê, simplesmente, a não intervenção do Estado nas relações de trabalho. Dito de outra forma, o combate do DET se dá contra a ideia geral de não intervenção, à qual o Departamento se contrapõe propondo a intervenção direta do Estado e a regulamentação das relações de trabalho, ou seja, a criação de leis que estabeleçam essa relação.

A posição do DET em prol da regulamentação das relações de trabalho ficou explícita diante da conivência com as proposições do Deputado Salles Júnior, conforme longamente se expôs no primeiro capítulo. Até 1925, praticamente todos os boletins, de forma mais subliminar ou de forma aberta, batem na mesma tecla propositiva da regulamentação.

Esse posicionamento não é circunstancial e aparece em diversas passagens de textos de vários boletins, o que demonstra uma afirmação cada vez mais segura e mais explícita, se seguirmos uma leitura cronologicamente sequenciada dos boletins.

No Boletim n. 16, de 1915, página 462, baseando-se nas experiências da Itália e de outros países "adiantados", os editores propagam a ideia de intervenção do Estado mesmo no âmbito da economia.

Em 1917, os termos do problema da necessidade de intervenção são claros e os argumentos tão límpidos que não deixam margens a dúvidas:

> O problema operário não se resolve pela força. Na quase totalidade dos países civilizados, tem-no resolvido o Estado pela criação das repartições do trabalho, entre cujas atribuições predomina a inspeção dos estabelecimentos fabris, como seguro meio de observar as necessidades do meio industrial quanto à segurança, à higiene e à proteção ao salário (...).
>
> Não repitamos a aventura de legislar sobre a questão sem avocar para a administração pública um direito que é ao mesmo tempo um dever. As leis do trabalho devem ser preparadas por uma repartição oficial, e esse é o único meio de impedir que sejam feitas empiricamente ou que, não encontrando fórmula, a vaga aspiração proletária desfeche em tumultos evitáveis. (Bol. 24: 413-414, 1917)

Os editores do boletim do DET se mostram coniventes com uma corrente do Direito que parece se constituir e ganhar corpo naquele período:

> Por certo, assim como as Leis não melhoram os costumes, assim também não apagam de todo as desigualdades humanas, visto que não têm influência direta sobre os sentimentos e as convicções íntimas, nas quais reside a razão de ser daquelas desigualdades.
>
> Nenhum insensato, porém, pretenderá que se não façam mais Leis, a pretexto de que não corrijam o mundo. Do mesmo modo, não se justifica a menor desconfiança, em redor das iniciativas que procuram obter a consagração legal para as relações jurídicas criadas pelo trabalho. Que as leis do trabalho não resolvem por si sós a questão social, está bem claro. Mais difícil, porém, será resolvê-las sem o auxílio de tais Leis. (21:508, 1916)

Se bem observados, os argumentos sobre a regulamentação elaborados por aqueles que gerem o DET não se distanciam muito daqueles formulados pelos que a advogam no pós-1930:

> O trabalho não regulamentado é uma fonte perene de males, que vão desde as moléstias profissionais até a exploração da infância e às mais duras ofensas à maternidade. Adiar essa regulamentação sob o pretexto

de que os operários lucram com ela, equivaleria a negar a assistência aos enfermos, alegando que o remédio pode curá-los. É de fato para aumentar o bem-estar social que se regulamenta o trabalho. O erro está em se afirmar que só lucram com isso os operários; se o benefício deles é mais visível, isso se explica de um modo muito simples: é que eles se achavam na pior situação (...); mas, daí a afirmar que o respeito aos direitos do operário traria a ruína para os patrões vai uma distância muito grande. É a eterna luta entre o preconceito e a evidência, entre o interesse e a Justiça, entre as conveniências sociais e os ditames do Direito. (23:260, 1917)

Os interlocutores que são alvos das críticas do DET são ocultos, mas facilmente identificáveis:

Não podendo combater a verdade em si, não conseguindo empanar-lhe a luminosa essência, o preconceito contorna a dificuldade e, deixando de negar a justiça das leis do trabalho, passa a contestar a sua oportunidade: "Não nego que tal medida seja boa. Mas para que é que havemos de a praticar se não precisamos dela? Regulamentação do trabalho? Isso é bom nos grandes países industriais...o Brasil é um país Agrícola. Não temos fábricas, não temos antagonismos de classes, não temos questão social, não temos socialismo...".

O autor refuta essas crenças com dados, demonstrando o alto grau de industrialização de São Paulo e acrescenta:

Como se as leis do trabalho fossem satisfações dadas a esta ou àquela seita revolucionária! Triste compreensão dos deveres do Poder Público, a dos sofistas que em tudo veem um pretexto para a caça ao voto e à popularidade. [...] Não temos questão social. Como se não fôssemos uma sociedade [...] Não temos antagonismo de classes. Que velharia! Regulamentar o trabalho não é legislar para uma classe, em detrimento de outra: é atender ao interesse público, ao bem coletivo. (Bol. 23:260, 1917)

Não há, portanto, como negar a força e clareza argumentativa dos funcionários do DET em defesa da regulamentação do trabalho, justificando a alcunha de "burocracia esclarecida", empregada pelos historiadores.[38] Entretanto, ainda que os boletins não nos forneçam elementos muito minuciosos que esclareçam detalhes dessa proposição, alguns traços realçam as dificuldades decorrentes de um determinado contexto político e que dizem respeito ao ritmo previsto para a implementação das mudanças.

---

(38) Refiro-me à equipe que esboçou o projeto de pesquisa sobre a industrialização no Brasil, conforme artigo citado da Déa Fenelon.

Algumas passagens revelam a percepção de um "atraso" na legislação social no Brasil:

> Na legislação de quase todos os povos cultos já se acha definitivamente consagrada a evolução do direito que deu surto ao regime do risco profissional. (...) O Brasil ainda possui uma legislação omissa no que concerne à prevenção e reparação do dano causado ao operário pelos acidentes no trabalho. Não se compreende semelhante atraso numa nação que tanto necessita de aumentar a colaboração do braço estrangeiro para realizar a sua finalidade econômica. (15:285, 1914)

Outras demarcam o campo com as perspectivas dos socialistas:

> O trabalhador estrangeiro precisa encontrar aqui segurança e salvaguardas como encontram em seu país de origem; também o trabalhador nacional tem direito de esperar dos legisladores condição idêntica ao estrangeiro;

> A necessária evolução do direito não deve ser confundida com as absurdas reivindicações socialistas, nascidas de princípios utópicos e subversivos. (15:286, 1914)

> As veleidades revolucionárias, porém, que não têm olhos para enxergar a realidade, inventaram miríficas fórmulas "maximistas", tão bonitas quanto impraticáveis, e o projeto Adolpho Gordo espera o seu dia. (25:597, 1917)

Entretanto, o que nos parece distinguir a posição do DET é o seu pragmatismo, que o levava a propor a ampliação das leis existentes e a dedicação de todas as suas forças à aprovação da Lei de acidentes, enxergando nela um enorme avanço jurídico-social:

> De modo que uma lei de acidentes viria ao mesmo tempo colocar em abrigo da miséria centenares e centenares de viúvas e de órfãos, melhorar consideravelmente as instalações dos estabelecimentos fabris, sob o ponto de vista da segurança, e afastar as crianças dos trabalhos perigosos. (24:433, 1917)

> Por aí se está vendo quantos pontos importantes do problema operário seriam atacados pela lei de acidentes, e tudo por meios razoáveis, contra as quais as resistências capitalistas seriam impossíveis. Acrescente-se agora o que uma regulamentação hábil poderia fazer para tornar ainda mais eficaz o mecanismo da lei, e digam-me se seria inteligente abandonar tudo isso, pôr uma pedra em cima do projeto Adolpho Gordo, a pretexto de que se está preparando um Código do Trabalho... (24:434, 1917)

Assim, diante da suposta impossibilidade de aprovação imediata de um Código do Trabalho, o DET propunha a aplicação de leis parciais, até se atingir um grau de legislação geral das relações de trabalho. Por isso, o DET fazia pressão para que se aproveitassem oportunidades como a *Reforma do Código Sanitário*, a ser debatida e votada na Câmara Estadual, para que se conseguisse o aperfeiçoamento legislativo em defesa dos trabalhadores:

> Tendo começado em São Paulo, era natural que o movimento operário desse aqui alguns de seus resultados. O projeto de reforma sanitária é um deles, e convém examiná-lo. (25:590, 1917)

Mas o próprio Departamento reconhecia os limites de um Código que podia legislar melhoras nas condições de trabalho, mas que não tinha o alcance de abranger a questão do salário, tão cara ao movimento operário.

> (...) Mas a questão do salário?
>
> Evidentemente, não é competência do Serviço Sanitário do Estado, nem do Federal.

Ora, como os funcionários do DET, contrariamente aos "liberais", entendem que também o salário é questão passível de regulamentação, buscam uma solução:

> Intervêm aqui os partidários do ultraliberalismo econômico (aliás, muito mais próximo da escravidão que da liberdade) e dizem: mas a questão do salário deve ser discutida entre operário e patrão; o Estado nada tem a ver com isso.
>
> O Estado "nada tem a ver" com os negócios particulares. Entretanto, quando divergem as partes no modo de execução de um contrato, o Estado dirime a controvérsia. Ora, o contrato de trabalho é um contrato como outro qualquer ou, antes, é um contrato que mais do que qualquer outro deve dar lugar a uma assistência da parte do Estado, pois, uma das partes é aí necessariamente mais fraca do que a outra (25:591, 1917).

O tom antiliberal do discurso dos editores do DET não diminui e a alcunha de "liberal" parece não se dirigir apenas aos empresários, mas também ao sindicalismo operário:

> Replicam os liberais (os escravocratas): — a liberdade de ação resolverá tudo; a liberdade de associação elevará o salário; o sindicalismo libertará os operários.
>
> Se assim fosse, com a votação da Lei de sindicatos profissionais, teríamos alcançado o cume da montanha e não nos restaria mais de que dilatar o olhar satisfeito pela terra conquistada.
>
> (...) "Entre o forte e o fraco, é a liberdade quem oprime e a Lei quem liberta". (25:592, 1917)

Enquanto os editores do boletim alimentam a sua crítica aos "liberais", eles parecem encontrar a solução para que se possa interferir na questão salarial, a partir de um Código sanitário:

> Daí, a conveniência de um exame constante do mercado de trabalho por parte do Estado, a fim de ficarem conhecidas com exatidão as flutuações da oferta e da procura de braços, e suas consequências, as altas e baixas do salário, e suas causas, quando artificiais.
>
> Negar esse direito, esse dever ao Estado, é tudo esperar da lei da concorrência e cair num darwinismo incompatível com os princípios cristãos. Ora, é justamente essa proteção que o operariado solicita do Estado moderno. E é com exagero dessa proteção, tornada impossível, que lhe acenam os revolucionários, os radicais, os maximistas...Os verdadeiros conservadores, a começar pelos patrões, devem, pois, esforçar-se por que seja dispensada aos operários a proteção econômica que solicitam.
>
> Tudo isso vem a pelo para demonstrar que a votação da Reforma Sanitária, na qual foram incluídas algumas disposições do projeto existente na Câmara dos Deputados, a ela transmitido pelo Sr. Secretário da Agricultura, e que institui a inspeção do trabalho, não prejulga totalmente a matéria de tal projeto. Aquela incide sobre questões de segurança e higiene; a inspeção do trabalho recairia de preferência sobre a parte econômica da questão operária. (25:592, 1917)

Eis aí o malabarismo proposto pelo DET para que se consigam meios rápidos e eficazes de se legislar sobre o trabalho. A instituição da inspeção do trabalho aparece como peça-chave, capaz de coibir os abusos patronais, mas também, mediar a questão salarial. A justificativa chega a ser sugestiva:

> Sabe-se que as três matérias acima indicadas — a segurança, a higiene e o salário — não se apresentam na realidade sob aparências distintas. Entrelaçam-se. Algumas vezes parecem confundir-se. (...) Neste sentido, existe uma correlação indissolúvel, mas entre fatos, presos uns aos outros por um nexo de causalidade necessária. (25:592-3, 1917)

A opção pela formulação de leis parciais aparece com mais clareza no Boletim n. 31/32, referente ao 2º e 3º trimestres de 1919, um artigo de 18 páginas, intitulado *Como resolver a questão operária no Brasil*. Os editores distinguem: "três correntes de opinião se conflitam": uma que reclama um **Código do Trabalho**; outra que propõe uma **Lei geral do trabalho** e outra que propõe **Leis parciais do trabalho**.

Não obstante essa visualização didática, sintetizada em três vertentes, curiosamente os editores constroem seus argumentos a partir da crítica direta a uma matéria publicada n'*O Estado de São Paulo*, em 9 de maio de 1919. A matéria do boletim, portanto, não nos permite distinguir as correntes correspondentes a tais proposições.

A leitura do conjunto de boletins causa-nos uma impressão de haver muitas controvérsias internas sobre a adoção ou não de um Código de Trabalho, pois os boletins divulgam ideias bastante diferenciadas sobre o tema. A leitura me leva a crer que a crítica ao Código do Trabalho se baseia na artificialidade de uma legislação implantada "de chofre", para uma situação tão diversificada como a brasileira. No boletim do 4º trimestre de 1918 há uma matéria assinada por Passos de Miranda Filho, na qual o autor justifica o seu posicionamento contra a introdução do Código de Trabalho no Brasil alegando a artificialidade da medida que seria prematura e também a necessidade de leis que fossem acompanhadas de fiscalização nas fábricas.[39] Em 1919 essa proposição parece reiterada em outra matéria, em que se lê:

> Convém observar, entretanto, que os partidários do Código do Trabalho não pretendiam propriamente codificar. Por mais estranho que isso pareça, o idealizado código não seria um sistema doutrinário de Leis, nem mesmo simples consolidação: — menos do que isso, um Código de projetos. (...) Semelhante Código, antes coletânea de alvitres que verdadeira cristalização do Direito, seu menor inconveniente não seria o paralisar, mas o desordenar. Caído de chofre sobre relações de natureza vária, já perturbadas pelo conflito de interesses e o entrechoque das ambições, de duas uma: ou espalharia no corpo social a desordem das inovações tumultuárias ou, incompreendido e inaplicável, dormiria o sono das coisas inúteis. Tal é o destino das polyanthéas legais. (31/32:185-6, 1919)

Segundo os responsáveis pelos editoriais do boletim, uma legislação que não se originasse do processo de inspeção nos locais de trabalho seria inócua. Esse processo de inspeção forneceria os elementos que justificariam a criação de um ramo específico do Direito:

> Só no Brasil que também apareceu a ideia de começar pelo fim, isto é, codificando sem legislar, amalgamando projetos antes de reunir material para boas leis. Vivemos centenas de anos sem possuir um código das relações comuns, elementares do Direito privado; e queremos preparar de uma assentada um código de relações excepcionais. Sob a improcedente alegação de que não é possível legislar por partes, quer-se legislar em bloco, para um país de oito milhões e quinhentos mil kilometros quadrados, sujeito às maiores desigualdades, e justamente em um assunto difícil, cheio de minúcias e em cujo âmbito se entrecruzam os mais diversos interesses.

---

(39) Boletim do DET, 28 e 29, de 1918, p. 443-453.

> Além de legislar em teoria, quer-se legislar em conjunto. (...) Pretende-se converter a legislação num daqueles "palácios de ideias" em que se comprazem os metafísicos, pouco importando que haja ou não alicerces e que as paredes do castelo de cartas resistam ou não ao vento e à chuva.
>
> (...) Nesses [França e Alemanha] e em quase todos os demais países em que se cogita do assunto, a inspeção do trabalho é a fonte da legislação operária. (24:427-8, 1917)

Ainda que, baseados apenas nos boletins, não possamos emitir opiniões conclusivas, a leitura sequenciada dessa fonte oficial vai reiterando a nossa desconfiança de que os dirigentes do DET, em 1919, reafirmam posição pragmática de aproveitar os instrumentos disponíveis (legislação sanitária, inspeções, lei de acidentes etc.) para implantar, paulatinamente, uma legislação trabalhista. Tendo a crer que essas colocações que se contrapõem à instituição do Código de Trabalho não representam senão uma posição circunstancial, fruto do contexto conjuntural, e não questão de princípio. Naquele contexto da correlação de forças seria, segundo eles, mais fácil e rápido partir-se dos instrumentos disponíveis, tendo em vista que o Código do Trabalho, naquelas circunstâncias, seria algo artificial. Essa suposição aparece respaldada nos argumentos expressos em vários boletins, que defendem abertamente a elaboração de um Código do Trabalho.

Por outro lado, a proposição de parcelamento de propostas legislativas relativas ao trabalho é defendida também por Maurício de Lacerda como tática de enfrentamento dos obstáculos impostos contra a regulamentação, contrariamente à posição dos Deputados Carlos Pennafiel e João Pernetta.[40] Isso aparece no Boletim n. 31/32, de 1919, que publica o relatório da *Comissão Especial de Legislação Social*, da Câmara dos Deputados, encarregada de encaminhar no parlamento a transformação em Leis das recomendações sobre as questões sociais aprovadas pelo Congresso de Paz:

> O Sr. Maurício de Lacerda concorda com as observações do orador e propõe, além disso, que os projetos de Lei sobre o trabalho, que a Comissão Especial de Legislação vai elaborar, não sejam constituídos de um só bloco, de um só projeto, mas que constituam vários projetos, independentes, que possam ser aprovados separadamente. Poderão, mais tarde, ser codificados. Dividindo-se a matéria facilita-se agora o trabalho, que, de outra forma, se torna difícil, senão impossível. (31/32:223, 1919)

---

(40) O capítulo 3º do livro de João Tristan VARGAS: *O trabalho na ordem liberal*. São Paulo: CMU, 2004, cita a posição desses deputados sobre a questão da implantação do Código de Trabalho e alimenta o debate sobre as dificuldades de sua implantação. Vargas quer fazer-nos crer que a expectativa concreta dos setores sociais e a possibilidade de regulamentação já se configuram como elementos da realidade: "As expectativas dos indivíduos em relação à criação de leis do trabalho são importantes indicações da própria possibilidade de esta ocorrer" (p. 219).

A inspeção do trabalho, bem como a instituição do princípio da conciliação e da arbitragem, sob a mediação do Estado torna-se, assim, na interpretação dos homens do DET, as peças-chaves para se resolver a questão operária no Brasil. É daí que decorre a outra grande bandeira defendida pelo Departamento Estadual do Trabalho de São Paulo: a criação do **Departamento Nacional do Trabalho.**

O DET e a criação do Departamento Nacional do Trabalho

O primeiro boletim em que aparece a referência à criação de um Departamento Nacional voltado para as questões do trabalho é o de n. 16, do 3º trimestre de 1915. Sob o título *Pela criação de um Departamento Nacional do Trabalho*, o boletim reproduzia matéria publicada no *Jornal do Commercio*, de 12 de novembro de 1915. Interessante que o teor e estilo de escrita da matéria é por demais próximo da linguagem sempre utilizada nos boletins do DET. O texto começa reconhecendo a exiguidade da legislação, ainda em fase embrionária e notando a falta de um Código do Trabalho:

> Por uma aberração que um certo comodismo explica, mas não justifica, chegamos a um relativo desenvolvimento industrial sem nos preocupar com a elaboração de um Código do Trabalho e, o que é talvez pior, contentando-nos com uma ou outra lei esparsa que não se cumpre. (16:473, 1915)

A matéria faz uma verdadeira apologia à necessidade de se legislar para se corrigir injustiças no âmbito do trabalho, mas, principalmente, para conciliar os conflitos resultantes da luta de classes, originados nas fábricas.

> Poderíamos acrescentar que a regulamentação do trabalho, não é só o "socialismo" quem a reclama; e ainda mais: a regulamentação do trabalho não é uma questão política — é quase uma questão de técnica industrial. Fugir dela por temor à novidade é simplesmente ridículo. Muitos dos seus postulados constituem já positivas velharias. (16:477, 1915)

A segurança dos argumentos do autor do texto é tão grande que ele se arrisca a um prognóstico:

> Inútil é também, a nosso ver, protelar indefinidamente o advento da legislação do trabalho, à espera de não sabemos que mirífica fórmula conciliatória. Cedo ou tarde chegaremos a isto. (16:478, 1915)

Mas a regulamentação deverá ser precedida pela Inspeção, conforme já notamos anteriormente:

> Não possuindo nós uma Lei do trabalho a ser aplicada, e não sendo razoável legislar de supetão em matéria tão complexa, o meio de sair

> desse estado de coisas é, evidentemente, começar por um inquérito. A inspeção do trabalho seria o meio mais prático e seguro de lançarmos as bases da legislação social em nossa terra.

Daí para a proposição do Departamento Nacional do Trabalho, foi um passo:

> Sob este ponto de vista, sobretudo, é que merece apoio a ideia de criação do Departamento Nacional do Trabalho, delineado pelo Sr. Dulphe Pinheiro Machado, Diretor do Serviço de Povoamento.
>
> O Departamento seria antes de tudo um laboratório experimental das Leis, de cuja aplicação teria de ser mais tarde o fiscalizador.
>
> (...) Finalmente, uma vez armado de um regulamento, ele não é só um mestre e um observador, mas também um Juiz. Persuade e coíbe. Previne e multa. (16:478-9, 1915)

O projeto referido, apresentado por Dulphe Pinheiro Machado,[41] prevê a transformação do *Serviço de Povoamento do Solo*, do Ministério da Agricultura, no Departamento Nacional do Trabalho. Em 1916, o deputado Maurício de Lacerda envia o projeto para a mesa da Câmara. Em agosto de 1917, depois de sofrer alterações propostas pela Comissão de Agricultura e Indústria do Congresso, o projeto n. 144-A, que prevê a criação do DNT, é aprovado, com pedido de urgência do deputado Maurício de Lacerda.

O art. 2º prevê como finalidade do órgão, entre outras:

> a) preparar e dar execução regulamentar às medidas referentes ao trabalho em geral.[42]

Lacerda justifica ainda que:

> Não tive, porém, em mente, preciso dizer a V. Ex., estabelecer a autoridade do Estado sobre os interesses dos operários e os interesses do patrão, querendo apenas que ao Estado ficasse pertencendo a fiscalização, verdadeiramente de polícia administrativa, quanto à aplicação das leis votadas pelo Congresso e regulamentos emanados do Poder Executivo, nas relações entre operários e patrões.[43]

Daí em diante, os boletins do DET reiteradamente fazem referência à necessidade de criação do Departamento Nacional como proposta síntese capaz de resolver o problema operário no Brasil. No Boletim n. 31/32, em que o DET expõe sua proposta para "resolver a questão operária no Brasil", o texto é conclusivo e enfático:

---

(41) Dulphe Pinheiro Machado foi consultor técnico do MTIC em 1941, Diretor do Departamento de Imigração, chegando a ocupar interinamente o cargo de Ministro do Trabalho, substituindo o titular Valdemar Falcão.
(42) Anais da Câmara, de 1 a 20 de agosto de 1917, v. IV, p. 596.
(43) Anais da Câmara, de 1 a 20 de agosto de 1917, v. IV, p. 599.

Resumindo, este Departamento é de opinião que:

> 1º) Deve ser posta em execução a Lei que criou o Departamento Nacional do Trabalho, **cujo mecanismo esboçamos em esquema fornecido à Diretoria do Serviço de Povoamento**, quando Ministro da Agricultura o Sr. Pandiá Calógeras.
>
> (...)
>
> Este Departamento reputa inócua, absolutamente inócua, toda tentativa de legislação que não parta dessas preliminares. (31/32:201, 1919) [Grifos meus]

O Boletim faz referência à necessidade de regulamentação do DNT que fora instituído em 1918. Além disso, o item primeiro está a indicar ter sido o DET o inspirador e elaborador do esquema de funcionamento do DNT proposto pelo Serviço de Povoamento, o que não constitui qualquer surpresa.

Nesse mesmo texto do Boletim n. 31/32 são reproduzidos alguns artigos do referido "esquema para a organização do Departamento Nacional do Trabalho", que mostra não só que o DET fora inspirador e elaborador do Projeto do DNT, mas, além disso, estabelecia uma relação curiosa entre os Departamentos que pertenciam a esferas diferentes do poder de Estado:

> Quando os patrões e operários em desacordo desejarem a intervenção do Departamento Nacional do Trabalho, ou do Departamento Estadual do Trabalho, onde existir, para pôr fim à sua pendência, farão ao Diretor a necessária comunicação escrita, instruída com todos antecedentes e a descrição atual do litígio, e assinada pelos interessados. (31/32:1919)

Ou seja, com a criação do DNT *não* se previa o desaparecimento do DET, e, mais curioso ainda, este teria poder e competência, equivalentes àquele. Vemos refletida nessa proposta uma determinada concepção de relação do binômio centralização *versus* autonomia, tendo em vista que a criação de um órgão federal de controle das relações de trabalho não pressupõe uma hierarquização rígida, pois haveria a possibilidade de coexistência de órgãos em nível estadual. O texto não fala de atuação do DNT por intermédio do DET, mas supõe a atuação do órgão nacional onde não houvesse instância estadual.

Em 16 de outubro de 1918, o presidente da República, Wenceslau Brás, assina o Decreto n. 3.550, transformando a Diretoria do Serviço de Povoamento em Departamento Nacional do Trabalho.

Figura 10: Aspectos de feira livre em São Paulo. Se confiarmos na versão dos boletins, essas feiras teriam sido difundidas na capital por iniciativa do DET (Biblioteca do Memorial do Imigrante, Boletim do DET, n. 12/13, 1914)

Capítulo III

A INTERVENÇÃO DO ESTADO NAS RELAÇÕES DE TRABALHO SOB O IMPACTO DA CRISE FEDERATIVA: DET *VERSUS* MTIC

Introdução

Tenho consciência de que a história produzida nos capítulos anteriores, cujo foco sempre partiu de uma instituição estatal regional, nos trouxe novos elementos para a análise desse período, já tão revisado pela historiografia, após ter utilizado os boletins do Departamento Estadual do Trabalho não apenas como fonte, mas tornando-o objeto de pesquisa.

Com os elementos levantados nesta pesquisa podemos concluir que a construção da história do trabalho, desde a segunda década do século XX, não poderá prescindir dessa instituição regional que é o Departamento Estadual do Trabalho. Ademais, os fatos deixam evidente que, em São Paulo, a partir de 1930, o Ministério do Trabalho tem a sua atuação eclipsada pelo órgão estadual, conforme se verá adiante.

Em que pese a criação do órgão ministerial na aurora da década de 1930, a centralização, no âmbito federal, não acontece de imediato. A política, até então, ainda está circunscrita ao espaço regional, em razão da incipiente integração do espaço nacional. No entanto, quando lemos os autores que escrevem sobre esse período percebemos que, no plano da intervenção estatal nas relações de trabalho, é o MTIC o único agente que aparece nas narrativas. Quando o Departamento do Trabalho de São Paulo aparece, ela não passa de simples citação, muitas vezes confundida com a Delegacia Regional do Trabalho, ou como uma simples extensão do próprio MTIC.

Quase todos os autores que pesquisam as fontes primárias desse período, principalmente os registros sindicais e operários, se deparam com a instituição paulista, mas não a compreendem, não conseguem encaixá-la no jogo da política institucional. Por isso, o DET, quando percebido, invariavelmente é confundido com o Ministério do Trabalho, Indústria de Comércio. Nos capítulos seguintes, será demonstrado que a distinção entre os órgãos não é mero detalhe.

O DET como modelo

O DET e também o Patronato Agrícola foram órgãos oficiais cujas práticas representam *ensaios institucionais de atuação e intervenção regulamentadoras na Primeira República*. No capítulo anterior ficou claro como os debates gerados e repercutidos dentro do Departamento sobre aspectos sociais e do trabalho ganharam consistência e envolveram o ambiente parlamentar, culminando em proposições legislativas "protetoras" do trabalho.

A trajetória do DET é tão consistente que ele pode ser considerado como modelo institucional inspirador das estruturas estatais de intervenção, que, posteriormente, se organizaram desde a esfera federal. A primeira dessas estruturas é o Departamento Nacional do Trabalho — DNT — cuja criação fora aprovada pela Câmara Federal em 19.12.1917, pelo Senado em 1918 e constituído pelo Decreto n. 3.550, de 16 de outubro de 1918, vinculado ao Ministério da Agricultura, Indústria e Comércio, cujas funções são assim especificadas:

> a) preparar e dar execução regulamentar às medidas referentes ao trabalho em geral;
>
> b) dirigir e proteger as correntes emigratórias que procurem o país e amparar as que se formarem dentro do mesmo;
>
> c) superintender a colonização nacional e estrangeira;
>
> d) executar todas as medidas atinentes ao serviço das terras devolutas do Acre (...);
>
> e) regulamentar e inspecionar o Patronato Agrícola.

São finalidades bastante amplas, que seguem, aliás, um modelo muito semelhante ao do DET.

Ângela de Castro Gomes sugere que o Decreto visava à constituição do DNT como "órgão máximo de estudos e fiscalização para o estabelecimento de uma legislação social no Brasil, devendo ser o germe de um futuro ministério independente".[1] Esses traços reforçam aquilo que sugerimos no final do capítulo anterior sobre a possibilidade de o Departamento Nacional ter sido concebido dentro das instâncias do próprio DET. Esse aspecto modelar do Departamento paulista é também destacado por Ângela de Castro Gomes:

> São Paulo já possuía um Departamento Estadual do Trabalho que serviria inclusive de modelo para o projeto de Maurício de Lacerda de criação de um Departamento Nacional do Trabalho.[2]

Entretanto, o Departamento Nacional do Trabalho não saiu do papel, pois sequer chegou a ser regulamentado. Tudo indica que a Lei que criou esse

---

(1) GOMES, Ângela Castro. *Burguesia e trabalho...*, cit., p. 96.
(2) GOMES, A. C. *Burguesia e trabalho...*, cit., p. 83.

Departamento viera atender a certas pressões políticas que encontravam eco naquela conjuntura efervescente de guerras e revoluções no mundo e ao ascenso do movimento de massas no Brasil. Não obstante tudo indicar o aspecto das "letras mortas" da Lei, a sua inscrição no plano legal, em nível federal, já indicaria a consistência do tema naquela conjuntura.

Em 1923 é criada a primeira estrutura político-administrativa federal voltada para a questão do *trabalho*, por meio do Decreto n. 16.027, de 30 de abril de 1923, o Conselho Nacional do Trabalho — CNT —, com propósitos menos ousados que aqueles vislumbrados no projeto do DNT, porém com um arco de finalidades muito mais focadas nas relações de trabalho:

> Art. 1º — Fica criado o Conselho Nacional do Trabalho que será órgão consultivo dos Poderes Públicos em assuntos referentes à organização de trabalho e da previdência social;
>
> Art. 2º — Além do estudo de outros assuntos que possam interessar à organização do trabalho e da previdência social, o Conselho Nacional do Trabalho ocupar-se-á do seguinte: dia normal de trabalho nas principais indústrias, sistema de remuneração do trabalho, contratos coletivos de trabalho, sistema de conciliação e arbitragem, especialmente para prevenir ou resolver as paredes, trabalho de menores, trabalho de mulheres, seguros sociais, caixas de aposentadorias e pensões de ferroviários, instituições de crédito popular e caixas de crédito agrícola.

O Conselho tinha característica paritária:

> Art. 3º — O conselho compor-se-á de 12 membros escolhidos pelo Presidente da República, sendo dois entre os operários, dois entre os patrões, dois entre altos funcionários do Ministério da Agricultura, Indústria e Comércio e seis entre pessoas de reconhecida competência nos assuntos de que trata o artigo anterior.

Conforme afirma Ângela C. Gomes:

> Na verdade o Conselho funcionaria como um órgão consultivo e não administrativo, como o Departamento, não assumindo o caráter de instituição planejadora de uma legislação social, nem tendo a competência para dirimir conflitos de trabalho.[3]

Não obstante o seu caráter de órgão consultivo, os conflitos no âmbito do trabalho e as leis editadas no período foram apontando o CNT como órgão com funções mediadoras. Segundo Samuel Sousa,

> Embora nenhum dispositivo da lei que criou o CNT tenha estipulado que seu funcionamento seria de instância julgadora, a forma paritária de sua composição revela que seus idealizadores pudessem ter se inspirado nas cortes internacionais do trabalho. Isso aponta, portanto, para o aspecto *judicial* do CNT.
>
> (...) O relatório apresentado em 1926 informou o grande crescimento das atribuições do CNT, consequência da criação da lei de férias, que

---

[3] GOMES, A. C. *Burguesia e trabalho...*, cit., p. 97.

abrangia os trabalhadores do comércio e da indústria. Por este motivo, argumentou-se que o Conselho, anteriormente com a função consultiva dos poderes públicos, passou a *fiscalizar* e *executar* as leis sociais, assim era questão de urgência sua instalação em prédio adequado e definitivo.[4]

De fato, respaldado pela Emenda Constitucional de 1926, que assegurava ao Congresso Nacional o poder de legislar em matéria de trabalho, o então presidente Washington Luis aprova decreto que reorganiza o CNT, dando-lhe novas atribuições e tornando-o *a primeira instituição arbitral de "questões coletivas" do trabalho no Brasil*.[5] As circunstâncias sociais que justificavam a existência e atuação do Departamento em São Paulo se reproduziam em escala federal — e isso explica a criação do CNT.

No entanto, a experiência institucional paulista não se resumia ao aspecto de precedência cronológica pela força da economia desse Estado e da rápida industrialização. Aquela experiência com o DET expressava também o aspecto de um pacto federativo que resguardava relativa autonomia aos Estados em termos de legislação e finanças. Certamente que o DET servira de modelo para as instituições federais no âmbito do trabalho. Entretanto, essa instituição modelar fora forjada dentro de um pacto federativo que sofre profundas alterações a partir de 1930, causando consequências que serão objeto da sequência deste trabalho.

A existência do DET no Estado de São Paulo só fora possível por causa do espaço político garantido pelo modelo federativo que delegava poderes legislativos, com relativa autonomia, às províncias e que dificultava a criação de leis regulamentadoras do trabalho desde a esfera federal.

O "Ministério da Revolução"

Com apenas um mês desde a "posse" do novo governo, é criada uma poderosa estrutura no topo do poder burocrático do Executivo federal: o Ministério do Trabalho, da Indústria e do Comércio. Lindolfo Collor, no seu discurso de posse como primeiro ministro do órgão, afirma que o Ministério do Trabalho é "especificamente o ministério da revolução". Trata-se de expressão forte e bastante sintomática se pensarmos que, de um ponto de vista mais geral, o golpe civil-militar de 1930 tem por objetivo a reestruturação do aparelho de Estado e da economia. No âmbito deste movimento, inscrevia-se como tarefa primordial o **controle de uma força de trabalho** que, em muitos momentos de sua história, demonstrara um ativismo revolucionário considerável, não obstante a sua relativa

---

(4) SOUZA, Samuel Fernando de. *Coagidos ou subornados:* trabalhadores, sindicatos, Estado e as leis do trabalho nos anos 1930. Campinas: UNICAMP, tese de doutorado, 2007. p. 39.
(5) SOUZA, Samuel F. *Op. cit.*, p. 41.

diminuta expressão quantitativa. Afinal, o aspecto urbanizador e industrializante do projeto das forças que compõem a Aliança Liberal pressupunha **a ampliação da classe operária brasileira, pois sobre o seu fazer e saber-fazer assentava--se todo o projeto de desenvolvimento futuro**. É justamente por isso que uma das primeiras medidas do novo governo é a criação do Ministério do Trabalho, Indústria e Comércio (MTIC).

Zélia Lopes da Silva é enfática quando afirma que "o eixo da intervenção do Estado após a crise de 1929 situa-se na gestão da moeda e da força de trabalho".[6] É por isso que se cria um aparato jurídico enorme para dar conta desse processo de inclusão da classe trabalhadora dentro de um determinado estatuto de cidadania que ela não possuía, e que, talvez, lentamente se constituía. É por isso que vários equipamentos políticos, institucionais, ideológicos e repressivos vão sendo paulatinamente testados, reconfigurados e implementados sucessivamente até 1937.[7]

Por outro lado, a criação do MTIC é uma rápida resposta a um processo que, desde o período republicano anterior, se arrastava de forma lenta, gradual e crescente, de constituição de equipamentos institucionais e jurídicos de "proteção" ao trabalho. O MTIC era uma resposta institucional rápida às posições conservadoras e aos interesses de grupos e corporações que barravam todas as iniciativas legislativas no âmbito do trabalho desde a esfera federal.

Entretanto, a maior novidade representada pela criação do MTIC é o seu peso político e o papel que essa estrutura cumprirá na dinâmica social. Afinal, do ponto de vista burocrático, o *MTIC não passa de condensação de vários órgãos já existentes em apenas um*. Esse novo Ministério é subdividido em Departamentos: a partir de dezembro de 1930, o Conselho Nacional do Trabalho e seus funcionários farão parte do **Departamento Nacional do Trabalho**; as Diretorias Gerais da Indústria e Comércio e de Propriedades Industriais e seu pessoal são incorporadas ao **Departamento Nacional da Indústria**; o pessoal dos Serviços Econômicos e Sociais, Serviços de Informações, Instituto de Expansão Comercial e Adidos Comerciais são incorporados ao **Departamento Nacional do Comércio**; O Serviço de Povoamento e Proteção aos índios passa a compor o **Departamento Nacional do Povoamento** e as Diretorias Geral de Estatística e de Estatística Comercial comporão o **Departamento Nacional de Estatística**. Ou seja, o que ocorreu foi uma condensação de órgãos existentes que foram alçados ao *status* de ministério,

---

(6) SILVA, Zélia Lopes da. *A domesticação dos trabalhadores nos anos 30*. São Paulo: Marco Zero, 1990.
(7) Muito além da necessidade de **controle** da força de trabalho, a intervenção do Estado visou à própria **reestruturação do mercado de trabalho no Brasil**, a partir dos pressupostos corporativos, que instituía a figura do sujeito coletivo, supostamente criado para equilibrar as forças contendoras no plano social. Intervenção estatal que havia sido crucial na Primeira República, ao protagonizar o controle do fluxo migratório.

configurando um novo poder político então inexistente, indicando que, na nova configuração política, o projeto teria força suficiente para extrapolar em muito a existência na letra da lei.

Inversamente aos discursos que se apoiavam nos pressupostos federalistas, com as prerrogativas de autonomia das províncias e que permitia a estas legislarem (no âmbito do trabalho, por exemplo), a existência do MTIC pressupunha que a legislação sobre o trabalho passaria à alçada do governo central.

Porém, o ato de criação do MTIC complementar-se-ia com a edição do Decreto n. 19.770, de 19 de março de 1931, pedra de toque da legislação sindical, que, desde então, se tornaria um divisor de águas entre os trabalhadores. Com este decreto, o governo define o papel e o tipo de relação que o sindicato estabelecerá com o Estado. Para isso o Estado necessitou resgatar a figura jurídica do sindicato, elevando-o ao *status* de sujeito mediador e equiparar juridicamente as entidades de classes patronais e de trabalhadores, como forma *sui generis* de incorporar e domesticar a luta de classes. Então, ele estabelece a figura interventora do recém-criado Ministério do Trabalho, Indústria e Comércio nas reivindicações a serem feitas ao governo da República.[8]

O Estado cria muitas normas que condicionam a conduta de sindicatos que, doravante, seriam obrigados ao reconhecimento oficial, sendo os seus estatutos submetidos à aprovação pelo Ministério do Trabalho.[9]

Várias medidas de controle do sindicato são instituídas pelo MTIC, que, entre outras atribuições, delega ao ministro o poder de intervenção nas organizações dos trabalhadores. O projeto societário sindical visava à utilização da legislação social para o estabelecimento paulatino da sindicalização, que depois seria complementada por imposição legal. Por exemplo: só se reconheceria o sindicato que reunisse 2/3 da classe ou, então, aquele que contasse com maior número de associados; impossibilitar-se-ia os sindicatos de se articularem por fora do Ministério do Trabalho. Os sindicatos são transformados em órgãos consultivos e técnicos, tendo o dever de cooperar com o Estado na aplicação das leis que regulam os meios de dirimir conflitos entre patrões e empregados, sendo impedidos de requerer reivindicações que extrapolem os limites determinados pelo Estado. Os sindicatos têm o direito de fundar e administrar caixas beneficentes, agências de colocação, serviços hospitalares, escolas e outras instituições de assistência. Algumas outras vantagens são concedidas aos sindicalizados, como a que estabelece o art. 13º,

---

(8) O trabalho de Vanda Maria Ribeiro Costa: *A armadilha do leviatã:* a construção do corporativismo no Brasil. Rio de Janeiro: UERJ, 1999, faz uma instigante análise do embate de variados modelos de corporativismos nesse período.

(9) No início ainda não havia a imposição de um estatuto padrão e do monopólio da representação, objetivo a ser perseguido, posto que era condição fundamental para o funcionamento do modelo corporativista.

segundo o qual o patrão não pode demitir operários pelo fato de terem se filiado a sindicato e/ou assumido, dentro dele, pontos de vista divergentes ao seu; o art. 14º também prevê que o patrão não pode transferir para outro local o operário que ocupe cargo administrativo no sindicato.

Em maio de 1931, é apresentado um anteprojeto sobre o Código de Trabalho. No art. 4º deste projeto se dá preferência de concessão de emprego ao trabalhador que pertencer a sindicato reconhecido pelo MTIC; esse artigo é referendado pelo Decreto n. 24.694 de 12.7.1934. Contratos coletivos só serão legitimados se as entidades estiverem em conformidade com o Decreto n. 19.770. Ou seja, com esse decreto os sindicatos eram ainda "criações espontâneas" dos trabalhadores, mas eram minuciosamente controlados.

O Decreto n. 23.768, de 18 de janeiro de 1934, regula a concessão de férias aos empregados da indústria e restringe o direito de usufruto aos empregados que forem associados de sindicatos de classe reconhecidos pelo MTIC.[10]

> Art. 4º — O direito às férias é adquirido depois de doze meses de trabalho no mesmo estabelecimento ou empresa, consoante o art. 8°, e exclusivamente assegurado aos empregados que forem associados de sindicatos de classe reconhecidos pelo Ministério do Trabalho, Indústria e Comércio.

Com este expediente, o governo amarrava, decididamente, as duas pontas da sua política trabalhista: concediam-se direitos, pelos quais os trabalhadores vinham lutando havia décadas, exigindo-se, em troca, a sua adesão ao sindicalismo controlado pelo Ministério do Trabalho. Conforme nos chama a atenção Vanda Costa, os trabalhadores que lutavam pelo *direito* de ter o seu sindicato, este agora seria, então, uma *prerrogativa*.[11] Houve tentativas de reação à manobra imposta, principalmente por parte dos setores do proletariado que buscavam se organizar de forma autônoma, à época, mas que se mostraram impotentes para barrar a artimanha do governo.

Todo esse projeto institucional gera reações variadas e conflitantes entre os trabalhadores, mas que não serão aqui tratadas. Sobre isso há controversa e extensa bibliografia.[12]

---

(10) A lei de férias já havia sido instituída pelo Decreto n. 19.808, de 28.3.1931 e causou reação imediata do empresariado.
(11) COSTA, Vanda R. *Op. cit.*, p. 59. Sobe essa questão, Costa sugere que com a Constituição de 1934 a representação sindical voltaria a ser *direito* e não *prerrogativa* (p. 60) e, com o Decreto-Lei n. 1.402, de 1939, o *direito* de representação sindical voltaria a ser *prerrogativa* (p. 65). No entanto, entendo que, na prática, não houve essas alternâncias, posto que, mesmo quando a Constituição previa um pluralismo limitado, os sindicatos de trabalhadores eram fortemente amarrados, seja pelas demais "leis sociais", seja pela intervenção direta do MTIC e suas "sucursais".
(12) Versões conflitantes sobre a reação dos trabalhadores aparecem, por exemplo, em: ALEMIDA, Maria H. *Estado e classe trabalhadora...*, cit., 1978; MARTINS Heloísa de S. *O Estado e a burocratização...*, cit., 1979; RODRIGUES, Leôncio M. *Sindicalismo e Classe ....*, cit., 1981; MUNAKATA, Kazumi. *A legislação*

A "revolução" atinge o DET

Um dos fundamentos da arquitetura do corporativismo é o princípio do equilíbrio de poder entre classes e grupos sociais, cujas representações seriam legitimadas e controladas pelo Estado, que figura como guardião dos interesses da coletividade. No exemplo de corporativismo brasileiro, esse equilíbrio não se referia apenas às classes sociais, mas visava também corrigir as desigualdades regionais e locais, seja na versão de Oliveira Vianna, como um dos seus destacados idealizadores, seja na versão dos burocratas do MTIC, conforme afirma Vanda Costa:

> Suporte do interesse coletivo, o Estado renascia em oposição aos interesses privados de clãs e de grupos, e às máquinas partidárias que sustentavam seu domínio. Deslegitimá-las implicava a substituição dos sistemas de lealdade tradicionais por um outro que transferisse essa lealdade ao Estado. Nesta perspectiva, o corporativismo foi visto como fórmula de representação da nação no Estado e pelo Estado.[13]

Entretanto, esse traço essencial do corporativismo encontrou forte resistência na influente e cada vez mais poderosa elite empresarial paulista. Os industriais paulistas se armariam e confrontariam os projetos de Oliveira Vianna e dos burocratas do MTIC, construindo modelo alternativo e participando ativamente dos espaços propositivos e de deliberação por dentro dos executivos estadual e federal.

> Com esses pressupostos, o corporativismo imaginado para substituir a representação política dos interesses locais, até então monopolizada pelos partidos políticos, torna-se, na mão dos paulistas, instrumento de defesa de interesses locais privados, representados agora pelas associações da indústria e do comércio.[14]

A relação dos empresários com o Estado "deve ser vista como um processo de negociação tensa, em que há medição de forças, e não como um processo de submissão", afirma Leopoldi.[15]

Essa colocação inicial servirá como prelúdio para levantarmos o problema de como o DET participará nesse jogo de tensões entre as esferas federal e regional, sem perdermos o foco do conflito de classes.

---

trabalhista..., cit., 1981; DE DECCA, Edgard. *O silêncio dos vencidos...*, cit., 1981; GOMES, Ângela C. *A invenção do trabalhismo...*, cit., 1988; LOPES, José Sérgio L. *A tecelagem dos conflitos...*, cit., 1988; FRENCH, John. *O ABC dos conflitos...*, cit., 1995; ARAÚJO, Ângela. *A construção do consentimento...*, cit., 1998; FORTES, Alexandre... *Buscando os nossos direitos...*, cit., 1994; e SILVA, Fernando T. *Operários sem patrões...*, cit., 2003.
(13) COSTA, Vanda. R. *Op. cit.*, p. 55.
(14) COSTA, Vanda R. *Op. cit.*, p. 55.
(15) LEOPOLDI, Maria Antonieta P. *Política e interesses na industrialização brasileira*. São Paulo: Paz e Terra, 2000. p. 76.

Não deixa de ser surpreendente o fato de que, imediatamente após a edição do decreto federal criando o MTIC, no nível estadual seja baixado um ato normativo reformando o Departamento Estadual do Trabalho. Os novos dirigentes paulistas sequer esperaram os desdobramentos dos acontecimentos, em termos de definição dos papéis entre os entes da federação, e já o impulso reformista dos novos membros do Executivo rapidamente dividiria o DET em duas novas repartições: o Departamento do Trabalho Industrial, Comercial e Doméstico (doravante tratado pela sigla DTICD), criado em 31.12.1930, pelo Decreto n. 4.813, e o Departamento do Trabalho Agrícola (DTA), criado pelo Decreto n. 4.819, de 07.01.1931.

Os novos gestores, que criticavam o fato de o DET se voltar apenas para o meio rural (equívoco já comentado anteriormente), tratam de separar as atribuições, criando duas estruturas paralelas, demonstrando a preocupação estratégica do novo governo com as relações de trabalho no meio urbano. No capítulo anterior, vimos como a política no Departamento sofre uma inflexão importante em 1924. A partir de então, esse órgão perderia a sua dimensão militante e fiscalizadora e voltaria a ser uma repartição mais voltada para a gestão do fluxo migratório, cuja alocação de trabalhadores se dirigia, principalmente, para as fazendas. Aliás, a impressão que fica é a de que esse órgão, a partir daquela data, entraria em uma fase de apagamento da cena política até 1930.

Ao Departamento do Trabalho Industrial, Comercial e Doméstico foram atribuídas as seguintes tarefas:

> Art. 2º — Compete ao Departamento ora criado a solução de todas as questões que se relacionam com o trabalho industrial, comercial e doméstico, procurando amparar, dentro da Legislação Federal em vigor e de harmonia com o Ministério do Trabalho, não só os interesses das indústrias e do comércio, como também de todos aqueles que, como operários ou empregados, se dedicam a esses ramos de atividade.
>
> Art. 3º — O Departamento se encarregará:
>
> a) do recenseamento dos empregados comerciais e domésticos e dos operários industriais desocupados, providenciando a sua colocação;
>
> b) da fiscalização do trabalho nos estabelecimentos industriais e comerciais;
>
> c) da assistência social aos operários e empregados, fazendo com que sejam respeitados os seus direitos, concedidos por lei;
>
> d) de organizar o prontuário de todos os empregados comerciais e domésticos e dos operários industriais;
>
> e) do registro e controle das organizações sindicais de operários e empregados.[16]

A estrutura burocrática desse Departamento contará com as seguintes seções: Diretoria, Contabilidade e Arquivo, Fiscalização do Trabalho, Assistência Social, Prontuário e Colocação e, finalmente, a seção de Fiscalização Social.

---

(16) Decreto n. 4.813, de 31.12.1930.

Essa estrutura nos remete à reflexão de algumas questões interessantes. A função de estudo e levantamentos estatísticos relacionados ao trabalho (custo de vida, cumprimento de leis, condições de trabalho, publicação de boletim, divulgação da legislação internacional), função precípua do Departamento anterior, permanece, nesse órgão, a cargo da Seção de Fiscalização do Trabalho. A Seção de Prontuário e Colocação assumirá funções semelhantes à antiga Agência de Colocação do DET, mas com alcance restrito ao âmbito urbano e sem a estrutura da Hospedaria. As Seções de Assistência Social e de Fiscalização Social são as repartições que dão uma tônica incisiva e interventora nas relações de trabalho, diferentemente do antigo DET, que parecia almejar isto, mas que era limitado pelas circunstâncias políticas da época (principalmente até 1924, como vimos em capítulo anterior). À Assistência Social cabia a defesa dos direitos dos trabalhadores e execução das leis "por todos os meios": cobrar salários; organizar estatísticas sobre acidentes de trabalho etc. Essa Seção dispunha de advogados, poderia ser representada por Promotores públicos e até, conforme garantia o 20º artigo do Decreto, *lavrar termos de acordo entre patrões e trabalhadores*. Entretanto, o desenho institucional mais audacioso cabia à Seção de Fiscalização Social:

> Art. 26 — À Seção de Fiscalização compete:
>
> § 1º — Organizar o regulamento dos sindicatos das diversas classes trabalhadoras do Estado que estão afetos ao Departamento do Trabalho Industrial, Comercial e Doméstico.
>
> § 2º — Manter um registro desses sindicatos.
>
> § 3º — Entender-se com as empresas que mantêm associações de beneficência, aprovando-lhes os estatutos, uma vez que elas, de fato, prestam assistência aos operários, ou providenciando a sua extinção, se verificar-se que, longe de satisfazer os fins de beneficência, elas apenas exploram os associados.
>
> § 4º — Assistir, por intermédio de um dos seus funcionários, as seções dos sindicatos, trazendo cópia da ata que será arquivada.
>
> § 5º — Fornecer à Diretoria do Departamento os dados para que (...) se entenda com a Delegacia de Ordem Social, no sentido de uma ação policial contra os aliciadores de operários e bem assim encaminhar às autoridades competentes as queixas de tais operários relativamente a atentados contra (...) família e bens.[17]

Vale lembrar que essa lei é editada depois de transcorridos apenas dois meses da tomada do poder e apenas um mês da criação do Ministério do Trabalho, Indústria e Comércio. Mas o curioso é que *o desenho de intervenção forte e direta nos sindicatos, com traços policialescos de controle, antecede em dois meses a legislação sindical imposta pelo Decreto n. 19.770, que é de 19 de março de 1931.* O teor da lei e o seu tom contundente já nos deixam indicações razoáveis sobre o perfil político e ideológico dos grupos que se apoderaram desse órgão paulista. Por ora, apenas sabemos que o Diretor escolhido para esse Departamento foi o

---

(17) Decreto n. 4.813, de 31.12.1930.

Major Heitor Lobato do Valle e que o antigo Diretor do DET, Marcello Piza, funcionário desde 1916, permanecerá no Departamento como Consultor Técnico. A patente militar do novo diretor do DET é sugestiva.[18]

Há uma cláusula no Decreto de criação desse Departamento que merece destaque:

> Art. 17 — O Departamento do Trabalho Industrial, Comercial e Doméstico, tem a faculdade de dirigir-se, sempre que a urgência do assunto assim o determinar, a qualquer Repartição, autoridade ou funcionário, para pedir providências ou informações, *independente de prévia consulta à Secretaria de Agricultura, Indústria e Comércio*. [Grifo meu]

O Decreto dá ao Departamento uma autonomia de ação em relação à poderosa Secretaria de Agricultura, já indicando os propósitos do grupo que se apoderou dessa instância da máquina de Estado na então província de São Paulo. De que forma esses propósitos foram, de fato, mediados na realidade concreta, isso é questão a ser tratada mais adiante.

Já o Departamento do Trabalho Agrícola (doravante chamado pela sigla DTA), terá uma função muito semelhante à daquele criado uma semana antes, mas que atuará no âmbito da agricultura. Em verdade, esse Departamento sucederá o Patronato Agrícola, criado em 1911. O "novo" órgão contará com uma Diretoria, a Agência de Colocação, com funções semelhantes àquelas assumidas pelo órgão extinto, e a Assistência Judiciária, além da Seção de Expediente, Arquivo e Contabilidade.

A estrutura burocrática desse Departamento é mais exígua e voltada para a fiscalização das relações e condições de trabalho no meio rural, colocação de trabalhadores, fornecimento de cadernetas de contrato, mediação em contratos daqueles que recorrem ao órgão etc.

O primeiro Diretor desse Departamento foi Frederico Virmond Lacerda Werneck, personagem marcante na política paulista desse período, que foi indicado pelo próprio interventor João Alberto Lins.[19]

O robustecimento da estrutura do DET também se refletiu de forma vigorosa no seu corpo funcional. Enquanto que o boletim n. 56, do 1º trimestre de 1925, contabiliza 49 funcionários de DET,[20] em 1932, uma publicação oficial da Secretaria

---

(18) Por meio dos editoriais da *Revista do Trabalho*, lançada e dirigida por Heitor Lobato do Valle, em dezembro de 1931, podemos conhecer um pouco da sua concepção política. Mais adiante comentarei sobre essa publicação.
(19) A indicação é assumida por Werneck em carta autógrafa dirigida ao Chefe de Polícia Thirso Martins, conforme consta no prontuário de Frederico Werneck no DOPS-SP.
(20) Lembrando que esse foi o momento crítico do Departamento, que, segundo sugiro, quase desaparecera. Nesse boletim consta a informação de reestruturação da Secretaria de Agricultura e do próprio DET, em que houve corte de pessoal.

de Agricultura[21] mostra que esse número chegou a 150, somando-se os funcionários do DTICD e o DTA. Veremos que em 1933, já no DET unificado, esse número chegou a 369.[22]

Os "tenentes" ocupam o DET

Importante é destacar que o legado histórico e a estrutura do DET no Estado de São Paulo caíam como uma luva para o acolhimento das ideias de um determinado grupo político que compunha a Aliança Liberal. A corrente dos chamados "tenentes", nos primórdios da era Vargas, se colocou na vanguarda no episódio de enfrentamento das oligarquias, principalmente no Estado de São Paulo. Baseados nos princípios de centralização (em oposição ao princípio federalista de autonomia das províncias), os "tenentes" formavam o grupo que dispunha de maior clareza e vontade para encaminhar o intervencionismo estatal na sociedade. Portanto, eles se sentiram potencializados ao galgar, de forma abrupta, espaços políticos no aparelho administrativo paulista:

> Em relação ao tenentismo, entretanto, cabe ressaltar que, após 1930, o movimento que possuía um caráter claro de oposição ao Estado, alcança o poder, e seus quadros ocupam uma série de postos-chaves da administração política nacional e estadual. O tenentismo passa de força de oposição a principal ocupante do aparelho de Estado, utilizando-se desta posição e de todos os recursos de poder daí advindos para a implementação de "seu" projeto de ataque às velhas oligarquias e de "renovação da política".[23]

Também não era de se estranhar a afinidade dos "tenentes" com a parcela da burocracia voltada para as questões do trabalho, afinal, nos manifestos lançados pela corrente, a questão social tem centralidade:

> Adotando, sobre essa questão, uma posição que pode ser considerada progressista, se comparada com a das outras forças revolucionárias, os tenentes propunham a criação de uma legislação que, visando "combater os desmandos do individualismo econômico", regulasse todas as condições do trabalho proletário e cercasse o trabalhador de todas as garantias. Assim, propunham um conjunto detalhado de medidas concretas que, presentes desde os primeiros documentos lançados no pós-30, antecipavam as principais iniciativas da legislação trabalhista promulgada pelo Governo Provisório.[24]

---

(21) Trata-se da publicação da Secretaria de Agricultura, Indústria e Comércio, de 1932, intitulada *Reorganização dos seus serviços, de dezembro de 1930 a junho de 1931*, p. 134.
(22) Relatório do IDORT, p. 8.
(23) Cf. GOMES, Ângela C.; LOBO, Lúcia L. & COELHO, Rodrigo B. M. *Revolução e restauração:* a experiência paulista no período da constitucionalização. In: GOMES, A. C. (Org.). *Regionalismo e centralização política:* partidos e constituinte nos anos 30. Rio de Janeiro: Nova Fronteira, 1980. p. 241.
(24) ARAÚJO, Ângela. *A construção do consentimento...*, cit., p. 66.

De fato, o programa lançado pela Legião Revolucionária de São Paulo, no começo de 1931, além da proposição da "organização científica do trabalho", propunha vários benefícios que eram bandeiras levantadas pelos trabalhadores naquele período: jornada de oito horas, salário mínimo, regulamentação do trabalho da mulher e do menor, direito de greve, regulamentação de um Código do Trabalho, sindicalização dos trabalhadores etc.

Vanda Costa também descreve a importância desse agrupamento que fez parte do bloco vitorioso na Revolução de 1930:

> Os tenentes, seguidos pelos juristas responsáveis pelo arcabouço legal da Segunda República e pelos intelectuais católicos, foram deixando os traços de seus projetos na reestruturação de um Estado mais racional, menos oligárquico, mais público, mais includente e autoritário.[25]

Não obstante a herança do antigo DET, os protagonistas do movimento se autoproclamavam artífices de uma "nova" história que se iniciava a partir de 1930. Cumprindo o conhecido ritual de um típico "revolucionário", os novos gerentes do novo DET, ao fazerem o balanço de apenas um semestre de existência, não escondem o seu ufanismo, ao afirmarem que:

> Nestes cinco meses e meio conseguiu esta nova repartição fazer, no campo do trabalho industrial, comercial e doméstico, muitíssimo mais do que fizera em 40 anos [sic!], sob a orientação do regime republicano no Brasil.
>
> Não é exagero avançar que, aparte o serviço doméstico, eram as atribuições deste Departamento inexistentes neste Estado, ao irromper o movimento revolucionário 3 de Outubro.
>
> No Estado de São Paulo só era objeto da atenção dos poderes públicos o trabalho rural. Existia, é certo, um Departamento Estadual do Trabalho, mas este apenas se limitava a receber imigrantes e localizá-los em fazendas (...).
>
> (...) Esta explanação sumaríssima do que existia antes e do que existe depois da vitória da revolução, força, irremediavelmente, à conclusão de que este Departamento não é uma repartição que passou por uma reforma, mas sim uma repartição criada, instituída pelo Governo Revolucionário de São Paulo (...).[26]

Em que pese o nítido incremento de estrutura e de atribuições do "novo" DET, não há dúvidas de que se trata de uma retórica retificadora da história, típica

---

(25) COSTA. *Op. cit.*, p. 29.
(26) Cf. publicação da Secretaria de Agricultura, Indústria e Comércio, *"Reorganização..."*, p. 134.

dos primeiros momentos pós-"revolução". Pelo menos foi o que tentamos demonstrar nos capítulos anteriores. Em momentos de rupturas institucionais, os novos sujeitos buscam a sua afirmação fazendo *tábula rasa* do passado, como se a história recomeçasse naquele instante.

No relatório de governo de 20 de julho de 1933, referente ao ano de 1932, já assinado pelo novo interventor Waldomiro Castilho de Lima, o DTICD assim é citado:

> O Governo revolucionário instalado em São Paulo depois da vitória encontrou o proletariado excitado pela ânsia de suas reivindicações sociais e econômicas. Cerca de 100 mil operários se declararam em greve, do que resultou a paralisação de quase todos os trabalhos dos centros industriais do Estado. A mentalidade renovadora que gerara a revolução não podia encarar, como outrora, esse movimento, como um simples problema de ordem pública, que a polícia resolve sumariamente. Sem desapoiar os interesses legítimos do patronato, era mister estudar e resolver as justas reclamações dos proletários. Como primeiro passo para realização desse objetivo, instituiu-se uma repartição especializada que, permanentemente, se encarregaria não só da solução de conflitos entre patrões e obreiros, como da orientação das soluções dos problemas do trabalho em todo o território do Estado.[27]

Esse trecho introdutório do relato sobre o Departamento deixa clara a nova postura do Estado diante da questão operária. Longe de imaginar uma política de apoio à luta dos trabalhadores paulistas, os novos grupos que passam a gerenciar o Estado tratam de reconhecer a força política dos setores subalternos, organizados ou não, e de manejar essas forças a favor do seu projeto societário. Nesse trecho, percebemos a possibilidade de canalizar a força operária para constranger os patrões, ao mesmo tempo em que o Departamento do Trabalho assume um papel de controlador dessa energia para que ela não ponha em risco as novas instituições criadas.

Proeminência do DET

O "novo" DET se apresenta como "órgão da administração do Estado, que não se contenta, como tantos outros, com o exercer funções meramente burocráticas. Entre os encargos que o Departamento vem levando a sério, se destaca o **de educar as massas trabalhadoras**, preparando-lhes o espírito para conceber e executar a legislação especializada com que o Ministério do Trabalho, na sua crescente operosidade, tem dotado o nosso país" [grifos meus].[28]

---

(27) Relatório de Governo, 1933. p. 243.
(28) *Revista do Trabalho*, n. 2, janeiro de 1932, p. 4.

O Departamento do Trabalho parece atuar em consonância com o recém-criado Ministério do Trabalho, mas é perceptível a proeminência do primeiro e, até esse momento, a sua ação é relativamente independente, ao ponto de editar medidas precursoras em relação à ação ministerial. Na parte final desse relatório, o governador cita a precedência do Departamento estadual sobre os estudos para implantação do salário mínimo:

> O Departamento Estadual do Trabalho [sic] fez um estudo completo acerca do salário mínimo, estabelecendo bases para execução dessa providência.
>
> Essas bases, a que se deu larga divulgação, foram acolhidas carinhosamente pelos interessados, depois do que foram submetidas à apreciação do Ministério do Trabalho.
>
> Como se tratasse de medida a ser adotada em todo o país — o sr. Ministro do Trabalho opinou para que a providência fosse adiada até que o Ministério, de posse de estudos idênticos acerca da situação dos outros Estados, pudesse estudar e decretar acerca da adoção do salário mínimo, ao menos, para os Estados em que as indústrias alcançaram maior desenvolvimento. Está, portanto, o assunto dependente de solução do Ministério do Trabalho.[29]

Já em janeiro de 1931, o Departamento paulista se antecipa no processo de controle dos trabalhadores lançando a carteira sanitária, a carteira de registro profissional e obrigando as empresas a criarem fichas de registros dos trabalhadores. Em fevereiro de 1932, a imprensa divulga decisão do governo militar do Estado de São Paulo de instituir as oito horas diárias de trabalho.[30] Já nos referimos ao projeto de controle sindical previsto no Decreto de criação do DET, antes de editado o Decreto federal. Isso, repetimos, antes da edição das mais importantes leis sindicais pelo governo federal. Essa precocidade da gestão paulista viria a causar problemas, quando o governo federal adotou medidas similares.

Os gestores desse Departamento têm plena consciência do descompasso em relação ao governo federal, conforme mostra esse relatório oficial, do ano de 1932:

> Tal legislação, dispondo sobre direito substantivo, é, incontestavelmente, atribuição privativa do Governo da União.
>
> Não fossem circunstâncias especiais, ao Estado competia, para que esta repartição tivesse as suas atribuições reguladas por lei, aguardar que a União legislasse a respeito.[31]

---

(29) Idem, p. 249.
(30) FIESP: Carta enviada ao Interventor em 5.3.1932.
(31) Secretaria da Agricultura, Indústria e Comércio. Reorganização..., cit., p. 134.

A necessidade de antecipação do Estado de São Paulo é justificada tendo em vista "a tensão de espírito do proletariado, de um lado e as dificuldades financeiras dos patrões", o que exigia

> Que se acelerasse a criação de um organismo que permitisse ao Estado, agindo com verdadeiro espírito de conciliação, impedir que tomassem um caráter mais sério as desinteligências, os pequenos conflitos que, amiúde, vinham se verificando entre as duas classes.

Os autores do texto afirmam que, "em vez de aguardar a legislação para depois sistematizá-la", fez-se o inverso. O mais curioso é a franqueza da conclusão:

> Em tais condições, a tarefa não foi nada fácil, porque se agiu baseado no puro arbítrio.
>
> Deve-se, entretanto, confessar, que essa atuação, posto que arbitrária, tem sido sempre caracterizada por um cunho de rigorosa sensatez, porque profundamente conciliadora.[32]

Essa é uma amostra clara desse período de rearticulação das forças no poder, desde o final de 1930, quando se experimentavam indefinições e maior espaço de atuação das forças regionais e locais. Na continuação do texto, os administradores do DET reafirmam que "todas as leis emanadas do Ministério do Trabalho não nos têm surpreendido; ao contrário, vínhamos já, no terreno da prática, sistematizando, dentro da mesma orientação, o que as leis estatuem". Vale ainda ressaltar que, nesse mesmo relato oficial, os autores revelaram a sua inspiração na "semelhança do que fez o 'Reichskuratorium' na Alemanha" e definem quem são os seus principais inimigos:

> São os agitadores, antigos operários afastados do trabalho, uns, e indivíduos que jamais pertenceram a classes proletárias, outros.
>
> Esses elementos turbulentos, sectários de várias doutrinas subversivas, (anarquistas, comunistas e anarcosindiclistas) nada mais são, no fundo, do que hábeis exploradores que, simulando defender os interesses da classe proletária, estão, entretanto, vivendo às custas dela...[33]

Talvez esse seja o traço mais marcante de permanência e continuidade entre os períodos de antes e depois de 1930: o discurso anticomunista e antianarquista dos novos gestores do poder. Sem esquecermos que esse discurso parte da ala considerada mais "radical" da Aliança que tomou o poder em outubro de 1930.

Esses instrumentos de controle, desde a instância do Estado de São Paulo, causaram polêmica junto à FIESP, que reagiu diante da ingerência do Estado sobre

---

(32) Secretaria da Agricultura, Indústria e Comércio. *Reorganização...*, cit., p. 134.
(33) Secretaria da Agricultura, Indústria e Comércio. *Reorganização...*, cit., p. 134.

um assunto que era da alçada dos patrões. A FIESP queria manter o controle das informações a serem registradas na carteira dos operários, enquanto o DET intentava controlar a aplicação da legislação, também por meio da mesma carteira. Quando o governo federal institui a Carteira Profissional, a FIESP louva a medida, mas apresenta propostas de modificações e acusa a duplicidade dos instrumentos de controle, tendo em vista que os trabalhadores paulistas já possuíam uma que era emitida pelo governo do Estado.[34] Na correspondência da FIESP afirma-se que 32 mil operários já haviam sido prontuariados e arcado com os custos de emissão da carteira.[35] Em correspondência de dezembro do mesmo ano, a FIESP se refere a 60.000 carteiras emitidas pelo DET.[36] Número bastante expressivo, indicando o rápido alcance do Departamento paulista, tendo em vista que parcela da classe trabalhadora reagiu com veemência a essa instituição que chegou a constar em pauta de reivindicação levada à greve.[37] Um comunicado do Sindicato dos Metalúrgicos de São Paulo, publicado em *A Platéa* de 2.8.1934, demonstra a insatisfação dos operários com o custo das carteiras de trabalho:

> Todas as inovações apresentadas pelos governos sobre os operários não têm feito mais que entorpecer e dificultar a vida dos mesmos, e o impasse presente é testemunha eloquente de quanto afirmamos, além das "cadernetas" de trabalho profissional, e de "fichas sanitárias" que têm sido um contínuo extorquir de centenas de contos das magras algibeiras do proletariado.[38]

É fato notável que, já nos primeiros dias do ano de 1931, o DET apareça em uma pequena nota de um jornal diário, por ter sido procurado por ferroviários da Sorocabana para apelar por algum interesse contrariado.[39]

A proeminência paulista na questão do trabalho apenas parece ter continuidade sob o novo formato de um Departamento do Trabalho que encontrara uma estrutura pré-existente. Além do mais, o processo de centralização apenas está em gestação nesse início de governo.

---

(34) FIESP: carta enviada ao MTIC, datada de 15.1.32.
(35) Segundo cálculos da *Revista do Trabalho*, n. 2, de janeiro de 1932, p. 7, essa quantia foi realizada em apenas 11 meses, o que dá uma média de 3 mil carteiras ao mês, ou 100 ao dia.
(36) FIESP: Circular n. 355, de 2.12.1932. Na biblioteca do IFCH-UNICAMP, no acervo da FIESP, tem coleção encadernada dessas circulares, desde o ano de 1928 a 1947. Sempre que for citado "circular", entenda-se, que se faz referência a circular da FIESP.
(37) Conforme KORNIS, M. *Op. cit.*, p., 122.
(38) PAES, Maria Helena S. *O Sindicato dos Metalúrgicos de São Paulo, 1932-1951*. São Paulo: USP, dissertação de Mestrado, 1979. p. 36.
(39) *Diário Nacional* de 01.01.1931, sob o título: "Ferroviários da Sorocabana procuram o Departamento Estadual do Trabalho".

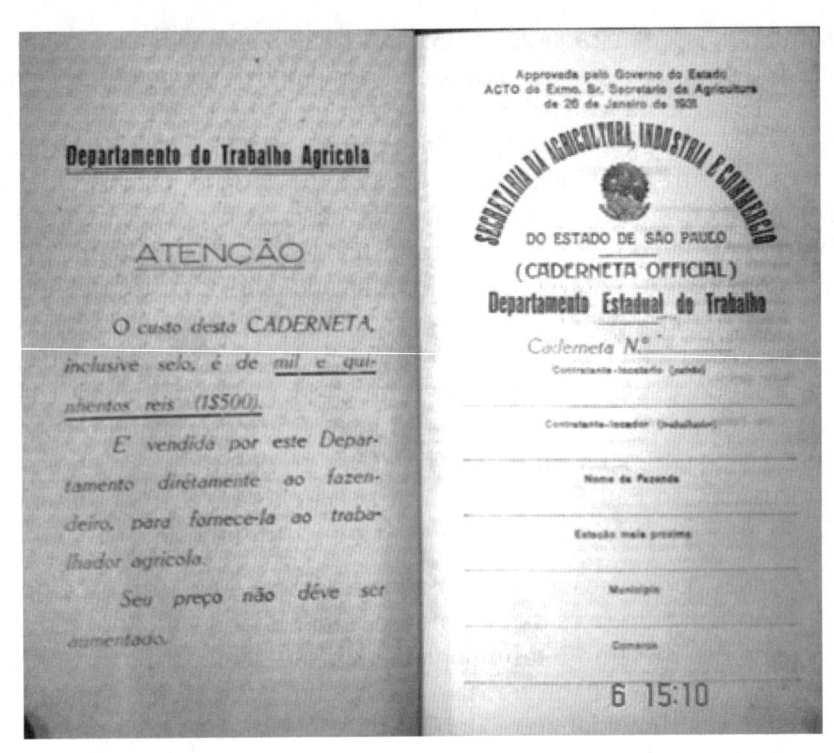

Figura 13: Carteira emitida pelo Departamento Estadual do Trabalho.
"São Paulo não podia esperar" (Fundo IDORT/AEL/UNICAMP)

Em busca de legitimação e aproximação

Os dois primeiros anos de readequação e reordenamento institucional do pós--outubro de 1930 revelam acirradas disputas das forças políticas reativas e/ou de busca de legitimação perante o Estado. Isso vale para as organizações operárias, para as patronais e também para órgãos como o Departamento Estadual do Trabalho.

Por intermédio das circulares da FIESP, Vanda Maria Ribeiro Costa, em sua obra citada, realiza uma instigante análise do ziguezagueado processo de legalização e legitimação da FIESP perante o Estado. Esse trabalho, com forte teor analítico-conceitual, traz uma detida descrição das dificuldades e contradições nesse processo de legitimação das organizações patronais no período aqui estudado, cujas lutas intestinas geraram diversas siglas (CIESP, FIESP, OSP, FIP), reveladoras de conflitos intraclasse.[40]

---

[40] Breve história do CIB, CIESP e da FIESP e do processo de organização patronal em corporações, encontram-se em LEOPOLDI, Maria Antonieta P. *Op. cit.* A rigor, por meio desta obra de Leopoldi (p. 81), ficamos sabendo que a criação da FIP (Federação das Indústrias Paulistas), entidade paralela à FIESP, fora fruto de artimanha dos industriais para se precaver da ação estatal em relação à organização patronal.

Porém, essas mesmas correspondências, por mim analisadas, também revelam alguns pontos de intersecção entre a FIESP e o DET e nos apresentam alguns *flashes* da busca de afirmação desse Departamento naquele contexto político.

As primeiras correspondências revelam uma FIESP-CIESP[41] ainda em processo de organização, buscando legitimidade perante os empresários e legalidade perante o Estado. Nesse período, as relações entre esses órgãos, que ainda delineavam as suas fisionomias em um espaço político instável e indefinido, eram de desconfiança, estranhamento, mas tentativa de aproximação mútua. As primeiras correspondências que nos constam nos livros de circulares mostram o DET ainda recorrendo à legislação sobre serviço sanitário e de higiene para enquadrar as empresas, lembrando-nos os moldes de atuação nas décadas anteriores, como demonstrado neste trabalho. Os empresários se mostram inquietos com as intimações recebidas do DTICD sobre cumprimento do Código Sanitário em relação a trabalho de menores de 18 anos e de mulheres. Inquietação que aumentara com a "intimação de fichamento sanitário de operários e simples empregados".[42] Entretanto, a mesma circular do órgão patronal trata de tranquilizar os seus afiliados, alegando confiar no "profissionalismo competentíssimo e de idoneidade inatacável" do "ilustre Chefe" da Inspetoria de Higiene do Trabalho, órgão do DTICD.

Nesse momento, a FIESP parece se interessar pela legitimação da interferência do órgão mediador estatal, pois ela própria necessitava se impor como interlocutora entre empresários e Estado. Isso é o que demonstra a análise de correspondências com teor similar ao que se expõe abaixo:

> Esta FEDERAÇÃO está em contato frequente com o DEPARTAMENTO DO TRABALHO, COMERCIAL E DOMÉSTICO [sic!] de São Paulo, o qual tem a seu cargo a resolução de questões suscitadas entre patrões e operários.
>
> Se VV.SS. estiverem por acaso a braços com uma questão dessa natureza, queiram solicitar a nossa interferência, no sentido de se a mesma foi resolvida sem maiores dificuldades.[43]

Esse estreitamento de relações se fazia cada vez mais necessário, e a FIESP, que se apresentava como escudeira dos empresários diante da ameaça operária, não vacila em se escudar no DTICD para aplacar o seu temor diante das ações coletivas dos operários. Várias correspondências se referem a um forte movimento

---

(41) A primeira organização patronal paulista é o Centro das Indústrias do Estado de São Paulo (CIESP), criada em 1928. Quando é criada a FIESP, com o nome de Federação, para caber nos marcos da lei, o CIESP não deixa de existir, mas passa a ser representado pela Federação, perante o Estado. Sobre esse processo, consultar a citada obra de Vanda Costa.
(42) FIESP: Circular n. 149, de 15.6.1931.
(43) FIESP: Circular n. 151, de 18.6.1931.

grevista que assola São Paulo no mês de julho de 1931. Em uma delas, a FIESP se coloca como mediadora e guardiã dos interesses patronais, revela que algumas fábricas teriam sido obrigadas a fechar as suas portas diante da realização de comícios e das "notícias alarmantes"; busca tranquilizar os seus sócios afirmando que "não se trata de greve geral, mas de agitação de momento", e diz ter garantias do DTICD, de que recebera ordem superior, a fim de manter a tranquilidade nos estabelecimentos. Nesse mesmo documento, afirma-se que as fábricas serão guarnecidas por força armada.[44] Em outra circular, a FIESP divulga carta assinada por João Alberto (interventor no Estado de São Paulo), que responsabiliza "elementos perturbadores", prometendo que "a ordem será mantida e a liberdade de trabalhar garantida". Nesse último documento, um telefone de Julio Tinton, funcionário do DTICD, é disponibilizado para auxílio do aflito patronato afiliado à FIESP.[45]

Já a circular n. 163, de 22.7.1931, divulga acordo entre a FIESP, o Comandante Militar da Região, Coronel Rabelo, o Secretário de Segurança Pública, Miguel Costa, e o Major Lobato do Valle, que assina pelo DTICD, na qual se afirma que a Polícia Militar guardará as fábricas ameaçadas, permanecendo durante 48 horas nas empresas, e que a manutenção dos homens da repressão ficará a cargo dos empresários.

O momento é de instabilidade e indeterminação na política brasileira. As circulares da FIESP revelam a tentativa reativa dos empresários em forjar a associação horizontal de classe, em defesa de seus interesses imediatos (diga--se, a busca da maior taxa de lucro possível) perante a organização dos trabalhadores, enquanto que, no plano vertical, perante um Estado "ameaçador", buscam manter uma ferrenha demarcação do poder no seu território, no interior das fábricas. Nos primórdios da implantação da legislação sindical e trabalhista, a luta pelo poder político estava aberta, em razão da instabilidade na configuração mais geral da política no País, onde o próprio poder de Estado vivia época de indeterminação.

Algumas circulares aos afiliados demonstram o receio dos dirigentes industriais nos primórdios da legislação sindical, como nos revela esse trecho de uma circular sem data, porém, sob o número 607 (numeração feita *a posteriori*), arquivada entre correspondências do mês de junho de 1931:

> As fábricas isoladas, ou seja, não fazendo parte de um comitê, não terão direito algum de pugnar pelos seus interesses perante o Governo.
>
> Sindicalizando o patronato, o Governo sindicalizou também o operariado. Os patrões não sindicalizados, tendo ao seu serviço operários sindicalizados, estarão em posição de manifesta inferioridade.

---

(44) FIESP: Circular n. 161, de 18.7.1931.
(45) FIESP: Circular n. 163, de 21.7.1931.

Em outra circular, datada de 23.06.1931, a FIESP exorta os empresários a se sindicalizarem, argumentando que:

> A classe operária está sendo sindicalizada e dentro de pouco tempo ela terá os seus sindicatos em todos os ramos industriais, inclusive no nosso.
>
> *Se o patronato não se sindicalizar, ficará em posição de inferioridade perante o operário sindicalizado.*
>
> É preciso que haja equilíbrio: a cada sindicato operário, corresponderá um sindicato patronal. [Os grifos são do original]

Há que se levar em conta o tom apelativo a fim de angariar a adesão de associados, o que nos leva a crer que uma dose de terror nessa convocatória faça parte de estratégia de propaganda. As dificuldades com o processo de associação não seriam peculiares dos ambientes subalternos, como podemos inferir desse trecho desse relatório da gestão da FIESP, de 1932-1933:

> A indústria paulista ainda não compreendeu claramente a necessidade de arregimentar-se para poder viver com segurança e desafogo e verificamos com pesar que frequentemente os interesses pessoais tomam passo aos interesses gerais.
>
> Enquanto o patronato foge ao espírito da época, que é o espírito de cooperação, de união estreita, de solidariedade, o operariado segue rumo oposto, agremiando-se com notável senso da realidade.
>
> Para este assunto, de capital importância para a organização do trabalho, chamamos a atenção dos nossos sócios, não hesitarem em afirmar que, nos tempos que correm, esforços isolados se anulam e que o industrial tem necessidade premente de apoiar-se em organizações trabalhistas de cunho da nossa.

Esse trecho referenda a assertiva de Leopoldi de que, entre 1931 e 1937, "a FIESP viveu um período de construção de sua identidade", quando atravessou turbulento período em busca de legitimação perante a sua base.[46]

Outras correspondências revelam que essa associação patronal com o Estado, a fim de se garantir o trabalho "sob qualquer hipótese", parece ter rendido lucros políticos para o diretor do DTICD, que recebe uma homenagem da direção da FIESP, conforme mostra essa carta datada de 21.8.1931:

> As classes produtoras de S. Paulo querem prestar significativa homenagem ao Sr. Major Heitor Lobato do Valle, Diretor do Departamento do Trabalho Industrial, Comercial e Doméstico, pelos relevantes serviços que ele vem prestando ao Trabalho paulista.

---

(46) LEOPOLDI, Mª A. P. *Op. cit.*, p. 77.

> Como V.S. já sabe estes serviços culminaram diante da última agitação verificada no seio das indústrias.
>
> A homenagem ao Sr. Major Lobato Valle constará de um banquete ao qual lugar em dia e hora que serão oportunamente comunicados a V. S.
>
> Pela presente vimos pedir a sua adesão, como membro que é de uma importante classe do trabalho.

Ainda em novembro do mesmo ano, o sentimento de gratidão (ou o oportunismo) da FIESP pelos serviços prestados pelo Departamento do trabalho ainda pareciam durar, pois essa federação divulgou entre os seus sócios o lançamento da *Revista do Trabalho*, dirigida pelo mesmo Lobato do Valle, ainda na condição de diretor do DTICD, tendo em vista que tal publicação "se dedicará aos interesses das classes produtoras".[47]

Estranhamento

As honras junto ao órgão do Estado paulista têm limite até o momento em que os empresários sintam os seus interesses atingidos. As medidas adotadas pelo Estado, no âmbito do Estado de São Paulo, que passa a introduzir mecanismos de controle sob os trabalhadores (fichas, cadernetas etc.) e, principalmente, a lei de férias, causam longos atritos entre o órgão patronal, o Departamento do trabalho paulista e o MTIC. Entre as numerosas circulares dirigidas às instâncias ministeriais, destacam-se, em quantidade, aquelas reclamando da fiscalização nas empresas. Nesse sentido, a FIESP não hesita em deslegitimar o DET diante do MTIC, em prol dos seus próprios interesses:

> No seu desejo de ser útil ao operariado, o Departamento do Trabalho Industrial, Comercial e Doméstico, que é repartição estadual, tem ultimamente interpelado o patronato a propósito da execução da Lei de Férias.

---

(47) FIESP: Circular n. 217, de 14.11.1931. Vale a pena o destaque sobre essa Revista pelo seu pioneirismo, pelo peso do seu corpo editorial e por ser composta por vários funcionários do DET. Trata-se da primeira publicação seriada voltada para as questões do Direito do Trabalho, dirigida por Heitor Lobato do Valle e J. Camara. Ela não pode ser confundida com outras homônimas que foram publicadas posteriormente. Uma eclética equipe de peso compõe o grupo de colaboradores: Conde Alexandre Siciliano Junior, dr. Otávio Pupo Nogueira, dr. A. Tisi Neto, dr. Clemente Ferreira, dr. Simões Correia, dr. Adail Valente do Couto, dr. Pedro Theodoro da Cunha, dr. João Batista Vasques, dr. Julio Tinton, dr. Mário Pinto Serva, dr. Lourenço Filho, dr. Orlando de Almeida Prado, dr. Alfredo Egydio Aranha, dr. Cardoso de Mello Neto, dr. José Carlos de Macedo Soares, dr. Vicente Rao, dr. Marcos Mêlega, dr. Gaspar Ricardo, prof. Sud Menucci, cel. Mendonça Lima, dr. Stockler de Lima, dr. Maciel Wanderlei, dr. Antonio Alves de Lima, dr. José da Silva Gordo, dr. Plínio Salgado, dr. Alberto de Queiroz Telles, dr. Henrique de Souza Queiroz, dr. Aristides Pompeu do Amaral, Major Waldemiro Pereira da Cunha.

Para evitar confusões, devemos assinalar a V.V.S.S. que *aquele Departamento nada tem que ver com a lei em questão, não podendo exigir dos patrões o que quer que seja com referência a férias ou indenizações correspondentes a férias não gozadas.*

Já sabem que a fiscalização da lei de férias compete *aos agentes fiscais do imposto de consumo* e só a eles [Os grifos são do original].⁽⁴⁸⁾

Essa ação governamental (de fiscalização) parece ter sido a mais odiada por parte dos empresários que sentiam questionado o seu poder nas fábricas. A correspondência de n. 430, de 19.7.1933, reclama da fiscalização em relação à lei que ficou conhecida como lei dos dois terços:

> Como se vê do seu art. 2º, os sindicatos operários terão a faculdade de delegar poderes a um dos seus membros para fiscalizar nas fábricas a execução da chamada lei dos dois terços.
>
> Trata-se, como se vê, da intromissão legal de sindicatos operários na vida íntima das empresas e não é necessário chamar a atenção de ninguém para a gravidade desta situação.⁽⁴⁹⁾

Em janeiro de 1932, a FIESP sugere modificações em relação à Carteira de Trabalho, reclamando a ingerência em assuntos que competiriam ao patrão na fábrica e critica a superposição de duas instâncias de governo que atuam sobre o mesmo assunto.⁽⁵⁰⁾ No mês subsequente, a Federação volta a criticar a "pressão contra o patronato", exercida pelos fiscais do DTICD, que cobram o cumprimento de uma lei que era da alçada federal e não estadual. Assim, a lei de férias, que é federal, não poderia ser fiscalizada por órgão do Estado e nem as anotações poderiam recair sobre a Carteira de Trabalho emitida pelo DTICD.

A fim de defender os seus interesses, a FIESP não hesita em explorar a duplicidade de poder entre a esfera federal e a estadual, com o intuito de causar confusão e protelar a validade das leis sociais até então editadas. Em 5 de março de 1932, ela dirige carta ao Coronel Manuel Rabello, interventor substituto de João Alberto, contestando a assinatura de Decreto estadual instituindo a lei de 8 horas, tendo em vista que o governo federal já estava em vias de elaborar projeto sobre o assunto. A FIESP alegava desfavorecimento do Estado na concorrência em relação às outras unidades da federação. Em outro comunicado, ainda explorando o tema da carteira profissional, a FIESP afirma que:

> 2º. Dentro de um ano, as carteiras de identidade, fornecidas pelos Estados ou Municípios, não terão mais valor.

---

(48) FIESP: Circular 183, de 3.9.1931.
(49) O artigo citado refere-se ao Decreto n. 22.884, de 4.7.1933, estipula que "a fiscalização concernente à execução do regulamento aprovado (...), fica extensiva a qualquer empregado no comércio operário ou trabalhador que, estando sindicalizado seja especialmente autorizado a exercê-la por delegação do respectivo sindicato bem como a todo funcionário público federal, estadual ou municipal...": Esse artigo gerou enorme controvérsia entre Estado, FIESP e sindicatos.
(50) FIESP: Ofício dirigido ao MTIC, datado de 15.1.1931.

Isto quer dizer que as carteiras mandadas fazer por injunção do Departamento do Trabalho (do Palácio das Indústrias) dentro de um ano serão inúteis.[51]

Além de ornamentar essa correspondência com a retórica de que "os pobres operários, que já gastaram dinheiro com as carteiras do Departamento do Trabalho, vão ficar de posse de um documento inútil diante da legislação federal", a FIESP aproveita para espetar o governo em tom de ironia:

> Este é um dos frutos da legislação social feita pela União e pelos Estados sem entendimento prévio e sem observância de um plano comum.

As comunicações esparsas da FIESP, por meio das suas circulares, demonstram que o período de cordialidade com o Departamento do Trabalho durou pouco e que a relação de agrado só duraria enquanto ela, a FIESP, se beneficiasse. A cordialidade dá lugar a desconfiança e atritos. Em circular datada de 14 de maio de 1932, a FIESP faz um inquérito para se municiar de informações sobre a natureza da agitação operária em curso.[52] Um mês depois, em correspondência confidencial ela demonstra preocupação com o contato do Departamento paulista do Trabalho com os seus afiliados:

> Queiram Vs.Ss. nos informar com urgência se durante a agitação operária foram procurados por algum representante do Departamento do Trabalho Industrial, Comercial e Doméstico (Palácio das Indústrias).
>
> No caso afirmativo queiram Vs.Ss. nos dizer de que assunto tratou aquele representante.
>
> Esta informação tem a maior importância para esta Federação.[53]

Em 25 de maio de 1932, a FIESP saúda a "medida indispensável" do governo federal ao instituir as Comissões Mistas de Conciliação e os Tribunais de Arbitramento, de "importância capital na vida fabril", demonstrando o interesse do órgão com as perspectivas de atuação sob mediação do Estado no nível federal. O texto destaca que tais comissões serão compostas de patrões e operários "sob as vistas e fiscalização do Ministério do Trabalho". O documento revela ainda o ânimo devido *às confabulações que teremos proximamente com o Sr. Ministro do Trabalho*, em que se tratará de saber "como poderemos executar a lei com a menor soma possível de embaraços para a organização do trabalho fabril paulista"[54]. É bem plausível que esses "embaraços" a serem tratados com o ministro façam alguma referência à ação do órgão do trabalho paulista, afinal, o termo "embaraçado" é utilizado em Relatório de 1932-1933 ao se fazer referência à relação com o delegado do MTIC no DET.

---

(51) FIESP: circular n. 258, de 5.3.1932.
(52) FIESP: circular n. 268, de 14.5.1932.
(53) FIESP: circular n. 274, de 19.5.1932.
(54) FIESP: circular n. 276, de 25.5.1932.

Em 23 de junho de 1932, já sob o clima das agitações decorrentes do espírito regionalista daquele ano, a FIESP faz um alerta a seus associados, por meio da circular n. 283:

> Antes de atenderem a qualquer reclamação de operários, feita por intermédio do Departamento do Trabalho (Palácio das Indústrias) queiram Vs.Ss. se comunicar conosco.
>
> (...)
>
> Já no caso das intimações do Departamento, já no caso das intimações do Serviço Sanitário [sic], estamos fazendo um delicado trabalho de defesa dos interesses que nos são confiados.

Certamente que a animosidade da FIESP/CIESP em relação à direção "tenentista" do DET crescia à medida que o clima regionalista ganhava ares de guerra civil contra o governo federal. Já se sabe que essa organização patronal apoiou abertamente o movimento chamado de constitucionalista em São Paulo, e as correspondências "circulares", que nos servem de fonte, podem figurar como prova material do nível de envolvimento daquela Federação com o movimento militar no qual se apostava para derrotar o governo federal e seus aliados que insistiam em instituir a intervenção do Estado nas relações de trabalho.

No balanço do primeiro ano de atividades do DTICD, apresentado no relatório de governo de 1932, não aparecem dados objetivos, porém, o que se destaca é justamente a função mediadora contra as "injustiças" sobre os trabalhadores:

> Esta Secção conseguiu, no correr do ano, resolver amigavelmente elevado número de reclamações sobre férias em favor de operários e empregados no comércio.
>
> Obteve várias readmissões, em casos em que pode intervir para reparar injustiças ou excessos praticados contra trabalhadores. Organizou estatística dos operários que trabalham nas diversas indústrias do Estado.
>
> Está assim iniciado um trabalho que permitirá o estudo das condições de trabalho em São Paulo, podendo-se já chegar, sobre isso, a conclusões interessantes.
>
> (...) Procurando instruir as classes operárias sobre as leis que as amparam e protegem, assim como as que lhes determinam obrigações, foi realizada uma série de conferências nas cidades de Santos, Jacareí, São Carlos e Barretos, começando, assim, uma útil campanha.
>
> A Seção de Fiscalização do Trabalho, tem ampliado o mais possível o seu raio de ação, percorrendo o interior do Estado, em visitas de inspeção e estudos.[55]

---

(55) Relatório de Governo, 1932. p. 243 a 249.

A reconfiguração do poder, a partir de 1930, possibilitou ao DET aquilo que, aparentemente, sempre fora almejado, mas impedido pelas circunstâncias políticas desfavoráveis: os gestores do Departamento se autopromoveram ao *status* de mediadores e passaram a intervir com força nos conflitos de classe. Além disso, continuaram a atividade imprescindível da fiscalização e do estudo da realidade.

Algumas informações sobre atuação no meio rural

O balanço do primeiro ano apresentado pelo Departamento do Trabalho Agrícola, por meio do Boletim n. 72, de 1932, também ilustra o aumento da intensidade de intervenção do Estado (em São Paulo) nas relações de trabalho. Avaliando alguns dados de apenas uma seção do DTA, destacamos que, em 1931 foram feitas 2.714 autuações externas, entre elas, 2.681 pessoas e 33 consulares. Dessas autuações, 2.631 foram decorrentes de reclamações de trabalhadores agrícolas e lavradores, 35 decorrentes de "consultas" e outras 15 decorrentes de "informações". Dentre 2.602 reclamações de operários agrícolas, 2.558 foram contra fazendeiros e 41 contra Companhias e Sociedades. 15 reclamações de lavradores foram contra trabalhadores agrícolas.

Entre as reclamações destacam-se "atrasos de pagamentos" (2.144), "ajuste de contas" (697), "falta de cumprimento de trato" (416). Os atendimentos de reclamações no meio agrícola praticamente triplicaram e quadruplicaram, em relação aos anos de 1930 e 1929, respectivamente, segundo as informações do boletim. No balanço das atividades do ano de 1932 percebe-se uma diminuição do fluxo de atendimentos feitos pelo DTA, em decorrência da crise no Brasil e também da "redução, senão, paralisação, de atividade da repartição nos três meses da revolução de São Paulo", conforme explicação que aparece no Boletim n. 75-76, p. 41, de 1933.

Se confiarmos nessas poucas informações da versão oficial aqui destacadas, expressa pelos relatórios, concluiremos que os Departamentos do Trabalho em São Paulo se consolidaram como referências para o acolhimento das reclamações dos trabalhadores, como órgãos mediadores que eram.

Carteira de Trabalho Emitida pelo DET
em janeiro de 1931.

Carteira de Trabalho Emitida pelo DNT/
MTIC em 21 de março de 1932.

Figura 14: Carteiras de trabalho: documento criado logo na primeira
fase da "era Vargas". Trazia espaços para anotações policiais e
acabou funcionando também como espécie de "atestado de conduta".

Unidade de ação e descentralização: o MTIC e a criação das Inspetorias Regionais do Trabalho (IRT's)

Em 1º de agosto de 1932, por meio do Decreto n. 21.690, o governo federal cria nos Estados e territórios as Inspetorias Regionais vinculadas ao Ministério do Trabalho, Indústria e Comércio, *destinadas a exercer, no perímetro de jurisdição de cada uma delas, a superintendência dos serviços cometidos aos Departamentos e a fiscalização das leis e regulamentos do referido ministério, podendo cada inspetoria abranger mais de um Estado*, conforme redação do artigo primeiro do referido Decreto.

O art. 4º reitera que na *zona de sua jurisdição as Inspetorias Regionais serão órgãos intermediários dos interesses do público como Ministério do Trabalho, Indústria e Comércio em tudo que se relaciona com os assuntos e serviços que se encontram em sua esfera de ação (...)*. A imposição de multas por infração e desrespeito às leis de assistência e proteção ao trabalho, ressalvada a competência das Comissões Mistas de Conciliação (instituídas pelo Decreto n. 21.396, de 12 de maio de 1932), caberá às IRT's (ou ao DNT, no caso do Distrito Federal), conforme explicita o art. n. 9 do Decreto.

A instituição das IRT's ocorre bem no momento de clímax da guerra envolvendo os paulistas. Talvez, em decorrência desse fato, a regulamentação das Inspetorias só ocorreria em 22 de dezembro de 1932, por meio do Decreto n. 22.244. Tal regulamento institui 15 sedes de inspetorias espalhadas pelo território nacional: 1ª: Amazonas (sede) e Acre; 2ª: Pará; 3ª: Maranhão (sede) e Piauí; 4ª: Ceará; 5ª: Paraíba (sede) e Rio Grande do Norte; 6ª: Pernambuco (sede) e Alagoas; 7ª: Bahia (sede) e Sergipe; 8ª: Rio de Janeiro (sede) e Espírito Santo; 9ª: São Paulo; 10ª: Paraná; 11ª: Santa Catarina; 12ª: Rio Grande do Sul; 13ª: Minas Gerais; 14ª: Mato Grosso e 15ª: Goiás.

Às IRT's caberia a fiscalização do cumprimento das leis concernentes ao trabalho, a facilitação da *sindicalização das classes profissionais de empregados e empregadores*, a organização das comissões mistas de conciliação, intermediação da emissão das carteiras profissionais, entre outras funções que coubessem na mediação entre trabalhadores, empregadores e os órgãos ministeriais, como CNT, DNT, Departamentos de Imigração, Povoamento etc.

O longo Regulamento das IRT's expõe a enorme carga burocrática que caberia às inspetorias, que tratariam desde as complexas relações trabalhistas até a fiscalização de pesos e medidas, passando pelo controle de fluxo migratório, colocação de trabalhadores, povoamento, exportação de produtos, questão indígena e mais uma infinidade de tarefas.

Porém, o que nos cabe aqui é explorar a curiosa situação institucional após a criação das IRT's, especialmente em decorrência da instalação da 9ª sede, localizada em São Paulo. Desde a instalação do governo revolucionário provisório, a gerência das questões relativas ao trabalho passa à competência exclusiva da esfera federal. Com a criação do MTIC e as suas ramificações regionais, o Departamento Estadual do Trabalho, sob jurisdição da esfera estadual, estaria em cheque.

Além do mais, a superposição da atuação de duas esferas diferentes do Estado nas relações de trabalho estava causando confusões e, como vimos logo acima, o patronato buscava explorar esse impasse político-administrativo. Com alguma frequência, quando a FIESP se dirigia a seus afiliados, referindo-se à ação do Departamento do Trabalho de São Paulo, por meio de suas circulares, destacava, entre parênteses, a sede no "Palácio das Indústrias", certamente para distingui-la do Departamento Nacional do Trabalho ou do próprio MTIC. Trata-se de um simples detalhe, mas que demonstra a incidência de poderes concorrentes, ou superpostos, cuja confusão requeria ser dirimida.

Portanto, poderíamos supor que a extinção do antigo DET fosse decorrência normal diante dos novos fatos administrativos, tendo em vista que as funções do DTICD e do DTA, modelo único no País, coincidiam com a função da IRT-SP. Porém, não foi exatamente isso o que sucedeu. Já em janeiro de 1933, a antiga sigla DET ressurgirá da fusão do Departamento do Trabalho Industrial, Comercial e Doméstico e do Departamento do Trabalho Agrícola. O Decreto n. 5.795, de 10 de janeiro de 1933, reinstitui o DET, a partir da fusão dos dois Departamentos do

Trabalho criados na transição dos anos de 1930 e 1931. Frederico Werneck, ex-diretor do Departamento do Trabalho Agrícola, foi escolhido para ser o diretor do departamento recém-criado, demonstrando o prestígio e o fortalecimento político desse personagem na rede de poder paulista. Não foi possível saber porquê o Major Lobato do Valle teria sido preterido. Talvez a sua patente de major, naquela circunstância político-militar, se colocasse como empecilho. Talvez o desgaste do DTICD com a FIESP tenha se aprofundado.

Essa última hipótese deve ser considerada, afinal, o fato de a FIESP/CIESP ter se colocado abertamente ao lado da fileira dos "paulistas" derrotados, em nada mudaria a característica de um setor que se preocupa, acima de tudo, com a possibilidade de manutenção das suas fontes de lucro. Nenhum discurso regionalista, nacionalista ou xenófobo supera essa característica dos empresários.

O emblemático encontro de representantes da FIESP com Waldomiro Lima

Ainda sobre as fumegantes cinzas de uma guerra mal acabada, uma circular "confidencial" da FIESP revela uma curiosa confabulação desse setor patronal com o até então inimigo militar vitorioso, General Waldomiro Castilho de Lima, agora na condição de governador interventor no Estado de São Paulo. Vale a pena ler o teor do documento na sua íntegra, que se refere à legislação social, por ser ele bastante revelador:

> Tivemos a satisfação de verificar que o Sr. Governador está animado do empenho de pugnar pela substituição daquela lei, que não apresenta a mínima vantagem para o operariado e enormes desvantagens para a organização do trabalho em geral, por outras medidas práticas e inteligentes de assistência aos trabalhadores.
>
> Revelando grandes conhecimentos em sociologia, S. Excia. pende para o chamado sistema alemão ou seja, contribuição do patronato, do próprio operariado e do Estado na obra de assistência que será estudada como substitutivo à Lei de Férias.
>
> Em outra conferência conosco, o senhor Governador vai esboçar um plano de assistência ao operariado. Enquanto aguardamos a sua ação, aconselhamos as indústrias paulistas a suspender as atuais e inúteis tentativas de aplicação da Lei de Férias, explicando aos operários que apresentarem reclamações que o Sr. Governador, de acordo com esta Diretoria, tem em estudo um grande plano de assistência ao trabalhador.
>
> Queiram Vs.Ss. tomar nota de que deverão nos comunicar as repetidas e intoleráveis intimações que a grande maioria da indústria paulista vem

recebendo desde algum tempo do Departamento do Trabalho Industrial, Comercial e Doméstico (Palácio das Indústrias). A ação deste Departamento também está sendo objeto da atenção do Sr. Governador Militar.

Voltaremos brevemente à presença de Vs.Ss. sobre a Lei de Férias e, repetimos, queiram aguardar tranquilamente o resultado da atuação do Sr. Governador.[56]

Uma vez destacado o oportunismo da FIESP, vale ressaltar e explicar essa inusitada postura de um interventor que parece querer negociar um projeto que é a pedra angular do governo federal de Getúlio Vargas e que se propõe a observar as ações do DET.

O General Waldomiro Castilho de Lima foi um dos mais importantes chefes militares, dentre aqueles que derrotaram as forças paulistas no episódio de 1932. O seu prestígio junto ao poder central lhe rendera a responsabilidade de dirigir interinamente o governo de São Paulo, na condição de interventor, cargo que passou a ocupar em 6 de outubro de 1932. A ficha político-policial desse sempre vigiado militar no DOPS é recheada de informações que muito bem sintetizam o clima tenso de todo o período do primeiro governo de Getúlio Vargas.[57] Fundador do PSB e do Partido da Lavoura, na ficha de Waldomiro Lima aparecem informações, em sequência cronológica, que o vinculam a diversas supostas armações e tentativas de golpe militar, desde 1933 até 1947. O escrivão do DOPS se refere a Waldomiro Lima como "a espada de Dâmocles suspensa sobre a cabeça dos brasileiros e sobre a estabilidade do regime", entre os anos de 1934 e 1935.[58]

Waldomiro Lima era militar oriundo do "tenentismo", tinha laços de parentesco com Getúlio Vargas e tentou enfrentar os setores conservadores da oligarquia tradicional buscando estabelecer uma ampla aliança política e incentivando a ascensão de novos personagens no cenário político. O seu objetivo imediato era conquistar a simpatia dos paulistas e garantir uma governabilidade naquela tumultuada conjuntura que, em curto espaço de tempo, sofreu abalo de dois fortes movimentos revolucionários, o de outubro de 1930 e o de julho de 1932. Ele almejava lograr a sua permanência no governo paulista, já que a sua indicação tinha caráter apenas transitório até que se amainassem os ressentimentos da derrota paulista no conflito militar. Logo após tomar posse, Waldomiro Lima inicia um verdadeiro périplo buscando apoio nos mais diversos setores da sociedade, a fim de costurar uma base capaz de enfrentar alguns setores da oligarquia que o tinha como algoz.[59]

---

(56) FIESP: circular n. 341, de 28.10.1932.
(57) DOPS: Prontuário 5251, caixa: 263.
(58) Essa figura de linguagem, inspirada na literatura histórica do período romano pré-cristão, é empregada para designar um perigo permanente.
(59) Sobre o período do governo de Waldomiro Lima, ver o citado texto de GOMES, Ângela C.; LOBO, Lúcia L. & COELHO, Rodrigo B. M. *Op. cit.,*. e também *o artigo de* KAREPOVS, Dainis. *PSB-SP: socialismo e tenentismo da Constituinte de 1933-1934.* Florianópolis: Universidade Federal de Santa Catarina, Revista Esboço, n. 16, 2º semestre de 2006.

Waldomiro Lima sabia que contava com pouco tempo para pôr em prática a sua estratégia, que fora desenhada visando se armar politicamente no campo minado da agricultura paulista, onde se instalavam poderosos grupos de interesses econômicos vinculados à combalida economia cafeeira, e também no meio urbano, que experimentava crescimento de forma acelerada e gerava novos atores sociais no plano político. Daí a iniciativa do interventor em costurar a criação do Partido da Lavoura simultaneamente à criação do Partido Socialista Brasileiro, este para atuar prioritariamente no crescente e inquieto ambiente proletário paulista.

Em ofício datado de 1º de novembro de 1932, dirigido ao governador militar, Waldomiro Lima, a FIESP faz proposições em relação à Lei de Férias e à legislação social em geral, afirmando ser favorável ao modelo inglês e solicita a interseção do governador para ajudar no contato da Federação com o MTIC. Os diretores da corporação paulista se dizem afinados com o conceito de legislação social previsto por Lima.

Esse breve relato sobre aquele contexto situa bem as circunstâncias e motivações do encontro do Waldomiro com a FIESP e pode indicar o enorme projeto almejado por ele durante a sua curta experiência no poder. Agregando a informação extraída daquela circular (lançamento de um grande projeto social nos moldes alemães) com os episódios marcantes da sua trajetória política, é possível pensar que o general buscava trabalhar a sua imagem junto aos empresários paulistas, mantendo certa autonomia em relação ao grupo mais próximo de Vargas, ainda que para isso tivesse que controlar o voluntarismo dos correligionários "tenentes" do DET. Aliás, o projeto pessoal e o personalismo de Waldomiro ajudaram a acirrar as contradições, abalando fortemente a relação entre ele e parcela dos grupos dos "tenentes" de São Paulo, que não viam com bons olhos as manobras políticas e alianças do interventor. Dainis Karepovs ressalta esse fato, sobre o qual destaco pequeno trecho de correspondência entre correligionários de Waldomiro, que consta no artigo desse autor:

> O rompimento mesmo aberto com aquele chefe do Exército [referência ao General Waldomiro Castilho de Lima] foi desejado por você e por todos os companheiros de São Paulo.[60]

Trata-se de correspondência de Francisco Giraldes Filho endereçada a Zoroastro Gouveia, ambos membros do PSB-SP, em que se comenta desdobramentos do I Congresso Nacional Revolucionário, ocorrido em novembro de 1932, quando foi fundado o Partido Socialista Brasileiro.

O Convênio

Não há qualquer dúvida de que a ação dos departamentos voltados para a questão do trabalho em São Paulo estava totalmente irregular, causando embaraços

---

(60) KAREPOVS, Dainis. *PSB-SP: socialismo...*, cit., p. 171.

aos governos e se tornando insustentável. Em correspondência a seus sócios, datada de 2 de dezembro de 1932, a FIESP se reporta à questão da duplicidade das carteiras de trabalho e reproduz uma consulta que o DTICD havia feito ao Departamento Nacional do Trabalho solicitando a extinção do parágrafo único do art. 22 do Decreto n. 21.175 que instituiu a Carteira Profissional. Tal parágrafo tornava sem valor as Carteiras emitidas por Estados ou municípios. A resposta do DNT foi conclusiva: *"Nos termos do art. 28 da Constituição da República, compete ao governo federal legislar sobre o trabalho"*. Ora, a própria existência do DET era inconcebível, do ponto de vista legal, ainda que não inconstitucional, como se verá adiante. Até então, o DET existia mediante acordo tácito entre as esferas de governo.

Essa inusitada situação político-administrativa acaba sendo legitimada pela celebração de um acordo, sob a forma de um Convênio,[61] firmado entre o Ministério do Trabalho e o Governo Militar de São Paulo, em 2 de janeiro de 1933. Tal acordo prevê a delegação de funções exclusivas do Ministério do Trabalho para o Departamento paulista, conforme aparece no *caput* do texto do Convênio:

> Convênio firmado entre o Ministério do Trabalho, Indústria e Comércio e o Governo Militar de São Paulo, sobre a execução das leis da União, relativas à fiscalização, proteção, assistência e solução das questões do trabalho, de acordo com o previsto no § 3º, do art. 7º da Constituição Federal.

A Constituição que deu respaldo ao Convênio era a de 1891, aquela mesma que fora despedaçada pelo golpe civil-militar de outubro de 1930. O sétimo artigo da citada Constituição trata, justamente, da relação entre as esferas de poder dos Estados e da União. O § 3º do item 4º do referido sétimo artigo prevê que:

> § 3º — As leis da União, os atos e as sentenças de suas autoridades serão executadas em todo o País por funcionários federais, podendo, todavia, a execução das primeiras ser confiada aos Governos dos Estados, mediante anuência destes.

Essa prerrogativa da Constituição de 1891, ainda "vigente" em 1933, garantia a exceção feita aos paulistas. O texto esclarece que o Convênio fora firmado em decorrência de "entendimento verbal havido entre o Exmo. Sr. Dr. Joaquim Pedro Salgado Filho, Ministro do Trabalho Indústria e Comércio, e o Exmo. Sr. General Waldomiro Castilho de Lima, Governador Militar do Estado de São Paulo". Affonso

---

(61) O *convênio* é um instrumento normativo/espécie documental assim definido: "Acordo que as entidades públicas firmam entre si ou com entidades privadas, ou que estas últimas firmam entre si para realização de algum objetivo de interesse comum. Diferencia-se do contrato por estarem, no *convênio*, todos os partícipes em igualdade de posição jurídica". Cf. BELLOTTO, Heloísa Liberalli. *Arquivos permanentes: tratamento documental*. Rio do Janeiro: FGV, 2006. p. 95. O texto que regulamenta o Convênio encontra-se no *Diário Oficial da União*, de 5 de janeiro de 1933. No Decreto estadual n. 5.795, de 1933, que cria o DET, o Convênio é ratificado pelo 24º artigo.

de Toledo Bandeira de Mello assina o instrumento jurídico como representante do Departamento Nacional do Trabalho, enquanto Adail Valente do Couto aparece como preposto do DET-SP. As atribuições do Departamento Estadual do Trabalho são assim especificadas:

> a) Incentivar e cooperar em todo o Estado de São Paulo na sindicalização das classes patronais e operárias, nos termos da Lei n. 19.770, de 19 de março de 1931, ou outra que a substituir;
>
> b) Encarregar-se, em todo o Estado de São Paulo, da entrega das carteiras profissionais, tipo federal, antecipadamente requisitadas ao Ministério do Trabalho, mantendo, para efeito de estatística do trabalho, um completo registro de prontuários e fichário dactiloscópico-fotográfico;
>
> c) Fiscalizar e fazer cumprir em todo o Estado de São Paulo, as leis reguladoras do trabalho, podendo propor à Inspetoria Regional deste Ministério do Estado de São Paulo, as multas que se fizerem mister nos casos de infração às mesmas leis, lavrando, nos termos da legislação em vigor, o auto respectivo, que acompanhará a proposta.

O Convênio prevê, ainda, a indicação de um "delegado especial" do Ministério no Departamento paulista, a fim de garantir a "harmonia" entre os órgãos. O curioso é que tal "representante" do órgão federal é o mesmo funcionário do DET supracitado, Dr. Adail Valente do Couto, o qual, não apenas será remunerado pelo órgão paulista, mas, como se verá adiante, também pertencia à mesma corrente política daquele que ocuparia o principal cargo do Departamento Estadual do Trabalho.

Um comentário sobre esse acordo aparece no Boletim do DET, assinado pelo Dr. Pedro Teodoro da Cunha, advogado chefe da Assistência Judiciária, que assim se refere:

> O Governo Provisório acaba de praticar um dos atos mais acertados, em prol da obra construtora da felicidade das massas trabalhadoras, desta unidade da Federação.
>
> Outorgou, em boa hora, ao Departamento do Trabalho de São Paulo, amplos poderes para a organização racional das coletividades operárias, nos moldes da legislação pátria.[62]

O que explicaria essa concessão exclusiva ao Estado de São Paulo, justamente em momento em que os espectros da conjuntura de guerra civil ainda pesavam nos ares paulistas?

---

(62) Cf. Boletim do DET, n. 75/76, de 1933, p. 51. O Boletim ainda aparece com a capa do Boletim do Trabalho Agrícola.

Certo é que o DET significava uma espécie de parêntese jurídico-administrativo no Estado de São Paulo, e essa aparente convivência pacífica, acordada, entre estruturas administrativas de esferas diferentes, escondia problemas políticos decorrentes da ainda mal resolvida questão de relacionamento entre as esferas estadual e federal e o processo de centralização.

O DET e o dilema da centralização *versus* autonomia estadual

A intervenção do Estado nas relações de trabalho muda em qualidade e intensidade, por intermédio dos Departamentos do Trabalho paulistas, no imediato pós-movimento militar de 1930. Essa dinâmica entre as esferas de governo ganha novos contornos a partir do robustecimento do aparelho de Estado no plano federal, principalmente com a criação do MTIC. Entretanto, o fortalecimento de estruturas administrativas no plano federal gera alguns atritos políticos quando estas encontram órgãos com funções similares no plano estadual, principalmente em se tratando do Estado de São Paulo.

A expressão político-administrativa desse conflito é bem ilustrada pelo caso emblemático que se reproduziu entre instâncias dos órgãos de gerenciamento da política cafeeira. Os embates que se reproduziram entre os representantes do Conselho Nacional do Café (CNC) e o Instituto do Café de São Paulo podem ser vistos como a expressão da guerra civil constitucionalista no plano da administração. De fato, principalmente após a instauração, pelo interventor militar paulista, da sindicância no Instituto do Café, (instituição de direito privado no Estado de São Paulo), essa guerra ganha vulto e se explicita nas páginas da grande imprensa paulista.[63]

Certamente que o fracasso político do interventor Waldomiro Castilho de Lima seja explicado, em parte, por essa peleja contra o Instituto do Café, que mexera com interesses muito graúdos, com ramificações poderosas no centro do capital financeiro em Londres. Ângela Castro Gomes faz a seguinte referência a esse episódio:

> Assim, quando a revolução se encerra [a de 1932], as relações entre o Instituto e o CNC se encontram muito difíceis, ressaltando-se, particularmente, o descontentamento em face do seu presidente, o mineiro Roquete Pinto.
>
> (...) Ladeando e redimensionando essa questão, que envolvia os fortes interesses da comercialização do café de São Paulo (e também do Rio),

---

(63) É interessante acompanhar a ampla cobertura que a imprensa deu a essa queda de braço entre os interventores estaduais e o Instituto do Café, principalmente no ano de 1933.

havia o problema da interferência do CNC nos Estados. Este órgão, estendendo o seu campo de atividades, começava a travar a ação do Instituto do Café de São Paulo, uma entidade de direito privado e portanto não oficial, desde sua organização em 1931. O pano de fundo das disputas entre o CNC e o Instituto, em fins de 1932 e início de 1933, envolvia o problema mais amplo do intervencionismo do governo federal nos assuntos ligados ao café e, especificamente, nas funções da alçada dos institutos estaduais.[64]

A intervenção no Instituto do Café, em janeiro de 1933, seguida de abertura de um processo de sindicância pelo interventor em São Paulo, Waldomiro Lima, logo após a derrota dos "constitucionalistas" paulistas, gerou uma crise política, demonstrando que a derrota militar dos paulistas não significou necessariamente o aniquilamento da atuação política da elite paulista.[65] As atitudes conciliatórias do então recém-empossado interventor de São Paulo e o seu malabarismo político tentando contemporizar diante dos conflitos entre os grupos políticos, não foram suficientes para sustentá-lo no poder, pois ele não havia sido politicamente digerido pelos tradicionais e poderosos paulistas que representavam os interesses do poder econômico, não obstante encontrarem-se formalmente afastados do aparelho de Estado.

Ou seja, o exemplo das instituições vinculadas aos interesses dos cafeicultores (muito mais diretamente expressivas dos interesses econômicos de classe), juntamente com os exemplos das instituições vinculadas ao âmbito do trabalho (MTIC e DET), apenas expressarão as novas dimensões do conflito institucional em torno do processo de centralização e concentração do poder na esfera federal, em detrimento da perda de poder no âmbito regional. Esse binômio conceitual — autonomia regional *versus* centralização — encerra, simplesmente, um dos maiores desafios políticos do primeiro governo liderado por Getúlio Vargas.

O processo de concentração/centralização no plano federal implicava o rearranjo de um poder que estava, efetivamente, distribuído de forma desigual em regiões, mas, principalmente, pelos milhares de municípios espalhados pelo "continente" chamado Brasil. Em 1930, o Brasil é um imenso território fragmentado em estados e municípios, com fraca rede de comunicações e com poucas instituições

---

(64) GOMES, LOBO & COELHO, *Revolução e restauração...*, cit., p. 247.
(65) Não obstante a luta política que se desenvolveu nos primeiros anos do novo governo instaurado a partir de 1930 e da vitória do desenho institucional centralista, principalmente a partir de 1937, não se pode simplesmente pensar que a derrota das oligarquias locais e regionais tenha sido um fato absoluto. No caso do conflito entre o poder central e a oligarquia regional paulista, por exemplo, mesmo a vitória militar do governo Vargas não implicou em eliminação ou desarticulação definitiva dos representantes do poder oligárquico dos paulistas. Prova disso é a continuidade do processo de concentração de riquezas e de renda no Estado de São Paulo em detrimento dos demais Estados, mesmo após o processo de concentração de poderes na esfera federal do pós-1930.

de âmbito nacional, a não ser o próprio Estado, aliás, relativamente fragilizado. Esse aspecto objetivo é, sem dúvidas, forte elemento dificultador do processo de centralização almejado por Vargas.[66]

Nos primeiros anos do governo de Getúlio Vargas, a relação entre a União e as unidades da federação passa por redefinições e ainda estaria distante de se consolidar. Em uma breve passagem de um texto do Boletim n. 72, referente ao ano de 1932, em matéria intitulada "agricultura, trabalho e economia — várias", no item "Problema da unidade", o editorial sintetiza algumas ideias proferidas pelo sociólogo Azevedo do Amaral, em que se lê:

> Assim, o problema da unidade só pode ser resolvido no Brasil por meio do máximo de autonomia estadual, concretizada na plenitude do regime federativo. O Estado não é um acidente na nossa formação política; é o radical irredutível na estrutura complexa da nacionalidade (p. 68).

Essa passagem pinçada entre tantos escritos nos boletins do DET pode nos parecer algo desproposital e casual, que não reflete a concepção dos "tenentes" e nem o sentido de conjunto do boletim, decerto. Mesmo porque, o editor da matéria estaria reproduzindo o pensamento de outro autor (Azevedo do Amaral). Porém, se vincularmos essa passagem a elementos do contexto político da época, chegaremos a um panorama mais complexo.

O próprio representante ilustre da ala dos "tenentes", Waldomiro Castilho de Lima, que assumiu o cargo máximo do Executivo paulista em outubro de 1932, no seu périplo político tentando consolidar a sua base política mediante a costura dos poderes locais do Estado, lança um programa no Congresso Revolucionário,[67] no qual ele defende o postulado federalista:

> O programa do general Waldomiro, que seria posteriormente assumido pelo Partido Socialista Brasileiro de São Paulo, causa sensação particular ao defender a manutenção do regime federativo "como único meio de assegurar a unidade política nacional, que depende menos de um unitarismo centralizador artificial do que da coordenação das autonomias estaduais ou regionais".[68]

Esses exemplos apenas nos servem para mostrar que os resultados decorrentes das frequentes tensões entre a concentração/centralização de poderes

---

(66) Além das obras historiográficas mais conhecidas que abordam essa questão da centralização e federalismo, consultei alguns trabalhos publicados no encontro da ANPUH de 2007, cujos autores constam na bibliografia: Wlaumir D. de SOUZA, Luciano A. ABREU, César A. B. GUAZZELLI e João Paulo RODRIGUES.
(67) Congresso realizado entre os dias 16 e 25 de novembro de 1932, que visava dar diretriz e coesão ao grupo dos "tenentes", em que se discutiria os principais problemas do País e contava com muitas autoridades de alto escalão. Ver: GOMES, LOBO & COELHO. *Revolução e restauração...*, cit.,
(68) GOMES, LOBO & COELHO. *Revolução e restauração...*, cit., p. 253.

na esfera federal e as esferas regionais não se resumem às possibilidades duais entre o separatismo e a férrea unidade política territorial nacional. Fenômenos políticos e socioculturais importantes são configurados entre esses resultados extremos e demonstram a necessidade de se aproximar a escala de análise, para que possamos enxergar mais amiúde os detalhes da política.

Ainda resta uma questão intrigante: a existência do DET aparece como uma concessão do governo central exclusivamente deliberada para atender aos desígnios políticos no Estado de São Paulo. Entretanto, como vimos, esse órgão ficou sob controle de um grupo político (Partido Socialista, ligado aos "tenentes") que estaria longe de representar os interesses dos "paulistas". Hipoteticamente, na coleção de ideias dos grupos "tenentistas" se pressupunha o enfraquecimento dos órgãos de poder estadual em detrimento do federal. A questão, então, se torna mais complexa: o que justificaria a existência do DET? Ora, nossa sugestão é de que o DET representava um poder efetivo sob controle dos "tenentes", enquanto que o MTIC estaria sob influências mais plurais e complexas em âmbito nacional. Além do mais, é sabido que os "tenentes" não logravam construir a almejada unidade política no plano nacional. A existência inusitada do Departamento Estadual do Trabalho, que conflitava com a criação da 9ª sede da Inspetoria Regional do Trabalho em São Paulo, se explica dentro desse panorama de indefinição do próprio sistema federativo e do jogo de poderes locais. Além disso, reitero a afirmação de que o poder dos "tenentes" teria sido utilizado para ensaiar, desde São Paulo, a introdução das medidas de cunho trabalhista, que seriam estendidas, posteriormente, em todo território nacional.

Uma das raras elaborações que registra a história do MTIC aparece em 1955, produzida pelo Serviço de Documentação do próprio Ministério, assinada por Antonio Manoel Braga de Souza. Tal publicação foi feita a partir da reunião de toda a legislação até então produzida para a montagem daquele ministério. Sobre o inusitado episódio produzido pela existência do DET, assim o autor se expressa:

> Entre as unidades federadas, S. Paulo apresenta progresso excepcional. Tomam maior importância nele os mesmos problemas de outros Estados. Donde maior relevância decorrente da grande responsabilidade e da influência geral exercida nas classes sociais pela repartição encarregada da fiscalização das leis trabalhistas. Donde também a luta diplomática entre o governo estadual e o federal, cada um no sentido de reservar para si a execução de tais serviços. Eis que periodicamente, a aplicação das leis trabalhistas mudou da órbita de governo, na zona paulista. Não que o governo federal não tivesse força, nem capacidade, para manter consigo a tarefa. Mas por tolerância, amparada em textos legais e acompanhada de vantagens econômicas. Pouco tempo após a transformação das Inspetorias em Delegacias, em 16 de dezembro de 1933, foi assinado um convênio entre o Ministério do Trabalho e o

Estado de S. Paulo, pelo qual o governo deste se incumbia da execução, em seu território, das leis de proteção ao trabalho e da assistência social.[69]

Considero bastante elucidativa a descrição desse memorialista do MTIC. Depois de distinguir o Estado de São Paulo pela especificidade e pujança geradora de demandas da luta de classes, o autor reconhece a *mudança de órbita* na aplicação das leis do trabalho e trata de justificar que o acordo com o governo de São Paulo não significava *fragilidade* ou *falta de capacidade do governo federal*. Ele define o episódio como uma *luta diplomática* e fala de *tolerância amparada em textos legais*. Os cuidados com os termos utilizados pelo autor, mesmo distante quase duas décadas do fato relatado, refletem o significado de um acordo ao qual o governo federal fora obrigado a acatar, talvez até mesmo por "motivo de vantagens econômicas", como sugere o funcionário do MTIC, Antonio Manoel Braga de Souza.

De fato, na exposição de Salgado Filho, datada de 1932-1933, o ministro do Trabalho reclama ao chefe maior do Executivo sobre a exígua dotação destinada às Inspetorias Regionais:

> A criação das Inspetorias Regionais (...) permitiu a fiscalização das leis de assistência e proteção ao trabalho nos Estados, e descongestionou o Departamento [Nacional do Trabalho] pela subdivisão do serviço. É de acentuar que a dotação orçamentária voltada para este órgão do Ministério, que atende aos interesses de todo Brasil, em 1933 é apenas de 1.339:600$000, ao passo que o Departamento do Trabalho de São Paulo, adstrito exclusivamente ao Estado, dispõe atualmente da dotação de 2.670:000$000.[70]

O ministro ainda faz comparações elucidativas, mostrando que o Ministério do Trabalho consome apenas 0,5% das despesas anuais da União, enquanto que o órgão similar nos Estados Unidos, o Departamento do Trabalho e do Comércio, gastara em 1930 5,5% do orçamento da União daquele país. Mas, o que chega a ser surpreendente e emblemático é saber que o Estado de São Paulo consome o dobro do orçamento gasto com todo o resto do país para manter a sua Delegacia particular do trabalho. Não há nenhuma dúvida de que esse orçamento para o DET seja reflexo da estrutura legada no período republicano anterior, que foi potencializado pelo novo governo revolucionário.[71]

---

(69) SOUZA, Antonio Manuel Braga de. *Histórico do M.T.I.C. 3ª parte*. Rio de Janeiro: Serviço de Documentação do MTIC, 1955. p. 12. Trata-se de publicação, em 3 volumes, que se encontra na biblioteca do Ministério do Trabalho e Emprego, em Brasília.
(70) Exposição do Ministro Salgado Filho (1932-1933). *O Ministério do Trabalho no Governo Provisório*. Tipografia do Departamento Nacional de Estatística — 1933. p. 17.
(71) Em 1930 o DET já recebia uma dotação de 1.077.872$800, ou seja, menos da metade da dotação de 1933, porém, bastante significativa e próxima do montante que o MTIC dispendia em todo o País! Cf. Relatório do IDORT, no Fundo do IDORT, no AEL/Unicamp.

Portanto, esse orçamento, relativamente alto, consumido pelo DET, pode ter pesado bastante na decisão do governo central em delegar as funções do MTIC naquele estado ao departamento estadual. Mas, certamente, não teria sido esse o motivo central que exigiu a *tolerância* do governo federal na sua *luta diplomática* com São Paulo.

Todavia, há que se destacar um equívoco no relato do autor do histórico do MTIC. O Convênio não fora assinado em dezembro de 1933. Na verdade, este Convênio de dezembro consiste em uma revisão do convênio assinado em 2 de janeiro do mesmo ano. Como veremos adiante, esse Convênio passa por diversas revisões e repactuações ao longo da década de 1940.

De fato, o Convênio assinado em janeiro de 1933 significou uma adequação (remendo) institucional que garantia a permanência do DET que assumiria no estado as funções que caberiam à Inspetoria Regional em São Paulo. Na letra da lei, o DET atuará em consonância com o MTIC, executando as diretrizes da legislação federal. Como garantia dessa "parceria" dentro do órgão paulista, atuará uma Delegacia do MTIC, com um representante federal e funcionários, cuja função vem especificada no acordo, que é ratificado pela lei que (re)institui o DET em 1933:

> Art. 15 — Ficam criados, para perfeito desempenho das atribuições conferidas pelo Ministério do Trabalho ao Departamento Estadual do Trabalho, pelo Convênio de 2 de janeiro de 1933, os cargos de fiscal e subfiscal, àquele em número de quatro.
>
> (...)
>
> Art. 24 — Fica aprovado, em todos os seus termos, o Convênio celebrado no Rio de Janeiro em 2 de janeiro de 1933, entre o Departamento Nacional do Trabalho e o Governo do Estado — em que são reguladas as atribuições referentes à execução das leis federais no Estado — confiada agora ao Departamento Estadual do Trabalho.[72]

O funcionário representante do órgão federal, escolhido para atuar no DET, contratado pelo Departamento estadual, foi o advogado bacharel Adail Valente do Couto, alinhado ao grupo de Waldomiro Lima, membro do Partido Socialista de São Paulo, com muita afinidade política com o diretor Frederico Werneck. Adail Valente do Couto aparece em matéria de capa do *Correio de São Paulo,* no dia 17 de maio de 1933, apresentado como "revolucionário autêntico e grande estudioso das questões sociais" e "fervoroso adepto do socialismo". Adail Valente aparece como colaborador da primeira "Revista do Trabalho".[73]

Sr. Adair Valente do Counto

Figura 15: AESP, Correio de São Paulo, 17.5.1933

---

(72) Lei estadual n. 5.795, de 10.1.1933.
(73) Trata-se da *Revista do Trabalho* dirigida por Heitor Lobado do Valle, citada anteriormente.

Em 19 de julho de 1933, mediante Decreto federal n. 22.969, o governo federal atribui ao DET os encargos sobre a carteira profissional federal. Não há dúvidas de que essa concessão de encargos significava também delegação de poder, pois esse instrumento de controle da classe trabalhadora teria sido utilizado como forma de contato e estreitamento das relações entre esta e os burocratas do Departamento. A propósito, vale ressaltar que no prólogo do referido Decreto, nas "considerações", consta o reconhecimento da proeminência do órgão paulista na questão trabalhista, pois ali se lê:

> Considerando que o Governo do Estado de São Paulo criou, com antecedência, carteiras profissionais análogas às instituídas pelo Decreto n. 21.175 de março de 1932, (...), sendo tais carteiras emitidas e distribuídas pelo Departamento do Trabalho do mesmo Estado.

Não há dúvidas de que essa é uma relação política complexa, o que leva John French a considerar a existência do DET em São Paulo como uma aberração administrativa:

> Além disso, esta situação aberrante era inconstitucional perante o § 2º do art. 36 da Constituição de 1946, que concedeu a competência exclusiva do governo central.[74]

A memória de Jacy Montenegro Magalhães, aos 75 anos, quando foi entrevistado por Ângela C. Gomes, não lhe foi muito fiel ao citar o DET paulista, quando afirma que Jorge Street criou aquele departamento. Entretanto, uma característica daquele órgão marcara a sua memória: ele considerava o DET "algo mais ou menos esdrúxulo no contexto da nova legislação trabalhista".[75]

Entre trabalhadores e patrões: o DET como ponta de lança da legislação trabalhista

Os elementos levantados até aqui me levam a reiterar a tese de que, em um primeiro momento, o governo federal se aproveitou da enorme estrutura com que o DET contava, desde 1931, e utilizou o ímpeto dos "tenentes" encastelados no departamento estadual para ensaiar a aplicação de um dos pilares da sua política, que é a imposição da legislação sindical e social, a partir da unidade da federação onde as relações se mostravam mais complexas. Uma legislação que garantiria alguns benefícios imediatos para os trabalhadores, mas que inibiria a sua organização autônoma reativa à exploração patronal.

---

(74) FRENCH, John. *Drowning in laws. Labor law and brasilian political culture.* Chapel Hill: University of North Carolina Press, 2004. pp. 77.
(75) Cf. GOMES, A. C. *Ministério do Trabalho: uma história vivida e contada.* Rio de Janeiro: CPDOC, 2007. p. 116. Jacy Magalhães foi funcionário do MTIC e fiscal do trabalho.

No final das contas, ao DET coube a difícil tarefa de angariar apoio junto à classe trabalhadora paulista, que demonstrava forte reação à política sindical oficial instituída pelo Decreto n. 19.770, de março de 1931, levada a cabo por algumas correntes do movimento operário.[76] Apoiado no Convênio assinado com o MTIC e com o novo fôlego tomado com a recriação do órgão, os dirigentes do DET parecem promover uma grande ofensiva propagandística logo no início do ano de 1933.

Reação dos trabalhadores

No diário paulistano *Correio de São Paulo,* do dia 17.2.1933, o DET publica um pequeno comunicado conclamando as "associações de classes patronais e operárias da capital e do interior, reconhecidas ou não pelo MTIC, nos termos do Decreto n. 19.770, de 19 de março de 1931", a enviarem ao Departamento algumas informações das suas associações, como número de associados, por exemplo, necessárias ao controle do Departamento.

Esse simples gesto do DET, de se dirigir aos sindicatos, fora interpretado como uma tentativa de intervenção que feria o Código Civil de então. Assim, na edição do mesmo diário, do dia 22 do mesmo mês, aparece uma nota intitulada "Foi por água abaixo o plano intervencionista do Departamento do Trabalho". Transcrevo parte significativa dessa matéria, transformada em longa citação, justificando com o fato de ser ela, a meu ver, emblemática, porque extremamente sintetizadora daquele contexto, e de mostrar o DET a partir de outro olhar, diferente daquele até aqui apresentado:

> O Departamento Estadual do Trabalho, dando ares de sua graça e fugindo ao esquecimento em que fora relegado pelo proletariado de S. Paulo, enviou aos jornais um comunicado pedindo a "gentileza de ser publicado".
>
> (...)
>
> Jeitosamente, e com manhosa diplomacia, o "DET" deixava perceber claramente a sua nenhuma importância, e a nula autoridade que se constituiu em três anos de vida parasitária e onerosa para os cofres públicos. Ameaçado mais uma vez de desaparecimento, em virtude de não ter função e representar, apenas, o paraíso dos afortunados pupilos da república nova, — salvou-a a generosidade do general Valdomiro Lima, que o transformou numa repartição semiautônoma encarregada de fiscalizar e executar as leis federais que "resolvem" a questão social no Brasil.

---

(76) Ao final de 1932 apenas 6 sindicatos de trabalhadores haviam aderido ao projeto oficial, segundo Boletim do MTIC n. 11, de 1935.

O "pacto da salvação", que alívio e tranquilidade veio proporcionar à burocracia do "DET", foi firmado pouco depois da consolidação do regime ditatorial como consequência do movimento de 9 de julho.

O "DET" ficou finalmente garantido e quis trabalhar. E está trabalhando... Prova-o o comunicadozinho a que nos vimos referindo.

É indisfarçável o intuito dissimulado pelo "DET". Ele não tem outro objetivo senão enfraquecer o movimento operário de São Paulo, exercendo pressão sobre os sindicatos livres, de maneira a apanhá--los nas teias de aranha da sindicalização fascista do Ministério do Trabalho.

O famigerado Decreto n. 19.770, engendrado pela inteligência inquieta do ex-ministro Lindolfo Collor e amparado, com tanto carinho, pelo ministro Salgado Filho, de saudosa lembrança, — pois foi o delegado de polícia mais "amigo" dos operários cariocas — foi amplamente discutido pela imprensa paulistana, e repudiado pela opinião pública, que se não deixa mistificar tão acintosamente.

É fato curioso: no Rio de Janeiro, esboçou-se uma séria campanha contra a lei de sindicalização, dentro dos próprios sindicatos reconhecidos pelo Ministério do Trabalho. Embora tardiamente, o proletariado carioca compreendeu que estava errado e seguiu um atalho perigoso...

A imprensa carioca, a esse tempo, já encetava a fita-em-série das entrevistas, no sentido de colher sugestões para reforma da lei reacionária.

Se a lei vai ser reformada, por se constituir uma monstruosidade e aberrar de todo princípio de liberdade — por que agora essa manobra maquiavélica do "DET" e esse interesse mal definido pelos sindicatos livres de São Paulo?

Esse "conto do vigário" não foi bem contado. O dentinho de coelho era muito "fino" e furou o saco de papel de seda das "boas intenções" do quase defunto Departamento.

Como se vê, trata-se de um texto com tom bastante ácido, muito bem elaborado, que levanta um julgamento particular e repleto de sentido.[77]

---

(77) *O Correio de São Paulo* foi fundado em 1932 e assim é descrito em NOBRE, Freitas. *História da imprensa em São Paulo*. São Paulo: Edições Leia, 1950. p. 238: "Jornal revolucionário, legítimo representante do movimento revolucionário de 1932, dirigido por Rubem do Amaral, cujos violentos artigos eram lidos ao microfone, por César Bandeira". No entanto, é perceptível que a sua linha editorial oscilou muito como crítico ou apoiador do governo Vargas. Em 1933 ele parece intimamente aliado ao grupo dos "tenentes". A edição de 08.03.1933 noticia a substituição da direção do jornal, que passa de Álvaro Vianna para Raphael de Holanda, que é ardoroso defensor do governo de Getúlio Vargas..

Em seguida, a matéria apresenta trechos de uma entrevista com o "camarada João de Martino", membro da Comissão Executiva da União dos Trabalhadores Gráficos, em que o sindicalista tece profunda crítica ao projeto do Ministério do Trabalho, a quem pareceu "evidente a intenção do Estado de se ir infiltrando na vida das organizações sindicais livres"[78]. A matéria continua com as seguintes palavras do sindicalista gráfico:

> Somente aos mais ingênuos podem escapar os objetivos do Departamento, de controlar, policiar mesmo, as atividades ultralegais dos sindicatos que não estão sujeitos à tutela do Ministério.
>
> É uma pressão jeitosa, um movimento envolvente para chamar ao seio paternal do Ministério do Trabalho as organizações operárias de São Paulo, que combatem tenazmente, e intransigentemente, a sua sujeição à canga daquela pasta, Trabalho.

A conclusão do sindicalista é de uma lucidez quase que premonitória:

> Hoje, o Departamento só quer saber de tais dados — de nenhuma importância, dirá ele. Mas, amanhã, intervirá mais abertamente, tomando para si o papel de intermediário entre os operários e o próprio Departamento, vindo a processar-se, pouco a pouco, a incorporação dos nossos sindicatos livres, por uma manobra tática do Estado, ao regime da sindicalização do detestável Decreto n. 19.770.

O espectro vislumbrado pelo sindicalista, representante dos gráficos paulistas, se mostrou acertado. Duas pequenas notas que aparecem no *Correio de São Paulo*, do dia 6 de março de 1933, nos induzem a imaginar as ambiguidades e a complexidade desse jogo de forças em que o Estado demonstrou sua enorme habilidade.

Em um pequeno *box* do jornal, a mesma Comissão Executiva da União dos Trabalhadores Gráficos divulga uma nota lembrando aos trabalhadores de sua base que no dia seguinte expiraria o prazo para reclamação das férias de 1930 e convidando-os a comparecer à sua sede social, a fim de serem encaminhadas as informações necessárias para a "repartição de fiscalização da lei acima".[79] Tal repartição não é outra senão o DET.

Em outro pequeno *box* localizado exatamente abaixo dessa nota dos gráficos, há um comunicado do próprio DET convocando diversas firmas a pagarem as férias dos seus operários. Entre elas, o Mappin, a fábrica de chapéus Ítalo-Brasileira, o Moinho Santista, o Colégio Mackenzie, a Maria Zélia (propriedade do industrial Jorge Street, que, posteriormente, seria diretor do DET) e tantas outras.

---

(78) Sobre o conflito no interior do Sindicato dos Gráficos em relação ao processo de sindicalização imposto pelo governo, ver HADLER, Maria Silva Duarte. *Op. cit.*
(79) A Lei n. 22.035, de 29 de outubro de 1932 estipulava um prazo para reclamação de concessão de férias.

Esse exemplo aparentemente singelo nos remete à imagem da "teia de aranha da sindicalização" citada no artigo do jornal acima. O sindicato nega veementemente o processo de "envolvimento manhoso" dos órgãos governamentais (MTIC e DET) no meio sindical, mas são forçados a legitimá-lo tendo em vista a amarração feita pelo projeto do governo que, paulatinamente, vai vinculando as leis sociais e trabalhistas à lei de sindicalização. Em 18 de janeiro de 1934, o Decreto n. 23.768 regulamentará a Lei de Férias, a qual só será aplicada aos trabalhadores sindicalizados em entidades vinculadas ao MTIC.

Ainda no mês de março de 1933, o jornal do dia 27 traz outra entrevista com o Diretor do DET, Frederico Werneck, que destaca o papel fiscalizador do Departamento e também dos sindicatos, reconhece as dificuldades em cobrir o território do Estado paulista, mas se ufana de estar "vencendo, galhardamente, a má vontade dos espíritos rançosos e a má vontade dos agitadores". Werneck conclui citando o grande número de sindicatos que estão se oficializando e regularizando a sua situação conforme a lei.

> Muitos dos sindicatos acima enumerados foram organizados por iniciativa da Seção de Fiscalização Social, que se acha empenhada na metodização do serviço de fiscalização e registro dos sindicatos. Muitos casos de infração à Lei n. 19.770, têm obrigado o Departamento a intervir, como órgão representativo que é do Ministério do Trabalho em São Paulo.

Não há dúvidas de que o papel que competia ao DET de *ir a campo* para angariar apoio dos sindicatos de trabalhadores rendera a essa instituição certa legitimidade. Muitos sindicatos foram criados, legalizados e até legitimados por meio da ação direta dos funcionários daquela repartição. É claro que a resposta dos trabalhadores variava de acordo com a tonalidade ideológica da organização da qual participavam. Apenas para efeito de ilustração, tomemos o caso do sindicato dos trabalhadores em pedreiras e na fábrica de cimento, no então distante bairro de Perus, na capital paulista. A documentação primária disponível, que retrata *flashes* da formação daquele sindicato fundado em maio de 1933, nos mostra explícita e complexa relação dos dirigentes operários com o Departamento Estadual do Trabalho. A relação político-ideológica era permeada por vínculos pessoais, traços de subserviência, de paternalismo e pela ação de trabalhadores que, conscientemente, se utilizavam da ambiguidade do discurso para "usar" o Estado e as leis a seu favor. Nomes como o de Frederico Werneck, Julio Tinton, Adail Valente e até mesmo o de Getúlio Vargas, aparecem com frequência na documentação primária dos sindicatos de trabalhadores, como figuras aparentemente aliadas e próximas.

A relação dos trabalhadores com o DET variava entre extremos, de acordo com a filiação ideológica no âmbito sindical:

> Há uma sugestiva correspondência do sindicato encaminhada ao Sr. Júlio Tinton, Chefe da Seção de Fiscalização Social do DET, sem data,

mas provavelmente de 1933, que denuncia boletins que atacam o DET e a diretoria do sindicato. O sindicato protesta veementemente os dizeres que acusam a presença do fiscal do Departamento que teria a função de coagir os trabalhadores a assinar a "convenção". A carta termina dizendo que o "Sindicato...sempre tem sido atendido nas suas reclamações pelo DET".[80]

Os anos de 1933-34 realmente foram profícuos, até mesmo por significar uma espécie de ápice do processo de transformação iniciado em 1930. Havia uma sensação de "empoderamento" em todos os atores sociais que buscavam suas (novas) identidades coletivas no processo de interação. Isso acontecia com empresários em busca da legitimidade/legalidade de suas instâncias representativas, acontecia com o DET/MTIC em vias de consolidar a novidade do seu papel mediador e também com setores do proletariado que buscavam "renovadas" de representação, mesmo atuando em um tipo de sindicato não tão novo. Destaco um trecho de documento escrito por sindicalista, que retrata essa sensação de investidura de autoridade do sindicato de trabalhadores:

> Este sindicato que tanto tem se esforçado para ver respeitadas as leis instituídas pelo nosso Governo revolucionário, não pode admitir que elementos contrários se vangloriem de pisar em cima de nossas leis.
>
> (...) É o sindicato que garantirá essa atitude, porque é autoridade reconhecida pelo governo.[81]

Esse processo de legitimação (forçada) do DET perante os sindicatos aparece na obra de Maria Helena S. Paes, escrita há trinta anos. Nas páginas da sua dissertação, o protagonismo do Departamento paulista é visível nas tabelas que descrevem os encaminhamentos da diretoria do Sindicato dos Metalúrgicos de São Paulo, nas quais o DET aparece como órgão mediador de conflitos em várias empresas.[82]

Reação patronal

Entretanto, o DET se deparava também com as dificuldades impostas pela resistência dos empresários ao cumprimento das leis sociais. No *Correio de São*

---

(80) Essa documentação encontra-se na sede do sindicato dos trabalhadores em cimento, cal e gesso, no bairro de Perus-SP. Sobre esse aspecto, ver: CHAVES, Marcelo Antonio. *Da periferia ao centro da(o) capital:* perfil dos trabalhadores do primeiro complexo cimenteiro do Brasil, 1925-1945. Campinas: Unicamp, dissertação de mestrado, 2005. p. 256.
(81) Citações extraídas de documentos datados de 1.6.1933 e 26.9.1934, respectivamente, constantes do acervo do Sindicato de Trabalhadores em fábricas de Cimento, localizado em Perus, São Paulo.
(82) PAES, Maria H. S. *Op. cit.*, p. 94 *et passim*.

Paulo, de 31.5.1933, o jornalista "proletário da pena", Raphael de Hollanda, que fora diretor do próprio *Correio*, defensor do programa dos revolucionários de outubro de 1930, presta depoimento em que reitera as várias publicações do jornal que denuncia o desrespeito às leis sindicais pela empresa Matarazzo, bem como a ação da polícia:

> Matarazzo declarou desconhecer as leis sociais. O Departamento Estadual do Trabalho amparava, e a polícia política do Sr. Bento Borges perseguia. Explica-se, assim, o fracasso da sindicalização. Os sindicalistas ficaram entre dois fogos: a guerra dos comunistas e a perseguição da polícia civil.
>
> (...)
>
> Vou citar um exemplo. Quando cheguei em São Paulo, os metalúrgicos de Matarazzo trataram de sua sindicalização. De acordo com a lei, reuniram-se, formaram o seu sindicato, elegeram a sua diretoria e requereram ao Ministério do Trabalho o devido reconhecimento. Resultado: Matarazzo obteve com a polícia a prisão da diretoria e despediu da Mecânica os principais líderes sindicalistas. Protestei pelas colunas do "Correio de São Paulo". Fui preso. Sabedor de tudo o general mandou que me dessem a liberdade.

O jornalista, que avaliara que essa reação se devia à ação da "plutocracia paulista", se referindo, certamente, aos representantes da oligarquia, concluiria que o Departamento, com o aval do interventor, com o respaldo do Ministério do Trabalho e com as modificações feitas na polícia,[83] faziam com que a realidade estivesse mudando para melhor.

Em 25 de janeiro de 1933, correspondência da FIESP registra ofício em que o representante do MTIC no DET apresenta suas credenciais de delegado do órgão federal e suas intenções de conciliação, e a respectiva resposta da FIESP com o mesmo teor. Durante todo o primeiro semestre daquele ano, a FIESP manteria a sua renhida defesa dos interesses de seus associados, resistindo como podia à implantação efetiva das leis sociais. Todos os projetos de lei ou leis editadas foram minuciosamente analisados e debatidos naquela Federação. Com frequência, contestava ou apresentava proposições de emendas. A FIESP procura todas as brechas das leis para se esquivar do seu cumprimento. A Lei de Férias, a Lei dos Dois Terços, Lei de 8 horas, possibilidade de extensão da jornada e questões sobre a carteira profissional são aquelas que sofrem as maiores reações, levando-se em conta os registros feitos pelas circulares.[84] A FIESP tratava, ela própria, de interpretar

---

(83) O jornalista se refere à mudança do Chefe de Polícia, Bento Borges da Fonseca (irmão de Getúlio Vargas), pelo Major Falconiére, fiel aos "tenentes".
(84) Além das circulares, os relatórios anuais produzidos pela FIESP trazem interessantes informações.

as leis e orientar os seus associados sobre como (não) praticá-las. Os "abusos" e incômodos causados pelas frequentes fiscalizações nas empresas, por parte do DET, aparecem com frequência nessas correspondências. Aliás, as fiscalizações irritavam os empresários, porque, em alguma medida, punham em xeque o poder absoluto exercido entre as quatro paredes da empresa:

> Trata-se, como se vê, da intromissão ilegal de sindicatos operários na vida íntima das empresas e não é necessário chamar a atenção de ninguém para a gravidade desta situação.
>
> Impugnamos o Dec. no trabalho junto [sic] e vamos unir aos nossos esforços os de outras grandes associações de classe dos Estados industriais para **arredar das indústrias o maior mal que poderia feri-las, ou seja, a diminuição da autoridade patronal.**[85][Os grifos são meus, MAC]

Em ofício enviado ao ministro Salgado Filho, datado de 19 de julho de 1933, a FIESP discorre sobre os malefícios do Decreto n. 22.884, acusando que ela criaria a "ditadura dos sindicatos operários". Esse Decreto estendia o poder de fiscalização da "Lei dos Dois Terços" aos trabalhadores:

> Art. 2º Sem prejuízo da competência que, na conformidade do art. 1º, é transferida ao Departamento Nacional do Trabalho, a fiscalização concernente à execução do regulamento aprovado pelo Decreto n. 20.291, de 12 de agosto de 1931, fica extensiva a qualquer empregado no comércio, operário ou trabalhador, que, estando sindicalizado, seja especialmente autorizado a exercê-la por delegação do respectivo sindicato, bem como a todo funcionário público federal, estadual ou municipal, devendo o processo de qualquer infração verificada obedecer as prescrições do referido regulamento, combinadas com as do Decreto n. 22.300, de 4 de janeiro de 1933, no que lhe for aplicável, para a respectiva punição.

Ora, se a simples presença de fiscais do Estado causava a repulsa dos patrões, dá para imaginar a reação destes quando os próprios trabalhadores se investiam de autoridade para exercer tal controle. Muitos foram os conflitos entre patrões, trabalhadores e órgãos do Estado nesse período. Em rápida consulta feita nos boletins do Sindicato dos Bancários de São Paulo, entre 1933 e 1935, percebe-se movimentos de auto-organização de que criavam grupos de fiscais para denunciar o descumprimento da Lei de 6 horas de trabalho nos bancos e também da Lei de Férias. Fartas eram as denúncias de passividade do DET perante o desrespeito às leis.

Esse aspecto da fiscalização aparece no depoimento de Jacy Montenegro, que, quando inspetor do trabalho, atuando pelo MTIC, cita a formação de uma comissão sindical de fiscalização criada no Sindicato dos Bancários em Minas Gerais, para que os funcionários "comunicassem fatos e ocorrências". Ao ser perguntado se o Ministro Agamenon Magalhães apoiava esse tipo de fiscalização, Jacy Montenegro respondeu:

---

(85) FIESP: circular 430, de 19.7.1933.

> Não. Aos poucos, ele foi cortando as nossas asas...Dava pareceres favoráveis à atividade da Caixa de Acidentes de Trabalho, mas não deixava que a gente estendesse o seu raio de ação.[86]

De fato, as circulares da FIESP flagram o verdadeiro pavor a esse aspecto da legislação que, de forma explícita ou subliminar, delegavam qualquer legitimidade a ações de trabalhadores desde o interior dos estabelecimentos de trabalho.

Não obstante todas as dificuldades encontradas pelo MTIC nesse processo de enquadramento do movimento dos trabalhadores no corporativismo sindical — fenômeno já bem destacado pela historiografia — as manobras ardilosas, desde o alto, do governo central, aliadas à ação decisiva do DET no interior das organizações de trabalhadores, foram fundamentais para a vitória posterior do projeto governamental.[87]

Pelo que pudemos perceber com as nossas pesquisas, o DET se utilizara das mais variadas armas para penetrar e adquirir legitimidade (nem sempre com legalidade, como veremos adiante) em meio às organizações proletárias. Conforme o sindicalista João Martino previra, aos poucos o DET iria se comportando e se legitimando como órgão mediador, principalmente mediante sua ação penetrante nas organizações sindicais (que acabam por causar cisões políticas nesse meio) e, certamente, por meio do uso de recursos financeiros e políticos, manipulando poderes delegados em torno dos benefícios sociais garantidos pelas leis então recém-lançadas.

A influência do DET em Santos

Na cidade de Santos, havia uma delegacia do Departamento Estadual do Trabalho que estabeleceu vínculos fortes com figuras representativas entre os trabalhadores, em especial com o "tenenista" Miguel Costa. Esse fato aparece registrado em vários trechos da obra de Fernando Teixeira da Silva, que destaca o importante papel do DET no processo de sindicalização em massa de estivadores.[88] A propósito, Silva publica trecho de um discurso em que o secretário-geral da União Beneficente dos operários da Companhia Docas de Santos, João Andrade Câmara, tece acentuado elogio a Heitor Lobato do Valle e Dr. Adail Valente do Couto, se referindo à criação do DET como "o maior benefício que a Revolução prestou aos trabalhadores deste Estado":

> A grata menção ao Departamento do Trabalho não era simples retórica. Após a oficialização do sindicato, seu passo seguinte foi formar comissões

---

(86) GOMES, Ângela C. *Ministério do Trabalho...*, cit., p. 124.
(87) Ver especialmente ARAÚJO, Ângela. *A construção do consentimento...* (1995) e COSTA, Vanda Ribeiro. *Op. cit.*
(88) Ver o item "O general estivador", do livro de Fernando Teixeira da Silva, *Operários sem patrões...*, cit., p. 338.

para percorrer o cais a fim de sindicalizar "todos os trabalhadores da Companhia", tendo entrado em contato com o mencionado Departamento para que apoiasse essa medida. Com efeito, em janeiro de 1932, 3.264 operários estavam inscritos no sindicato; em maio de 1933, podiam ser contados 3.800 sócios, ou seja, a totalidade da categoria. O objetivo da "sindicalização em massa" era de permitir que apenas os sócios da União tivessem acesso ao mercado de trabalho (*closed shop*). Não deixava de ser também uma iniciativa que visava impedir o avanço de outras correntes sindicais dentro da União, particularmente a comunista, que fazia franca oposição à sua diretoria e à lei de sindicalização.[89]

Outro fator importante é que essa cidade também figurava como seara de atuação de Heitor Lobato do Valle, que fora redator do periódico *A Praça de Santos* e ali atuou junto à classe operária, quando diretor do DET.[90] Essa atuação de Lobato do Valle aparece citada no livro de Silva, que destaca a importância do reconhecimento sindical junto ao MTIC:

> Com a intervenção do Departamento do Trabalho e do mencionado Heitor Lobato Valle, eles haviam, a breve trecho, conseguido exercer a escalação dos trabalhadores e sua fiscalização pelo sindicato. Note-se que isso foi alcançado porque, em 1932, a Sociedade dos Trabalhadores em Café (STC) foi o segundo sindicato na cidade reconhecido pelo Ministério do Trabalho, sem o que não poderia recorrer aos "bons ofícios" do Departamento Estadual do Trabalho (...).[91]

A atuação do DET em Santos foi decisiva na luta contra a influência comunista nos sindicatos. O Departamento atua no corpo a corpo junto aos operários, causando dissensão entre os trabalhadores. Uma matéria intitulada "Reina a agitação entre os estivadores de Santos", publicada no *Correio de São Paulo*, de 5 de julho de 1933, o DET é solicitado por um grupo de trabalhadores de oposição à diretoria do Sindicato de Estivadores, que teria conseguido 1.200 assinaturas para uma reclamação e seriam entregues ao Departamento estadual. Os opositores teriam enviado mensagens para o governador Waldomiro Lima e também para o Ministério do Trabalho. A nota informa velhas e profundas divergências no interior do sindicato, que teriam sido potencializadas pelo episódio de conflito armado "constitucionalista" de 1932. A matéria se refere a movimentos que teriam

---

[89] SILVA, Fernando Teixeira da. *Operários sem patrões...*, cit., p. 348.
[90] Informação extraída de SILVA, Fernando Teixeira da. *Operários sem patrões...*, p. 332. Nessa mesma obra (página 331), o autor faz referência a uma (talvez) não despropositada criação de uma seção no sindicato dos estivadores, denominada de "Departamento do Trabalho". Pode ser questão de coincidência ou de afinidade.
[91] SILVA, Fernando. T. *Op. cit.*, p. 349.

atingido tamanha violência entre os próprios trabalhadores que fora preciso a intervenção da polícia no sentido de desarmá-los.⁽⁹²⁾

> A questão vai passando por várias *demarches*, sem solução, tomando agora os trabalhadores que se julgam prejudicados a iniciativa de invocarem a intervenção do Departamento do Trabalho, do General Waldomiro de Lima e do Ministro do Trabalho...

Na mensagem telegráfica dirigida às autoridades, os trabalhadores assim se manifestam:

> A comissão infra-assinada espera v.excia. obrigue presidente sindicato cumprir estatuto e lei sindicalização. Saudações.

Vale ressaltar que a cidade de Santos contava com uma inspetoria de imigração, que fora criada em 1907, que passou para a estrutura do DET, em 1911, com a criação deste Departamento. Afinal, aquela cidade era o primeiro entreposto a receber os imigrantes estrangeiros que seriam distribuídos pelo interior do Estado.⁽⁹³⁾

«Inspectoria de immigração do Estado de São Paulo», no porto de Santos

Figura 16: Delegacia do DET em Santos
(Biblioteca do Memorial do Imigrante, Boletim do DET, n. 1/2, 1912)

---

(92) Esse episódio das 1.200 assinaturas aparece citado no livro de Silva, porém, se referindo a sindicância aberta contra "suposta corrupção da diretoria do sindicato, o que motivou novo conflito armado, tendo sido ferido com um tiro no pescoço o estivador Francisco de Oliveira" (p. 406).
(93) Nas páginas 195 a 199 do *Boletim do DET*, n. 7, de 1913, há descrição detalhada da estrutura dessa inspetoria.

Frederico Werneck, o DET, o PSB e a Constituinte como componentes da luta de Waldomiro Lima contra o tempo

Uma das estratégias mais importantes utilizadas para quebrar a resistência dos trabalhadores ao processo de sindicalização — além daquelas já conhecidas e debatidas pela historiografia — foi a artimanha do uso da Constituinte para a criação da enorme rede de sindicatos oficiais. Ou seja, como o processo eleitoral para a Constituinte de 1934 previa a formação de bancadas a partir das corporações de trabalhadores, devidamente representados pelos seus sindicatos oficiais,[94] dá para imaginarmos a avalanche súbita que se formou entre as categorias de trabalhadores, que, inclusive, se aproveitaram desse processo para montar os seus sindicatos.[95]

Versando sobre o estudo do caso da formação do Sindicato dos Trabalhadores das Pedreiras e da Fábrica de Cimento Perus, em 1933, eu cheguei à seguinte conclusão:

> O Decreto governamental estipula que as eleições classistas deveriam se realizar em julho de 1933 e apenas os sindicatos reconhecidos até 15 de junho daquele ano poderiam participar do pleito. Assim, além de ampliar o número de sindicatos oficiais, o processo garantiria uma base de sustentação política na Constituinte para o Governo. Daí a pertinência do nosso subtítulo ["Os sindicatos ajudam a criar a Constituinte classista, e vice-versa"].[96]

Essa versão se coaduna com as notícias publicadas no *Correio de São Paulo*, em que o presidente do DET, Frederico Werneck, ganha destaque nesse diário. No dia 10 de maio de 1933, ele aparece conclamando a organização dos trabalhadores em sindicatos. No dia 16 de maio, no mesmo diário, há um verdadeiro reclame de *marketing* do DET que montara um *stand* seu em uma "Feira Internacional de Amostras", onde o Departamento tenta vender a imagem de eficiência.

No *Correio de São Paulo*, de 31 de maio de 1933, há uma curiosa matéria, que considero emblemática, por revelar o ardil propagandeador do então diretor do DET. Dessa vez não é a foto de rosto do Sr. Frederico Werneck que aparece aos leitores (e potenciais eleitores), mas a imagem de um "artístico álbum" que conteria,

---

(94) O Decreto n. 22.621, de 10.5.1933 estabeleceu que a Constituinte seria composta por 214 deputados eleitos e mais 40 representantes classistas eleitos pelos trabalhadores organizados em sindicatos oficiais. Desta forma, os sindicatos reconhecidos pelo Ministério do Trabalho até 20 de maio de 1933 poderiam eleger delegados-eleitores que, reunidos em Convenção Nacional do Distrito Federal, escolheria os seus deputados classistas. O Decreto n. 22.745, de 24 de maio prorroga a data para reconhecimento até o dia 15 de junho de 1933.
(95) Além dos trabalhos de Ângela Castro Gomes (1979), e Ângela Araújo (1998), as obras de Maria Hermínia de Almeida (1978) e de Luiz Werneck Vianna (1989) fazem um ótimo balanço da participação dos representantes dos trabalhadores nessa Constituinte.
(96) CHAVES, Marcelo. *Op. cit.*, p. 215.

supostamente, 15.450 assinaturas de "figuras de projeção no comércio, lavoura e indústrias", dentre outros, que estariam reivindicando ao interventor Waldomiro Lima a indicação do diretor do DET para substituir o então Diretor Geral da Secretaria de Agricultura, Eugênio Lefèvre, que estaria em processo de aposentadoria. Não obstante a imponente e inusitada pressão indicativa de tantos admiradores de Werneck, conforme diz a matéria, este teria declinado da indicação, "apresentando as razões dessa recusa que têm fundamento no desejo de manter-se ao lado do operariado, ao qual quer dedicar-se".

No *Correio de São Paulo,* do dia 24 de abril de 1933, o diretor do DET aparece como candidato "lançado pelo proletariado paulista". Frederico Werneck simboliza muito bem a promiscuidade entre a formação de sindicatos oficiais e a eleição para a Constituinte classista. Afinal, utilizando-se do enorme poder delegado a ele no comando do influente Departamento do Trabalho, ele mesmo sairá como candidato a deputado pelo Partido Socialista de São Paulo e se utilizará das mais torpes manobras políticas, envolvendo esse processo de criação e legalização dos sindicatos, para difundir a sua candidatura, como se verá adiante. De fato, Werneck cita uma enorme lista de sindicatos que supostamente o estariam apoiando. Vale conferir a chamada da matéria, para termos melhor ideia dos tentáculos políticos desse dirigente.[97]

> O Dr. Frederico Werneck, cujo nome já figura em duas chapas — a da pujante agremiação partidária que é o Partido Socialista e a dos Profissionais Independentes — acaba de ser proclamado candidato, também, dos sindicalistas, pela vontade dos seguintes sindicatos operários reconhecidos pelo Ministério do Trabalho e em plena atividade político-social. [A matéria é seguida de lista constando nome de diversos sindicatos].

Na verdade, para além de um projeto pessoal do Werneck, a ação política por meio do DET fazia parte da agressiva (e até desesperada) estratégia de angariar votos para o Partido Socialista nas eleições para a Constituinte, a fim de se obter um trunfo político que justificasse a permanência de Waldomiro de Lima no poder.

---

(97) Frederico Werneck é originário do Estado do Paraná e especializou-se na carreira pública. Certamente vem de tradicional família de origem alemã, que cruza com a também tradicional família alemã Virmond (Cf. *Dicionário Histórico-Bibliográfico Brasileiro, 1930-1983. Rio de Janeiro: Forense-Universitária, 1984).* Foi vereador pela cidade de Guarapuava. Além de funcionário executivo de segundo escalão, como diretor do DET, foi fundador do Partido Socialista em São Paulo, eleito deputado constituinte, com mais de 38 mil votos, em 1933, juntamente com Zoroastro Gouveia e Guaracy Silveira, também do PSB. Criticado por seus correligionários do PSB, por falta de firmeza em relação aos princípios do partido (cf. documento constante do prontuário do PSB no DOPS), ele deixa o PSB-SP e passa a atuar como membro e fundador do Partido Trabalhista Brasileiro, pelo qual se candidatou, sem sucesso. No Departamento do Trabalho Agrícola foi propositor da lei de instituição do salário mínimo. O citado texto de Karepovs, *O PSB-SP: socialismo e tenentismo da Constituinte de 1933-1934,* traz breve análise da trajetória de Francisco Werneck no PSB-SP.

Essa estratégia malogrou, no entanto, posto que, das 22 cadeiras que cabiam a São Paulo, 17 foram arrebatadas pela coalizão da Frente Única, representante de parte majoritária dos velhos interesses oligárquicos paulistas, enquanto que a chapa apoiada pelo interventor, baseada no Partido da Lavoura e no Partido Socialista de São Paulo, ficou com apenas 5 cadeiras.

Segundo Dainis Karepovs,

> Com a saída do general Waldomiro Castilho de Lima, o PSB-SP praticamente desmoronou. Sua sede, que vivia sempre cheia, ficou às moscas, abandonada por aqueles que só viam nele as vantagens do apoio oficial, "porque já não há mais a sombra do Palácio a favorecer a germinação das plantas delicadas, das orquidáceas finas dos seus interesses complexos", como afirmou Zoroastro Gouveia.[98]

Queda de Waldomiro e ascensão de Armando Salles: ponto de inflexão na política

Não obstante os esforços despendidos pelo coronel Waldomiro Castilho de Lima em costurar uma forte aliança política que garantisse a sua governabilidade em São Paulo, o seu breve governo não durou mais que 10 meses. Em seu lugar assume interinamente o General Daltro Filho que governa por apenas 25 dias, o qual foi sucedido pelo interventor civil Armando Salles de Oliveira, dono do jornal *O Estado de São Paulo* e de outras empresas, e que era um confesso apoiador da "causa paulista", visto como legítimo representante dos "interesses de São Paulo".

A indicação de Salles de Oliveira representa um novo lance da estratégia de Vargas tentando aplacar os ânimos da oligarquia paulista, trazendo-a para próximo da esfera do poder, mas é inquestionável que representa também o vigor de uma elite que fora derrotada militarmente e que se mostrou capaz de retomar a hegemonia política no Estado. A ascensão de Salles de Oliveira demonstra o poder de força dos "paulistas", mas não significa retorno ao ponto anterior, pois, quase três anos depois do golpe de outubro, o contexto político e social está bastante modificado. Dentro da perspectiva traçada na nossa análise, interessa afirmar que a alteração no topo do poder se refletirá nas instâncias intermediárias da política da qual tratamos.

Enquanto nos jornais do mês de julho de 1933, sob a forma de revide, aparecem sequenciadas matérias dos representantes dos grupos que haviam sido alijados do Instituto do Café, que passam a acusar irregularidades na gestão de Waldomiro, denúncias de irregularidades no Departamento Estadual do Trabalho pipocam na imprensa.

---

(98) KAREPOVS, Dainis. *PSB-SP: socialismo...*, cit., p. 179.

Capítulo IV

PROCESSO DE SINDICÂNCIA: A "CONTRARREVOLUÇÃO" ATINGE O DET

Introdução

Na introdução deste trabalho fiz referência ao ocultamento do DET na produção historiográfica, fato decorrente de problemas de ordem metodológica, mas também de uma cultura que nos lega o desprezo pelo arquivo e, consequentemente, pela nossa memória, que tantos problemas causam ao nosso ofício de historiador. Porém, as explicações não se resumem a problemas dessa natureza. Há que se levar em conta também a história dos apagamentos dos registros históricos como ato pensado e provocado, em determinadas circunstâncias.

O depoimento prestado pelo português José Maria Taveira, de 58 anos de idade, no dia 1º de setembro de 1933, ainda que não se constitua em prova cabal, deixa-nos um vestígio insofismável da ação de um desses típicos administradores que demonstram total desrespeito pelo patrimônio público, seja este sob a forma de erário, ou mesmo de documentos. O Sr. José Taveira era um humilde servente que, em depoimento, declarou ter carregado, juntamente com outras pessoas, sob ordens do Sr. Frederico Werneck, vários embrulhos com papéis e pastas que pertenciam ao DET, que foram colocados em um veículo cujo destino era a residência do diretor do Departamento e que esses documentos jamais retornaram ao lugar de origem. O Sr. Taveira, responsável pela limpeza da sala de diretoria do DET, afirmara também que naquela ocasião "foram queimados muitos papéis no pátio interno do Palácio das Indústrias", sede do Departamento na capital paulista.

Esse depoimento coincide com outros tantos, de funcionários do DET, que disseram presenciar esse ato que conhecemos como "queima de arquivo", neste caso, literal. De fato, quase 150 depoimentos são suficientes para fazer-nos crer que o Sr. Francisco Werneck tivesse motivos de sobra para atentar contra o patrimônio (documental) público a fim de construir a sua defesa no processo de sindicância que se abriu no dia 16 de agosto de 1933 para apurar irregularidades naquele Departamento do Trabalho.

O depoimento do Sr. Taveira e de outros seus colegas, ao denunciarem a atitude criminosa do seu superior hierárquico, nos dão uma boa pista de um dos fatores que levaram ao desaparecimento de parcela da documentação oficial do DET e que ajudou a provocar o comentado ocultamento daquele Departamento na história administrativa paulista.

O processo de sindicância de 1933 no DET é um raríssimo conjunto documental do Departamento que chegou a minhas mãos, fruto de muita sorte, mas também da competência e boa vontade de uma funcionária pública do Arquivo do Estado de São Paulo. Sorte e boa vontade, animadas por uma atitude de persistência.[1] São mais de seiscentas páginas, acondicionadas em 5 volumes, contendo 143 depoimentos e outros atos de declaração, acareações e tantas outras peças jurídico-administrativas ali arroladas. Por meio desse processo, podemos ter acesso a outra dimensão da verdade da história do Departamento Estadual do Trabalho. Não fosse ele, teríamos que nos contentar com os discursos oficiais produzidos, normalmente grandiloquentes e ufanistas, ainda que eventualmente verdadeiros.

Mesmo os depoimentos de sindicalistas e militantes críticos da ação do DET, não são capazes de nos fornecer a dimensão íntima do jogo político que revela o trâmite que vai desde a edição de uma lei e a forma como essa lei interage no plano real e concreto da luta de classes. As tais mediações dos agentes e sujeitos concretos. O processo revela outros aspectos que não aparecem com frequência na produção bibliográfica.

Ainda assim, o processo de sindicância está longe de revelar tudo. Apenas nos dá mais elementos para compor a complexidade daquela rica trama. Mas é um documento privilegiado porque revelador de detalhes das manhas e das malhas de um poder que quase sempre se manifesta na sua dimensão abstrata, revestido de discursos, de estruturas jurídicas e de nomes.

Não obstante se tratar de um processo administrativo, na sua forma, a sindicância tem características semelhantes aos processos judiciais. Funcionários, trabalhadores e empresários prestam depoimentos perante uma comissão legalmente constituída, a qual se encarrega de anotar e analisar os fatos relatados e encaminhá-los para deliberações nas instâncias superiores da burocracia. Ou seja, não obstante ser uma excelente fonte de pesquisa histórica, temos que levar em conta os riscos oferecidos por esse tipo de documento, em que as falas, muitas vezes, aparecem intermediadas (ou "adestradas") por profissionais do âmbito jurídico. Entretanto, vários pontos de vista são arrolados para esclarecimento do mesmo fato. As falas "adestradas" podem nublar, ou desvirtuar as verdades dos fatos, mas não têm o poder de eliminá-las. Menos que atestar a veracidade dos depoimentos, a nossa preocupação está voltada para a plausibilidade dos depoimentos que serão postos em confrontação com outras fontes.

---

(1) Trata-se de segunda via de processo de sindicância aberto contra o DET, em 16 de agosto de 1933, que se encontra em uma caixa metálica no Arquivo Intermediário do Arquivo do Estado de São Paulo. Não se trata de acervo organizado e foi encontrado ao acaso. A funcionária referida é a Sra. Gerda Nunes Davanzo, do Arquivo Intermediário do Estado de São Paulo.

Figura 17: (AESP, Correio de São Paulo, de 31.5.1933)

Dr. Frederico Werneck, director do Departamento Estadual do Trabalho

A sindicância revela o mar de lamas que envolveu o DET em corrupções de tipo variado, sendo o seu diretor, Frederico Werneck, o elemento articulador. Mas, a mim pouco interessa a constatação desse fenômeno — corrupção — naquele órgão público, que, aliás, não fora inventado naquele Departamento ou àquela época. O que me interessa, naquilo que o conjunto documental me revela, são as possibilidades de enxergar um padrão de conduta em órgãos como aquele, e observar aspectos daquele mundo e seu contexto, através das frestas abertas com nitidez maior ou menor nos depoimentos.

Sem o processo de sindicância, teríamos que nos conformar em analisar o tom retumbante dos discursos oficiais que, ao se referirem ao passado anterior a 1930, operavam uma terraplanagem das experiências anteriores e que se ufanavam pelos seus feitos pretensamente revolucionários. Muitas vezes, nesses discursos, os trabalhadores não passam de abstrações e de meros objetos de propaganda.

Se não dispuséssemos do acesso aos depoimentos, teríamos que nos conformar com a autoimagem construída do Sr. Werneck, diretor de um órgão importante de secretaria de estado, apresentado como um astuto político que detinha base política formada nas hostes do sindicalismo oficial que se gestava naquele período. Filiado ao então recém-fundado Partido Socialista de São Paulo, ele divulgava ideias da chamada ala tenentista da revolução de outubro, concepção muito ajustada aos princípios corporativistas, fundamentados nos parâmetros da ideologia positivista. Baseado na vasta rede de relações sociais que constituiu no Departamento do Trabalho desde 1931, principalmente no processo de formação dos sindicatos, ele almejou uma vaga ao cargo de deputado constituinte nas eleições de maio de 1933.

Sem o processo, teríamos dificuldades em interpretar com mais nitidez os discursos que diziam defender os interesses proletários, que, com frequência, fluíam na oratória escrita do senhor Werneck:

> É a compreensão exata desses princípios que nos oferece hoje São Paulo Socialista — bem palpáveis, as necessidades operárias, só os governos revolucionários, vieram ao seu encontro — pois, para os nossos antecessores as reivindicações proletárias eram meros casos de polícia. Hoje aí está o Estado, a postos na defesa dos trabalhadores.[2]

---

(2) *Correio de São Paulo*, 10.5.1933.

Por intermédio dos documentos da sindicância tivemos acesso a outra versão a respeito das práticas de Frederico Werneck que, aparentemente, atraía tantos simpatizantes. O citado livro-álbum que continha mais de 15 mil assinaturas e que aparecera no jornal *Correio de São Paulo,* indicando-o ao cargo de Diretor da Secretaria de Agricultura, também aparece na sindicância. Werneck teria se utilizado da sua autoridade de diretor para dobrar funcionários do setor de identificação do DET e conseguir fotografar o álbum, usando as caras chapas fotográficas do Departamento para tal fim. Lázaro Sampaio, segundo escriturário do setor de identificação do DET, afirma que:

> Livro esse que viajou em automóvel pertencente ao Departamento pelas Delegacias Regionais do interior, angariando assinaturas, livro esse que permaneceu por muitos dias a receber assinaturas de todas as partes interessadas que vinham reclamar alguma medida do Departamento Estadual, assinaturas essas que eram colhidas de pessoas, muitas vezes semianalfabetas e que ignoravam a finalidade, supondo ser a sua assinatura uma formalidade demonstrativa de sua presença no ato da reclamação.[(3)]

Figura 18: Livro de assinaturas. Fraude de Werneck? Certo é que ele foi eleito deputado (AESP, Correio de São Paulo, de 31.5.1933)

---

(3) Conforme depoimento no processo de sindicância, p. 448.

Múltiplas seriam as possibilidades de abordagem do rico registro deixado pela sindicância. Entretanto, passarei ao largo dos casos e detalhamentos que registram as acusações e defesas dos depoentes, porque não me cabe julgar veracidade ou não dos depoimentos. Não é possível avaliar o comportamento e a lógica seguida pela comissão de sindicância, porque sequer aparecem os questionamentos feitos por esta. O que dá para perceber é que o arco de depoentes é bastante largo e se procura ouvir as pessoas que são citadas, sendo que a maioria é composta por funcionários das várias seções do órgão. Mas há depoimentos de empresários, agricultores, colonos, operários, sindicalistas, entre outros. Os depoimentos indicam que o objetivo era fazer um levantamento das irregularidades no DET, mas também avaliar a eficiência burocrática do órgão. É claro que não se pode descolar dos objetivos da sindicância os aspectos políticos da revanche dos "paulistas" sobre os "tenentes" desalojados do poder.

Por causa da sindicância Werneck chegou a ter problemas para tomar posse como deputado eleito. Segundo Dainis Karepovs, o Ministério Público teria movido processo contra ele pela prática de crime de peculato na direção do DET:

> Segundo Werneck, tal processo, eivado de irregularidades, teria sido instigado pelo sucessor do general Waldomiro Castilho de Lima, na interventoria do Estado de São Paulo, o general Daltro Filho, como uma forma de retaliação contra Lima.

Ainda segundo o texto de Karepovs, Werneck foi defendido pelos seus correligionários, que enxergavam o processo como forma de atacar o PSB-SP, mas que:

> Dentro das fileiras socialistas, porém, corria a versão de que a causa para que a atuação de Werneck fosse insatisfatória era de que ele estaria negociando com o governo paulista o "abafamento do seu processo".[4]

Desta forma, serão tratadas aqui apenas as circunstâncias que revelem aspectos que consideramos relevantes para enxergar mais de perto a interação entre os vários sujeitos que atuavam diante do conflito e gestão do controle junto aos trabalhadores. Destacarei, portanto, aspectos que revelem relações institucionais envolvendo, principalmente, os sindicatos, não obstante aparecerem com alguma frequência referências feitas a empresas industriais, comerciais e agrícolas e outros aspectos daquela conjuntura.

Devo advertir que as riquezas e as características da fonte principal (o processo de sindicância) me forçam a expor longos trechos de depoimentos, que aqui aparecem como longas citações. Isso requer do leitor maior paciência, em troca do acesso à narrativa mais rica e original das falas dos depoentes.

---

(4) KAREPOVS, Dainis, *PSB-SP: Socialismo...*, cit., p. 190.

"Um acervo imenso de irregularidades"

A política aparentemente agressiva de autopromoção do Sr. Frederico Werneck, ao tempo em que angariava muitos apoios nas fileiras de trabalhadores, certamente lhe rendera também a antipatia de muitos dos seus desafetos. Este foi o caso de Luis Salvi Palmieri, de 32 anos, que, quando era secretário do Sindicato dos Metalúrgicos de São Bernardo do Campo,[5] entidade reconhecida pelo MTIC, no primeiro semestre de 1933, fizera declarações críticas ao Sr. Francisco Werneck, tornadas públicas em um jornal paulistano, acusando sérias irregularidades no Departamento Estadual do Trabalho. O depoimento de Palmieri na imprensa foi o álibi usado para a abertura de um processo investigativo.[6]

Não foi por coincidência que, no dia 16 de agosto de 1933, apenas 19 dias após a renúncia do interventor Waldomiro Lima, se abriu uma sindicância no DET. Werneck perdera o sustentáculo político que lhe era garantido pela hierarquia superior. Mesmo saindo vitorioso nas eleições para deputado constituinte, mas sem a cobertura de Waldomiro Lima, deposto, Frederico Werneck foi afastado do DET no dia 15 de agosto para que se instaurasse a sindicância.

Os inimigos não perdem tempo: o processo é aberto ainda durante lapso do governo tampão do General Daltro Filho, que ficou no cargo por apenas 25 dias. Já é possível perceber que os "paulistas" estão retornando ao poder. Armando de Salles Oliveira toma posse no dia 21 de agosto. Chegara a hora do revés político.

Certamente que a Comissão escolhida para comandar a investigação não era composta por simpatizantes dos governantes recém-depostos. O tom do primeiro relatório, apresentado em 23 de novembro de 1933, é contundente e ácido logo nas palavras introdutórias:

> Com o início dos trabalhos teve a Comissão funda impressão de que a anarquia encontrada no Departamento iria sufocar o método de trabalho a adotar, tais e tão grandes eram as iniciativas a serem tomadas e os caminhos a serem percorridos em busca da verdade oculta, por mil e uma formas, para que não se pudesse apurar desvios de dinheiros,

---

(5) A ficha de Luiz Salvi Palmieri no acervo do DOPS (Del.: 53.836, caixa 175) não nos fornece maiores informações, mas ali ele aparece como secretário de sindicato em São Bernardo do Campo. Entretanto, no livro de French (1995:51), ele é citado como secretário do Sindicato dos Metalúrgicos de Santo André e teria exercido função de preposto do Departamento Nacional do Trabalho naquela cidade, desde o ano de 1932, após ter sido demitido da Pirelli.

(6) Na justificativa de abertura da sindicância está citado que o processo seria aberto "em virtude da denúncia do cidadão Luiz Salvi Palmieri; atendendo a que essa sindicância deve abranger todas as irregularidades ocorridas naquela repartição, embora não tenham relação com a referida denúncia". O depoimento do sindicalista no jornal deve ter sido usado apenas como pretexto para a abertura da sindicância, pois sequer encontrei o seu nome entre os depoentes. O que se esperaria é que ele devesse ser o primeiro a depor.

incompetências e incapacidades, pletora de funcionários sem funções definidas, uns admitidos irregularmente outros até criminosamente, e, explorados em sua boa-fé, em detrimento do serviço e do bom nome da administração pública.[7]

A sindicância nos força a rever esse período da história do DET, desde o seu ressurgimento no pós-outubro de 1930. O primeiro fato a destacar diz respeito ao espetacular encorpamento estrutural que ganhou o Departamento que fora dividido (ou melhor, multiplicado) em dois. No primeiro momento, o abrupto aumento na estrutura física e burocrática nos pareceu, com razão, a representação do maior peso que o novo governo dedicara ao processo de intervenção nas relações de trabalho. Criaram-se novas estruturas, carregadas de subdivisões que pareciam demonstrar a força e a nova face do Estado perante a sociedade organizada em torno da produção.

Porém, a sindicância revelou um aparelho "inchado", composto por pessoas que atuavam em atividades alheias ao desiderato do Departamento (que hoje chamaríamos de "funcionários fantasmas"), pessoas desqualificadas para assumirem o ofício de fiscalização, mas, acima de tudo, um órgão administrativamente desorganizado e ineficiente, havendo setores com carência de pessoal, enquanto havia outros com sobra. Imagem bem diversa daquela plantada na imprensa, quando, por exemplo, o DET apresenta seu *stand* em evento internacional.

Um dos aspectos mais reiterados nos depoimentos revelava ser o DET um verdadeiro "cabide de empregos", principalmente voltado para os interesses pessoais e políticos do seu diretor e da máquina partidária por ele alimentada. Durante esse tempo, o órgão fora efetivamente aparelhado pelos partidários do Partido Socialista de São Paulo, em especial pelo Sr. Werneck, principalmente no período crítico das eleições para cadeiras da Assembleia Constituinte, no primeiro semestre de 1933.[8] Os relatos são muitos e os mais variados. Segundo o relatório da comissão, o fenômeno fora favorecido pelas brechas deixadas pela legislação que criou o Departamento:

> A organização oriunda do Dec. n. 5.795, aliás defeituosa na forma e no fundo, sofreu ainda o excerto do copioso contingente de funcionários, sem atribuições definidas, admitidos pela discricionária vontade do diretor, ora com autorização irregularmente conseguida, ora sem qualquer autorização, ao sabor do seu alvedrio.
>
> Pela relação geral dos funcionários deste Departamento (vide anexo n. 9) verifica-se a existência do elevado número de 390, entre efetivos,

---

(7) Relatório da Comissão de Sindicância, p. 2, constante da pasta n. 3.
(8) O citado artigo de KAREPOVS, sobre o PSB-SP, também ajuda a elucidar sobre o uso da máquina pública pelo PSB-SP nesse período.

interinos, extra-quadro, contratados, adidos, e admitidos com e sem prévia autorização; no entanto, o quadro efetivo conta com 167 funcionários.

Como extraquadro, interinos, contratados e adidos, figuram 218 funcionários.

Do que constam da relação, 5 já foram exonerados.

Com essa corte imensa de funcionários, na maioria sem atribuições definidas, o Departamento, falha de direção, carente de regulamentação, e sem aparelhamento material, não preencheu, em absoluto, as suas finalidades (p. 8).

(...) O art. 19º do Decreto [5.795], chegou mesmo a atribuir ao diretor, funções próprias de Secretário de Estado, numa ocasião em que o Governo não tinha e não teve Secretários.

Era o diretor, em face do Decreto, um poder quase absoluto no Departamento.[9]

De fato, os arts. 16º ao 20º do Decreto n. 5.975 deixam a cargo do diretor do Departamento a realocação de todos os funcionários remanescentes dos dois departamentos extintos e fundidos em um só. É certo que a lista de funcionários deveria ser submetida ao Secretário de Agricultura. Ocorre que durante o governo interino de Waldomiro Lima não existia a figura do Secretário de Agricultura, mas um Diretor Geral, Eugênio Lefèvre, que, aliás, era um antigo funcionário em vias de aposentadoria. O relatório afirma ainda que o novo diretor do DET sequer se preocupou em criar as normas regulamentadoras definidas pelo art. 25º do Decreto n. 5.975. Essa acusação do relatório corrobora com o que já foi destacado no início do capítulo terceiro, quando comentamos sobre a autonomia do DET em relação à Secretaria de Agricultura, conforme sugeria o art. 17º do Decreto que criara o DTICD.

Certamente que todos os funcionários dos dois Departamentos antes existentes (DTICD e DTA) foram incorporados ao DET em 1933. Ainda assim, nesse ano, o Departamento absorveu mais outro tanto de funcionários, dobrando a sua equipe.

Sobre Francisco Werneck e o grupo de pessoas que giravam em torno dele pesaram duras denúncias, reiteradas por diversos depoimentos. Denúncias que, nos termos contemporâneos, poderiam ser qualificadas de prevaricação (corrupção), crime de peculato (desvio de dinheiro público), abuso de poder, apropriação indébita, uso e abuso de veículos e combustível em benefício próprio, da família e

---

(9) Relatório da Comissão de Sindicância, constante da pasta n. 3, p. 10.

de amigos; dinheiro gasto em viagens para fins político-partidários, para diversão (cabarés, lazer etc.); improbidade administrativa, chantagem, assédio moral, suborno, ameaças e sugestões de fraude eleitoral. Nos primeiros dias dos depoimentos na sindicância, Frederico Werneck se apresenta "espontaneamente" à comissão para devolver mais de vinte e dois contos de réis.[10]

O relatório conclui que a lei que criou o Departamento delegava muito poder ao diretor de um órgão que, além de compor importante rede de poder, era permeado por razoáveis recursos financeiros, como já comentamos. Além da dotação recebida pelo DET, por ele circulavam verbas arrecadadas com a venda das carteiras profissionais e também com as multas aplicadas aos casos de inobservância das leis.

Muitos depoimentos confirmam a venda irregular de carteiras profissionais ao grande fluxo de trabalhadores que recorriam ao órgão do governo para aquisição daquele novo instrumento de controle. Dizia-se que quanto maior a procura, maior a propina. O preço oficial da carteira era de 1$500 (mil e quinhentos réis), mas depoimentos citam comércio de carteiras no valor de até de 12$000 (doze mil réis).[11]

A arrecadação de multas também se constituía em fonte de renda para o Departamento. A lei previa que um percentual do valor da multa aplicada seria destinado ao pagamento de despesas do fiscal. Isso era uma forma de incentivar a fiscalização e a aplicação da lei. Ocorre que as denúncias dão conta de que o percurso dessa verba deveria antes passar pelo Tesouro, o que nem sempre acontecia, pois esta era desviada pelo fiscal, de forma fraudulenta, e repartida pelos superiores, inclusive o diretor (nível hierárquico limite em que apareceram as denúncias).

Havia diversas formas de extorsão, que, não raro, punham as vítimas em conflito com o DET. Cobrava-se propina para que não se aplicassem as penalidades, havendo denúncias até de ameaças de confisco de produtos dos agricultores, caso estes se recusassem a pagar propina. A maior parte se refere ao Departamento do Trabalho Agrícola, em relação a agricultores e colonos.

Havia também denúncias de comércio de informações privilegiadas, feito, normalmente, por advogados do DET que prestavam consultoria a particulares, em especial, empresas, e vários tipos de suborno aplicados contra agricultores, comerciantes, industriais, sindicatos e trabalhadores. Há denúncia, inclusive, contra advogados do DET que eram sócios em mesmo escritório particular e que prestavam

---

(10) Cf. p. 31 do processo. Para fins de comparação, o salário do Diretor do DET à época era de 2.500 réis mensais. Ou seja, o valor devolvido se aproxima de 10 vezes o salário do diretor.

(11) Cf. depoimento do Sr. Balthasar Salles, p. 22-25. Essas informações respondem à questão levantada por Ângela de Castro Gomes ao entrevistar Jacy Montenegro Magalhães: "Procede a informação de que a carteira de trabalho era vendida nesse período?", ao que o entrevistado responde afirmativamente. Cf. GOMES, A. C. *Ministério do Trabalho...*, cit., p. 113.

serviços simultaneamente para clientes que figuravam como acusador e acusado. O advogado do DET mais citado e sobre quem pesa maior quantidade de denúncias de má conduta, Dr. Mário Angelin, de 24 anos, militante do Partido Socialista de São Paulo, que, em um dos seus depoimentos de defesa (p. 152), se apresenta como sendo também "advogado particular de diversos capitalistas" do município de Marília, que nessa época, sob influência dele, Angelin, passara à condição de comarca.

> Impossível é descrever, desde logo, os inúmeros casos, para não dizer a quase unanimidade, de irregularidades motivadas pela falta de idoneidade moral dos funcionários, em suas funções técnicas e burocráticas ou como representantes do Departamento nas suas relações com patrões e operários.
>
> Imperava, neste último particular, o regime das dádivas e dos presentes, dos pedidos, de empréstimos e mesmo do suborno (...).[12]

Muitos relatos de suborno e extorsão são descritos com minúcias em vários depoimentos, porém os fatos em si não nos interessam, senão as análises que deles depreenderemos, a fim de historicizar um importante momento político em que o Estado implantava um novo padrão de gestão da questão operária e sindical.

Talvez por causa de escândalos como este, em 1935 o DET aparece sarcasticamente citado como produtor de números falseados sobre o desemprego, e, de forma sutil, como cabide de emprego, em um livro de crônicas intitulado *Ideias de João Ninguém*, do autor Benedito Carneiro Bastos Barreto (1896-1947).[13]

---

(12) Cf. Relatório da Sindicância, p. 7.
(13) Benedito Barreto era escritor e caricaturista, famoso com o codinome Belmonte, criador do personagem Juca Pato e ilustrador de livros de Monteiro Lobato. O trecho da crônica é o que segue: "Ainda há pouco tempo, o Departamento Estadual do Trabalho declarava que o número de desempregados em São Paulo não ia além de duzentos. Apenas duzentos. E, todavia, os demagogos do "espírito revolucionário" andavam enfileirando zeros na cauda dessas duas centenas, de jeito a formar cifras impressionantes que eram agitadas na cara dos basbaques enquanto eles, antes de empregar os fabulosos "chômeurs" paulistas, iam-se empregando a si próprios" (p. 49 do livro, encontrado no sítio eletrônico <http://www.ebooksbrasil.org>).

Padrão de intervenção dos revolucionários outubristas e dilemas na luta contra a reação (e contra o tempo)

Um dos traços essenciais do programa que unificou os grupos alçados ao poder em outubro de 1930 se refere ao papel proeminente assumido pelo Estado nas relações econômicas e sociais. Entretanto, o grau e a intensidade de interferência estatal propostos variavam entre as diversas concepções políticas que formavam o grande arco de interesses da Aliança Liberal. Dentro desse variado arco de interesses, o (eclético) grupo identificado como "tenentistas" é aquele que esboça com maior clareza os propósitos de intervenção mais ampla e profunda do Estado na sociedade, o que leva alguns historiadores a caracterizá-lo como portador de projeto autoritário e até ditatorial.

Figura 19: A farda pelo terno (AESP, Correio de São Paulo, de 12.4.1933)

Observando-se mais de perto a atuação política dos tenentes organizados em torno da liderança de Waldomiro Castilho de Lima, temos a nítida impressão de que os primeiros anos da revolução, quando as forças políticas estão se reordenando e se readequando às novas realidades, foram marcados pela relação de maior autonomia do Estado perante as classes sociais em permanente disputa pela hegemonia. Aproveitando-se da relativa desarticulação política dos grupos hegemônicos que haviam sido desalojados do poder em São Paulo, e que haviam sofrido duas derrotas militares em curto espaço de tempo, os novos ocupantes das instituições de poder, na sua maioria composta por militares ou por civis próximos a eles, tentaram impor o seu projeto em que o Estado figurava como elemento disciplinador e regulador pleno das novas regras sociais e políticas a serem seguidas.

Em órgãos como o DET, circulavam recursos econômicos que potencializavam as representações políticas de indivíduos e grupos. Além disso, era comum a influência direta de personagens investidos de autoridade militar que controlavam e transitavam por aqueles órgãos. Portanto, naquele período específico, de 1930 a 1933, a direção política dos agentes ligados aos "tenentes", no DET, representava a confluência de poderes que emanavam das esferas da economia, da política e da força militar.

Nesse curto período, o Estado, relativamente autonomizado em relação às classes e grupos sociais, poderia atuar como ente mediador dos conflitos entre as classes em luta e com interesses antagônicos. O concerto de um grande pacto que harmonizasse os interesses da burguesia e os interesses proletários figurava como uma das linhas mestras da ação do interventor paulista, sob orientação dos "tenentes". A ampla organização de toda a sociedade a partir dos interesses sociocorporativos, sob a regência estatal, era o horizonte enxergado pelos tenentes.

Organizar e disciplinar trabalhadores e capitalistas e sua numerosa miríade de atividades produtivas em torno de sindicatos representativos de seus interesses corporativos, sob a regência estatal, era, portanto, uma meta de curto e médio prazos a ser atingida. Isso é bastante para explicar a visão estratégica que os "tenentes", representados pelo Partido Socialista, enxergam no Departamento Estadual do Trabalho com seu histórico de organização em São Paulo.

Acontece que o contexto político do ano de 1933 se apresenta particularmente complicado para o grupo que controlava o aparelho de Estado, principalmente no caso de São Paulo. Os "socialistas" capitaneavam a difícil tarefa de convencer os trabalhadores paulistas a organizarem os sindicatos por dentro da via ministerial, além de ter que dar conta de disputar um pleito eletivo que era fruto de conquista dos adversários políticos em São Paulo, sob a contrariedade dos "tenentes" que não o queriam. É bom lembrar que o Estado de São Paulo não iria participar da disputa nas eleições para a Constituinte de 1934 por causa da guerra desencadeada pelos "paulistas" no segundo semestre de 1932. A inclusão dessa unidade federativa no pleito fora decidida em resultado de recurso no Tribunal Superior de Justiça em janeiro de 1933. Bem próximo das eleições, os "paulistas" conseguiram essa vitória política, restando muito pouco tempo para uma reação tenentista.

No conteúdo programático defendido pelos tenentes no Congresso Revolucionário,[14] estão previstas a escolha indireta dos dirigentes dos Executivos federal e estadual. Os tenentes no poder tinham plena consciência de que o clima não lhes era favorável em uma disputa eleitoral ainda "precoce" (para eles) em São Paulo. Um dos traços revelados pela devassa administrativa promovida pela sindicância é justamente a ação, aparentemente desesperada, do diretor Werneck e seu Partido Socialista em fazer valer o poder de que dispunham e vencer as eleições a qualquer custo. É certo que o pleito eleitoral não punha em disputa direta os órgãos políticos de governo, mas se tratava de escolha dos deputados constituintes. Escolha que envolveria diretamente os trabalhadores sindicalizados, que, segundo as novas regras, comporiam a bancada corporativa. Porém, as circunstâncias políticas em São Paulo eram de permanente expectativa, avaliação e de compasso de espera em relação ao desempenho político de Waldomiro Castilho de Lima à testa do Executivo paulista. Este que sempre esteve na corda bamba, buscando um (improvável) equilíbrio que chegou a durar mais que o previsto e cujo governo "cozinhava" enquanto se encontrava uma solução política para aplacar a animosidade na mais estratégica unidade da federação, que dava mostras de muita vitalidade, mesmo após uma derrota militar.[15]

---

(14) Organizado pelo grupo dos "tenentes", em novembro de 1932. O citado artigo de KAREPOVS traz informações sobre esse evento.
(15) Esse episódio da passagem de Waldomiro Castilho de Lima pela interventoria paulista está bem relatado no citado texto de GOMES, LOBO & COELHO.

A cúpula do Executivo federal no Rio de Janeiro mantinha-se minuciosamente informada de tudo o que se passava na política paulista naquele período. A saída de Waldomiro era certa e apenas se esperava o momento oportuno. Registros de conversas telefônicas entre informantes de Getúlio Vargas em São Paulo e o Palácio do Catete durante a eleição para a Constituinte, entre informes de prisão e resultados eleitorais, indicam que Vargas já havia decidido que "a retirada do Waldomiro [era] absolutamente certa".[16] De fato, a decisão já estava tomada, mas, àquela altura, a saída de Waldomiro e suas consequências era fato absolutamente indeterminado.

Por isso, a tentativa dos dirigentes do DET em criar uma forte base social em torno dos trabalhadores paulistas, como tarefa a ser cumprida gradualmente, em médio prazo, fora precipitada com a inesperada e indesejada corrida eleitoral que, certamente, seria vista como teste definitivo para se avaliar as possibilidades de permanência dos tenentes, com Waldomiro Castilho à frente do Executivo paulista. Nesse sentido, o processo de sindicalização sofrera forte interferência do pleito eleitoral.

Seguramente, isso explica a força da acusação de aparelhamento político que aparece como um dos focos principais de denúncia contra Frederico Werneck e seu grupo, no evento da sindicância ocorrida em 1933. O uso e abuso das propagandas políticas no interior do DET, bem como a forte e explícita pressão para que a "corte" de funcionários do Departamento tomasse partido nas eleições, são temas muito frequentes nos depoimentos. As denúncias se fundamentavam no rompimento das regras republicanas de isenção do Estado no jogo partidário. Claro que se tratava de estratégia marcadamente oportunista, tendo em vista que aqueles que foram desalojados do poder em outubro de 1930 e que agora faziam oposição, foram destituídos do poder sob acusações de mesma natureza.

Ou seja, é evidente que as denúncias de atuação irregular do Partido Socialista aparecem amalgamadas com elementos do chamado "caso São Paulo", que brota nesse contexto em que vários depoimentos aparecem permeados pela dicotomia entre pró e contra os "paulistas". Isso aparece registrado no depoimento de Ananias Lucio de Souza, que reclama das atitudes reprováveis do diretor e seus asseclas mais próximos:

> Que o depoente, além de trabalhar demasiadamente, em serviços particulares do diretor e da família deste, se via na contingência de ouvir, contrariado, principalmente da família do diretor, estes achincalharem o Estado de S. Paulo e os Paulistas dando-lhes os piores epítetos, de ladrão para baixo; que tendo se mostrado contrariado com isso foi o

---

(16) Ver Arquivo do CPDOC: GVc1933.05.16/1, citado em GOMES, LOBO & CVOELHO, p. 285.

depoente advertido pelo Diretor que ele depoente não tinha garantias, e que precisava servir de cara alegre à sua família, por que do contrário seria despedido (p. 36).[17]

Também o funcionário Américo Barbosa acusara que

> Nessa ocasião sofreu por parte do referido diretor um interrogatório sobre o seu Estado de origem e se era ou não revolucionário, ao que o depoente respondera ser paulista e pela legalidade. (p. 79)

Segundo esse depoente, um irmão seu teria sido demitido do DET "por ser partidário da chapa única".

Raymundo Pinheiro, engenheiro, funcionário do DET, identifica bem a interferência da política, que acaba por desvirtuar o necessário processo de sindicalização:

> Além disso, deu isso azo à interferência de organizações partidárias nas associações de classes, para a sua sindicalização, podendo o depoente, desde logo, mencionar a interferência e a iniciativa do Club 5 de Julho e do Partido Socialista na organização de sindicatos, desviando, desse modo, as suas verdadeiras finalidades (p. 441).

Também o depoimento de Lázaro Sampaio afirma que o Sr. Francisco Werneck

> Obrigava seus subalternos, funcionários do Departamento, a tirarem do tempo dedicado ao serviço público, horas de trabalho entregues aos interesses e aos serviços políticos do diretor (...); que, findo o movimento constitucionalista, imperou por quase dois meses o regime de diuturnas provocações àqueles que, paulistas, mostravam o seu amor à terra, e alguns funcionários começaram a pregar boletins ofensivos (...). pelos termos desse boletim, bem se vê a autoria e as providências dos arrivistas, (...); o depoente tem ainda a dizer que este homem [Hicrolio Vieira], dado a valentias, ameaçou-o de morte, em presença de funcionários como desforço [sic!] por ter o depoente em uma conversa aludido ao assassino do Coronel Pedro Arbues (p. 443-445).[18]

Lázaro Sampaio apresenta alguns documentos que provam a pressão sofrida pelos "constitucionalistas", que são anexados ao processo. Entre eles, um cartaz datilografado que aparecera na repartição que dizia o seguinte:

---

(17) As referências ao processo aparecerão apenas com a indicação do número da página na qual consta o depoimento.
(18) O Coronel Pedro Arbues foi comandante de tropas da Força Pública paulista e morreu em combate na cidade de Cananeia-SP durante a Revolta Constitucionalista de 1932.

APOIASTE O MOVIMENTO CONSTITUCIONALISTA?

ÉS UM FUNCIONÁRIO PÚBLICO?

Se és funcionário público constitucionalista e continuas no exercício do cargo, és um despudorado traidor da causa que defendeste e das tuas próprias ideias.

Como classificadas a mulher que trai o marido por dinheiro?

?!...

Pois, se não te demites cometes o mesmo horrendo crime dessa espécie de adúlteras. Repara o nojo estampado na fisionomia dos que te rodeiam e cria vergonha.

Sê homem, sê coerente com as tuas ideias, abandonando hoje mesmo o cargo em que serves ao governo que tanto insultaste!

ZÉ PAULISTA

Porém, entre os fatos mais curiosos nos quais o "caso São Paulo" aparece com força, são as denúncias que fazem referência ao alojamento de "capangas", ou milícia que se abrigara em dependências do DET, liderados por "um tenente de nome Brasil", ou mesmo de um possível movimento militar que rebentaria em setembro de 1933, em reação ao movimento Constitucionalista, conforme aparece no depoimento de Balthasar Sales, (p. 507) operário que, a pedido de Adail Valente do Couto, representante do Ministério do Trabalho no DET,

> [...] transportou para Santos um coronel do exército, cujo nome não se recorda, e que ficara alheio ao movimento de 32; que após sua volta de Santos, começou a fazer ligações contrárias ao movimento, às ordens de Adail Valente do Couto, Nésico Arruda e Antonio Fragoso; ligações estas tendentes a um movimento que deveria rebentar em primeiro de setembro, contrário à revolução constitucionalista, e movimento esse que deveria ser chefiado (...) por Nésico Arruda.

O processo de sindicância revela, portanto, alguns lances que sugerem a existência de movimentos reativos à revolta constitucionalista, dentro das próprias forças militares paulistas, se entendemos bem.

Durante os eventos militares de 1932, o DET constava como alvo de críticas dos "paulistas", que acusavam os gastos exorbitantes em São Paulo, o que leva ao General Manoel Rabelo rebatê-las, explicando que:

> Quanto ao Departamento do Trabalho a ira despertada contra nós foi ainda maior, por ferir interesses inconfessáveis de mais ampla repercussão. Havendo já leis de proteção de férias, de salários, sobre

proibição de trabalho de menores e mulheres nas fábricas — tanto para o campo quanto para as cidades — leis, diga-se de passagem, que ainda são atrasadíssimas, — levou os fazendeiros e industriais — que viam os fiscais do governo penetrarem-lhes as propriedades e fazer valer o direito dos humildes operários e colonos (...) uma infernal campanha contra a administração tenentista? Não será daí, que surgiu a pilhéria do "comunismo" dos tenentes?...O público paulista que medite e verá. Nós os revolucionários de 30 que sociologicamente falando somos ainda atrasados, confundidos com a vanguarda extremista do marxismo!...Só muita má-fé...[19]

Socialistas anticomunistas, impondo a lei aos empresários

O socialismo do Partido Socialista de São Paulo[20] demarca nitidamente o seu campo ideológico, bem distinto do pensamento forjado diretamente na luta operária em que se situavam os anarquistas e os diversos matizes do comunismo. O programa do PSB defendia respeito irrestrito à propriedade privada. Além do mais, operários e sindicalistas que não se alinhassem às diretrizes oficiais eram duramente perseguidos.

> A preocupação doutrinária, associada aos intentos do interventor de forçar a sindicalização operária, mesmo que por instrumentos violentos, tem expressão clara em palavras do próprio Waldomiro: "O Partido Comunista não está dentro do socialismo. (...) Aos comunistas eu desejo que lhes acontecesse aqui o que lhes sucede hoje na Alemanha de Hitler: combatidos para desaparecer".[21]

Essa visão se coaduna muito bem com a prática desenvolvida pelos socialistas em torno do Departamento Estadual, não obstante a linguagem por eles utilizada, carregada de chavões pretendentes a revelar suposta identidade com o proletariado.

Em depoimento à Comissão de Sindicância, o operário Mário Rotta, 46 anos, que assume a condição de "presidente do sindicato de fiação e tecelagem de São Paulo e um dos chefes da organização operária de São Paulo, em geral", desenvolve trabalho junto ao DET:

---

(19) Trata-se de um panfleto que transcreve uma entrevista do general Rabelo, publicada no *Correio da Manhã,* do Rio de Janeiro, de 18.10.1932. O opúsculo se intitula "As falsas causas da contrarrevolução: palavras do General Manoel Rabelo sobre os fatos que precederam o movimento de 9 de julho".
(20) Karepovs, no artigo citado, sobre o Partido Socialista de São Paulo, caracteriza bem as concepções difusas de socialismo desse efêmero partido, e dá boa noção sobre as alas que distanciavam "socialistas" e "tenentes".
(21) GOMES, LOBO & COELHO. *Revolução e restauração...,* cit., p. 261.

> Que o depoente tem se dedicado à organização operária e aos sindicatos, em defesa de sua classe e para boa aplicação dos dispositivos legais que amparam e protegem os proletários e que constituem a legislação operária entre nós; que nesse intento, tem também o depoente por escopo, impedir a infiltração de ideias deletérias e comunistas, bem como conseguir, por via do Departamento, aquilo que o sindicato considera o direito dos operários, evitando perturbações no trabalho e desencadeamento de greves... (p.174).

Essa retórica justifica a ideologia que prevê o fortalecimento corporativo dos diversos setores da classe trabalhadora para fazer frente ao poderio dos setores capitalistas, a fim de constituir um consenso equilibrado entre capital e trabalho.

> Quando [os sindicatos] conseguirem alcançar uma condição perfeita de harmonia e disciplina para o trabalho, o que só será possível no instante em que todas as classes se arregimentarem, agrupando as suas forças em torno de um centro coordenador, teremos atingido aquele objetivo.[22]

> A aplicação de uma justiça que eleve as condições sociais das massas trabalhadoras, a fim de estabelecer o equilíbrio necessário à perfeita entrasagem [sic] nos movimentos de todas as atividades econômico-sociais.[23]

A legislação do trabalho até então editada servia como parâmetro para a organização da luta dos trabalhadores e também como motivação dos órgãos do Estado para que se fizesse cumprir a lei. O DET buscava enquadrar as empresas dentro da política legislativa de regulamentação do trabalho seguindo a lógica corporativa. Por intermédio de jornais, o DET chega a tornar pública a cobrança às empresas que não estariam respeitando a Lei de Férias (*Correio de São Paulo* de 6.3.1933). Nas páginas do diário paulistano *Correio de São Paulo*, durante o primeiro semestre de 1933, por diversas vezes, a famosa empresa Matarazzo foi publicamente denunciada como inimiga da lei. O enquadramento das empresas no cumprimento da legislação social então recém-lançada seria o horizonte próximo almejado, em relação à burguesia industrial. Já comentamos anteriormente a reação da FIESP aos "excessos" e "abusos" cometidos pelos fiscais do DET junto às empresas.

Por outro lado, a luta direta dos trabalhadores, como método de organização (caro a anarquistas e comunistas à época) era também combatida pelos "tenentes" que deixavam clara a sua posição em forçar o consenso. No entanto, em trecho do relatório da Comissão de Sindicância, funcionários do DET são acusados de insuflar os trabalhadores a fazerem greve e acirrarem ódio de classe:

---

(22) Depoimento de Frederico Werneck no *Correio de São Paulo* de 27.3.1933.
(23) *Correio de São Paulo*, de 10.5.193.

Imperava, neste último particular, o regime das dádivas e dos presentes, dos pedidos, de empréstimos e mesmo do suborno, (...). acrescendo a isso o uso dos cargos para fins políticos e até perturbadores da ordem e do sossego públicos, insuflando greves, acirrando ódio de classes, organizando sindicatos e prestando auxílios a partidos políticos nessas organizações, com o único fito de angariar partidários e fazer propaganda de ideias socialistas e quiçá subversivas.[24]

Ora, essa informação não se encaixa no perfil político e ideológico traçado para o Partido Socialista que, normalmente, se mostra contrário ao acirramento da luta de classes e à luta direta como método de mobilização, o que nos leva a buscar compreender o contexto político no qual fora produzido esse documento.[25]

Ao consultar os depoimentos, constatamos que a acusação dos relatores se refere a uma tentativa malograda dos partidários de Waldomiro Castilho em orquestrar uma reação no meio operário durante o episódio da troca do interventor militar por Armando Salles de Oliveira. Em que pesem os princípios que giravam em torno do conceito de harmonia entre as classes, o momento de luta política que tinha como alvo o general Waldomiro Lima instigava os seus partidários à reação, prevendo-se até o uso da força. Além do mais, no Brasil viveu-se um largo período em que o debate sobre o tema "Revolução" se fez presente, tornando essa palavra vulgar no linguajar de vários setores sociais, inclusive o militar.[26]

O DET nos bastidores de uma greve geral malograda

A retirada do general Waldomiro Lima aconteceu sob clima de forte apreensão. Pouco antes da sua destituição, Getúlio Vargas já tirara do interventor paulista o comando da 2ª Região Militar, função que acumulava juntamente com a interventoria. Além do mais, Waldomiro ainda continuava tecendo as suas costuras políticas, visando a sua permanência no cargo. Ainda nas vésperas da sua saída, ele divulgou evento em que conseguira o apoio do político tradicional e conservador do PRP, Ataliba Leonel, que acabara de voltar do exílio, comunicando o fato ao presidente Getúlio Vargas, como forma de pressão naquele intrincado jogo político.[27] No ato da "renúncia", tropas gaúchas foram deslocadas para São Paulo por causa da resistência do general interventor Waldomiro. Esses fatos aparecem

---

(24) Cf. Relatório da Sindicância, p. 7.
(25) Esse traço aparece nos depoimentos dos sindicalistas membros ou colaboradores do Partido e também aparece nas conclusões da minha dissertação de mestrado (CHAVES, Marcelo A. *Da periferia...*), quando analiso o perfil ideológico do sindicato de trabalhadores em pedreiras e da fábrica de cimento, que atuava sob influência do DET e do Partido Socialista.
(26) Ver BORGES, Vavy Pacheco. *Op. cit.*, p. 109.
(27) Ver cópia do telegrama no Arquivo do CPDOC (GVc 1933.06.09).

relatados no citado texto publicado sob coordenação de Ângela C. Gomes,[28] que revelam o clima tenso suscetível a golpe militar. Em 20 de junho de 1933, representantes de várias organizações políticas assinam pacto em nome da defesa da Revolução de Outubro, indicando resistência às mudanças políticas "reacionárias" em São Paulo.[29]

Entretanto, os relatos da Sindicância nos informam que alguns funcionários do DET estiveram envolvidos em uma articulação malograda junto ao operariado paulista, que visava à decretação de uma greve geral em reação à exoneração de Waldomiro. Começamos com o depoimento de um sindicalista que teria sido peça-chave na organização de sindicatos oficiais em atuação junto com os funcionários do DET, mas que nos oferece uma declaração esclarecedora. Acho importante apresentar em longo trecho a fala do operário (com as interferências presumíveis da atividade do escrivão), para que possamos seguir melhor o seu raciocínio e usufruir da riqueza de informações:

> Que o depoente, como organizador de sindicatos, como presidente de um deles e como delegado eleitor, procura e tem procurado, apenas, servir à sua classe, sem cogitar de interesses partidários políticos, e sem procurar saber que governo ou partido está no poder; que com esse sentir, não há pouco, por ocasião da posse do novo interventor, doutor Armando Salles de Oliveira, tendo seguras informações de que se pretendia levantar o operariado da Vila de São Bernardo, em greve, com o fito de atrapalhar e de criar embaraço à atuação do novo governo que ia tomar posse naquele dia, o depoente tomou um automóvel e seguiu para a Vila de São Bernardo logo atrás do fiscal Hicrolio Vieira que seguia num outro carro na frente, com a intenção de levantar o operariado, em greve; que esse intento foi assim frustrado pelo depoente, que na qualidade de presidente do Sindicato, fez valer a sua autoridade, impedindo a greve, e, fazendo ver aos operários que deviam aguardar a ação do Governo e só então, depois de verificada a ação do governo e se este era contra os operários, é que se poderia, em último recurso, apelar para a greve; que Hicrolio Vieira, em São Bernardo, falou com dois membros de sindicatos, os senhores Etore Catarussi e Nerino, que está exercendo o lugar de membro do conselho consultivo da Prefeitura de São Bernardo; que o dito fiscal Hicrolio Vieira não disse abertamente a sua intenção, mas queria a greve, sob outro pretexto, justo no dia da posse, o que revela a sua intenção acima explicada (Mario Rotta, 174, em 25.9.1933);

---

(28) GOMES, LOBO & COELHO. *Revolução e restauração:* a experiência paulista no período da constitucionalização.
(29) Ver ata de reunião dessa coligação que congregava a Legião Cívica 5 de Julho, o Partido Socialista, o Partido da Lavoura e "outras organizações revolucionárias", no Arquivo do CPDOC (GVc 1933.06.09).

João Luis Gomes, presidente do Sindicato de Moinhos e Similares é outro operário que reforça a versão desse episódio:

> Que o depoente foi procurado pelo senhor Hicrolio Vieira para, como presidente do sindicato, arrastar os operários a ele depoente ligados, pela sindicalização, isto é, quem procurou o depoente, para arrastar os operários a uma greve, por ocasião da posse do novo interventor, foi o senhor Thales Pinto, sabendo o depoente que Hicrolio Vieira, pleiteou a mesma cousa com outros sindicatos; que o depoente se negou a Thales Pinto, de praticar semelhante cousa, porque o interesse do sindicato, não era de ordem política, mas sim de proteção às classes operárias e aos seus direitos já reconhecidos por lei; assim frustrou-se o plano do fiscal Thales Pinto com relação às greves que pretendia levar a efeito para criar dificuldades ao governo novo, justo no dia da sua posse (p. 178).

O depoimento de Rodolpho Mantovani,[30] presidente do sindicato dos metalúrgicos, demitido da Matarazzo, é similar ao de Gomes e também acusa o funcionário do DET, Hicrólio Vieira, de tê-lo procurado a fim de instigar greve, o que teria sido negado pelo sindicalista.

Porém, sobre esse episódio, o depoimento mais esclarecedor é o de Maria da Conceição Ferreira Guilherme, 29 anos, funcionária do DET, que trabalhava na Delegacia de Santos, que consta nas páginas 234 a 236 do processo. Em 4 de outubro de 1933, ela nos fornece informações sobre o momento em que se articula uma reação à retirada do interventor Waldomiro de Lima, com um nível de detalhamento que justifica a reprodução em quase toda a extensão do depoimento:

> Que a depoente esteve trabalhando em Santos, em comissão, quando lá se achava também em comissão, como advogado-chefe, o Doutor Mario Angelim; que, nessa ocasião também trabalhava em Santos, aliás, como auxiliar de confiança do Doutor Mário Angelim, segundo a depoente percebeu, a funcionária Alzira Almeida Amaral; que a depoente, quando se propalava em São Paulo a provável mudança de governo ou de Interventor, e com a substituição do General Waldomiro Lima pelo senhor Justo de Moraes, aconteceu alguns fatos que passa a expor...

Façamos uma pausa nesse depoimento da Sra. Maria da Conceição para uma explicação de contexto. Não deixa de ser curioso o fato de o Sr. Justo de Moraes aparecer como substituto do interventor Waldomiro Lima, informação que não consta apenas nesse depoimento. No citado texto de Gomes, Lobo & Coelho, Justo Mendes de Moraes aparece como o homem de confiança de Vargas, enviado a São Paulo no período eleitoral de maio de 1933, para chefiar a decisiva

---

(30) Página 177, do processo de sindicância.

e difícil missão não só de conduzir a política de transição ao governo paulista, mas também aproximar a Chapa Única (representante mais fiel da oligarquia paulista) do Governo provisório central. Segundo os autores, Moraes tinha "trânsito junto aos partidos paulistas", era simpático à causa constitucionalista e demonstrava "explícita adesão à orientação político-ideológica da Chapa Única".[31]

Observando-se as correspondências que circularam entre os políticos naquela conjuntura, Justo Mendes de Moraes aparece, de fato, como o grande articulador da transição política. Muitos foram os nomes que circularam nos bastidores como propostas indicativas para substituição do General Waldomiro, além daqueles que aparecem nas listas enviadas pelos partidos a Getúlio Vargas (Francisco M. Campos, Waldomiro Silveira, Cantídio de Moura Campos, Armando de Salles Oliveira, Antonio Cintra Gordinho e Rodrigo Otávio de Menezes).[32] A missão de Justo Moraes gerou muitos comentários, que chegaram à imprensa, causando muita confusão, posto que o próprio Waldomiro declarara desconhecer os propósitos de Moraes, quando da chegada deste a São Paulo. A chegada de Moraes deve ter causado a impressão de que ele seria o escolhido para sucessão do interventor. Todavia, não cabe nos nossos propósitos a verificação dessa informação em que Justo Moraes aparece como possível candidato ao governo de São Paulo, mas fica, ao menos, o registro. Continuemos com o depoimento de Maria da Conceição:

> ...a depoente achava-se na sala, isto é, no gabinete do advogado-chefe de então, senhor Doutor Mario Angelim, onde trabalhava e ficava a sua mesa de trabalho, quando o advogado chefe, com a chegada de alguns presidentes de sindicatos, mandou que se retirassem a depoente para substituí-la por dona Alzira Almeida Amaral, sob pretexto de que esta estava habituada a fazer sua correspondência particular; que a depoente obedeceu, retirando-se do gabinete, que era dividido por tabiques; que percebeu logo após que se tratava de um debate de ideias, surdo, quase incompreensível mas acalorado, entre os presidentes de sindicatos e o senhor advogado-chefe. A depoente percebia, sem que procurasse escutar, frases esparsas sobre greves, política, derramamento de sangue, telegramas ao doutor Getúlio Vargas (...) termos insultosos, à chapa única e aos capitalistas.

Não há dúvidas de que o depoimento da secretária Maria da Conceição nos lembra o padrão estético dos romances policiais. Entretanto, ainda que possamos imaginar possíveis interferências proporcionadas pelo ambiente do depoimento

---

(31) GOMES, LOBO & COELHO. *Op. cit.*, p. 284-288.
(32) No acervo de Getúlio Vargas, no CPDOC, há um grupo de documentos, contendo 162 páginas, que se refere a várias correspondências circuladas durante o episódio de renúncia de Waldomiro de Lima. Nelas, constatamos indicações de vários nomes para substituto do general interventor (como o de Abrahão Ribeiro e o de Costa Manso, Juiz e presidente do Tribunal Federal) dentre os quais não consta o nome de Justo de Moraes. (GVc 1933.06.09)

(escrivão, comissão, advogados etc.), os detalhes apresentados são verossímeis e recompõem uma conjuntura particularmente tensa e prenhe de fatos políticos de grande envergadura. Além do conhecido contexto em que o "caso São Paulo" tensionava de forma generalizada a população desse Estado, os lances políticos no momento da destituição de Waldomiro e assunção do poder por um adversário político, Armando Salles, são destacados pelos historiadores.

Na verdade, o teor do relato está em perfeita sintonia com o clima de absoluta intranquilidade, típico de um verdadeiro estado de guerra, ou de sublevação, no momento da saída do General Waldomiro. Basta verificar algumas das correspondências que circularam na esfera do governo, para percebermos exatamente a verossimilhança com essa narrativa de Maria da Conceição, que se refere a "greves, política, derramamento de sangue, telegramas ao doutor Getúlio Vargas".[33]

No dia 18 de julho, Waldomiro alerta os dirigentes do Catete com o seguinte telegrama:

> Dize (sic) chefe que situação incerteza está provocando profundo mal estar população. Tenho dificuldade conter manifestações violentas. Abraços. Gal. Waldomiro Lima.

O telegrama enviado pelo Partido da Lavoura ao presidente Vargas tem tom ameaçador:

> Partido da Lavoura e cento oitenta sindicatos dos lavradores organizados de acordo estatutos aprovados Ministério Agricultura, toma liberdade levar conhecimento V.Excia. que afastamento do Sr. General Waldomiro Lima de São Paulo, mesmo por vinte quatro horas, provocaria em terra paulista maior tormento desses últimos tempos, tal excitação dos ânimos acirrados pelos que pretendem tomar conta poder pt Neste momento simples ausência benemérito Interventor provocaria desarticulação lavoura cafeeira comércio e cooperativa de café que se reuniram em torno do General Waldomiro Lima, conforme memorial remetido hoje V. Excia. Por intermédio Interventor São Paulo pt Atenciosas saudações.
>
> Virgílio de Aguiar, Presidente do Partido da Lavoura, Presidente do Instituto do Café.[34]

Esse é o mesmo tom do telegrama enviado pela Legião Cívica 5 de Julho, no dia 21 do mesmo mês, para Getúlio Vargas, alertando para as "sérias e graves consequências" decorrentes da exoneração de Waldomiro Lima.

---

(33) Fundo Getúlio Vargas/CPDOC (GVc 1933.06.09).
(34) Fundo Getúlio Vargas/CPDOC (GVc 1933.06.09).

O mesmo teor prevalece no telegrama dirigido ao Chefe de Governo no Rio de Janeiro, por uma organização chamada "Bandeira dos Dezoito"[35] em São Paulo e também no telegrama enviado pelo Partido Socialista, afirmando que a saída do Interventor Waldomiro "poderá agravar ainda mais a situação melindrosíssima que tão tristemente caracteriza a maior crise da revolução".

O depoimento de Maria da Conceição prossegue, agora oferecendo-nos detalhes sobre as suas fontes:

> Que, no dia seguinte a depoente veio cedo à delegacia, entrando no gabinete do Advogado-chefe, antes de se proceder a limpeza diária, então, verificou que existiam papéis esparsos pelo chão, alguns apenas amarrotados e outros rasgados, denotando pelo seu número e pelo seu estado que tinham sido escritos em grande tensão nervosa, não havendo a menor dúvida de que haviam sido escritos na reunião do dia anterior; que a depoente apanhou vários desses papéis por ela encontrados e conseguiu refazer alguns fragmentados [sic!], conseguindo tomar conhecimento de quase todos, concebidos em termos alarmantes, que demonstrava grande paixão política pela causa do General Waldomiro Lima. Tratava-se de telegramas dirigidos ao doutor Getúlio Vargas, para o Catete, quiçá redigidos pelo doutor Mario Angelim, pela linguagem correta que apresentavam. O conteúdo desses telegramas revelava um pedido ao doutor Getúlio Vargas para a permanência do General Waldomiro Lima na Interventoria e, em caso contrário, traduzia uma ameaça de greve geral, perturbações da ordem, derramamento de sangue. Cada telegrama trazia o nome de um presidente de sindicato, sendo, segundo parece à depoente, em número de dezoito os rascunhos colecionados pela depoente, não podendo precisar o número de telegramas que tivesse, porventura, efetivamente enviado.

O tom dramático imprimido pelo escrivão de uma sindicância de suspeita isenção, bem como o arquétipo bem elaborado do relato da funcionária, não nos inspiram qualquer segurança quanto à lisura do processo inquisitório. Entretanto, o suposto medo de Maria da Conceição parecia ser justificado, mesmo porque esse não era o sentimento apenas dela. As correspondências indicam que essa era a sensação das próprias Forças Armadas, que se prepararam para um clima de guerra, com possível resistência de setores da população, em relação à saída do interventor Waldomiro. Esse é o teor do telegrama enviado pelo interventor do

---

[35] Trata-se de uma "corrente revolucionária ligada ao movimento 5 de Julho", criada em 1933, cujos nomes fazem referência aos dezoito heróis do episódio do Forte de Copacabana de 1922 e à data de eclosão do movimento. Chegou a agregar anarquistas e comunistas em prol da luta antifacista. Segundo sua ficha no DOPS era composta por "elementos heterogêneos de maioria comunista", da qual participara Edgard Leuenroth e que em breve passaria a denominar--se Partido Socialista Operário.

Rio Grande do Sul, Flores da Cunha, desde o Palácio de Porto Alegre, para o Palácio do Catete, em 23 de julho de 1933:

> Examinando detidamente teu cifrado desta noite, julgo delicada a situação criada pela conduta repreensível do general Waldomiro. Aconselho-te ação enérgica e ao mesmo tempo ponderada. Não faltará o meu apoio, estejas certo. Já hoje deslocarei de Passo Fundo para Marcelino Ramos o 3º R.C. da nossa valorosa brigada militar e ao anoitecer avançará de Cacequi, com o mesmo destino, o 3º corpo auxiliar. Convirá fazer ocupar o porto de Santos por alguns vasos de guerra. Chamo a tua atenção para Itararé, Ribeira e Porto União. Com alguns aviões de bombardeio voando sobre São Paulo será suficiente para dominar situação. Aguardo tuas informações e ordens. Cordial abraço. Flores da Cunha.[36]

A ocupação do porto de Santos pode indicar a temeridade das forças armadas de que dali partisse alguma resistência. Lembrando que era exatamente naquela cidade que teria ocorrido a reunião convocada pelos funcionários do DET com os sindicalistas, à qual se referira Maria da Conceição. Já vimos anteriormente as fortes ligações do DET com a cidade de Santos. Ao que parece, a depoente guardava boas relações com os partidários da Chapa Única:

> A depoente, no mesmo dia em que o Doutor Mario Angelim a fez se retirar da sala para dar lugar à reunião dos presidentes de sindicatos, procurou ao doutor Waldomiro Silveira, um dos deputados da Chapa Única, comunicando-lhe o ocorrido, não com espírito político, mas simplesmente no intuito de evitar que a vontade de um só homem digladiasse classes operárias sob promessas de decretos fabulosos garantindo o proletariado, mas com a ambição única de vantagens pessoais. A depoente foi ouvida pelo doutor Waldomiro Silveira, que lhe louvou a intenção de evitar uma catástrofe social, tal como seria greve geral do operariado socialista; que, longe de desmerecer a gravidade de tais telegramas, prometeu, sobre eles tomar imediatas providências, comunicando à Federação dos Voluntários Paulistas, para que interviesse junto ao doutor Getúlio Vargas, cientificando-o de que tais telegramas não exprimiam sentimentos de classes, mas sim a prepotência de um só homem, sobre operários ignorantes. Nada mais lhe disse nem lhe foi perguntado (p. 234-236).

Se não bastassem todas essas coincidências histórico-factuais aqui arroladas, poderíamos recorrer às declarações feitas no dia 7 de outubro de 1933, por Alzira de Almeida Amaral, pessoa de confiança do Frederico Werneck e Mário Angelim e que é citada no depoimento de Maria da Conceição. O depoimento da Alzira é mais lacônico, mas confirma o complô articulado pelos funcionários do DET. Ela afirma que:

---

(36) FGV: Arquivo do CPDOC, GVc 1933.06.09.

> ...não é exato ter sido a depoente a funcionária que fazia a correspondência particular do advogado-chefe, tendo apenas, diversas vezes e em dias diferentes, por ordem do doutor Mário Angelim, copiado minutas de telegramas do doutor Mario Angelim e de Sindicatos de Santos, dirigidos ao Doutor Getúlio Vargas, e referentes a questões estranhas ao departamento e de natureza política; certos desses telegramas se referiam a uma possível mudança de Interventor, com a nomeação do doutor Justo de Morais, segundo propalavam, que, esses telegramas traduziam, no caso de não aquiescência do Governo Brasileiro, na permanência do General Waldomiro na Interventoria, uma ameaça de greve e perturbação da ordem, por parte dos estivadores de Santos e outros sindicatos, que a depoente se limitou a datilografar as minutas que lhe eram entregues pelo doutor Mario Angelim; que os presidentes de Sindicatos compareciam à presença do doutor Mario Angelim, este minutava, de acordo com aqueles, os telegramas que eram, posteriormente, datilografados; que, a ação da depoente se resumiu, em obediência às determinações do seu superior... (257/8).

No depoimento, Alzira, de forma insegura, acaba por supor que a autoria intelectual poderia ser do doutor Mario Angelim.

No final das contas, conforme os depoimentos dos sindicalistas, a tentativa de reação no meio operário, forçada por funcionários do DET, malograra, em razão da recusa dos sindicalistas em se envolverem em uma questão política que não era deles.

Um telegrama informando a situação em São Paulo, datado de 27 de julho de 1933, assinado por Sarmanho, que aparece como interlocutor de Waldomiro com o Catete, confirma o recuo:

> Não dormi. Tudo havia ficado combinado para amanhã. Duas horas madrugada estive General Daltro que me informou ter absoluta segurança amigos Waldomiro conspiravam sentindo evitar deixasse governo mas que precipitação acontecimentos havia desnorteado e estavam recuando. Tenho impressão que nada farão (...)

Portanto, o movimento de incitação à greve, citado no relatório da sindicância, se explica por essa questão pontual, como recurso extremo e até de desespero do grupo político dos "tenentes", que viam o poder fugir-lhe das suas mãos. De fato, o método de luta fundamental preconizado pelos socialistas não era de radicalização e enfrentamento por parte dos trabalhadores e também não visava desestabilizar os capitalistas.

Esses depoimentos, além de revelarem fatos históricos relevantes, nos dão boas informações sobre as relações complexas entre o órgão do governo da esfera paulista e os sindicatos naquele período.

As promíscuas relações com os sindicatos operários

Racionalização, eficiência e modernidade eram conceitos caros e sempre presentes nos discursos dos vitoriosos de 1930, que tentavam imputar como ultrapassado e velho tudo o que se referia ao passado republicano. O nosso já conhecido Adail Valente do Couto é apresentado na *Revista do Trabalho* como um "tipo do moderno servidor do Estado" e funcionário de uma repartição que não se contentava em "exercer funções meramente burocráticas", mas "educar as massas trabalhadoras, preparando-lhes o espírito para conceber e executar a legislação".[37]

Esse aspecto não nos faz duvidar dos reais desejos de mudança dos novos dirigentes, que queriam renovar o sistema, o Estado e as práticas sociais dentro deles. Entretanto, chamamos a atenção que essas vontades, coletivamente assumidas, interagem com um complexo sistema de interesses diversos cuja resultante nem sempre coincide com aquilo que os dirigentes haviam planejado. Uma coisa é o sujeito visto de *per si,* outra coisa se enxerga quando ele é observado na perspectiva do processo de interação com outros sujeitos. O processo de sindicância nos traz algumas informações preciosas que revelam, a partir de um enfoque singular, aspectos que comprovam esse hiato entre intenção e prática social naquele período.

O operário Balthasar Sales chegou a utilizar as próprias dependências do DET para fundar um sindicato de trabalhadores em café na cidade de São Paulo, o que nos faz crer que algo conhecia de dentro dos meandros burocráticos do Departamento:

> Que como essas, todas as questões do Sindicato de São Paulo e de Santos, levadas ao conhecimento do Departamento, não têm sido resolvidas; que o depoente tem conhecimento, que em inúmeros casos referentes às férias de operários não foram tomadas as providências que urgiam, permanecendo as cadernetas de férias arquivadas na seção de fiscalização, sem solução, por longos meses (p. 24).

As críticas que se referem à morosidade e ineficiência do Departamento Estadual do Trabalho são frequentes entre as organizações de trabalhadores, porém elas não são apontadas apenas pelos usuários dos serviços prestados pelo Departamento, mas são fatos reconhecidos por vários funcionários do próprio Departamento, muitos deles advogados, como Gustavo Veiga:

> Que, além disso, na coordenação e organização de sindicatos, pelo simples confronto dos números se verifica que a participação da Seção é quase nula, estes se organizam diretamente sem assistência útil do

---

(37) *Revista do Trabalho*, n. 2, janeiro de 1932, p. 4.

Departamento e, muitas vezes, quando é dada à seção informar, o faz ora de modo lacônico, ora protetoramente, conforme as simpatias e a cor políticas de seus chefes vai ditar.

Entretanto, as críticas mais contundentes são aquelas que denunciam os mecanismos utilizados para a arregimentação dos sindicatos, as manipulações e os atos de corrupção. A Comissão de Sindicância entrevistou vários trabalhadores e representantes sindicais, que fazem revelações sobre a promíscua relação entre o DET e os sindicatos. Apresento algumas passagens do depoimento do Sr. Balthasar Sales, que era aliado do Frederico Werneck e alinhado com a política desenvolvida pelo DET. Em seu longo e detalhado depoimento, o operário sugere que funcionários e fiscais do DET teriam sido subornados após um acordo obscuro envolvendo o diretor do Departamento, Frederico Werneck, o representante do MTIC, Adail do Couto, um tal de Capitão Vieira e um patrão empreiteiro do café, desfavorecendo os trabalhadores. O sindicalista Balthasar, ex-aliado da política oficial, faz contundentes denúncias:

> Que com relação ao Sr. Vieira (Cap.) atrás mencionado, sabe o depoente, por conhecimento próprio, ser o mesmo cabo eleitoral do sr. Werneck; que o mesmo viaja às vezes, sempre no interesse do partido socialista, e só se comprometendo a trabalhar pelos interesses dos sindicatos que se comprometem a filiar-se ao partido socialista; que o depoente, entre outros casos, pode citar o do próprio sindicato a que pertence, em cuja sede foi posta uma mesa para fins eleitorais daquele partido; que o depoente sabe, e teve em mãos, um boletim, de cor amarela, indicando o sr. Werneck, para as eleições à Constituinte, assinado por vários sindicatos, e o qual recebeu do sr. Vieira; que ao depoente constou ter sido esta indicação dos sindicatos conseguida pelo mesmo sr. Vieira, que prometia a tais sindicatos a proteção do Departamento; que sabe também que o sr. Vieira, juntamente com o sr. Mário Rota, e de combinação com o sr. Werneck, organizavam sindicatos, colocando na presidência semianalfabetos, ficando o controle dos mesmos nas mãos do sr. Mário Rota, que usava o título de presidente-geral desses sindicatos, sem que houvesse federação dos mesmos, e percebendo por tal quota de cada um; que esta organização assim arranjada tinha por fim, segundo sabe o depoente, deixar a gerência dos referidos sindicatos nas mãos do sr. Rota, que assim conseguia o apoio dos mesmos, para o partido socialista na candidatura do sr. Werneck, que o depoente sabe, por ouvir dizer, mesmo dentro do Departamento, que vários fiscais recebiam, de patrões, propinas, e entre si comentavam o recebimento de envelopes contendo presentes, dados por patrões interessados em não efetuar pagamento de férias a operários, que esse fato é conhecido entre vários operários dos sindicatos, desmoralizando os serviços e desacreditando o Departamento, que possui em seu seio

funcionários desonestos, facilmente subornáveis; que com relação ao sr. Adail Valente do Couto, o depoente tem a dizer que esse funcionário, segundo sabe o depoente, não recebia presentes, tendo apenas feito negócios particulares, e a título de empréstimo, que pagava posteriormente (p. 22-25, 29.8.1933).

O depoimento de Balthasar Sales, além de bastante plausível, reflete o ponto de vista de alguém que observa os fatos a partir de um *lócus* privilegiado, pois ele mesmo participara desse jogo que denuncia. Os fatos que não decorrem de sua experiência vêm precedidos da expressão "sabe por ouvir dizer". É um depoimento que apenas reforça argumentos de outros depoentes, como o do advogado do DET, Alberto Muniz da Rocha Barros, que, em 12 de setembro do mesmo ano, relata a acusação feita publicamente pelo Delegado Regional de Polícia de Santos, doutor Ulysses de Luna contra um fiscal do DET naquela cidade, Hercílio de Souza Dantas. O delegado considerava o fiscal do DET como *um elemento extremamente nocivo à missão do Departamento, porque recebia espórtulas dos patrões e dos operários; que o doutor Luna repetiu isso perante os doutores Altino de Faria e Ranulfo Pinheiro, fiscais da Seção de Fiscalização Social* (p. 70). Fato que teve consequências, resultando na transferência do citado fiscal para a cidade de São Paulo.

O depoimento de Balthasar ganha ainda mais veracidade quando cruzado com o depoimento do Sr. Mario Rotta, aquele mesmo que aparece citado acima, acusado de usar o "título de presidente geral" de vários sindicatos simultaneamente.[38] Este mesmo Mario Rotta, que fizera parte da equipe político-sindical de Frederico Werneck, afirma:

> Que assim tem o depoente agido, mas, infelizmente, tem encontrado, por parte da fiscalização industrial, certas dificuldades e má vontade de determinados fiscais que com sua ação prejudicam os operários e dão azo a que no meio destes, se acredite no suborno dos fiscais, por parte dos patrões.
>
> (...) A atuação em geral dos fiscais tem impressionado mal aos centros operários, que vêm continuamente fiscais e subfiscais, principalmente estes, tratarem amistosa e carinhosamente aos patrões, vivendo com estes em abraços dentro das fábricas, sem efetiva e regular fiscalização, supondo os operários, pela maneira de agir, e modo de viver, em desacordo com os vencimentos que percebem estes funcionários,

---

(38) Mário Rotta aparece citado no livro de Ângela Araújo (*A construção do consentimento...*) como presidente do Sindicato dos Operários em Fábricas de Tecido (p. 293). Nessa mesma obra (p. 261), Mário Rotta aparece como presidente do Sindicato dos Operários em Fiação e Tecelagem, por ingerência direta do MTIC, cujo nome fora contestado por 15 presidentes de sindicatos reconhecidos, por ser ele um ex-tecelão que "não exerce a profissão há mais de quinze anos, contrariando assim os dispositivos do próprio Decreto n. 19.770".

ganharem propinas e gorjetas dos patrões, com detrimento dos interesses dos operários, cuja fiscalização está a cargo daqueles funcionários (p. 174-175, 28.9.1933).

Rotta continua o depoimento relatando várias ocasiões em que os fiscais se colocavam ao lado dos patrões, apoiando as suas determinações, que eram irregulares, segundo o depoente.

Rodolpho Mantovani[39] era metalúrgico demitido de empresa de propriedade dos Matarazzo, juntamente com outros companheiros, pelo fato de organizarem o sindicato da sua categoria. Ele que, sob auspícios do DET, já aparecera em jornais denunciando a empresa, em 28 de setembro de 1933, depõe criticando a ineficiência do Departamento e acusando seus fiscais:

> Quanto à atuação de fiscais da seção de fiscalização industrial, é voz geral nos sindicatos e nos meios operários, que os fiscais do Departamento descuram de suas obrigações e têm em má atuação, vivendo esses fiscais muito chegados aos patrões, sendo seus comensais com eles (vivendo de abraços); que o depoente tem ouvido do presidente do Sindicato de Fiação e Tecelagem de Jundiaí e do Sindicato dos Chapeleiros, terem fiscais do Departamento recebido presentes dos patrões em detrimento dos direitos dos operários (p. 177).

No mesmo dia, João Luiz Gomes, presidente do Sindicato dos Moinhos e Similares reitera as mesmas acusações e suspeitas levantadas pelo metalúrgico Mantovani, considerando "desastrosa" a fiscalização do DET.[40]

Na mesma linha segue o depoimento de Nunzio de Marco, que se diz organizador do Sindicato dos Ceramistas de São Paulo e que também fora demitido pela empresa em represália à sua ação sindical, mas também com a colaboração de um fiscal do Departamento. Descrevendo a reação do fiscal Antonio Fragozo perante a sua demissão, Nunzio afirma que aquele teria dito na frente de outras pessoas que:

> O patrão é quem mandava e tudo podia fazer; que esse mesmo fiscal, ao visitar a fábrica, o fez tratando, em presença dos operários, de modo carinhoso e afetuoso, aos seus dirigentes, externando a sua opinião de que o trabalho penoso dos operários era uma brincadeira e que os seus salários eram bastante compensadores. A fiscalização procedida pelo aludido fiscal deixa muito a desejar e seu modo de agir tem prejudicado

---

(39) Rodolpho Mantovani foi presidente na primeira gestão do Sindicato dos Metalúrgicos, que fora fundado em dezembro de 1932. Conforme consta na citada dissertação de Maria Helena PAES, ele teria sido excluído da diretoria, por meio de assembleia, "acusado de ter praticado diversas irregularidades", *op. cit.*, p. 60.
(40) Página 175, da sindicância.

o sindicato, porquanto os operários já não acreditam na eficiência dessas organizações e tão pouco na Assistência que, por via desses fiscais, lhes tem sido negada, quanto ao Departamento Estadual do Trabalho. De forma geral, a quase, senão a totalidade dos sindicatos operários de São Paulo tem uma forte desconfiança quanto à ação do Departamento Estadual do Trabalho, devido ao irregular proceder dos fiscais, com pequeninas exceções, trazendo ao espírito de todos os operários a presunção de que esses funcionários se deixam facilmente conduzir pelos patrões, mediante presentes e dádivas de dinheiro, o que vale dizer, se corrompem, em detrimento do bom nome do Departamento e dos direitos dos operários, que se vêm privados da aplicação segura e regular da legislação do trabalho entre nós (p. 231-2).

Etore Cataruzzi, diretor do Sindicato dos Marceneiros e Carpinteiros sugere que o fiscal Hicrólio Vieira tenha praticado extorsão do Sindicato quando ele, sob pretexto de levar a reclamação dos trabalhadores para o Ministério no Rio de Janeiro,

> Exigiu do sindicato, 300$000 [trezentos mil réis] que foi dado a Hicrolio Vieira na presença do depoente; que além desses 300$000 dados a Hicrolio Vieira, este exigiu o pagamento, ou por outra, obrigou o Sindicato a outras despesas de transportes em automóveis; que o depoente não sabe se efetivamente esse funcionário foi ao Rio tratar do caso e se o foi estranha que pedisse dinheiro ao sindicato para isso ou com esse pretexto... (4.11.1933, p. 481-2).

Essas denúncias de corrupção são reiteradas até por depoimentos de advogados do Departamento, como o de Gustavo da Veiga, 33 anos, que, aliás, declara ter sido chefe da Seção de Fiscalização e também diretor interino do Departamento e que "pode dizer com conhecimento":

> Que essa Seção também se ressente dos mesmos vícios apontados, sendo certo que a maioria senão a totalidade dos fiscais, gozam de uma reputação má, murmurando-se, como voz pública, que os mesmos recebem presentes e favores dos patrões de indústrias em cujos estabelecimentos devem exercer as suas funções fiscais (p. 423).

As críticas feitas por trabalhadores que aderiram ao projeto de sindicalização, entre outras coisas, demonstram o relativo fracasso da política governamental até 1933. Entretanto, há que se ponderar a vastidão e complexidade do campo de atuação do DET. Além do mais, a frustração dos trabalhadores demonstra também a expectativa criada por eles, a partir do momento em que órgãos estatais se propõem a interferir fortemente nas relações de trabalho, segundo um discurso com fortes apelos ideológicos, ainda que, em parte, retóricos.

Com algum nível de consciência e muita expectativa, uma parcela de trabalhadores que tinha ingressado na vida sindical, em decorrência da oportunidade aberta pela política oficial, adere à proposta governamental, que oferecia uma alternativa aos modelos de militância mais engajada, crítica e autônoma. Os sindicalistas recorrem aos órgãos estatais porque esperam que eles atuem realmente como árbitros que, ocasionalmente, podem interceder em favor deles.

Essa conjuntura em que o Estado aparece com muito mais autonomia perante as classes provoca uma forte politização nos setores subalternos e eles também passam a se sentir investidos de um poder que lhes seria outorgado desde esferas superiores.

Era típico daqueles anos (até 1935) os trabalhadores se sentirem diretamente beneficiados pelas leis e investidos de poder outorgado pelo Estado. À medida que as empresas não atendem de imediato às determinações legais, ou quando não levam em conta a organização sindical e demitem trabalhadores, e o Estado, com toda a sua força e o seu discurso retórico, não consegue reverter as adversidades, é compreensível a frustração. Frustra o operário saber que, não obstante o apoio do Estado, ainda "o patrão é quem mandava e tudo podia fazer", conforme relatou acima o operário Nunzio de Marco.[41]

Entre os documentos da sindicância, consta um ofício de 10 de fevereiro de 1934, que destaca o art. 4º do *Regulamento Disciplinar das Fábricas da Cia. Nacional de Estamparia,* em Sorocaba, que esclarece o seguinte:

> A Gerência da fábrica tem o direito de dispensar qualquer operário sem ter a obrigação de declarar o motivo, desde que dê aviso prévio de uma semana, o que será feito sempre que seja possível, aos sábados, ou, imediatamente, sempre que pague a quantia correspondente a seis dias de trabalho, excetuando os casos previstos no art. 10 do presente regulamento (p. 634).

Alguns trabalhadores, naquela tumultuada conjuntura em que se sentiam investidos de poder, supostamente legitimado pelo Estado, tinham dificuldades em entender isso.

Quando, em maio de 1933, um dos fiscais do Departamento em Santos foi acusado de comportamento inadequado perante algumas empresas, o acusado, Sr. Hercílio de Souza Dantas, tratou de apresentar "provas documentadas" em que várias empresas depunham a seu favor, ressaltando a postura correta e equilibrada do funcionário do DET. São apresentadas cartas expedidas por várias empresas: Empresa Votorantim; Tecidos N.S. da Ponte; Fábrica de Enxada N. S. Aparecida; Companhia, Fiação e Tecidos Santa Maria, todas datadas de 12 de dezembro de 1933.

---

(41) Esse aspecto também é tratado por CHAVES, Marcelo A. *Op. cit.,* capítulo 4, ao analisar os primeiros momentos do sindicato dos trabalhadores em fábrica de cimento e pedreiras.

De fato, se levarmos em consideração os muitos depoimentos feitos na Comissão de Sindicância, há indicações de que houve a capitulação dos funcionários do DET, por suborno, perante os empresários. Entretanto, isso não desfaz o perfil desse Departamento como organismo ativo do Estado, que disputa ideologicamente e no corpo a corpo a consciência operária. Naquele período, o DET é uma controversa instituição capaz de cultivar simpatia ao ponto de ser considerado "o melhor benefício que a Revolução prestou aos trabalhadores", conforme palavras do estivador João Andrade Câmara, e também a repulsa de vastas franjas do operariado, como expressa na fala do também operário, gráfico, João Martino, que caracterizou a "vida parasitária" do DET como de "nenhuma importância e nula autoridade".

DET *versus* Ministério do Trabalho: problemas de jurisdição

Após tantas informações e argumentações feitas até aqui, cabe relembrar aquela que é a questão crucial que deu origem a esta pesquisa: como se caracterizou, nesse período, a relação entre o Ministério do Trabalho, Indústria e Comércio e o Departamento Estadual do Trabalho, tendo em vista que já havíamos concluído ser a existência deste último uma aberração jurídico-institucional?

Com exceção do historiador brasilianista John French, em geral, a historiografia não distinguia o Departamento paulista do órgão ministerial federal. Mesmo em trabalhos em que o DET aparece reiteradamente como sujeito de mediação, os autores não se dão conta da distinção entre DET e MTIC, e, portanto, não exploram essa aparente contradição.

No entanto, aqui se reforça a ideia de que o Departamento Estadual do Trabalho atuou em São Paulo de forma quase autônoma, referendado pelo Convênio assinado em janeiro de 1933. Esta pesquisa me leva a crer que, durante o período estudado, o Ministério do Trabalho praticamente não interferiu em São Paulo, senão por meio do DET. A representação do Ministério no Departamento, conforme previsto no Convênio que foi ratificado pelo Decreto n. 5.975, se realizava por intermédio de um advogado, aparentemente, pouco representativo, do ponto de vista político, mas que se mostrava ser conhecedor (e defensor) da legislação social, e um dos articuladores do grupo de Frederico Werneck: o Sr. Adail do Couto. Este funcionário, que recebia o seu salário pago pelo órgão estadual, seguia o jogo ditado pelo DET, imiscuindo-se nas suas falcatruas.[42]

Esse jogo, em que o MTIC parece se ocultar perante a atuação do DET, aparentemente, se confirma na prática da relação interinstitucional. Porém, os

---

(42) Adail Couto aparece fichado no DEOPS (DEL.: 47.082, caixa 02) e passou um período na cadeia, não por ter praticado "atividades subversivas", mas por acusação de "atentado contra a economia popular", e foi solto em 30.4.1943.

documentos da sindicância apontam um panorama mais complexo. Vimos como muitos são os depoimentos que revelam as interferências do jogo político no funcionamento administrativo do DET, naquela conturbada conjuntura. Decorrente disso, constatamos o desgaste tremendo sofrido pelo órgão, que parece ter perdido legitimidade perante aqueles que justificariam a sua existência: os trabalhadores.

Já comentamos que a sindicância se propunha a detectar as irregularidades administrativas do DET, mas tinha também a tarefa de avaliar a estrutura funcional do órgão para propor reformas que, aliás, já estavam nos planos de Francisco Junqueira, Secretário de Agricultura, desde maio de 1932.[43] Por isso, grande parte dos depoimentos, realizados com funcionários de todas as seções, serviu para diagnosticar os problemas administrativos a fim de tornar possíveis as elaborações propositivas. Isso explica porque muitos depoimentos tratavam dos problemas de ordem funcional-administrativa, principalmente quando se ouvia os técnicos.

Os depoimentos revelam a curiosa situação jurisdicional em que DET e MTIC aparecem em uma relação mais próxima de uma "concorrência" que de relação hierárquica de subordinação e sugere que os trabalhadores distinguiam o órgão estadual, DET, do órgão federal, MTIC.[44] Prova disso são os vários depoimentos de funcionários daquele Departamento, que reclamam o fato de os trabalhadores procurarem organizar os seus sindicatos diretamente com o MTIC, passando ao largo do DET. Julio Tinton, 25 anos, chefe de seção da Fiscalização Social, assim se refere:

> Que sindicatos há que não têm solicitado o seu reconhecimento e a sua organização por intermédio do Departamento, dirigindo-se diretamente ao Departamento Nacional do Trabalho; que o depoente nesse sentido e em virtude da aplicação do convênio já representou, solicitando que os reconhecimentos e as organizações dos sindicatos sejam, desde o início, fiscalizadas e orientadas pelo Departamento, porque muitas vezes a fiscalização posterior lhe fica afeta, mesmo aos sindicatos reconhecidos sem a interferência do Departamento se torna mais difícil e dá azo a que não tendo o Departamento Nacional do Trabalho elementos para julgar o valor intrínseco de documentos que, na sua forma exterior se apresentam perfeitos, vêm trazer embaraços para a boa aplicação das

---

(43) Conforme depoimento de Vasco Andrade na sindicância, p. 271.
(44) As pesquisas realizadas com a documentação do Sindicato de Trabalhadores em Fábricas de Cimento, em Perus-SP, que resultaram na minha citada dissertação, já revelaram que os sindicalistas mantinham relações simultâneas com o DET e também com o MTIC. Muitas correspondências eram enviadas aos dois órgãos. Cheguei a encontrar documento dirigido pelos sindicalistas ao MTIC, que reclamava pela interferência deste junto ao DET, a fim de acelerar processo que havia sido aberto no órgão estadual.

leis de sindicalização e perfeita fiscalização desses sindicatos; tem acontecido mesmo que no período de fiscalização procedida em sindicatos reconhecidos sem a interferência do Departamento Estadual ter se verificado a infração a disposições legais, que, levadas ao conhecimento do Ministério, só muito tarde são remediadas (26.10.1933, p. 414-6).

Esse detalhe é também percebido pelo Engenheiro do DET, Raymundo Pinheiro, de 50 anos, conforme se pode constatar entre as páginas 440 e 442 da referida sindicância. O fiscal Adriano Robine, 31 anos, responsável por assistir a reuniões de sindicatos, bem como organizá-los, controlá-los e fiscalizá-los, conforme assim se apresenta, faz mais uma aproximação:

> Que a formação de sindicatos, a organização de papéis, o seu controle e fiscalização, bem como o seu encaminhamento ao Ministério do Trabalho, nem sempre é feito diretamente pelo Departamento Estadual do Trabalho, entendendo-se essas associações, que em sindicatos se organizam, diretamente com o Ministério do Trabalho (p. 449-51).

Colbert Malheiros, 26 anos, localiza enormes problemas no processo de arquivamento de documentação, por causa da confusão de jurisdição dos órgãos (p.455-7), o que é corroborado também por Gustavo da Veiga, 33 anos, chefe de seção de prontuário e identificação, que ainda acresce:

> Que além disso na coordenação e organização de Sindicatos, pelo simples confronto dos números se verifica que a participação da Seção é quase nula, estes se organizam diretamente sem a assistência útil do departamento e muitas vezes quando é dada à seção informar, o faz ora de modo lacônico, ora protetoramente, conforme as simpatias e a cor políticas de seus chefes vai ditar; (...) que além disso, há também a circunstância de serem vários sindicatos reconhecidos diretamente pelo Ministério do Trabalho, sem que os papéis ingressem e sejam encaminhados pelo Departamento Estadual o que ocasiona, por falta de elementos, reconhecimento de sindicatos não organizados de acordo com a lei, mas que as formalidades extrínsecas parecem, à primeira vista, regularmente organizadas; que isso dá como consequência existirem sindicatos que precisam de uma revisão para ser cassado o seu reconhecimento; existindo também outros que se puseram a substituir os verdadeiros órgãos representativos da classe, isto é, as verdadeiras associações (p. 421-3).

Altino Washington de Faria, 25 anos, advogado do DET, reitera sobre a inconveniência da superposição de instâncias:

> Que o depoente não pode precisar o número de sindicatos que tenham sido organizados por direta iniciativa da Fiscalização Social, porém,

sindicatos houve que formaram, indiretamente e que foram resultado da propaganda exterior da Fiscalização Social, sindicatos outros houve cujos papéis e cuja organização se processou e se fez entre essas organizações em formação e o Ministério do Trabalho, sem a mínima interferência do Departamento Estadual; parece ao depoente não haver proibição legal para que esses sindicatos pleiteiem diretamente o seu reconhecimento, sem que a fiscalização social do Departamento Estadual interfira; mas não pode deixar de reconhecer a inconveniência deste modo de agir por dificultar a fiscalização e o controle dos sindicatos, fato esse que parece já reconhecido pelo próprio Ministério que, ultimamente, interpretando o Convênio, determina às organizações sindicais que se dirijam ao Departamento para que por ele sejam encaminhados ao Ministério os papéis da organização, depois de passar pelo crivo de uma rigorosa fiscalização (...).

Sobre essa intrigante questão de duplicidade de jurisdição, não detectada pela historiografia, o relatório da sindicância alimenta a nossa perplexidade:

> Durante todo o corrente exercício, desde a data da criação do Departamento Estadual, 17 foram os sindicatos organizados por iniciativa direta do Departamento, 36 por interferência e apenas três por coordenação (anexo n. 36).
>
> Esses algarismos bem demonstram, no seu limitado "quantum", quão limitado e restrito foi o trabalho da Seção de Fiscalização Social nesse período, em matéria de sindicalização.
>
> Cumpre notar, entretanto, que grande irregularidade, que deve ser sanada e que muito tem prejudicado o serviço, é a organização de sindicatos, sem a interferência da Seção de Fiscalização Social, o que logram o seu reconhecimento, diretamente, do Ministério do Trabalho.
>
> Este fato, comprovado pelo depoimento das testemunhas (...) vem sendo praticado em detrimento e com infração do Decreto n. 19.770, com fins políticos, encabeçados por lemas de matizes diferentes (p. 30).

Infelizmente os depoimentos não são capazes de esclarecer as motivações que levam os sindicalistas a recorrerem diretamente ao MTIC, passando ao largo do DET, ou se encontram alternativas diferentes ali. Os depoimentos nos sugerem, também, que alguns sindicatos eram constituídos por interferência de instâncias do próprio DET, que não a Seção de Fiscalização. Muitos relatos indicam que o processo no MTIC é mais lento e que parte dos problemas enfrentados pelo DET ocorre em razão da morosidade do órgão federal. Não sabemos também como o contato com o DNT ou MTIC era feito. É possível que houvesse agentes (advogados) que fizessem essa tramitação diretamente com o Rio de Janeiro.

Se no trecho do depoimento anterior o advogado põe em dúvida a legalidade do movimento de contorno dos sindicalistas que evitam o DET, neste último ele considera isso uma "grande irregularidade". Ademais, seria importante podermos definir essa gradação da participação do Departamento paulista no processo de criação dos sindicatos: "iniciativa direta", "interferência" e "coordenação".

Entretanto, se o último parágrafo do trecho do relatório transcrito acima nos levanta curiosidades, o parágrafo seguinte nos dá pista significativa:

> É o que se depreende da informação, aliás, insuspeita por parte de um filiado a um desses grupos e que assim se expressa: "neste particular (anexo n. 35), devemos referir-nos ao trabalho desenvolvido por alguns agrupamentos políticos que, desejosos de se recomendarem a simpatia do operariado, entraram a organizar sindicatos, desviando-os, preferencialmente, desta repartição, para melhor tê-los sob seu controle, locupletando-se, possivelmente, com as vantagens conferidas aos sindicalizados, cujo alistamento, como se sabe, é processado *ex-oficio*" (p. 31).

É lamentável não termos acesso à primeira via do conjunto documental da sindicância e seus anexos! Lendo esse parágrafo ficamos com a impressão de que os sindicatos estariam sendo organizados pelas agremiações políticas e não pelo "isento" Departamento Estatal, e por isso eles procuraram o MTIC, para fugir ao controle do DET, que supostamente seria mais rigoroso, por ser o órgão que está mais próximo dos trabalhadores e, pelo visto em depoimentos, mais hábil no processamento administrativo.

Entretanto, os parágrafos subsequentes trazem outra informação que torna mais difícil nosso quebra-cabeça:

> Desta forma a lei era desrespeitada, porque estabelece a abstenção no seio das organizações sindicais, de toda e qualquer propaganda de ideologias, sectários de caráter social, político ou religioso, bem como de candidaturas a cargos eletivos estranhos à natureza e finalidade das associações (anexo n. 35)

> Os agrupamentos políticos acima referidos são o Partido Socialista, a Legião 5 de Julho e Frente Negra Brasileira (anexo n. 36).

> Menciona o anexo citado n. 36, que o registro dos sindicatos se iniciou a 20 de fevereiro do corrente ano; entretanto, o funcionário, encarregado desse registro e que iniciou a sua organização (...), confessa que a esse serviço deu começo em junho do corrente ano (p. 31).

Talvez não esteja ao nosso alcance entender como e por que essas organizações estariam fugindo ao controle de um Departamento. Qual "Partido

Socialista" seria esse? Para isso precisaríamos conhecer as estruturas do MTIC (DNT) que supostamente funcionariam em São Paulo. A IRT-SP existia, mas não cumpria funções similares às do DET. A partir de certo momento, a IRT-SP se incumbe da função de aplicação de multas provenientes de reclamações trabalhistas. Nenhum vestígio de prova nos faz pensar em qualquer estrutura física da Delegacia do MTIC, criada no Convênio de janeiro de 1933 e extinta no Convênio de dezembro do mesmo ano, e que foi representada por Adail Valente do Couto. A minha sugestão é que se tratava de uma manobra de agenciamento que facilitava a rápida legalização de sindicatos, utilizada pelos próprios funcionários do DET mais diretamente vinculados ao Partido Socialista, sem a necessidade de se cumprir os trâmites burocráticos mais rigorosos do Departamento pela via da Seção de Fiscalização. Aliás, essa tática manhosa poderia, talvez, ser utilizada até por sindicalistas críticos à linha do Partido Socialista de São Paulo.

Ora, isso é apenas parte do problema decorrente das interferências das várias instâncias voltadas para a gestão do trabalho, principalmente entre as esferas do Departamento Estadual do Trabalho (DET), do Departamento Nacional do Trabalho (DNT) e do Ministério do Trabalho, Indústria e Comércio (MTIC). Essas superposições de ações estatais geraram conflitos de jurisdição que aparecem em vários depoimentos. Os técnicos do Departamento paulista tendem a indicar como solução a revisão do Convênio, de forma que ele delegue ao DET a exclusividade de atendimento aos sindicatos.

Julio Tinton, Chefe da Seção de Fiscalização, após discorrer sobre as atribuições do DET em relação à organização e controle dos sindicatos, afirma que o Departamento estaria mais apto para a tarefa de controle e organização dos sindicatos e também mais ciente dos procedimentos de sindicalização, acrescendo ainda que:

> ao depoente parece que o Convênio, tal como se acha redigido, na parte referente à seção do depoente, não está rigorosamente cumprido e isso porque o Convênio não discriminou quais das atribuições previstas na Lei n. 19.770 de 1931, seriam, na circunscrição Paulista atribuídas, com exclusividade, ao Departamento Estadual do Trabalho, citando como exemplo os processos de reconhecimento de sindicatos, bem como os de reclamações de sindicalizados quanto às suas relações com o patrão; daí o ter nascido confusões na aplicação dessa lei, na circunscrição Paulista, ora pelo Departamento Estadual do Trabalho, ora pelo Departamento Nacional invadindo muitas vezes este atribuições que havia delegado àquele; que ainda nesse sentido o depoente lembra o fato de ter os sindicatos recebido em duplicata pedidos de informes de ambos os Departamentos, o que causa tumultos e embaraços à organização dos serviços da Seção e má impressão às classes a que as leis de legislação do trabalho favorece, que ficam na dúvida quanto à

autoridade que deve prestar os informes impostos por lei; que a necessidade de se rever o Convênio e dar-lhe uma especificação detalhada, mais se faz sentir, quando se considera que determinadas disposições do Decreto n. 19.770 fixando atribuições que parece claramente competir à Seção de Fiscalização Social, têm dado entretanto origem a errônea interpretação por parte dos sindicatos, quanto à autoridade incumbida de executá-las, atribuindo tal competência à Delegacia Especial do Ministério do Trabalho. (p. 414 a 416)

Alcides Ozório de Siqueira Filho, 39 anos, funcionário do DET na Seção de Prontuário, corrobora o diagnóstico feito pelo Julio Tinton:

> Que, o Convênio, tal como está redigido, presta-se a uma série de dúvidas e invasões de atribuições delegadas ao Departamento Estadual do Trabalho pela delegatária, a Repartição do Departamento Nacional do Trabalho, porém, ainda mesmo depois de publicado o Decreto n. 22.969 de 1933, essa dúvida permanece e preciso seria uma remodelação, em moldes mais explícitos e consentâneos com a matéria do serviço a ser regulado e regulamentado (p. 418-420).

Ozório comenta ainda sobre a necessidade de melhor explicitação das leis e normas do Convênio, que têm causado confusões no sistema de arrecadação de proventos e emolumentos e sua partilha entre os entes. Para ele, o DNT não teria conhecimento do volume de tarefas do DET, cita o caso das carteiras profissionais e conclui pela necessidade de revisão do Convênio:

> São Paulo se vê privado de solicitamente atender a sua numerosa classe obreira quanto à expedição de carteiras profissionais, para cujos portadores a lei estabelece favores e garantias. (p. 418-420)

Essa avaliação que enxerga o órgão federal como o provocador de problemas de gestão do DET também é assinalada pelo funcionário Colbert Cunha Malheiros, de 26 anos:

> Que o depoente é de opinião que o Convênio e a forma de distribuição de serviço está entravando a celeridade que era de desejar nos trabalhos da seção de Fiscalização Social; que assim, os processos e inquéritos feitos na Fiscalização Social são remetidos para o Ministério e lá se encontram em número bastante elevado, por longo espaço de tempo, sem solução, o que ocasiona reclamações de toda ordem dos interessados que diariamente se dirigem ao Departamento; que a opinião do depoente é que o Convênio deve ser ampliado com mais extensas atribuições ao Departamento, como se fora uma primeira instância, o que traria maior vantagem às classes obreiras e melhor sistematização do serviço. (p. 456-457)

Gustavo da Veiga, 33 anos, advogado do DET, também enxerga "invasão de funções delegadas ao Departamento Estadual pelo delegatário, Departamento Nacional" e cita os atrasos na remessa de carteiras profissionais que paralisam atividades do DET. Ele fala de técnicas superadas de identificação (antropometria), utilizadas pelo DNT, em contraposição das modernas técnicas utilizadas pelo DET, baseadas na datiloscopia:

> Para tirar as impressões digitais, já lutamos com dificuldades pela relutância dos operários. Se tivéssemos ainda de submetê-los à medição antropométrica, a grita seria infalível. (p. 426)

Percebemos nesses depoimentos que o aparelhamento e a maior desenvoltura dos técnicos devem também ter colaborado nesse processo de rendição da esfera federal à estadual.

Raymundo Pinheiro, 50 anos, engenheiro do DET, também destaca o papel de se organizar os sindicatos de classe, de empregados e empregadores, controlando-os "em toda a sua trajetória", tendo em vista ser aquele Departamento a "ligação entre as classes sindicalistas e o Departamento Nacional do Trabalho". Mas reconhece que

> esta ligação não tem sido efetivada como era de desejar, por faltar, a essa Seção, a força suficiente para que o Departamento Nacional do Trabalho não retarde o seu *veredictum* nos casos que lhe são remetidos, depois de processados regularmente no Departamento Estadual do Trabalho.

Raymundo também enxerga a maior competência do DET em controlar os sindicatos e que:

> é convicção do depoente, ser necessário uma revisão do Convênio e uma regularização das atribuições da Fiscalização Social, para própria estabilidade administrativa do Estado, como órgão de controle e fiscalização dessas organizações sindicais, que poderão trazer embaraços e perturbações se não tiverem a assistência constante da fiscalização social, o seu controle e a sua orientação; que a importância dessas funções, ora de caráter preventivo, ora de caráter remediador, se torna tanto ou mais útil do que a própria polícia repressora, uma vez que tem ela a confiança das classes sindicalizadas e é por elas atendida mais como coordenadora de seus interesses, o que se não dá com a polícia civil, que é tida pelas classes menos cultas como verdadeira inimiga; (...) tratando-se de uma Seção em que as atribuições se antolham delicadas, para estabilidade e sossego das classes, bem como para a produtividade de trabalho, devem os funcionários se despirem de cor política e dedicarem-se, com conhecimentos técnicos, às atribuições que lhes são

dadas pela lei e que têm por escopo, apenas, evitar choques entre o capital e o trabalho e a desorganização dos mesmos. (p. 440-442)

O jovem advogado do DET, Altino de Faria, chega a sugerir uma revisão dos sindicatos reconhecidos, por presumir que os reconhecimentos feitos por fora do DET, por meio do MTIC, estariam irregulares:

> que, o depoente acredita na necessidade de uma revisão de todos os sindicatos reconhecidos, ou pelo menos, da maioria desses sindicatos, para colocá-los, em virtude de reforma e reorganização, nas condições com os requisitos exigidos pelo Decreto n. 19.770, de vez que aqueles sindicatos que obtiveram o seu reconhecimento sem a interferência do Departamento podem ter vícios de formação de natureza intrínseca e que constituem requisitos substanciais para a sua própria vida legal; que não vai nisso uma censura ao Ministério do Trabalho, mas, o reconhecimento da impossibilidade material de exame desses documentos, na sua parte intrínseca, bem como dos elementos formativos da associação que pretende sindicalizar, além desses casos, podem se dar, como se tem dado, casos de dualidades de associações que pleiteiam se sindicalizar-se (sic), uma dirigindo-se diretamente ao Ministro, outra por via do Departamento Estadual, acontecendo o prejuízo da organização que seja mais lídima representante da classe, podendo também acontecer um encaminhamento, por via do Departamento, de um pedido de sindicalização e surgir, depois desse encaminhamento, outra associação pleiteando a sindicalização, sem que seja possível o estudo detalhado e conveniente pelo Departamento, dos papéis do último a pleitear, o que faz nascer a necessidade de uma fiscalização posterior. (p. 434-439)

Para reforçar o seu argumento, o advogado Altino exemplifica com caso de duplicidade de representação sindical que fora resolvida pelo DET, após tentativa frustrada do MTIC. Altino advoga ainda o papel arbitral para o DET, já que este reuniria mais condições para execução dessa tarefa, recorrendo ao exemplo de um conflito trabalhista envolvendo os estivadores de Santos, que fora resolvido pelo DET e cujos desdobramentos legais não foram secundados pelo MTIC:

> Que o depoente, ainda na questão de organização mista de arbitramento, acha que é função que devia ser atribuída ao Departamento Estadual e não ao Ministério, bem como a escolha do Presidente desta Comissão, pelo conhecimento mais íntimo dos elementos existentes dentro da circunscrição Estadual. (p. 434-439)

Também o parecer do advogado Altino é de que a burocracia do Ministério não acompanha as necessidades e velocidade do DET, dando exemplo dos inquéritos que rapidamente são realizados pelo DET e que não são julgados pelo Ministério:

> ... todos os dias é uma procissão de reclamantes que se encaminha para a Seção de Fiscalização Social a pedir notícias de seus casos, ao reclamarem solução e que saem descrentes na utilidade dos sindicatos, e das garantias da lei, uma vez que esses casos não são nunca solucionados...(p. 434-439)

Os relatos lúcidos e fluentes dos técnicos revelam como esse extrato da classe média assimilou rapidamente o projeto corporativista e o importante papel que eles cumpriram nesse processo de mediação de conhecimentos e valores junto às "classes menos cultas", usando a expressão de parcela da burocracia ao se referir ao proletariado. O papel controlador e atenuador da luta de classes, assumido pelo Estado, aparece bem estabelecido nos depoimentos dos técnicos do DET. Certamente que o Departamento paulista era um dos receptadores (e formadores) dos advogados titulados pela famosa Faculdade de Direito do Largo de São Francisco. Afinal, o seu corpo jurídico era considerável e abrigava muitos estagiários, como bem comprova o interessante depoimento prestado em 31 de outubro de 1933, pelo advogado Altino Washington de Faria, formado pela Faculdade de Direito de São Paulo, que ingressou no DET como estagiário:

> Que o depoente, na Seção onde trabalha tem por atribuições a formação e fiscalização de sindicatos, organização dos mesmos, bem como a promoção de inquéritos abertos com base no Decreto n. 19.770, de 1932 [sic!]; que o depoente, aliás, fora de suas atribuições, tem prestado serviços à fiscalização social, como advogado, elaborando pareceres de direito sobre questões atinentes à mesma seção, tais como o exame sobre a legalidade de estatutos e demais documentos necessários à formação de sindicatos, bem como pareceres nos inquéritos abertos na seção a que se referiu; não existindo na seção técnicos, o depoente gostosamente elabora pareceres jurídicos como bacharel que é. (...) muito embora não seja o Departamento, nas suas variadas funções, órgão de polícia, a sua fiscalização, no campo do direito administrativo, se exerce como fiscalizadora de organizações proletárias que, em momento dado, possa condizer com a ordem pública, com a organização do trabalho e com a prevenção de casos, mais ou menos graves, de desorganização do trabalho; ora, ao Departamento Estadual muito interessa a fiscalização e o controle dos sindicatos e das organizações proletárias, dentro das quais, o movimento operário e às suas tendências, em dado momento, são desenvolvidas para este ou aquele sentido, de ordem social ou do seu antagonismo; tirando do sindicato qualquer veleidade de caráter e fins políticos, para reduzi-lo à categoria apenas de organização de classes, de conformidade com a sua finalidade, a fiscalização social, como Repartição Estadual, muito contribui para o trabalho e para a ordem, dentro do Estado. (Atino, p. 434-439)

Considero que o tema sobre o papel dos técnicos nesse processo de sindicalização oficial mereceria um aprofundamento especial, que, infelizmente, não cabe no escopo deste trabalho. Porém, os depoimentos nos passam uma ideia do gigantesco mecanismo institucional voltado para o controle da classe operária brasileira, e paulista, em particular. A "assessoria" prestada por órgãos formadores de opinião, como o exemplo da Faculdade de Direito, famosa por ser trampolim para o poder e também dos maiores centros de formação ideológica da classe dominante paulista e brasileira, mostra o tamanho das dificuldades encontradas pelos operários que se recusaram e resistiram, naquela conjuntura, ao processo fágico implementado pelo poder estatal de então.

Por fim, para encerrarmos esse tópico, vamos ver como os relatores da sindicância sistematizaram as suas conclusões sobre a Seção de Fiscalização Social:

> Seção essa de suma importância pelas funções sociais que a lei lhe atribui, como incentivadora, coordenadora e fiscalizadora das associações sindicalizadas das classes, teve a sua atividade tolhida, em grande parte, pela intromissão e confusão de atribuições com o Departamento Nacional do Trabalho, o que dificultou o registro dos sindicatos, até hoje muito imperfeito, a organização regular desses sindicatos, o retardamento de julgamento dos processos e inquéritos feitos pela Seção de Fiscalização Social.
>
> (...) A isso acrescentando o defeituoso, Convênio, a não existência de uma regulamentação das diversas seções do Departamento, produziu a sua quase ineficácia e pequena produção.
>
> (...) O número de processos e inquéritos sobe a 26, dos quais foram julgados apenas 6, de acordo com a informação do anexo 35; mas os funcionários da Seção (...) afirmam que um só processo logrou julgamento definitivo [pelo MTIC]. Isso indica que o trabalho sofre peias, que se deve carregar à responsabilidade do Convênio mal feito, e desastrado.
>
> Esta Seção para prestar serviço eficiente precisa ser escoimada de funcionários pouco amantes do trabalho, facciosos e que se amplie as atribuições, pelo Convênio outorgado ao Departamento Estadual, remodelando-se e regulamentando-se as suas funções. (p. 30-31)

Não obstante os relatores execrarem a atuação dos funcionários, nota-se que o peso da responsabilidade recai, em boa medida, na "intromissão" de órgãos da esfera federal.

Entretanto, o relatório reservou uma avaliação exclusiva do Convênio, em 5 páginas, intitulada "O Convênio e a Delegacia Especial do Ministério do Trabalho", na qual podemos perceber com mais cores a relação conflituosa entre as diferentes esferas do Estado.

> Esse Convênio, se bem que proveitos, sob certo ponto de vista, ao Estado de São Paulo, pelos termos por que foi redigido, não corresponde às necessidades do serviço público e tão pouco aos interesses das classes obreiras e à própria técnica no regulamentar, distinguir e distribuir funções afetas ao Departamento.
>
> Esse Convênio teve um mal de origem: foi subscrito por quem não apresentava credenciais bastantes para assiná-lo em nome do Estado.
>
> Não se menciona como e porque representa o Estado de São Paulo, o bacharel Adail Valente do Couto, que, por ele, assinou o Convênio.
>
> Apresenta-se esse Convênio a circunstância de não terem sido defendidos os interesses do Estado, de vez que, o seu próprio mandatário (se é que o foi), no mesmo ato, aceitava mandato de outra parte, tornando-se, assim, procurador e defensor das duas partes interessadas.
>
> Foi ferida a ética, foi ferida a lei e com elas, também, o interesse do Estado, que se viu privado de um mandatário unicamente seu e que por seu interesse, exclusivamente, olhasse.

Percebe-se que, partindo-se dos depoimentos colhidos, as conclusões da Comissão de Sindicância são mais incisivas e realçam com fortes cores, componentes do discurso regionalista, típicos daquela conjuntura de guerra que contrapôs parte da classe dominante paulista aos revolucionários que tomaram o poder em outubro de 1930.

É muito curioso como o DET sob orientação "tenentista" é avaliado com o mesmo teor de críticas que se ouvia em relação ao governo de São Paulo, como se aquela instituição reproduzisse fielmente a pendenga político-militar do chamado "caso São Paulo".

Por outro lado, o relatório expõe com clareza o fato de que havia, sim, diferenças políticas entre o DET e o MTIC, que aqui não aparecem como uma coisa só, ou como uma instituição monolítica, distinta só na sigla, como sempre foi tratado por toda a historiografia do trabalho. Definitivamente, o DET não era uma simples seção do MTIC em São Paulo, mas sua existência expressava o grau de autonomia resistente naquela unidade da federação. Adail do Couto cometeu o pecado de não representar os interesses de apenas um dos lados, o de São Paulo. Jamais ele poderia representar, portanto, o elo entre as esferas federal e estadual da repartição do trabalho. Mas, para que não reste qualquer dúvida, eis mais um trecho do relatório:

> Pela leitura integral do Convênio (...) verifica-se, para logo, que o representante de São Paulo nesse ato, ofuscado, talvez, pelas vantagens

que já antegosava, deixou-se levar pelo seu interesse material e pecuniário, esquecendo-se da defesa dos mais altos interesses do Estado, em má hora a ele confiados.

Aí se vislumbra a razão de ser esse Convênio falho, impreciso, lacônico e sujeito a dúbias interpretações, que se não conforma com a necessária autonomia para que o Estado possa aplicar integralmente as leis do trabalho, como o seu meio e ambiente exigem.

Essas passagens mostram como os historiadores do trabalho precisam estar atentos para o fato.

Mais uma personagem institucional entra em cena

Como se não bastasse a confusão entre os entes envolvidos na gestão estatal do trabalho naquele período, o relatório lembra ainda a existência da Inspetoria Regional do Trabalho, seção de São Paulo. Ela que quase nunca aparece citada em fontes primárias do período:

> Com esse Convênio nasceu a Delegacia Especial do Ministério do Trabalho, junto a este Departamento.
>
> Esqueceram-se possivelmente, o representante do Ministério do Trabalho e, sobretudo, o representante paulista nesse Convênio, que no mesmo ato aceitava o cargo de delegado daquele, a existência anterior de uma Inspetoria Regional do Trabalho, em São Paulo, dependente do mesmo Ministério.
>
> Importa dizer, é consequente, que existe duplicidade de cargos para funções idênticas: a Delegacia junto ao Departamento e a Inspetoria Regional do Trabalho.

Situação curiosa essa em que nem as autoridades das duas esferas do Estado se deram conta da IRT-SP, legando aos historiadores a difícil tarefa de entender o destino dessa Inspetoria, tendo em vista a carência de fontes.

Curiosa também é a solução apontada no relatório:

> Com a denúncia do Convênio e combinadas novas bases para cooperação do Estado nesse serviço federal, dever-se-á extinguir a Delegacia, passando as suas funções para a Inspetoria Regional, por ser aquela Delegacia exercida em detrimento do princípio da hierarquia administrativa, além de outros motivos.
>
> De fato: não se compreende possa um funcionário inferior exercer a fiscalização de atos de seus superiores.

Ou seja, se a coexistência entre a IRT-SP e o DET nos parecia um contrassenso institucional, a sugestão é a extinção da Delegacia dentro do DET e a ativação da IRT-SP. Mas não se explica como essas duas coexistiriam. De toda forma, me parece que não menos esdrúxula seria a possibilidade de extinção da IRT-SP. No entanto, no final do relatório há a sugestão de que ao DET coubesse a fiscalização, e que às IRT's cumprisse o papel de penalização.

Os relatores demonstram não concordar com os enormes gastos que o DET tem para manutenção da Delegacia federal e seus funcionários, e, muito menos, com as despesas não justificadas (irregulares) do representante Adail do Couto, para o qual é sugerida a exoneração.

O relatório referenda a avaliação de que o MTIC é, em parte, responsável pela ineficiência do DET e reitera a necessidade de pôr fim às interferências entre o DET e os órgãos do MTIC e definição clara das suas funções. Daí a conclusão:

> A necessidade de revisão das cláusulas do Convênio, a sua ampliação e regulamentação, é medida inicial a ser tomada junto ao Ministério do Trabalho, sob pena do fracasso total das medidas postas em prática, pelo Estado, na aplicação das leis do trabalho e do absoluto entrave de sua ação jurídico-social.
>
> É de peculiar interesse do Estado e só este pode conhecer das necessidades do momento e do meio, prevenindo as causas de perturbação do trabalho e da ordem.
>
> É ato de patriotismo não medir esforços no sentido de propor e conseguir a revisão do Convênio, a ampliação de suas cláusulas, a discriminação e regulamentação de atribuições.
>
> Servirá V.Excia. bem à coletividade, ao Estado de São Paulo e ao Brasil, prestando-lhe inestimável serviço na consecução de tão alevantado e almejado fim.

É muito interessante o tom altivo desse texto produzido sob a ótica dos "interesses de São Paulo". Em momento nenhum os gestores do DET põem em questão se não seria exatamente o Departamento paulista a aberração institucional. Por isso, quando se fala em "ato de patriotismo", caberia perguntar: a que "pátria" se referem os relatores?

Breve nota sobre os boletins

Em 1933, se encerra também o ciclo da conhecida série de boletins do DET. A Comissão de Sindicância considera que as informações ali circuladas podem muito bem constar em publicação da Secretaria de Agricultura. Assim, a Comissão foi taxativa:

> Da leitura dos Boletins publicados pelo Departamento se evidencia a sua desnecessidade.
>
> (...) Duplicidade de funcionários, duplicação de despesas e menor eficiência. (p.21)

De fato, os boletins do período pós-1930 têm características distintas daqueles do período precedente. Eles ainda trazem o tom de relatório oficial periódico, com linguagem bem burocrática. Entretanto, eles continuaram seguindo a sequência numérica que havia parado no n. 71, de julho de 1930.

Depois de 1930 foram publicados ainda os ns. 72 a 76, referentes aos anos de 1931 a 1933. Nesses boletins são mais frequentes os textos doutrinários, analíticos e técnicos.

Talvez a aparente fraqueza ("desnecessidade") dos boletins do pós-1930 se justifique pela intensa prática e visibilidade que o Departamento ganha nesse período. Antes de 1930, quando a intervenção do órgão era tímida, apenas esboçada, o boletim ganhava visibilidade, por ser, talvez, uma das faces concretas de sua tímida intervenção. Fica isso apenas como uma sugestão. Lembro também a "concorrência" das Revistas voltadas para o debate sobre o Direito do Trabalho, do início da década de 1930, conforme citado anteriormente.

Cabe apenas anunciar a existência de uma nova série de boletins do DET, ainda desconhecida pela historiografia, publicada entre os anos de 1948 e 1952, que encontrei entre os espólios da biblioteca da FIESP, doada à Biblioteca do IFCH da Unicamp.

Capítulo V

O DET COMO SÍNTESE DO ESTADO OPRESSOR E CONCILIADOR

Introdução

O ano de 1933 foi decisivo para o incremento da política governamental em relação à questão do trabalho. A economia nacional já demonstrava sinais de recuperação da crise que estourara nos Estados Unidos em 1929, enquanto o governo federal intensificava a sua ofensiva política perante as organizações de trabalhadores, combinando ações repressivas com medidas legislativas de forte alcance e também disputando ideologicamente o proletariado na política do corpo a corpo, como pudemos ver na ação do DET, acima relatada. Foi ano de reconfiguração do poder político e readequação das forças que capitanearam o golpe de 1930, inclusive com debates de projetos em torno de nova Carta Constitucional, na qual os trabalhadores também foram chamados à participação, elegendo as suas representações sob lógica corporativa. O ano de 1932 registrara o mais alto índice de greves, com forte repressão estatal e patronal, enquanto a crucial política de enquadramento sindical penava com os magros logros e a economia nacional se ressentia da ressaca da depressão. Em São Paulo, 1933 marcava também o refazer-se da política no pós-revolta constitucionalista. O aumento do nível de emprego, a memória da repressão e a ofensiva ideológica governamental sobre os trabalhadores, explicam o pequeno número de greves naquele ano, contabilizado no total de apenas dez, no Estado de São Paulo.[1] Ou seja, para o governo federal, 1933 foi um ano de retomada e de calibragem dos mecanismos de controle social já implementados.

Segundo John French, entre os anos de 1930 e 1933, as iniciativas do governo na área do trabalho tinham como alvo, justamente, o Estado de São Paulo, assertiva que se alinha à análise feita até aqui e que mostra o importante papel desempenhado pelos "tenentes" à frente do DET. Entretanto, segundo esse autor, tais iniciativas também "ajudaram o movimento operário paulista a firmar pé no coração industrial antioperário". Em sequência, French afirma:

---

(1) Cf. ARAÚJO, A (1988). *Op. cit.*, p. 252.

Contudo, em 1933, o regime de Vargas considerou que o operariado e certas minorias radicais da classe média de São Paulo eram por demais impotentes para serem utilizados como base regional de poder do regime. A subsequente virada de Vargas no sentido da conciliação com a oligarquia paulista proporcionou um teste decisivo do significado da legalização da organização sindical.[2]

O DET "paulista"

De fato, no segundo semestre de 1933 começam a aparecer os mais vigorosos frutos das ações da "contrarrevolução" no Estado de São Paulo. A retomada da cúpula do governo do Estado, o revés no processo de sindicância no Instituto do Café e a deposição dos "tenentes" da direção do DET são apenas alguns dos indícios do novo panorama político que se configura desde então.

No âmbito do recorte temático proposto nesta análise, concluímos que o processo de sindicância contra os dirigentes do DET, no contexto de derrota das lideranças "tenentistas", indica um novo ponto de inflexão na história desse órgão, que já contava com mais de duas décadas de existência.

Desde a saída do influente Frederico Werneck, que continuaria a sua trajetória como deputado federal por São Paulo, o órgão paulista passou a ser dirigido, provisoriamente, pelo funcionário de carreira José de Paiva Castro. Enquanto isso, os interrogatórios continuariam extrapolando os muros da instituição do trabalho, posto que, encontramos depoimentos de funcionários do DET tomados pelo DOPS, datados do mês de outubro de 1933.

Entretanto, se pensarmos que os "trabalhistas" do PSB de São Paulo e os tenentistas significavam a ponta de lança da legislação social no Estado de São Paulo, a atuação do Departamento Estadual do Trabalho passaria a ser uma incógnita a partir da nova realidade sob a batuta dos "paulistas". É certo que se conservaria o enorme corpo de funcionários, em que pese a significativa mudança na cúpula.

Não obstante o período de interregno naquela repartição (até a definição de novo diretor e as novas diretrizes políticas), a instituição continuaria a causar incômodo ao sempre reativo patronato. Em ofício datado de 21 de setembro de 1933, a FIESP dirige carta de quatro páginas ao diretor interino do DET, Sr. Manuel A. Dutra,[3] reclamando duramente da incômoda visita de um fiscal a uma empresa. O preposto do DET teria descumprido acordo assinado por Adail Valente, representante do MTIC no Departamento, referente a trabalho extraordinário. Segundo o ofício da FIESP,

---

(2) FRENCH, J. *O ABC...*, cit., p. 51.
(3) Este antecedeu o citado José de Paiva Castro.

O fiscal autuante revelou completa ignorância da legislação que regula o assunto, mas nem por isso deixou de causar incômodos a uma prestigiosa fábrica cuja constante preocupação é observar escrupulosamente as leis em vigor no país.[4]

O órgão patronal não perde a oportunidade de acusar duramente a ação do DET e, talvez animado pelo desmantelo do Departamento, até sugerir intrometida proposição corretiva:

> Não tomaríamos a liberdade de comparecer à presença de V. Excia. com este trabalho — tomando assim parcela preciosa do seu tempo — se os contínuos abusos de fiscais desse Departamento não estivessem desde muito tempo a exigir um corretivo radical.[5]

Porém, certamente que a percepção dos gerentes da FIESP, àquela altura, ainda não dava conta das minúcias da devassa ocorrida no Departamento do Trabalho paulista, posto que, no dia 23 de outubro, tal federação envia carta ao delegado do MTIC, Adail Valente do Couto, reclamando do funcionário que o substituía, por ele não ter respeitado decisão assinada pelo próprio Adail, que já não mais pertencia ao quadro funcional do DET. Somente em 11 de novembro de 1933, três meses após a intervenção do governo estadual na diretoria do DET (que afastara Frederico Werneck e o próprio Adail Valente), a FIESP irá expressar a sua satisfação com as alterações no Departamento Estadual do Trabalho, por meio de correspondência cujo teor abaixo apresento:

> O Sr. Secretário da Agricultura tomou a feliz resolução de colocar à testa do Departamento Estadual do Trabalho um funcionário do Estado, até hoje completamente estranho àquele Departamento.
>
> Trata-se de individualidade notável pelos seus predicados morais, que levou para o Departamento um espírito de concórdia, de justiça e rigorosa imparcialidade.
>
> Estamos certos de que, logo que o Diretor do Departamento consiga adaptar-se ao novo meio no qual vai exercer a sua atividade, a indústria paulista não terá mais a lamentar situações idênticas àquelas em que se encontrava, situações nas quais reinava o arbítrio ao lado de indisfarçável odiosidade contra o patronato.
>
> À indústria de São Paulo, pelos seus órgãos representativos, cabe colaborar com o novo Diretor do Departamento na obra de aproximação entre os fatores do trabalho manufatureiro.[6]

---

(4) FIESP: Ofício datado de 25.9.1933
(5) *Idem.*
(6) FIESP: Circular 456, de 11.11.1933.

Abstraindo-se a notória retórica na linguagem dos homens da FIESP, compreende-se perfeitamente a sensação de alívio dessa organização patronal que criara expectativa de novas relações no processo de mediação.

Em relação a esse episódio, nos parece precipitada a conclusão da historiadora Bárbara Weinstein que delega à FIESP a responsabilidade pelas alterações políticas no DET:

> Quando o delegado especial do Ministério do Trabalho encarregado de supervisionar o cumprimento da legislação trabalhista em São Paulo mostrou-se intrometido demais para o gosto dos industriais, a federação iniciou uma campanha bem sucedida para substituí-lo. E em dezembro de 1933 o governo de São Paulo assinou um convênio com o Ministério do Trabalho que delegava a maior parte das funções ministeriais à Secretaria Estadual do Trabalho [sic].[7]

Já vimos anteriormente que, muito mais que uma suposta campanha da FIESP, houve um furacão na política no Estado de São Paulo, dentro do qual se insere e se explicam as mudanças no DET. Por outro lado, não há evidências concretas suficientes para demonstrar tal "campanha" e muito menos uma relação imediata de causa-efeito entre a posição da FIESP e a queda de Adail Valente do Couto. Apesar de ser óbvio que jamais o organismo patronal digeriu o DET "tenentista", é bastante plausível a existência de pressões dos empresários contra aquela diretoria do órgão do trabalho. Em relatório, a própria FIESP admite ter feito "várias sugestões de reforma do DET".[8]

A forma da redação de Weinstein sugere que o Convênio fora assinado em dezembro de 1933 para ratificar a saída de Adail Valente provocada pela FIESP. Claro está que não é o Convênio de dezembro de 1933 que delega ao DET as funções ministeriais, mas, conforme vimos, isso ocorria desde os primórdios do golpe político de 1930, sendo que tal delegação de poderes fora ratificada no Convênio de 2 de janeiro do mesmo ano e, aí sim, posteriormente, em dezembro de 1933.

O novo convênio

A revisão do Convênio assinado em 2 de janeiro de 1933, tão reclamada pelos relatores da sindicância, tem como resultante a edição de um novo acordo entre o Ministério do Trabalho e o governo do Estado de São Paulo, a fim de "dar maior amplitude às atribuições a cargo daquele Estado". Esse Convênio foi assinado em 16 de dezembro de 1933 e referendado por meio do Decreto federal n. 6.241, de 28 de dezembro do mesmo ano.

---

(7) WEINSTEIN, B. *Op. cit.*, p. 85.
(8) FIESP: Relatório da gestão da diretoria, de 1933-1934.

O Convênio reitera a delegação de poderes ao DET, estabelece a relação entre os órgãos das diferentes esferas de poder da federação, ao tempo em que expõe de forma mais explícita as competências do órgão estadual que assumirá plenamente as funções que seriam privativas do DNT e da IRT-SP. Entretanto, o texto do Convênio, relativamente curto, é objetivo e não detalha essa relação. Ao DET caberá a "proteção e regulamentação do trabalho e sua fiscalização", mas a aplicação de multas ficaria a cargo da IRT-SP.

Textos mal elaborados ou sem objetividade parecem demonstrar a dificuldade em se especificar essa relação. Um dos itens que estipula as atribuições do Departamento assim expressa:

> C) Dos atos emanados do Departamento Estadual do Trabalho, por delegação do Ministério do Trabalho, Indústria e Comércio, caberá sempre, nos casos e na forma que a lei prescrever, sem efeito suspensivo, para o mesmo Ministério.

No entanto, outro item do acordo procura, sintomaticamente, alertar para o fato de que o Ministério não estaria abrindo mão, totalmente, do seu poder:

> H) As estipulações deste Convênio não impedirão a intervenção direta do Ministro do Trabalho quando assim o entender, a bem da garantia do trabalho e proteção do trabalhador.

Trata-se de norma elaborada para não restarem dúvidas (ou, exatamente ao contrário). Ao que parece, o novo texto não atende plenamente às reclamações que os técnicos do DET veiculam por meio da sindicância, quando se referem às falhas e imprecisão do acordo anterior entre DET e MTIC. Percebe-se que as questões extrapolam sobejamente os aspectos técnico-jurídicos e revelam uma natureza política consistente.

O Convênio extingue o cargo de delegado especial do MTIC, criado pelo Convênio anterior, que havia sido preenchido pelo bacharel Adail Valente do Couto, que tantas controvérsias causou, conforme relatou-se acima.

A nomeação do diretor do DET permaneceria a cargo do governo estadual, ainda que os termos do Decreto estipulem que o mesmo deverá "ser pessoa de confiança do Ministro do Trabalho".

O Convênio vigoraria pelo prazo de cinco anos e seria automaticamente prorrogado, caso não houvesse denúncia por qualquer das partes.

Fato que merece ser reiterado desse acordo exclusivo feito com São Paulo é a explícita ambiguidade do texto da lei quando tenta estabelecer a relação entre as esferas estadual e federal do poder.

Reestruturação do DET

O depoimento do Sr. Vasco de Andrade na sindicância, dentre outros, revela que, já em 1932, havia indicações de reformas na estrutura do DET. A destituição da diretoria anterior ocorreu mediante denúncias de má administração, forte interferência da política partidária na condução do órgão, atos de corrupção e até insuflamento de "ódio de classe", inversamente àquilo que supostamente se esperaria de instituição mediadora.

Esse discurso produzido pelos opositores que instalaram a sindicância no DET teria como consequência a elaboração de um plano de conduta alternativo que, doravante, iria guiar as ações do Departamento. Isso explica a contratação do então recém-fundado (1931) Instituto de Organização Racional do Trabalho (IDORT), para a realização de estudo e diagnóstico do DET a fim de se promover a reestruturação do órgão do trabalho.[9] O regulamento do IDORT professava a proibição de qualquer filiação política ou religiosa, "proibição que nem era necessária, visto que uma ciência onisciente e beneficente constituía a religião e a política do IDORT".[10]

Conforme esclarece Bárbara Weinstein:

> A colaboração do IDORT com o governo do Estado atingiu um patamar muito alto em 1934, quando o ex-presidente do instituto, Armando Salles de Oliveira, assumiu o posto de interventor. Com o apoio de Salles, o governo estadual firmou acordo com o IDORT para reorganizar e racionalizar a burocracia do Estado, e as bem-sucedidas inovações nessa área levaram posteriormente a contratos com outros governos estaduais e com repartições federais.[11]

Os técnicos do IDORT realizavam serviços na Diretoria Geral da Secretaria de Agricultura quando, em 3 de março de 1934, foram "chamados com urgência à presença do Sr. Secretário de Estado, por intermédio do seu então auxiliar de gabinete, Sr. Angelo Zanini, a fim de iniciar, incontinenti", os estudos no Departamento Estadual do Trabalho, que "exigia reforma urgente".[12] Na visita

---

[9] Naquele período, o IDORT iniciou as suas ações realizando vários estudos em alguns órgãos da administração pública de São Paulo. Weinstein chama a atenção para o "entusiasmo das lideranças dos industriais brasileiros e de seus aliados intelectuais pela racionalização e pela administração científica" desde o início da década de 1920 (1999:72).Sobre esse Instituto, ver: ANTONACCI, M. A. M. *A vitória da razão (?) O IDORT e a sociedade paulista*. São Paulo: Marco Zero/CNPq, 1993.
[10] Cf. WEINSTEIN, B. *Op. cit.*, p. 90.
[11] *Idem, ibidem*, p. 91.
[12] Este e os demais trechos que aparecem entre aspas, neste parágrafo, são transcrições de relatório produzido pelo IDORT, que se encontra no Fundo "IDORT", do Arquivo Edgard Leuenroth, na UNICAMP, em Campinas-SP.

"*in loco*" ao Departamento, após várias consultas a "fontes seguras", os técnicos do IDORT se surpreenderam com o fato de o órgão já haver sido "estudado por uma comissão nomeada pelo Sr. Secretário de Estado; que as sugestões da referida comissão já lhe haviam sido apresentadas e que o decreto de reforma já estava elaborado, dependendo a sua publicação unicamente de assinatura do Sr. Interventor Federal em São Paulo, ao qual fora submetido". Uma vez informado sobre a existência de um diagnóstico e uma proposta de reestruturação já encaminhada, combinou-se que "o IDORT aguardaria a execução da projetada reforma, feita à sua revelia, para dar início aos seus estudos técnicos e ao levantamento dessa referida unidade administrativa, porque de nada valeriam os estudos de um mecanismo cuja engrenagem estava na iminência de ser reformada".

Curioso é o fato de a Secretaria de Agricultura e seu auxiliar de gabinete, Angelo Zanini (que viria a ser diretor do DET na década de 1940), desconhecerem que havia um decreto na iminência de ser assinado pelo próprio secretário de Estado. Isso pode demonstrar algo mais que simples desorganização ou desatenção na administração, mas indicar complexas relações de uma repartição que, não obstante vinculada ao nível estadual, era também subordinada a órgão da esfera federal (MTIC). Possivelmente, o DET se encontrava relativamente distante das ações cotidianas da própria Secretaria de Agricultura, necessitando, portanto, de visita "*in loco*" à repartição subordinada para se checar sobre informação tão relevante.[13]

O importante é destacar que a referida reforma, já prevista, fora fruto dos trabalhos da sindicância analisada anteriormente e que o IDORT, ainda assim, realizou um minucioso levantamento no Departamento, analisando as diferenças entre a organização herdada do Decreto n. 5.795, de 1933 e a estrutura em vigor, herdada das modificações promovidas pelo Decreto n. 6.405, de 19 de abril de 1934. Dissecou-se a estrutura administrativa e sua gestão documental, e, mediante esse estudo, tivemos acesso a detalhes da forte estrutura do Departamento paulista. A reforma foi significativa, ocorrendo extinções, fusões e criação de novas seções.[14]

A reforma promoveu o "enxugamento" bastante acentuado de funcionários, que passou de 369 para 200, com redução ainda mais significativa nos gastos referentes a salários, já que o corte financeiro foi proporcionalmente superior à redução funcional. Não obstante essa redução, é bom esclarecer que o DET aumentara a sua dotação no ano de 1934, em relação ao ano anterior, passando

---

(13) Além do mais, Ângelo Zanini era funcionário recém-contratado, pois seu nome consta em lista de 40 funcionários, nominalmente citados, entre os admitidos durante o episódio de demissão em massa no DET, conforme se comentará adiante. O *Correio de São Paulo*, de 4.5.1934, publicou a lista ironizando os argumentos de Jorge Street, que justificara o corte de pessoal alegando economia.

(14) Essa reforma aparece bem detalhada na citada documentação do IDORT, ilustrada esquematicamente pelos organogramas representativos das estruturas administrativas do DET.

de 2.670:000$000 para 2.970:000$000, conforme aparece no próprio relatório do IDORT. Tal reforma aconteceu já sob a gerência do ex-industrial Jorge Street, que assumiu o cargo de Diretor do DET em abril de 1934.

Esse "enxugamento" gerou vários protestos dos funcionários demitidos, que "foram largamente comentados pela imprensa desta capital e do Rio de Janeiro, [chegando] aos ouvidos do interventor paulista",[15] este que enviou nota aos jornais, justificando a medida. Em tom levemente jocoso, o *Correio de São Paulo* destaca a importância da medida no seu aspecto econômico, mas põe em dúvida os seus reais propósitos, observando que

> quase todos os novos funcionários se ligam em parentesco, contando-se, entre eles, famílias inteiras que ali agora estão trabalhando.
>
> Há mesmo uma senhora, atualmente em viagem na Europa, que já foi contratada para trabalhar na repartição onde os sem-trabalho costumam apelar.
>
> (...) Eis, aí, em linhas gerais, o que ora se passa com 184 funcionários públicos dispensados de suas funções para gáudio dos que nasceram sob a proteção dos fortes padrinhos.[16]

Segundo a mesma matéria, não obstante o corte, "o Sr. Jorge Street contratou outros auxiliares, que, em número de 66, passam a gozar as regalias do Decreto n. 6.405".

Além dos protestos públicos, os manifestantes enviaram telegramas a autoridades governamentais (Getúlio Vargas, Salgado Filho e Antunes Maciel), foram pessoalmente solicitar o apoio do general Rabelo, formaram uma comissão de representantes e enviaram carta às redações dos jornais contestando nota oficial do Departamento que justificava a medida em nome da racionalidade administrativa. Na carta de contestação, os trabalhadores afetados, alegam o seguinte:

> a) "visou a maior eficiência dos serviços que estão a seu cargo" — é a maior da inverdade no caso, porquanto, na fiscalização industrial foram postos à margem todos os fiscais e subfiscais, para, com a reforma, serem nomeadas mulheres, as quais não podem, absolutamente, se adaptar aos serviços que requer energia e dedicação em favor dos operários, quase sempre prejudicados pelos patrões. São mesmo incontáveis as ocasiões em que os fiscais têm que se envolver em greves, arriscando-se em defesa do proletariado, procurando acalmar os ânimos, de parte a parte. [A nota oficial do DET afirma que entre "os últimos

---

(15) Trecho extraído do *Correio de São Paulo*, de 4.5.1934. Detectamos notícias sobre esse protestos também em *A Gazeta*, de 24.4.1934; *Correio de São Paulo* de 20, 25 e 26 de abril de 1934.
(16) *Correio de São Paulo*, de 20.4.1934.

nomeados encontram-se 6 senhoras que além das funções normais de seus cargos, ficarão incumbidas da assistência social às famílias dos operários, assunto este que a atual administração do Estado procura resolver com especial interesse".]

b) "Supressão de lugares dispendiosos" — é outra inverdade, pois se, suprimindo os lugares dispendiosos, como se explica o aumento de verba constante do Decreto n. 6.405?

c) "O governo tratará de admitir, em outros serviços públicos, os que não foram aproveitados" — é uma maneira de pôr panos quentes sobre o caso. Entretanto, segundo sabemos, os funcionários aproveitados, como diz a nota oficial, só terão emprego apenas por três meses... E depois?[17]

Não deixa de ser significativa a denúncia, por parte dos funcionários, de corte de fiscais do trabalho, se lembrarmos que grande parte das queixas da FIESP se dirigia exatamente contra as fiscalizações do DET, sempre consideradas abusivas e intrometidas nos assuntos privados das empresas.[18]

Por fim, o que se supõe como mudança fundamental, com a reestruturação do DET após a queda dos "tenentes" e com a ascensão do "paulista" Armando de Salles Oliveira, é a alteração na condução política no processo de mediação dos conflitos de classe. Não obstante tudo o que se narrou em termos de corrupção naquele órgão, segundo as conclusões da sindicância, no posicionamento ambivalente da antiga diretoria destacava-se a política de imposição de consenso e disputa ideológica do Estado com as organizações proletárias. Certamente que a prática e a retórica do PSB de São Paulo incomodavam e deixavam apreensivos os empresários, que não confiavam na ação mediadora dos dirigentes do Estado. No entanto, com um já conhecido industrial à frente, sob o governo de um grande empresário como Armando de Salles Oliveira, a conduta política tenderia a mudar bastante. A própria substituição de parte dos fiscais por "senhoras incumbidas pela ação social", talvez tenha sido um forte indício dessa mudança.

Nas suas comunicações com os seus associados, a FIESP não deixa de demonstrar a sua satisfação com as mudanças no DET "no sentido da sua maior simplificação e eficiência" que assumira a contratação do ex-industrial Jorge Street, apresentado como "homem de caráter, íntegro e de grande inteligência". A expectativa da FIESP com o novo dirigente era o cumprimento, pelo DET, da sua finalidade "sem desacertos e excessos que o trabalho tem lamentado".[19]

---

(17) *Correio de São Paulo*, de 26.4.1934.
(18) No órgão de imprensa oficial do Sindicato dos Bancários de São Paulo, encontrei uma referência irônica ao fato, em que o cronista destaca o mau exemplo do DET, que não necessitava recorrer às demissões de seus empregados para cortar custos, mas bastaria fiscalizar o cumprimento das leis sociais e encher os cofres com as multas arrecadadas. Segundo a crônica, o precedente do "seu Street" é "feio, muito feio". Cf. *Vida Bancária*, de 5.6.1934.
(19) FIESP: circular n. 507, de 24.4.1934.

> **GAZETA — S. PAULO — TERÇA-FEIRA, 24 DE ABRIL DE 1934**
>
> **...Demissão em massa no Departamento do Trabalho**

Figura 20: Funcionários demitidos denunciam motivações políticas
(AESP, *A Gazeta*, 24.4.1934)

Sob nova direção

Na literatura especializada no assunto, o nome do controverso Jorge Street, quando associado ao Departamento Estadual do Trabalho, aparece menos pela sua gestão naquele Departamento e muito mais por uma atividade na qual ele participara e em que proferira um discurso que se tornou memorável, pela sua substância, pela rara franqueza e lucidez, em se tratando de um renomado industrial. Trata-se de conferência sobre a legislação social trabalhista no Brasil, promovida pelo Instituto de Engenharia de São Paulo, realizada no dia 29 de setembro de 1934, em que pouco do DET se falou, mesmo porque ele expunha concepções de sua longa e intensa vivência política e social, na qual o Departamento, então, era ainda uma pequena passagem que completava cinco meses.[20]

---

(20) A FIESP divulgou esse evento para os seus afiliados, por meio de ofício datado de 25.9.1934. Comentários sobre essa Conferência aparecem em, praticamente, todas as publicações em que o referido industrial é citado, porém, o livro de Evaristo de Moraes Filho traz o discurso de Street na íntegra. Cf. MORAES FILHO, Evaristo de. (Org.) *Ideias sociais de Jorge Street*. Brasília/Rio de Janeiro: Senado Federal/Fundação Casa de Rui Barbosa-MEC, 1980. p. 421.

Mas, convenhamos, se sabe pouco sobre os dois anos de Street no DET por se saber pouco ou nada do próprio DET. De qualquer forma, Palmira Turatti Teixeira conclui que "a atuação de Street na chefia do DET caracterizou-se pela vigilância e fiscalização no cumprimento dos dispositivos da legislação do trabalho".[21] Não nos é possível saber as fontes de onde a autora chega a essa resultante, mas sugiro que seja mera inferência baseada nos discursos produzidos sobre a trajetória do fundador e ex-presidente do Centro Industrial do Brasil[22] e construtor da famosa vila operária "Maria Zélia", em São Paulo. Entretanto, qualquer pesquisa superficial na imprensa operária apontará sentido contrário a essa posição de Palmira Turatti.

O descaso com a fiscalização do DET situa-se entre as denúncias mais reiteradas pelos trabalhadores organizados, e a figura de Street não escaparia às críticas, como se verá mais adiante. Aliás, esse fato nos leva a relativizar a avaliação de José de Souza Martins que afirmou que Jorge Street "perdeu tudo e morreu pobre em 1939, completamente desconhecido do operariado".[23]

Por outro lado, a fase "paulista" do DET manteve o prestígio e o "orgulho" desse órgão, pelo menos no seio de setores da intelectualidade da área do Direito. No editorial da *Revista do Trabalho* n. 12, de dezembro de 1934, a imagem do DET aparece produzida de forma pomposa e magnânima, condizente com a imagem produzida da São Paulo pujante e "locomotiva" do Brasil. A estrutura do órgão continuaria a render elogios grandiloquentes:

> Dotado, como está, de todo o aparelho técnico exigível em tais casos, ele é um motivo de justo orgulho para o país, porque é uma afirmação irrespondível de que a capacidade de organização não é um mito em nossa terra, quando o senso da disciplina e a boa orientação preponderam.
>
> (...) Dirigido atualmente por uma figura de grande projeção nacional como é o Dr. Jorge Street, o Departamento atingiu o seu máximo de prestígio e eficiência técnica porque previne os casos mais concretos e os resolve de modo formal.[24]

A ascensão de Jorge Street à direção do DET talvez tenha um significado mais simbólico, por ser ele um notável representante dos interesses da oligarquia paulista, em especial da burguesia industrial, muito próximo ao interventor

---

(21) TEIXEIRA, Palmira Turatti. *A fábrica do sonho:* trajetória do industrial Jorge Street. São Paulo: Paz e Terra, 1990. p. 184, nota de rodapé 69.
(22) Organização patronal criada em 1904, a qual Streeet capitaneou em diversas gestões.
(23) MARTINS, José de Souza. *Op. cit.*, p. 97.
(24) Esta *Revista do Trabalho* não é a mesma fundada por Heitor Lobato do Valle, mas uma homônima, com características idênticas, fundada em dezembro de 1933, dirigida por Sylvio de Britto e Gilberto Flores, sediada no Rio de Janeiro.

Armando Salles de Oliveira, industrial experiente em lidar com a questão social e trabalhista, que não aparecia como um empresário da "linha dura", mas um aparente conciliador, sensível à realidade dos operários e visto até por contemporâneos seus como precursor da legislação social no Brasil.[25]

O DET executivo e interventor

O DET vai perdendo, paulatinamente, a competência de atuação naquela que fora, antes de 1930, a sua principal atividade (mediação do fluxo migratório) e se especializa em órgão de intervenção direta nos conflitos trabalhistas. Por meio do Decreto estadual n. 7.289, de 5 de julho de 1935, o DET se desincumbe de algumas funções de serviços de imigração, transferindo-as para a Diretoria de Terras e Colonização, ainda no âmbito da Secretaria de Agricultura. A partir de então, tal Diretoria passará a se chamar Diretoria de Terras, Colonização e Imigração e ainda manterá suas responsabilidades com a imigração, partilhando-as com o DET.

As referências à ação do DET no âmago do conflito entre capital e trabalho no Brasil, desde os primórdios da década de 1930, conferem a esse Departamento um papel de suma importância no exercício do almejado "regime de colaboração entre as classes, respeitando-se, indistintamente, deveres e direitos, quer do capital, quer do trabalho".[26] Conciliação que, de fato, significava uma intervenção ativa no mercado de trabalho, em que a "proteção" dos trabalhadores não visava senão "assegurar ao capital a estabilidade que só a paz e a ordem podem gerar".[27] Os exemplos revelados nesta pesquisa nos levam a crer que, a partir de 1934, esse órgão passa a ter uma atuação cada vez mais definida e militante no sentido do desarme das ferramentas de luta dos trabalhadores, em nome de supostos interesses nacionais, mas que, em última instância, beneficiava diretamente os interesses da classe capitalista que necessitava "da ordem" para garantir seus lucros. Por meio dos diversos órgãos do aparelho de Estado intenta-se impor a "consciência" da conciliação em substituição da consciência da luta de classes.

Na bibliografia sobre o período aqui estudado, dedicada à história do trabalho em São Paulo e que se baseia em fontes primárias, o DET aparece protagonizando a mediação de forma ativa e delimitando o seu espaço político entre as forças de trabalhadores e patrões, corroborando, assim, com as nossas conclusões.

---

(25) Assim Street é retratado por Fernando Callage na *Revista Legislação do Trabalho*, de agosto de 1940.
(26) Conforme editorial da *Revista do Trabalho* n. 1, de dezembro de 1932, escrito por Heitor Lobato Valle, então diretor do DET.
(27) Cf. artigo de Joaquim Pedro Salgado Filho, então ex-ministro do Trabalho, intitulado "legislação do trabalho: não se deve combater com a força material a onda de anarquia que procura arruinar o mundo", *Boletim do MTIC* n. 4, de dezembro de 1934, p. 108.

Quando aqui se fala em intervenção ativa, quer-se chamar a atenção para o fato de que não se trata de uma burocracia que se limitava a expedir ofícios e carimbar sindicatos. As fontes nos revelam um corpo burocrático com formação ideológica consistente e que atua, em muitos momentos, por meio de um corpo a corpo na difusão dos princípios que guiavam o governo e praticando a intervenção direta nos sindicatos de trabalhadores. Nesse processo de mediação não havia um posicionamento simétrico em relação a trabalhadores e capitalistas, mesmo porque ele refletia a desproporção entre classes com níveis de poderes bem distintos: uma detentora dos meios de produção, que dispunha, portanto, de forte poderio econômico e com fácil acesso à esfera da política; outra, destituída de poder material, cuja força só prevaleceria no difícil processo do *fazer coletivo*, com unidade de ação, ainda assim tendo que enfrentar as forças materiais e ideológicas do Estado. Adicione-se a isso, as diferentes formas de incorporação ao Estado, que ampliou essa desproporção de poder no modelo corporativo iniciado em 1930.[28]

Não obstante as frequentes reclamações da FIESP acusando a intromissão dos funcionários do DET, nos documentos não aparece qualquer indício de endurecimento ou enfrentamento do órgão governamental em relação à classe capitalista, a não ser em casos isolados. A documentação produzida pela FIESP, à qual tivemos acesso, demonstra a "natural" reação dessa corporação à implantação da legislação trabalhista, ainda que ela usasse a retórica delegando apoio e respeito às leis. Demonstra, também, a defesa incondicional às empresas, suas afiliadas, sempre rebatendo ao MTIC e ao DET as denúncias de desrespeito às leis então recém-lançadas.

Por outro lado, ainda que o DET e o MTIC tivessem demonstrado, episodicamente, certa firmeza na cobrança do cumprimento da legislação — lembremos das notas nos jornais cobrando as empresas, as fiscalizações e as multas aplicadas — parece inimaginável a atuação dos órgãos de repressão empastelando imprensa, destituindo diretorias, infiltrando agentes e torturando dirigentes da FIESP que descumprissem descaradamente a lei. Isso não aconteceu nem quando essa Federação apoiou material e abertamente a luta armada contra o governo em 1932. Ao contrário, o que se viu foi a mais ampla complacência e negociatas feitas pelo interventor militar Waldomiro Castilho.

Todavia, no espaço organizado do meio operário, pode-se dizer que a intervenção do DET foi implacável. Segundo John French, "os anos decisivos de 1933 a 1935 foram marcados por um crescente conflito entre o movimento sindical de São Paulo e os governos estadual e federal".[29]

---

(28) As diferentes formas de corporativismo *de Estado*, no caso da organização de trabalhadores, e *societal*, no caso das organizações patronais, resultaram em diferentes níveis de relação desses sujeitos coletivos com o Estado, ampliando-se, assim, a desproporção de poder entre as classes. Essa é uma das teses defendidas por Vanda Ribeiro Costa, em sua obra citada. Já Leopoldi se refere ao corporativismo patronal como *corporativismo privado*. Ver: Leopoldi. *Op. cit.*, p. 75.
(29) FRENCH, John, *O ABC...*, cit., p. 51.

Nos primeiros anos de vigência da legislação social e sindical, que visava, exatamente, quebrar a espinha dorsal do movimento organizado, paradoxalmente, pode-se falar em fortalecimento e aumento da luta operária, inclusive por meio dos sindicatos oficializados. Navegando nos ventos de relativa "abertura" (entre 1933 e 1935)[30] o movimento dos trabalhadores ganhava impulso em torno de bandeiras de "lutas imediatas", por aumentos salariais (reposição de perdas), mas, principalmente pelo cumprimento das próprias leis aprovadas, que eram invariavelmente desrespeitadas pelos patrões. Muitas são as motivações que empurram as direções operárias à mobilização, inclusive, em alguns casos, a suposta ideia de que elas tinham respaldo no Executivo, ou do próprio Vargas.

A legislação social criou expectativas em amplas parcelas do proletariado. Conforme afirma French:

> Esse vácuo entre promessa e realidade reforça a radicalização até dos líderes politicamente moderados do movimento operário legal de São Paulo.[31]

Para Ângela Araújo,

> A demora, geralmente injustificada, para o reconhecimento de muitos sindicatos, a burla da Lei de Sindicalização pelas empresas, que frequentemente demitiam trabalhadores sindicalizados e dirigentes sindicais, a intimidação dos dirigentes dos sindicatos ligados às federações não reconhecidas, como a CSP-SP, a atitude patronal de muitos funcionários dos departamentos regionais do trabalho, a intromissão do Ministério do Trabalho nos pleitos classistas, reconhecendo sindicatos com datas atrasadas, cooptando delegados-eleitores para garantir uma bancada submissa e a sua ineficácia em fiscalizar o cumprimento das leis sociais — mesmo daquelas cujo objetivo era beneficiar o sindicalismo ministerialista —, empurravam muitos sindicatos oficiais para a oposição, contribuindo para politizar rapidamente sua atuação.[32]

Ou seja, leis que foram editadas com fins de fortalecimento do projeto de conciliação, naquele momento, acabaram por ampliar o arco de conflitos de classes, chegando a causar muita apreensão entre os empresários. No relatório da gestão de 1933-1934 a FIESP chega a admitir que 70% da dedicação da Federação é voltada para a resolução de questões levantadas pela nova legislação social.

Certo é que as mobilizações e greves põem em risco o projeto de legitimação do governo de Getúlio Vargas:

---

(30) "Abertura" impulsionada pela força dos próprios movimentos políticos e sociais do período, mas também pela relativa desarticulação das classes dominantes.
(31) FRENCH, John. *O ABC* ..., cit., p. 56.
(32) ARAÚJO, Ângela. *Op. cit.*, p. 306.

O grevista derrotado não denunciava como fraude as leis trabalhistas e a retórica simpática do regime: ao contrário, puxava a lei para o lado dos operários. Porém, não fazia isso devido a qualquer tipo de fé ingênua no governo. Na verdade, essa geração de líderes rapidamente se desiludira de que se pudesse depender da ação estatal, por si só, para tornar as leis realidade.[33]

Essa frustração com a ação governamental atinge diretamente o órgão do trabalho paulista. Afinal, nesse período, em ocorrências de demissão, descumprimento de jornada de trabalho ou da lei de férias, com frequência os trabalhadores recorriam ao DET, seja solicitando ações contra os abusos patronais, seja abrindo processo naquela agência. Esses procedimentos ocorriam nas mais variadas categorias de trabalhadores, como vimos nos vários depoimentos de líderes dos trabalhadores durante a sindicância e como também pode ser verificado na bibliografia até aqui citada.[34]

O caso dos bancários de São Paulo

A trajetória do Sindicato dos Bancários de São Paulo, na década de 1930, pode ser vista como representativa do padrão de atuação do DET junto aos sindicatos de trabalhadores. Analiso esse caso, não apenas pela sua trajetória que bem tipifica o período, mas também pela facilidade de acesso às fontes.[35] Entretanto, se observarmos a trajetória dos gráficos, dos metalúrgicos e de tantas outras categorias, perceberemos que existem muitas semelhanças no que diz respeito à relação estabelecida entre sindicatos e Estado, por meio da atuação do Departamento paulista.[36]

Ao fazer alusão ao caso dos bancários, os meus propósitos se voltam para realçar a ação do DET e ilustrar uma das faces da intervenção do Estado nas relações

---

(33) FRENCH, John. *O ABC...*, cit., p. 56.
(34) Os exemplos de intervenção do MTIC por meio do DET, em São Paulo, nas várias categorias de trabalhadores, aparecem com mais frequência e evidência naquelas pesquisas que usam como base fontes primárias. Estivadores (SILVA, Fernando T. *Operários sem patrões*), operários do ABC (FRENCH, Jonh. *O ABC dos operários*), trabalhadores em pedreiras (CHAVES, Marcelo. *Op. cit.*), bancários (CANEDO, Letícia, *Op. cit.*), gráficos (HARDLER, Mª Silvia. *Op. cit.*), metalúrgicos (PAES, Mª Helena. *Op. cit.* e KORNIS, Mônica. *Op. cit.*), e várias outras categorias citadas por ARAÚJO, Ângela. *A construção*.
(35) Pesquisei apenas no periódico *Vida Bancária*, que está guardado em razoável estado no Centro de Documentação do Sindicato, na capital paulista. Permanece, ainda, um bom número de boletins. Infelizmente, as fontes que propiciaram a pesquisa de Letícia Canêdo Bicalho (atas, relatórios de diretoria etc.), segundo informações, se perderam.
(36) Por exemplo, a semelhança com o processo de enquadramento do Sindicato dos Metalúrgicos de São Paulo, na sua relação com o DET, é flagrante, conforme podemos conferir lendo a obra de Maria Helena S. PAES, *op. cit.*

de trabalho, na forma específica como ocorreu em São Paulo, por intermédio do Departamento Estadual do Trabalho. Portanto, não se esperem análises e pormenores sobre a história desse sindicato.[37]

A ascensão de uma diretoria mais voltada para a organização e a luta da categoria a partir de 1933, interrompe a trajetória de direções mais acomodadas politicamente e que eram mais propensas ao projeto de conciliação com a ação governamental. Em 1934, na diretoria encabeçada por Álvaro Cechino, os comunistas do PCB passam a ter influências nítidas na direção do sindicato.

Figura 21: *Vida Bancária* de 16.11.1935 (Arquivo do Sindicato dos Bancários de SP)

A direção demonstra um forte ativismo em torno da luta pelo *salário mínimo* da categoria, pelo cumprimento da Lei de Férias e da Lei de 6 horas, esta que foi conquista específica dos bancários, com aval do MTIC. Além dos tradicionais recursos de agitação e denúncias, os sindicalistas exploravam a ambiguidade dos textos das leis (principalmente da Lei de Férias e da Lei dos Dois Terços), constituíam comissões de fiscalização por bancos e chegaram a criar um Departamento de

---

(37) Há muitas referências à atuação do sindicalismo bancário desse período em ARAÚJO, Ângela. *A construção*, mas, especificamente, em obras voltadas exclusivamente para essa organização sindical: CANÊDO, Letícia. *Op. cit.* e KAREPOVS, Dainis (Coord.). *A história dos bancários:* lutas e conquistas. São Paulo: Sindicato dos Bancários e Financiários de São Paulo, 1994.

Fiscalização, em 1934, o que causava a represália patronal e acabava por tensionar a intervenção dos órgãos estatais, em especial do DET. Além disso, a publicação do boletim *Vida Bancária*, de relativa regularidade, cumpria importante papel de formação intelectual e da identidade da categoria.[38]

No ano de 1934, a relação dos bancários com o DET parecia ser de tolerância e este era solicitado com frequência para atender aos mais diversos casos. Quando um "antigo e diligente empregado" de um banco estrangeiro fora demitido, por ter sido "vítima da sanha desumana de certo agiota",

> A vítima recorreu ao Sindicato para a defesa dos seus direitos e este imediatamente tomou as providências necessárias. Foi aberto inquérito pelo Departamento Estadual do Trabalho.[39]

Em 10 de janeiro de 1934, o Boletim n. 108 anuncia a iniciativa da Coligação de Sindicatos Proletários,[40] com a fundação da Federação do Trabalho de São Paulo, "nos termos do Decreto 19.770", que seria uma "regional dos sindicatos proletários", em cujo evento contava com a presença de representante do DET, João Vieira Filho.

Em 25 de janeiro do mesmo ano, o sindicato denuncia vários casos de desrespeito à lei de férias, transcreve trecho do "ótimo trabalho" sobre essa lei, escrito pelo nosso já conhecido Adail Valente do Couto e solicita a interferência do DET na questão. O Sindicato solicitou do DET atendimento especial aos bancários para fornecimento de carteira de trabalho.

A relação pacífica com o DET, no começo de 1934, pode ser inferida por meio do boletim *Vida Bancária* de 28.02.1934, no qual se rebate boatos de que os fiscais do DET estariam contrariando a fiscalização feita pelos bancários:

> Entre outras coisas, afirmavam os mais assustados que os dignos fiscais do Departamento Estadual do Trabalho andavam, de Banco em Banco, procurando averiguar a procedência das queixas por nós apresentadas, mas declarando a esses Bancos que a fiscalização exercida pelo sindicato,

---

(38) Nesse período essa publicação dava maior ênfase às questões econômicas e do cotidiano da categoria, destoando, por exemplo, do perfil mais ideológico e engajado na crítica social e sistêmica, que marcavam os boletins dos diversos matizes anarquistas. Ainda assim, com alguma frequência se publicavam textos doutrinários, inaugurou-se coluna voltada para a questão de gênero e uma coluna chamada "guindando", de denúncias, mas com forte teor irônico-literário. Atividades culturais e aquisições da biblioteca do sindicato também são divulgadas com frequência nesse periódico.
(39) *Vida Bancária*, de 10.12.1933.
(40) "A Coligação dos Sindicatos Proletários era uma entidade que extrapolava os esquemas do Ministério do Trabalho, congregando sindicatos que, apesar de oficializados, procuravam manter uma independência política. Entre os seus membros havia sindicatos com a UTG e o Sindicato dos Bancários, cujos dirigentes colocavam-se nitidamente no campo da esquerda", cf. ARAÚJO, A. *A cosntrução...*, cit., p. 229.

além de ilegal, era tola, sendo por isso permitido ao estabelecimento agir como bem entendesse, pois lá, no Departamento, estavam eles a inutilizar a nossa ação.

Pura balela, companheiros, nenhum sequer dos fiscais daquela repartição fez semelhante coisa, nenhum disse tamanho disparate. Ao contrário, alguns deles pediram-nos que intensificássemos a nossa fiscalização, pois eles são apenas sete para uma circunscrição que vai de São Bernardo até Campinas, como se não fosse enorme a capital paulista.

Lembremos que nesse período o DET ainda estava com direção interina, sendo que José de Paiva Castro aparecia assinando como diretor e, portanto, Jorge Street ainda não havia sido indicado.

Em 12 de março de 1934, no *Vida Bancária* consta uma transcrição de pequena nota em que o DET publica no *Diário Oficial* autuação feita a banco, pelo Sindicato dos Bancários, com aplicação de multa. Em seguida, aparece nota transcrita do Sindicato Brasileiro dos Bancários, intitulada "O Departamento mais odiado pelos banqueiros", que cita várias autuações feitas a bancos. O referido Departamento é o de fiscalização, organizado pelos próprios bancários. Também em 25 de maio de 1934 há nota em que a IRT-SP impunha multa a empresários diversos.

Não obstante tantos anúncios de punições e imposições de multas pelos órgãos do Estado aos empresários, isso não deve nos induzir a pensar que, efetivamente, essas tenham sido aplicadas ou cumpridas. Muitos recursos caberiam aos patrões, que, certamente, recorriam das determinações.

Relatório da própria diretoria do sindicato, publicado no boletim *Vida Bancária*, de 18.12.1935, no item "Fiscalização", nos indica uma pista sobre a sequência desses processos:

> Por várias vezes, reorganizando o nosso corpo de fiscais, ainda assim é diminuto o número de companheiros que hoje auxiliam esse serviço de fiscalização, em virtude do desânimo que lhes infunde o descaso voltado pelo DET às nossas autuações. Por várias vezes já temos reclamado dos diretores do DET contra esse "hábito" ali adotado, de se mandar arquivar, sem providências, as autuações lavradas pelos fiscais do Sindicato. Mas, até hoje, estamos na mesma.

Palavras francas e melancólicas, que revelam a virada de uma conjuntura na qual parece se desvanecer a sensação de "empoderamento" dos trabalhadores após o movimento de outubro de 1930.

Entretanto, a partir de meados do ano de 1934, o DET aparece sendo criticado nas colunas do boletim, em especial em uma tira intitulada "Guindando", assinada por pessoa de codinome "Zé Guindaste". Ali, "seu Street" ou "nhô Street" aparece em vários boletins, criticado em tom muito irônico e o DET acusado de não cumprir o seu papel de fiscalizador das leis.

Em 14 de maio, o boletim retrata a impaciência dos bancários com o DET, que reincidia em decisão contrária ao Sindicato dos Trabalhadores, favorecendo aos banqueiros:

> Como era de prever-se, o Departamento do Trabalho novamente deferiu a segunda pretensão do Sudameris. E não podia ser de outra forma, pois o Sr. Jorge Street não é amigo de todos os banqueiros?

Já em 28 de junho do mesmo ano, em evento que mobilizou 800 bancários para debater sobre a deflagração de uma greve nacional, o boletim publica nota denunciando a atuação do DET e de agentes policiais entre trabalhadores:

> Ocupa a tribuna um associado do Sindicato de Santos, vindo especialmente para a Assembleia com plenos poderes de sua associação, o qual, depois de protestar em nome da Coligação de Associações Proletárias de Santos, contra a atuação do Departamento Estadual do Trabalho de São Paulo, lamenta que esteja presente à reunião, como a todas as outras de Sindicatos trabalhistas do Distrito Federal, um representante da polícia.

De fato, demonstrando um nível de consciência e coesão mais elevados, em 6 julho de 1934, os bancários deflagram uma greve que durará três dias e que foi considerada vitoriosa pelo sindicato de São Paulo. Essa greve teria sido motivação suficiente para alterar a postura do DET frente à direção do sindicato, que, de relativa tolerância passa a se tornar mais incisiva nos aspectos de controle e repressão.

O DET continuaria a ser alvo das críticas do Sindicato dos Trabalhadores, por "não zelar pela lei". O órgão do Estado teria sido criado "para tapear os trabalhadores" e era colocado no mesmo patamar "do patrão" e da "Câmara Federal".[41]

No fim de 1934, tudo indica que as relações entre o DET e a diretoria do sindicato dos bancários atingiram o clímax do tensionamento. No *Vida Bancária* de 12.11.1934, a imagem do DET aparece execrada na primeira página:

> Aqui em São Paulo, tanto na capital como no interior, essa lei [da jornada de 6 horas] vem sendo constantemente desrespeitada em virtude do celebérrimo acordo existente entre o Ministério do Trabalho e o inútil Departamento Estadual do Trabalho, (fábrica de sinecuras), sob a direção do ex-industrial Jorge Street, porque a fiscalização e a autuação lhe competem, e o DET pouco ou nada faz nesse sentido.
>
> Aos coletores federais, no interior, competia a fiscalização da "Lei das 6 Horas", em virtude do acordo, o DET deu essa incumbência aos prefeitos

---

(41) *Vida Bancária*, de 16.11.1935.

municipais, os quais, em geral, sendo políticos e *persona gratae* do local, *ipso facto* são das relações dos banqueiros e...nada lhes fazem.

Ao final, o sindicato faz um significativo apelo ao Ministro do Trabalho:

> Consignando nestas colunas a passagem do 1º aniversário da "Lei das 6 horas", dirigimos ao Sr. Ministro do Trabalho a nossa palavra para pedir a preciosa atenção de S.S. para o tal convênio, que muito tem prejudicado aos bancários e a todos os trabalhadores de São Paulo.

Em dezembro do mesmo ano, em relato de prestação de contas da diretoria que se despede, um aspecto bastante relevante vem à tona:

> Existe em São Paulo um Departamento do Trabalho, sob direção do governo do Estado, onde o trabalhador não poderá obter as garantias do seu trabalho, dada sua má e deficiente organização, destinada a atender às necessidades de todo um Estado, que conta com muitas centenas de milhares de trabalhadores.
>
> Repartição de complexa burocracia, o DET conta com um número irrisório de funcionários encarregados da aplicação das Leis do Trabalho.
>
> Milhares e milhares de processos estão ali empilhados e esquecidos e não há força humana capaz de levá-los, a todos, a um resultado satisfatório, arrancando-os do estado de entorpecimento em que se acham e em que ficarão indefinidamente.
>
> Em vista disso, nada mais justo do que o descrédito a que chegou o DET entre os trabalhadores que a eles se dirigem em busca da garantia dos interesses nos conflitos com os empregados.[42]

Note-se que, não obstante as mudanças operadas pelo processo de sindicância, o conteúdo e o tom das críticas permaneceriam idênticas.

A matéria continua arrolando alguns dos casos pendentes em decorrência de processos impetrados pelo sindicato naquele órgão. Entre esses casos, estava o processo que o presidente do Sindicato dos Bancários, Álvaro Cechino, sofrera em julho de 1934, quando recebeu punição de 10 dias de suspensão pelo Banco Comercial, no qual trabalhava.

Trata-se de uma denúncia bastante interessante, que nos revela uma das faces do DET, que, como se vê, assumia características de mediação que seriam do âmbito da Justiça do Trabalho (abordaremos mais detidamente isso adiante), mas também revela, se verídico o relato, a impotência crônica do órgão que obstrui "milhares e milhares de processos", o que resulta, segundo se diz, em descrédito do órgão oficial perante os trabalhadores.

---

(42) *Vida Bancária,* de 31.12.1934.

Em trecho do relatório da diretoria sindical, que trata de outro processo que teria sido manipulado pelo Chefe da Seção de Fiscalização, mais uma vez o Sindicato dos Bancários deixa registrada a sua aversão à política do DET, com o mesmo tom ácido das palavras. Depois de "tapear" um associado e fazê-lo

> perambular pelas várias seções daquela medonha "fábrica" de sinecuras, fez com que este, desanimado e cansado de esperar, quebrasse a disciplina sindical, e com prejuízo dos seus interesses, sem audiência do sindicato, desse quitação do caso.

Este caso motivou o Sindicato a dirigir um telegrama ao Diretor do DET, pedindo abertura de inquérito sobre o caso e ainda reivindicando o afastamento do Dr. Vasco de Andrade de suas funções, a bem do nome da administração do Departamento. O sindicato acusa o "sistema de sabotagem" adotado pelo DET, que "não se interessa absolutamente pelo interesse dos trabalhadores".

Em 1935, o DET parece mais decidido a intervir no sindicato, utilizando-se das mais variadas formas de atuação. Em um primeiro momento parece atuar mais nos bastidores, exercendo várias manobras políticas visando interferir na direção do sindicato e causando a cisão entre os trabalhadores. Além do mais, soma-se a isso a mudança na direção do Sindicato dos Bancários, que se renova quase que completamente, e passa a ser presidida por Osvaldo Villalva Araújo.

Em maio de 1935, uma matéria intitulada "A representação classista e o Ministério do Trabalho",[43] que trata das eleições classistas para o parlamento constituinte estadual de 1935, o DET e o MTIC são citados como promotores de manobras em que esses órgãos agem cooptando trabalhadores que se "tornam capachos da burguesia" que "fazem cinicamente o jogo dos inimigos" e serviam de "simples agentes do Ministério do Trabalho na sua política de mistificação, e outros, mais indignos, prestam-se ao trabalho de delação policial dos próprios companheiros." A nota acusa o deputado proletário Edmar da Silva Carvalho, "que teve o desplante de subscrever o projeto Rao [de Vicente Rao] da Lei Monstro, e, para cúmulo de nossa vergonha, foi reeleito com o apoio do Ministério do Trabalho".

Nesse episódio, o Ministério teria feito manobras que não permitiram a participação de alguns dos representantes de trabalhadores, em detrimento de outros fiéis ao governo:

> À testa de tais Comitês foram colocados conhecidos agentes ministerialistas e lacaios vários, que foram ostensivamente auxiliados e orientados por "altos" funcionários do Ministério do Trabalho (inclusive o vice-diretor do Departamento Estadual do Trabalho de São Paulo).

A nota continua narrando as articulações dos trabalhadores contra as manobras do bloco ministerial.

---

(43) *Vida Bancária*, de 15.3.1935.

Porém, o caso mais emblemático e curioso diz respeito à criação de um sindicato paralelo entre os bancários, que, segundo denúncias de vários números do *Vida Bancária*, teria acontecido com os auspícios do Departamento Estadual do Trabalho. Na solenidade de fundação do Sindicato dos Funcionários Bancários do Estado de São Paulo, lá estava um representante do DET proferindo "ilustre conferência" e oferecendo o seu "valioso concurso".[44]

De fato, na própria publicação do novo e concorrente sindicato, a famigerada *Revista Sindikê*,[45] divulga o seu programa e comenta o ato de fundação da entidade, desatacando o "discurso brilhante" de Vasco de Andrade, chefe da fiscalização sindical do DET, que "empolgara" os presentes, e a quem competia a presidência da mesa solene.[46]

Desde então, o *Vida Bancária* irá denunciar, reiteradamente, a associação do Sindikê com o DET. Segundo o boletim, o presidente desse sindicato, Sr. Walter Quass, recebia a assessoria direta do Departamento. A estreita relação entre o DET (em especial, Vasco de Andrade) e o "Sindicado de Funcionários" parece não causar qualquer constrangimento, afinal, a revista Sindikê não escondia tal predileção. No aniversário de primeiro ano daquela organização, o Chefe da Fiscalização e o Diretor do DET figuram nas comemorações atirando loas à entidade. A relação com Vasco de Andrade era mesmo muito estreita, pois ele aparece assinando algumas matérias que são escritas exclusivamente para a *Revista Sindikê*.[47] A revista chegava mesmo a publicar propaganda do escritório de "Advocacia em Geral" do advogado trabalhista Vasco de Andrade.[48] Quando da saída de Vasco de Andrade do DET, em fevereiro de 1937, a revista presta homenagem ao representante de órgão com o qual sempre mantivera "boas relações habituais".

Não me consta que a política governamental, seja por parte do DET, seja por parte do MTIC, fosse favorável ao pluralismo sindical, que formalmente vigorava

---

(44) Trata-se de notícia em tom irônico, publicada no *Vida Bancária* de 31.5.1935.
(45) Conforme *Revista Sindikê*, n. 1, de maio de 1935. A base social principal do Sindicato dos Funcionários era composta por funcionários graduados, com cargos de chefia, com concepção nitidamente antioperária, com discurso tecnicista e absolutamente alheio à organização e luta dos trabalhadores. Parece mesmo um sindicato patronal, que sequer se utiliza de linguagem ambígua. A coleção completa dessa publicação encontra-se na biblioteca do Sindicato dos Bancários de São Paulo.
(46) O Sindicato dos Funcionários Bancários ficou mais conhecido pelo curioso nome da sua revista "Sindikê", que, segundo seus criadores, é termo que significa "com a justiça", em oposição a "sindicato", cujo sentido figurado, ainda segundo os mesmos, significaria "censura", "repreensão" (ver revista de junho de 1935). O Sindikê permaneceu até junho de 1939, quando se funde com o Sindicato dos Bancários.
(47) Por exemplo: "Vencimentos e gratificações dos bancários" (de março de 1937) e "Direito do Trabalho bancário" (de outubro de 1937).
(48) *Revista Sindikê*, de agosto de 1937.

no país sob garantia da Constituição de 1934, a contragosto da corrente oficial.[49] Entretanto, a leitura da matéria de capa do *Vida Bancária* de 16.11.1935, sob o título "Sindikê a granel", nos induz a enxergar o alcance e vigor do intervencionismo do DET nas relações de trabalho. O sindicato acusa o DET de organizar mais um Sindikê no interior, denunciando arbitrariedades, manipulações, fraudes e injustiças:

> Acaba de aparecer na cidade de Limeira, organizado pelo Dr. Vasco de Andrade, Chefe de Fiscalização do Departamento Estadual do Trabalho, mais um sindikê.
>
> (...) O gerente da Agência do Banco Comercial e o dr. Vasco se reuniram, elaboraram os estatutos, inscreveram os sócios e — o cúmulo! — nomearam a diretoria, tendo o gerente escolhido para si o lugar de presidente ... (Mas da ata de instalação consta eleição...).

A assessoria direta do DET ao Sindikê, que chegava ao ponto de elaborar estatutos, contrastava com a relação diferenciada dispensada ao Sindicato dos Bancários, ao qual fazia exigências cada vez mais absurdas. A denúncia trata ainda da riqueza material do Sindikê e das obscuras verbas que receberia dos banqueiros.

Esse zelo com o sindicato paralelo dos bancários pode ser explicado exatamente pelo descontentamento do DET com a direção influenciada por comunistas no sindicato fundado em 1923. Entretanto, a política do divisionismo não era a única arma usada pelo Departamento paulista. A pressão e perseguição exercidas sobre o combativo sindicato no ano de 1935, quando recrudesce a repressão do governo federal sobre o movimento sindical, mostra a necessidade de se retificarem os desvios de rota e os atalhos traçados pelas correntes sindicais críticas que resolveram atuar por dentro do sindicalismo oficial.

O boletim *Vida Bancária* registra a insatisfação da diretoria sindical com as frequentes e "exorbitantes" exigências feitas pelo DET, a fim de enquadrar o sindicato nas regras da legislação. Segundo pudemos perceber, a alegação era de que a eleição de dezembro de 1934 não teria sido autorizada pelo DET, por causa da necessidade de mudanças nos estatutos do sindicato, a fim de se cumprir a legislação. O sindicato contesta, provando que o próprio Ministério do Trabalho, ao referendar operação financeira da entidade sindical, legitimara a nova direção que assumira em 1935.

No entanto, prevaleceram as "exigências absurdas" impostas pelo DET e, em junho de 1935, se realiza nova eleição no Sindicato dos Bancários, apenas 6 meses após ter ocorrido pleito de renovação da categoria. Segundo o boletim de 29.06.1935:

---

(49) Certamente que essa política divisionista, com duplicidade de representação, se reproduziu em várias categorias de trabalhadores. Lembremos da experiência dos metalúrgicos paulistas, em que Mônica Kornis relata o malogro da União dos Operários Metalúrgicos (UOM), em detrimento da conquista de legitimidade do Sindicato dos Metalúrgicos que fora forçado a aderir à política do DET (KORNIS, M. *Op. cit.*, p. 148).

O fato é que as eleições do dia 11 não foram senão uma confirmação expressiva do pleito anterior, e, como ele, decorreram animadas.

Em agosto de 1935, o Sindicato dos Bancários faz várias consultas ao Ministério do Trabalho, sendo que uma delas põe em questão o poder do DET:

> Pode o Departamento Estadual do Trabalho, por força do Convênio firmado entre esse Ministério e a Secretaria da Agricultura do Estado de São Paulo, conceder permissão aos Bancos e Casas Bancárias para funcionarem com todos ou em parte com seus auxiliares, à noite, depois de 20 horas, ou pela manhã, antes das 8 horas?[50]

Após apresentação de vários argumentos e do parecer do MTIC sobre a questão levantada, reiterando o horário das 8 às 20 horas, os sindicalistas concluem:

> Não pode, por conseguinte, o Departamento Estadual do Trabalho conceder permissão além desse limite, estabelecido por lei.

Essa passagem expõe com clareza como os trabalhadores tentaram explorar a ambiguidade de jurisdição entre o DET e o MTIC, como também fazia a FIESP, conforme demonstramos.

Pudemos perceber que no ano de 1935 as relações entre a direção do Sindicato dos Bancários, que era presidida por Osvaldo Villalva, e o Departamento Estadual do Trabalho permaneceram tensas, bem ao contrário da mais que amistosa relação entre este e o Sindicato dos Funcionários Bancários, presidido por Walter Quass.

Entretanto, o relatório do final da gestão do Sindicato presidida por Villalva mostra um esforço enorme dessa direção no sentido de amainar as relações com o Departamento do Trabalho e faz revelações sobre a controversa eleição de dezembro de 1934:

> Em dezembro de 1934, a Diretoria do Sindicato resolveu, por influência do seu presidente [Álvaro Cechino], que se dizia orientado por quem de direito a assim proceder — eleger, ao invés de Diretoria, como mandavam os nossos Estatutos em vigor, uma Comissão Executiva por 3 anos, na forma dos novos Estatutos até hoje ainda não aprovados pelo Ministro do Trabalho.
>
> O fundo dessa história é singelo e, portanto, fácil de compreensão: briga entre o presidente da Diretoria e o DET. E, com essa desinteligência, vitimaram-se outras organizações proletárias, que sofreram a mesma insuflação, via "Frente Única Sindical".[51]

---

(50) *Vida Bancária*, de 28.8.1935.
(51) *Vida Bancária*, de 18.12.1935.

Mais adiante, o mesmo relatório parece partilhar a responsabilidade sobre o problema da irregularidade no pleito de dezembro de 1934, acusando o DET de não ter orientado a direção sindical, ao tempo em que exigia observância da lei:

> Assim esteve o nosso Sindicato dirigido até junho, época em que, por força das relações cortadas com o DET (que censuramos por não nos haver avisado antes da irregularidade) sentimos a necessidade de, para não perder a nossa carta de sindicalização, efetuar novo pleito, elegendo uma nova Diretoria, na forma dos Estatutos em vigor. E, no entender do presidente antecessor, "capitulamos vergonhosamente ante o DET!"

Vejamos como o DET (seguindo a lógica da intervenção do Estado nas relações de trabalho naquele período) gerou uma cunha de múltiplos gumes na tentativa de unidade dos trabalhadores. Não obstante essa significativa diferença de orientação entre a direção de Villalva e a direção anterior de Cecchino (este crítico e aquele buscando melhorar a relação com o DET), parece ter havido uma continuidade no trabalho sindical. Ainda assim, a política de Villalva não foi suficiente.

Percebemos que a diretriz mais importante a ser almejada, doravante, seria a legalização do sindicato, a fim de se obter, a qualquer custo, o definitivo reconhecimento sindical, até então inconcluso. Não há motivos para dúvidas de que, como o poder de legitimação pertencia exclusivamente ao Estado, essa outorga se colocasse como peça fundamental no jogo de poder que tornava o governo capaz de interferir e definir a "cor" da direção sindical a ser eleita.[52]

Essa percepção da correlação de forças desfavorável (ou "capitulação") levou a diretoria, por duas vezes eleita em 1935, a entregar o seu pedido de renúncia coletiva e eleger uma Junta Governativa que faria a "transição", tudo em nome da legalidade:

> A Diretoria do Sindicato, na sua unanimidade abaixo-assinada, resolveu dirigir-se à classe em assembleia geral hoje reunida, quando já se aproxima o fim da sua gestão,[53] para fazer sentir a necessidade indeclinável no presente momento, de [ilegível] [a]gregarem os esfor[ços] de todos aqueles que emprestam a sua dedicação ao bem-estar da classe, em favor do mais importante problema do sindicato, que é a aprovação dos seus novos Estatutos pelos poderes da União Federal, de acordo com a legislação em vigor.[54]

---

(52) Certamente que esse processo de enquadramento aconteceu com todos os sindicatos, ainda que com trajetórias diferenciadas. No caso dos metalúrgicos, Mônica Kornis narra esse processo de enquadramento e conclui que "O entrosamento crescente que se consolidou a partir do primeiro semestre de 1934 entre o sindicato dos metalúrgicos e o DET, garantiu-lhe legitimidade como mediador entre operários e patrões para obtenção dos benefícios sociais". (KORNIS, M. *Op. cit.* p.142)
(53) Lembremos que naquele período, a gestão estatutária das direções sindicais era de um ano.
(54) *Vida Bancária*, de 18.12.1935.

Nesse relato, os demissionários diretores reiteram que tudo fizeram para conseguir o registro sindical ainda durante a sua gestão, "tal não se deu, porém, como era de se desejar". Assim, a Junta Provisória subsequente, que "renovou" totalmente os nomes da direção, deveria permanecer até que se concluísse o processo de legalização e a "conquista" da carta sindical.

Cabe informar que mesmo essa Junta Provisória escolhida no dia 14 de dezembro de 1935, não permanecerá até a "aprovação dos novos Estatutos", como se previra, e também renunciará em menos de um mês depois, pois:

> Várias vezes, dirigimo-nos, por telegrama, ao Sr. Ministro do Trabalho e, diuturnamente, estivemos em entendimento com o Departamento Estadual do Trabalho(...)

> Por fim, éramos informados de que a nossa permanência na direção do Sindicato representava o principal obstáculo à almejada aprovação.[55]

Assim, em nome do férreo objetivo da legalidade, a Junta Provisória também renuncia e convoca assembleia para escolha da nova Junta Governativa, na qual "comparecerão, sem dúvida, os srs. representantes do DET". De fato, no dia 10 de fevereiro de 1936, nova Junta Provisória é escolhida em assembleia, em cuja mesa estão presentes "altos funcionários do Departamento Estadual do Trabalho".

O relatório da Junta Governativa Provisória, do período de 10 de fevereiro de 1936 a 31 de março de 1937, traz um ponto de vista esclarecedor (ainda que não necessariamente verídico), em relação ao episódio que levou à súbita renúncia da direção em dezembro de 1935. O relato, que deixa transparecer o clima muito tenso, que fala de "grita contra nós", de "vexame", de "temor", de "descontentes e semeadores de sizania", de "críticos improvisados", entre outros chavões, assim tece descrição do episódio:

> Os jornais noticiaram que o Sindicato dos Bancários de São Paulo "onde se aninhava uma célula comunista" (sic) iria ser fechado dentro de 24 horas, pela Polícia. Pusemo-nos em campo e conseguimos suspender a execução daquela medida [O "sic" é do texto original].

> O Sindicato se não fechou, mas o medo, o pavor, se apossou da quase totalidade da classe que desertou a nossa sede, e só agora, ao final da jornada, superados os óbices que nos antolhavam é que conseguimos vê-lo novamente restabelecido na legalidade.[56]

O relato continua revelando uma conjuntura que extrapola em muito o contexto sindical dos bancários, e expõe um panorama político que continuava a

---

(55) *Vida Bancária*, de 10.2.1936.
(56) *Vida Bancária*, de 20.6.1937.

se desenvolver orientado pelos novos elementos, principalmente após a forte repressão que se abateu sobre as organizações operárias e populares, com a organização da Aliança Nacional Libertadora (ANL) e com o episódio conhecido como Intentona Comunista.

> Motivos especialíssimos determinaram à Junta Governativa aclamada em 14 de dezembro de 1935, vir à Assembleia de 10 de fevereiro de 1936, apresentar a sua renúncia coletiva.
>
> Organizada pela própria diretoria resignatária de então, essa Junta, de vida efêmera, não conseguiu a sua aprovação pelo Departamento Estadual do Trabalho e nem pelo Ministério do Trabalho, pesando sobre o sindicato a ameaça grave de seu fechamento e de ser cassada a sua carta sindical.
>
> Diante disso, após entendimentos amistosos com as autoridades públicas, conseguimos deter o golpe que estava prestes a ser deferido contra nós e nos comprometemos a fazer uma remodelação em nossa vida sindical.[57]

Assim, presidida por Francisco de Paula Reimão Hellmeister, uma nova Junta assumiria em assembleia, em que estiveram presentes "representantes do DET, tendo usado a palavra o dr. José Domingos Ruiz, que proferiu brilhante alocução sobre o sindicalismo e declarou empossados os membros da Junta Governativa".[58] Francisco Hellmeister, que mantinha ligações com os integralistas, assume a diretoria prometendo às autoridades da polícia e da pasta do trabalho, eliminar do sindicato todos os elementos considerados extremistas.[59]

Apesar da nossa curiosidade em entender mais amiúde esse episódio, os problemas se apresentam muito mais fundos, sem que, no entanto, estejam no arco de interesse que preside esta tese. O que nos cabe ressaltar, perseguindo o nosso propósito de destacar a especificidade paulista da intervenção estatal nas relações de trabalho, é a onipresença da pesada e nada invisível mão do DET nesses episódios relatados. Não precisamos fazer qualquer esforço intelectual para deduzir que, animados pela conjuntura fortemente repressiva que se abriu desde o final de 1935, o DET conseguira impor aos bancários uma direção com a qual podia estreitar fortemente as relações, para dizer o mínimo.[60]

---

(57) *Idem, Ibidem.*
(58) *Idem, Ibidem.*
(59) Cf. CANÊDO, *op. cit.*, p. 67.
(60) Mais uma vez menciono a semelhança com o processo de enquadramento do Sindicato dos Metalúrgicos paulista, a fim de reiterar que não se tratava de ação isolada do DET. Cito PAES: "Em 1936, com a primeira intervenção do Ministério, os trabalhistas voltaram, por pouco tempo, a assumir a direção do Sindicato, de onde foram deslocados pelos integralistas e ministerialistas, ali introduzidos pelo Departamento Estadual do Trabalho". A autora relata episódios de destituição

Assim, nos boletins que se seguiram, os quais foram pesquisados, até 1937, só irão confirmar o estreitamento da direção do sindicato com o DET e também com o DOPS. Os tempos são de fechamento político, no entanto, ainda em 1936, havia indícios de instabilidade e insubordinação no meio organizado dos bancários. A nova direção, presidida por Francisco Hellmeister, define a sua linha que supostamente busca distanciamento da política e dos confrontos de classes e propõe um sindicalismo asséptico, provocando o expurgo de "comunistas" e "agitadores".[61] Uma direção que não se cansa de afirmar que tem o total apoio do DET, este que se faz presente em todos os atos solenes do sindicato, e que mantém contatos estreitos com o órgão de repressão do DOPS (ver *Vida Bancária* de 9.7.1936). A nova diretoria fecha o Centro de Cultura dos Bancários, por "não se coadunar com as normas que devem ser seguidas no sindicato" (*Vida Bancária* de 15.5.1936).

Não obstante o fechamento paulatino, os boletins não escondem os indícios de tumultos decorrentes de insatisfações na base do sindicato, boatos de fechamento da entidade e até um racha que acenava para a formação de outra associação de bancários. Mesmo na gestão nitidamente ministerialista e governamental do sindicato, alguns boletins se referem a prisões de bancários e demonstram os sinais daquele tempo:

> Durante o período anormal atravessado pelo nosso país, diversos bancários foram demitidos das suas funções, sob alegação de estarem incursos na Lei de Segurança. Alguns desses colegas conseguiram, após processo regular, a sua reintegração nos postos que ocupavam, tendo, o Exmo. Sr. Ministro do Trabalho tornado sem efeito o seu ato autorizando aquelas dispensas.
>
> A grande maioria dos bancários atingidos pela medida de dispensa esteve, entretanto, até há bem pouco tempo, com a liberdade tolhida, sujeitos a processos de verificação de culpa.
>
> Cessado o estado de guerra, foram esses bancários postos em liberdade e consequentemente procuraram os seus sindicatos, solicitando a assistência a que têm direito.
>
> (...) Ao Exmo. Sr. Ministro do Trabalho, caberá a última palavra sobre o assunto.[62]

---

de diretoria, composição de Junta Governativa e ressalta a intervenção direta do DET: "Em setembro de 1937, com a oposição de esquerda afastada e com o grupo trabalhista reduzido, o Departamento Estadual do Trabalho promoveu Salvador de Luttis a presidente do Sindicato dos Metalúrgicos de São Paulo e com ele ascendia também o grupo integralista ao qual estava vinculado". (*op. cit.*, p. 101-102). O próprio DET tirou o mesmo Luttis da direção em 1939. Cf. PAES, Mª Helena. *Op. cit.*, p. 113.
(61) Ver *Vida Bancária,* de 15.3.1935
(62) *Vida Bancária*, de 20.8.1937.

De fato, se sabe que a forte repressão que se abateu sobre os trabalhadores nesse período foi ampla e desproporcional, pois atingiu, principalmente, comunistas de todos os matizes, mas também amplos setores da população que não tinham qualquer envolvimento na política e até simpatizantes do regime. Muitos bancários foram presos, entre eles diretores do sindicato, que, aliás, demonstravam apoio às ações do governo. A direção do sindicato intercedeu junto ao ministro do trabalho, buscando a libertação daqueles que achava conveniente.[63]

O fechamento dos canais da vida política, provavelmente, se refletiu em outro âmbito. Em uma coluna do boletim *Vida Bancária*, já com o seu *layout* renovado, aparece o seguinte:

> A classe bancária vem sofrendo, neste instante, as maiores privações ao lado das demais classes trabalhadores do Brasil, e principalmente do Estado de São Paulo, centro de trabalho, das indústrias, do comércio, da lavoura, etc.
>
> Ao Departamento Estadual do Trabalho e às diversas repartições subordinadas ao Ministério do Trabalho, Indústria e Comércio chegam, em avalanche, reclamações trabalhistas, de todas as classes, contra injustiças praticadas por patrões sem escrúpulos. Processos contra violações de direitos às centenas dependem de julgamento, nas Juntas de Conciliação e Julgamento e no Conselho Nacional do Trabalho. Impera, por toda a parte a *auri sacra famme* e a grita do trabalhador, não é *panem et circenses* que subia aos coturnos dos césares, levantada da turba faminta e desprezível, plebeia.[64]

Esse trecho de uma matéria assinada pelo presidente Francisco Reimão Hellmeister, trata sobre a oficialização do carnaval e mostra que os órgãos de mediação continuavam a receber uma *enxurrada de processos*, para onde se canalizaria o *sofrimento do povo*, em contraste com a lei municipal de São Paulo que concedia crédito para o carnaval.

Por fim, cabe uma questão: como ficaria a dupla representação sindical dos bancários, agora que o Sindicato dos Bancários figurava na esfera de influência do DET? Essa situação perdurou até 1939, quando os sindicatos foram fundidos, em decorrência da lei que, a partir da Constituição de 1937, não permitia a pluralidade sindical.

Enquanto essa fusão não ocorria, o "Sindicato" continuaria a "bater" no "Sindikê" e puxava para si a atenção benevolente do DET:

> Walter Quass é o digno representante do seu sindicato, desse Sindicato que ao invés de colaborar com os órgãos constituídos pelo Governo,

---

(63) Sobre esse episódio, CANÊDO tece breve esclarecimento. Ver obra citada dessa autora, p. 104.
(64) *Vida Bancária*, de 25.1.1937.

por seu Ministério do Trabalho e pelo Departamento Estadual do Trabalho, na execução, respeito e fiscalização das leis sociais, das leis trabalhistas (...) se coloca numa posição acomodatícia, para não ver se lhe escaparem os favores e benefícios...⁽⁶⁵⁾

Em 20 de fevereiro de 1938, o *Vida Bancária* estampa foto de evento no qual o Departamento Estadual do Trabalho de São Paulo, a Inspetoria Regional do Trabalho, seção de São Paulo, e o Departamento do Trabalho Marítimo prestam homenagem a Getúlio Vargas, pela promulgação da Constituição de 10 novembro de 1937 e agradecem "a sua Excelência o amparo que o governo tem dispensado ao trabalhador nacional através da nossa magnífica legislação social".

Figura 22: Diretoria do Sindicato dos Bancários em homenagem a Getúlio
(AESP, Correio de São Paulo, de 31.5.1933)

O DET e o DOPS: associação antioperária

Não há como negar a importância e a validade pedagógica na periodização da chamada "era Vargas" em três grandes fases: de 1930-1937, 1937-1945 e 1951-1954, nas quais se alternariam regimes ditatoriais e "democráticos". Entretanto, se observarmos todo esse período desde o lugar social vivido e produzido na subalternidade das chamadas "classes perigosas", perceberemos uma infinidade de traços de permanência de usos e costumes, no âmbito da política. A ação repressiva policial sobre os setores organizados do proletariado

---

(65) *Vida Bancária*, de 31.10.1936.

que divergiam da linha política governamental e patronal é um desses traços de permanência que permeia todos os períodos da chamada "era Vargas".

Com acerto, alguns autores ponderam a usual assertiva que caracteriza como "caso de polícia" o tratamento dispensado aos movimentos sociais reivindicativos como peculiaridade da Primeira República. Não obstante o espaço aberto/conquistado pelas questões trabalhistas nos governos capitaneados por Getúlio Vargas, jamais o movimento organizado dos trabalhadores deixou de ser um caso frequentemente tratado nas salas e porões dos órgãos de vigília e de repressão das polícias brasileiras.

Nos primeiros anos após o golpe revolucionário de 1930, experimentou-se no Brasil uma conjuntura de relativa abertura política, em razão das fortes pressões exercidas pela organização de amplos setores da sociedade, mas também pela relativa desarticulação das classes dominantes em torno do Estado. Entretanto, mesmo durante esse período de "relaxamento", houve grande incidência de prisões e deportações de lideranças do proletariado. Com propriedade em seus argumentos, Marcos Tarcísio Florindo nos lembra:

> (...) Na tentativa de marcar suas diferenças em relação ao governo deposto, os políticos da Aliança Liberal, no entanto, suspenderam temporariamente o intenso controle policial sobre as organizações sindicais. Isso possibilitou ao movimento operário um respiro depois de anos ininterruptos de perseguição às suas organizações. Convém lembrar que esse vácuo durou pouco, não mais que o tempo necessário à reorganização da administração dos órgãos do Estado. Como já afirmamos, o novo governo, em sua visão dos perigos oriundos das classes subalternas, não diferia das velhas oligarquias depostas. O relaxamento esteve provavelmente relacionado à própria confusão reinante no aparelho político após o golpe, principalmente em estados como o de São Paulo, nos quais as elites depostas do poder central eram as mesmas que governavam no âmbito regional.[66]

As conclusões desse autor não podiam ser diferentes, posto que, a sua pesquisa observa o governo Vargas a partir da esfera policial e política dos ambientes do DOPS.[67] Mesmo nos chamados "períodos democráticos", qualquer análise

---

(66) FLORINDO, Marcos Tarcísio. *O serviço reservado da Delegacia de Ordem Política e Social de São Paulo na Era Vargas.* São Paulo: Unesp, 2006. p. 64-5.
(67) Por ser uma instituição sempre ativa e presente (ainda que oculta) durante o período republicano, desde 1924, voltada para espionagem e perseguição de trabalhadores politicamente organizados, o DOPS aparece citado na maioria dos trabalhos acadêmicos que abordam a questão do trabalho em São Paulo nesse período. Para maiores informações e análises sobre esse órgão da polícia política, consultar os vários volumes da série *Dossiê DEOPS/SP*, organizados por vários autores, publicados pelo Arquivo do Estado/Imprensa Oficial, desde 2001. Além da boa qualidade das informações e análises que constam nessa série, os textos destrinçam a lógica de organização

política que seja destituída do cruzamento com as fontes produzidas no âmbito policial, terá conclusões defeituosas e inconsistentes, ainda que não possamos medir o verdadeiro alcance e os detalhes das ações dos variados órgãos da repressão, cuja fronteira entre a legalidade e a ilegalidade é de difícil distinção. A prática da tortura para aquisição de informações era recurso usual da polícia paulista durante toda a década de 1930, ainda que ela se ampliasse nos períodos de repressão aberta.

O DOPS é criado pela Lei n. 2.034, de 30 de dezembro de 1924, em São Paulo, sob o governo de Carlos de Campos, quando no Brasil estava em vigor o regime de estado de sítio, durante a presidência de Arthur Bernardes, "como parte do aparato repressivo do Estado, voltado, essencialmente, para a vigilância sobre os considerados 'suspeitos' de desordem política e/ou social".[68] O DOPS surge no processo de reorganização da polícia do Estado de São Paulo, quando se institui a criação de sete delegacias de polícia especializadas, dentre as quais a Delegacia de Ordem Política e Social.

> A formação da polícia especializada de ordem política social de São Paulo, em 1924, foi parte integrante dessa estratégia de readequação do aparato estatal de controle e vigilância da sociedade às transformações ocorridas no mundo do trabalho. A modernização requeria do Estado um maior zelo em relação à administração de suas instituições e ao preparo do seu pessoal.
>
> (...) A polícia adentrava no tempo dos especialistas, da formação de agentes com treinamento específico para o combate às diferentes modalidades do crime e do criminoso.[69]

Segundo Florindo, o aperfeiçoamento dos aparelhos de repressão se constituía como uma necessidade republicana, desde que "a institucionalização da ordem do trabalho livre arrancara dos antigos proprietários o direito de vigiar e punir a sua mão de obra". Assim, a polícia assumia um papel primordial "no controle e na orientação do comportamento das pessoas, inculcando a noção de certo e errado correspondente à conduta desejada no espaço público". Ou seja, o papel da repressão policial jamais pode ser visto como atividade marginal ou mesmo neutra, quando se fala em política em uma perspectiva de classes.

---

do acervo do DOPS, facilitando a pesquisa do consulente. Para o fim específico deste item neste trabalho, foi de grande valia a citada obra de Marcos Tarcísio Florindo. As várias estruturações administrativas desse órgão fazem variar também a sua sigla, que pode aparecer também como DEOPS. Sobre essas mudanças no curso de sua história consultar o volume 1 da série *Dossiê* citada.
(68) AQUINO, Maria Aparecida de. *DEOPS/SP:* visita ao centro da mentalidade autoritária. In: AQUINO, Maria Aparecida de (Org.). *O dissecar da estrutura administrativa do DEOPS/SP* — o anticomunismo: doença do aparato repressivo brasileiro. Famílias 30 e 40. São Paulo: Arquivo do Estado/Imprensa Oficial do Estado, 2002. p. 21.
(69) FLORINDO, Marcos Tarcísio. *Op. cit.,* p. 28.

> Era papel da polícia velar pela própria versão moderna de liberdade da sociedade capitalista, não mais relacionada ao não trabalho, e sim à venda da mão de obra. Foi para controlar o mundo do trabalho que se aparelhou a polícia.[70]

Esse autor destaca a sofisticação, com precisão científica, assumida pela organização dos arquivos policiais:

> As delegacias especializadas, caso do DEOPS, passaram a depender do gerenciamento das informações contidas em seus arquivos para poder funcionar. O arquivo passou a ser um coração da instituição policial.[71]

De fato, com a modernização a polícia passa a se apropriar cada vez mais dos "métodos científicos" de investigação e combate ao que ela considera crime.

Não obstante as variadas alterações administrativas e políticas do DOPS, bem como a alternância de utilização de métodos mais ou menos repressivos, durante a sua longa existência, as funções desse órgão praticamente não se alteram:

> Assim, o DEOPS desempenhou, por quase seis décadas, as funções de uma polícia política, estando sempre devotado à vigilância, controle e repressão dos setores e cidadãos engajados em projetos políticos alternativos aos implementados pelos donos do poder. Neste exercício de dominação, lançou mão de práticas violentas e ilegais (como a tortura, o cárcere privado e a execução sumária), métodos amparados na legislação (como a instauração de inquéritos policiais) e também da produção e armazenamento de uma quantidade enorme de informações sobre cidadãos considerados "perigosos para a ordem vigente".[72]

Ainda que o público alvo das investigações do DOPS fosse bastante variado, não há dúvidas de que havia uma marcação mais ostensiva sobre setores organizados da classe trabalhadora.[73] Mesmo o Departamento do Trabalho paulista, pela sua característica de ação no centro da luta de classes, não poderia ficar de fora do alcance do olhar pesado do DOPS. Certamente que as suas variadas gerências administrativas foram bem vigiadas pelos olhos agudos da repressão da década de 1930.

---

(70) FLORINDO, op. cit., p. 27.
(71) Idem, ibidem, p. 30-1.
(72) Vários autores. O Acervo do DEOPS/SP. In: AQUINO, Maria Aparecida de (Org.). *No coração das trevas*: O DEOPS/SP visto por dentro. São Paulo: Arquivo do Estado/Imprensa Oficial do Estado, 2001. p. 24.
(73) Ver artigo assinado por NEGRO, Antonio Luigi e FONTES, Paulo. Trabalhadores em São Paulo: ainda um caso de polícia. O acervo do DEOPS paulista e o movimento sindical. In: *No coração das trevas:* O DEOPS/SP visto por dentro. São Paulo: Arquivo do Estado/Imprensa Oficial do Estado, 2001.

No entanto, essa relação entre órgãos de naturezas diferentes, ainda que componentes do mesmo corpo administrativo do Estado, é algo complexo que mereceria exposição mais minuciosa, mas está fora do alcance deste trabalho. Muitas questões de difíceis respostas se fazem pertinentes: como se dá o melindroso equilíbrio entre o órgão governamental de polícia e as demais repartições governamentais, principalmente nos complexos períodos de transição e ecletismo político? Como manter perenes as atividades investigativas da polícia, mesmo havendo tantas modificações políticas no plano mais alto da hierarquia do poder?

Com essas questões, o que se quer destacar aqui é que, em um mesmo período, o DET pode ser objeto de investigação ao mesmo tempo em que também se posicionava na condição de coadjuvante ativo na investigação de natureza policial. No DOPS, a pasta do Departamento Estadual do Trabalho revela mais esse aspecto policialesco do órgão mediador das relações de trabalho.[74]

A citada obra de Marcos Florindo traz breves comentários sobre alterações nas cúpulas dos órgãos de polícia de São Paulo, trata da permanência de quadros policiais que fizeram carreira na investigação policial, passando por diferentes governos, e faz um bom rastreamento dos agentes que praticavam diretamente as investigações policiais, clandestinas ou não, sobre as organizações políticas nos períodos governados por Vargas. O livro de Florindo nos dá pistas que indicam haver uma formação bem peculiar dos policiais e agentes do DOPS, que procurariam atuar profissionalmente, de forma "imparcial", independentemente das orientações dos governos:

> O discurso que valoriza o policial como uma sentinela na defesa da ordem é ressaltado nos documentos elaborados pelo DEOPS/SP. A função do departamento é servir ao governo, mantendo lealdade às suas diretrizes. Impessoalidade para o profissional de polícia rimava com o seu não envolvimento em querelas políticas.[75]

O próprio autor demonstra que o cumprimento dessas regras é algo apenas hipotético, quando cita os argumentos de um policial, acusado de leniência com os integralistas, que disse ter sido "sempre fiel aos vários governos" com os quais trabalhara.[76] O depoimento de um desses agentes pode ser emblemático para a compreensão desse complexo fenômeno, ainda que não possamos considerá-lo senão como uma pista para entender essas intricadas relações.

---

(74) O A pasta do DET no DOPS aparece sob o código DEL 1.555, Caixa 64. O citado artigo de NEGRO e FONTES mostra-nos a abrangência e peculiaridades do processo investigativo sobre trabalhadores e também revela a estreita relação entre o órgão de investigação policial e a Delegacia Regional do Trabalho de São Paulo, em período posterior ao estudado por mim.
(75) FLORINDO, op. cit., p. 75.
(76) Idem, ibidem.

Essas referências feitas a obras que caracterizam a natureza da ação do DOPS objetivam demonstrar, introdutoriamente, a complexidade do problema ao relacionarmos a ação do Departamento Estadual do Trabalho junto ao órgão de vigilância e repressão pertencente ao mesmo corpo do Estado paulista.

Ao fazer um breve levantamento de nomes que circularam pelo Departamento do Trabalho não encontrei muitas informações relevantes. A recheada gama de informações que constam na ficha do General Waldomiro Lima contrasta com a exiguidade de informações do controverso Frederico Werneck, este, que agia sob influência dos "tenentes" e fora diretor do DET quando os chefes de polícia eram Miguel Costa e o Major Falconière, ambos também "tenentes". É difícil crer que o fichário do DOPS tenha se mantido intacto e imune às interferências de algumas pessoas influentes e que conheciam bem o ambiente daquele órgão de "inteligência". Nos momentos de mudanças políticas na cúpula administrativa do Estado, o DOPS podia mudar de direção e de orientação. Assim, facilmente, a arma da informação clandestina e privilegiada poderia voltar-se contra quem antes a manejava.

Um relatório assinado pelo "reservado" "M. de S." revela não apenas aspecto obscuro do DOPS, mas também um pouco do estado movediço desse órgão no instável período aqui tratado. Após fazer um alerta sobre a então recém-descoberta atividade da União Operária e Camponesa do Brasil, nos Estados do Rio de Janeiro e de São Paulo, que, para o investigador, iria substituir o Partido Comunista, o senhor "M. de S." dirige o seu olhar para dentro do DET:

> O comunista Manoel Vigo, que pertenceu à Light, esteve no Departamento do Trabalho, e lá teve promessa de que não só seria readmitido na Light, como também lhe diriam quem é o elemento da Light que o denunciou. Ele falou com um tal de Cunha, que eu suponho ser o Dr. Pedro Cunha, comunista, empregado no Departamento do Trabalho. Ele diz que esse senhor está muito interessado em saber o que, na verdade, há com ele, e quer que se desmascarem os espiões da Light. No Departamento do Trabalho há outros comunistas além de (trecho rasurado, cobrindo informação) de Pedro Cunha. Bem conhecidos são o CAPITÃO VIEIRA e o FRAGOSO. Ora, estes homens e mais Cunha têm seus amigos na Polícia e não será por certo muito difícil eles saberem de tudo o que se tem passado. Por isso, acho bom umas providências visando não se permitir que eles descubram os nossos passos.
>
> São Paulo, 10 de maio de 1933.
>
> M. de S. Reservado[77]

---

(77) Este relato foi extraído de documento constante da pasta do DET no DOPS (Del.1.555, caixa 64). Coincidentemente este mesmo documento aparece no citado livro do Florindo (p. 175-6), quando ele analisa as ações do agente duplo e "reservado" Mário de Souza, infiltrado no ambiente

Recordemos que nessa data o governador paulista era Waldomiro de Lima, e o diretor do DET, Frederico Werneck. Esse inusitado documento nos instiga a reiterar as questões: a determinação e controle das investigações no DOPS sempre partiam de um único comando? Como ficava o Departamento nos momentos de alterações na composição das forças políticas das cúpulas dos governos? A mudança na hierarquia superior determinava, necessariamente, mudanças nos quadros funcionais subalternos que exerciam diretamente os atos de investigação? Como seria passar de investigados a investigadores e vice-versa? A leitura desse documento nos sugere que no DOPS havia trabalhos realizados por pessoas hostis aos governantes. Passagens do documento do DOPS deixam claro que amizades influentes na polícia poderiam, inoportunamente, revelar o esquema que contava com rede de delação desde as fábricas até ao ambiente policial. Nas observações de Marcos Florindo sobre esse agente "reservado", há uma citação do próprio agente "M. de S." (Mário de Souza) em que ele alerta para a necessidade de cautela e do "máximo sigilo", posto que ele teria "inimigos em todo lugar, principalmente na polícia".[78]

A pasta do DET é recheada de pedidos de investigação feitos pelo Departamento ao DOPS, principalmente sobre trabalhadores que postulavam cargos de direção nos sindicatos, durante as décadas de 1930 e 1940. No ambiente da Segunda Guerra Mundial, os olhos da repressão se focaram para os estrangeiros originários dos países do eixo. O DET intermediou muitas consultas entre empresas e DOPS que vasculhavam atividades de operários, principalmente de alemães, mas também de japoneses, italianos e de outras nacionalidades "suspeitas". Pressionados pelo DET, essas consultas eram geradas também desde o interior dos próprios sindicatos de trabalhadores. A ocorrência no Sindicato dos Bancários, citada por Letícia Canêdo, serve aqui apenas como ilustração:

> Em entendimentos com a Superintendência de Ordem Política e Social, que ameaçava fechar o Sindicato, Francisco Reimão [presidente da Junta

---

sindical. O autor encontra cópia desse documento no prontuário do PCB, n. 2.431, doc. 93 (p. 175-6). Talvez não seja presunção se reiterar os cuidados que o historiador deve ter ao ler qualquer tipo de documento primário, em especial aqueles constantes nos acervos dos órgãos de repressão. Não se espera que ali se encontrem informações totalmente fidedignas e verdadeiras. As fontes policiais trazem ricas e importantes informações que auxiliam muito as pesquisas, principalmente quando se realiza o cruzamento com outras fontes documentais. Os comunistas, por exemplo, foram sempre não apenas alvos privilegiados da investigação policial, mas também motes justificadores para a ação repressiva generalizada sobre qualquer tipo de ação que contrariasse os interesses dos governantes da ocasião. Portanto, a denominação de *comunista* para qualquer indivíduo suspeito, poderia ser fruto fantasioso da imaginação do investigador/ espião, ou mero artifício para impressionar os seus superiores e justificar a ação repressiva. Nesse caso, o agente deve estar se referindo ao advogado Pedro Theodoro da Cunha, funcionário de longa vida do DET, que aparentou ter se destacado na fase "tenentista" do Departamento e permaneceu ativo, mas jamais deu indícios de simpatia com os comunistas. No artigo de Karepovs (p. 177) Cunha consta em chapa do PSB-SP, num primeiro momento, para constituinte de 1934.
(78) Florindo, *op. cit.*, p. 176.

Provisória do sindicato de trabalhadores] prometeu e cumpriu, eliminar do Sindicato todos os elementos considerados extremistas. Foi enviada para aquela delegacia, através do DET, uma relação de todos os sócios do Sindicato, a fim de que ela fizesse a indicação dos elementos que a Junta deveria eliminar. O resultado foi a não intervenção no Sindicato e os dirigentes se tornaram "merecedores da confiança das autoridades públicas, quer federais, quer do Ministério do Trabalho, quer do DET.[79]

Essa ação conjunta entre os órgãos do Estado, em colaboração com os patrões, se aprofundaria a partir de 1935, com a intensificação da vigília e repressão permitida pela chamada "Lei Monstro". Ao relatar o episódio de uma greve no ABC, John French observa que:

> os empregadores cujos operários estavam em greve logo se valeram das vantagens oferecidas pelo zelo repressivo do Estado posterior à declaração da ilegalidade da ANL. Em poucos dias o DET e o DOPS pediram ao subdelegado da polícia local que investigasse a greve, a pedido dos empregadores.[80]

Entretanto, analisando os prontuários do DOPS, Marcos Florindo demonstra que, já em 1932, os relatórios policiais destacavam a importância da penetração nos espaços produtivos para fins investigativos e de repressão, a fim de "organizar um regular corpo de reservados para as fábricas, empresas e fazendas mais importantes, para poder estar assim a par de todos os planos".[81] Disso, o autor conclui que "a infiltração policial estava inserida na pedagogia do terror requerida para o mundo do trabalho livre" e provocava uma barreira que interditava a ação dos operários que se viam obrigados a renovar constantemente as suas medidas de segurança.

Negro & Fontes, ao pesquisarem fichas do DOPS, em outro contexto político, também comentam sobre as colaborações ao órgão de repressão:

> Para ser bem-sucedido, o DEOPS dependia em muito da montagem de uma rede de favores e colaborações, costurada inclusive com trabalhadores, mas, claro, as empresas cumpriam papel destacado. São comuns as correspondências e trocas de informações entre os serviços de segurança industrial a as chefias policiais (...)
>
> (...) A rede de colaborações de DEOPS não incluía apenas proprietários e gerentes de empresas. Certas direções sindicais alinhavam-se em perfeita sintonia no combate a movimentos fabris e oposições sindicais.[82]

---

(79) CANÊDO, Letícia. *Op. cit.*, p. 67. Essa passagem foi extraída de Ata da Reunião da Junta Governativa do Sindicato dos Bancários, datada de 17.4.1936.
(80) FRENCH, J. *Op. cit.*, p. 62.
(81) Florindo, Marcos. *Op. cit.*, p. 103.
(82) NEGRO & FONTES. *Op. cit.*, p. 164-165. Na sequência, os autores ilustram o fato com alguns exemplos.

A pasta do DET no DOPS revela que essas consultas eram formalizadas em ofícios que expõem situações delicadas ao colocarem risco de perda de emprego e até aprisionamento do trabalhador. O DOPS expedia pareceres determinantes para os destinos dos investigados. Trata-se de uma conduta comum e típica daquele período, quando o Estado se pretendia onipresente e onisciente. Nada que altere o que a historiografia já postulou sobre o tema.

A relação entre o DET e a polícia é explícita e é fato que aparece no citado relatório do IDORT, de 1934, quando este trata das relações hierárquicas no Departamento do Trabalho. Após caracterizar as relações do DET com a Secretaria de Agricultura e as "estreitas relações com o Ministério do Trabalho", o relatório cita o terceiro agente administrativo nessa cadeia:

> O mesmo sucede com a Chefatura de Polícia. As ligações entre a Sub-Diretoria de Assistência Social e a Polícia são feitos diretamente, assim como com as demais dependências e Secretarias de Estado, quando se tratar de casos de urgência sobre providências e garantias diversas.[83]

O mecanismo de controle (policial) estava inspirado na própria lei que implantou a sindicalização oficial no pós-1930, tendo em vista que o Decreto n. 19.770 exigia que o sindicato, para ser reconhecido, enviasse ao MTIC relação com várias informações dos sócios (art. 2º) e, anualmente, relatórios "dos acontecimentos sociais" que dissessem respeito aos dispositivos do Decreto (art. 4º) com as informações dos associados.

O que vale ressaltar aqui apenas é a relação estreita entre os dois Departamentos, o do Trabalho e o de Operações Políticas e de Repressão. Fato simbólico e expressivo, que se traduz nas correspondências entre esses órgãos, uma delas datada de 23 de setembro de 1933, em que o DET solicita ao DOPS inspetores que se disfarçariam de funcionários do Departamento do Trabalho, a fim de obter informações e promover a repressão:

> Tendo sido notada, neste Departamento, a presença de elementos suspeitos, que confabulam com alguns funcionários da repartição, venho solicitar urgentes providências de V.Sa. no sentido de mandar destacar para servir, nesta Diretoria, dois inspetores, que aqui deverão permanecer, das 12 às 18 horas, como se fossem novos funcionários admitidos, até que se normalize a atual situação.[84]

Pelas características diplomáticas aparentes, esse é um ofício formal e regular, numerado, assinado pelo diretor interino do DET, que solicita urgência e confidência e traz as marcas de um processo com despachos. Ele é datado de 29 de setembro

---

(83) Relatório do IDORT, p. 19.
(84) Pasta do DET no DOPS.

de 1933, quando o governador paulista já era Armando de Salles Oliveira, este que, aliás, possui várias pastas que formam um dossiê bastante vigoroso no DOPS.

Essa ação do DET, já na gestão após "tenentes", em 1933, se assemelha à já citada atitude da repartição durante as greves em São Paulo em julho de 1931, quando o órgão, sob a batuta do major "tenente" Heitor Lobato do Valle, costurou um acordo com a polícia e a FIESP para a guarda armada das fábricas "ameaçadas" pela "desordem".[85]

Esse comportamento dos gestores do Departamento do Trabalho favorece as ácidas críticas dirigidas a esse Departamento, feitas pelos sindicalistas mais reativos a aspectos da intervenção estatal nas questões do trabalho. Letícia Canêdo destaca depoimento de dirigente da Coligação de São Paulo veiculado no jornal *A Platéa*, de 11.9.1934:

> A função do DET é de sabotar os Sindicatos conscientes e apoiar com todos os meios e por todos os modos os penetras, os amarelos, os policiais nos Sindicatos. Sabemos que alguns fiscais da Fiscalização Social do DET estão fazendo uma campanha baixa e mesquinha contra a Coligação, estribando-se em asneiras de toda espécie (...). Provaremos que o DET é uma repartição de Polícia apenas, e que está sabotando todo o trabalho dos Sindicatos.[86]

Essa associação entre o DET e o DOPS também aparece na obra de French quando relata a repressão a uma greve nas fábricas de móveis no ABC, em setembro de 1935:

> Em poucos dias, o DET e o DOPS pediram ao subdelegado da polícia local que investigasse a greve, a pedido dos empregadores.[87]

Enfim, essa relação complexa entre os órgãos do Estado paulista demonstra que, não obstante os conflitos entre eles, havia uma sintonia de ação, principalmente quando se tratava da atividade de combate ao "comunismo", que, no final das contas, servia como discurso legitimador da ampla repressão.

Entretanto, deve-se sempre lembrar que essa prática não era peculiar do órgão paulista, mas ela representava a estratégia traçada pelo próprio Ministério do Trabalho. Marcelo Badaró Matos refuta, para esse período aqui estudado, a ideia de pacto em que os trabalhadores estariam abrindo mão da autonomia dos seus sindicatos em troca de benefícios materiais concedidos pela legislação social. Ele também destaca o processo de aniquilação das lideranças sindicais combativas, feita por intermédio de "violenta repressão para que o conformismo dos pelegos se instalasse", e acrescenta:

---

(85) FIESP: circular 164, de 22.7.1931.
(86) CANÊDO, L. *Op. cit.*, p. 142.
(87) FRENCH, J. *O ABC...*, cit., p. 62.

A complementaridade entre a ação controladora do Ministério do Trabalho e a atuação repressiva da polícia política, como duas frentes da mesma política governamental de anulação da capacidade de organização autônoma e a ação coletiva dos trabalhadores, explica de onde falava e em que espaço ecoava o discurso trabalhista oficial.[88]

Badaró Matos está se referindo à ação do Ministério em conjunção com a Delegacia Especial de Segurança Política e Social (DESPS), do então Distrito Federal.

A face conciliadora do Estado: o DET mediador no rastro da Justiça do Trabalho

Pode parecer algo paradoxal, porém, tentarei agora tratar da dimensão conciliadora do DET, justamente após apresentar a sua face arbitrária e coercitiva. O paradoxo é apenas aparente, porque a complexidade é característica do Estado moderno multifacetado, que alterna (ou usa simultaneamente) as armas da repressão com a política da conciliação, mas sempre necessitando aparentar neutralidade.

Chamou-me a atenção o fato de o DET intermediar tantas reclamações e consultas feitas pelos trabalhadores, conforme se viu anteriormente. Ainda que não se revele algo inédito, não deixa de ser relevante refletir sobre a metamorfose de uma Justiça que é gestada dentro do aparelho Executivo do Estado.

Desde 1930, o papel arbitral do DET ganha consistência e reforça o equipamento institucional que iria desaguar na criação de um ramo específico da Justiça voltado para a questão do trabalho.[89] Samuel Souza mostrou, em sua tese, como o primeiro organismo, no plano federal, vinculado ao Executivo, criado para funcionar como órgão consultivo e para estudos — o Conselho Nacional do Trabalho (1923) — foi absorvendo, tacitamente, funções arbitrais, desde a sua origem.[90] Processo parecido pode ser percebido com a experiência do Departamento do Trabalho paulista.

---

(88) MATOS, Marcelo Badaró. *Trabalhadores e sindicatos no Brasil*. São Paulo: Expressão Popular, 2009. p. 72 e 73.
(89) Algumas produções acadêmicas demonstram o interesse em historicizar com mais minúcias a formação da Justiça do Trabalho no Brasil, agregando aquelas produções clássicas que versam sobre a formação do Direito do Trabalho a partir de perspectiva sociológica. Ver: MOREL, Regina L. Moraes; PESSANHA, Elina G. da Fonte. Magistrados e trabalho no Brasil: entre a tradição e a mudança. Rio de Janeiro: *Revista Estudos Históricos*, n. 37, 2006; BIAVASCHI, Magda. O *Direito do trabalho no Brasil, 1930-1942*. A construção do sujeito de direitos trabalhistas. São Paulo: LTr, 2007. VARUSSA, Rinaldo José. *Legislação e trabalho*: experiências de trabalhadores na Justiça do Trabalho em Jundiaí-SP, 1940-1960. São Paulo: PUC-SP, tese de doutorado, 2002; SOUSA, Samuel. *Op. cit.*; CORRÊA, Larissa Rosa. *A tessitura dos direitos*: patrões e empregados na Justiça do Trabalho, 1953 a 1964. São Paulo: LTr, 2011, e outros.
(90) SOUZA, Samuel Fernando de. *Op. cit.*, especialmente o primeiro capítulo.

Ao observarmos de perto toda a trajetória do DET, poderemos perceber que esse organismo parece sintetizar, com alguma fidelidade, todo o processo de formação e consubstanciação do ramo do Direito do Trabalho e da própria Justiça do Trabalho no Brasil, a partir da experiência paulista. Se na Primeira República ele se constituiu em importante caixa de ressonância de um pensamento legislador e prototrabalhista, a partir de 1930 esse organismo irá protagonizar a intervenção direta, com caráter oscilante entre o arbitral/conciliador e o arbitrário/impositivo.

Alguns grupos que aderiram ao projeto vitorioso na Revolução de 1930 vislumbraram uma grande utopia: a possibilidade de transformação radical de estruturas sociais iníquas por meio da montagem de um grande aparato jurídico baseado em uma suposta Justiça social equitativa, acompanhado por instituições de fiscalização que iriam garantir o cumprimento das leis. De fato, nesse período, todos os mecanismos que visavam à regulação, à regulamentação, à normatização e à arbitragem, no âmbito do trabalho, foram gestados e criados dentro do aparelho Executivo do Estado. Além da enorme gama de leis trabalhistas criadas desde 1931,[91] várias instituições com caráter fiscalizador, conciliador e arbitral são criadas e imediatamente postas em andamento. Vale ainda destacar todo arcabouço teórico e os debates que irão se ampliar e se consolidar em torno da formação do ramo específico do Direito voltado para as questões do Trabalho.

O Decreto n. 21.396, de 12 de maio de 1932 institui os dissídios coletivos e cria as **Comissões Mistas de Conciliação** que tratavam de regular condições e preço da força de trabalho, enquanto que as **Juntas de Conciliação e Julgamento** são criadas pelo Decreto n. 22.132, de 25 de novembro de 1932, para dirimir conflitos individuais.

Em 1º de agosto de 1932, o Decreto n. 21.690 institui as Inspetorias Regionais do Ministério do Trabalho, que são regulamentadas pelo Decreto n. 22.244, delegando a essa instância, entre as suas numerosas atribuições, o papel de fiscalização da legislação social vigente e também o de orientar e facilitar o processo de sindicalização. Cabia, ainda, ao Inspetor Regional, "a organização das comissões mistas de empregadores e empregados, tomando conhecimento dos seus atos e decisões" e intermediar as "reclamações relativas às leis de férias e a outras leis de assistência social e proteção ao trabalho, que lhe forem apresentadas por empregados, empregadores e operários".[92]

---

(91) Leis que instituem, regulamentam ou que aperfeiçoam normas já existentes. A título de ilustração, cito: a Carteira Profissional, a "nacionalização" do trabalho ("Lei dos 2/3"), direitos da mulher, regulamentação da jornada de trabalho e do salário mínimo, acidente de trabalho, lei que normatiza sobre a despedida do empregado. Todas essas leis foram editadas até 1935.
(92) Conforme art. 7º, § 1º, do referido Decreto.

Essas instituições e, mais que isso, o processo real que elas desencadeiam no mundo do trabalho[93] vão se constituindo como elementos embrionários da Justiça do Trabalho,[94] mas que ainda se vinculavam ao Poder Executivo, o que não se ajustava ao princípio de autonomia dos três Poderes republicanos. A minha pesquisa tenta evidenciar como o Departamento do Trabalho em São Paulo atuou nesse processo de constituição das chamadas *fontes materiais* do Direito do Trabalho no Brasil.

No boletim do MTIC, de fevereiro de 1935, aparece uma pequena nota comunicando a instalação da primeira Junta de Conciliação do Estado de São Paulo:

> Instalou-se em São Paulo a 1ª Junta de Conciliação e Julgamento daquela cidade. Comunicando o fato ao Sr. Ministro do Trabalho, dirigiu-lhe o Sr. Waldomiro Léon Salles, inspetor regional, o seguinte despacho:

> "De São Paulo, 11 — Comunico a V.Ex. que, em presença dos representantes do Departamento Estadual do Trabalho e da imprensa, instalei na sede da Inspetoria Regional do Ministério do Trabalho a Junta de Conciliação e Julgamento da Capital, dando posse ao respectivo presidente, Dr. Alfredo Ellis Machado, e vogais, Srs. Carlos Wild Junior e Carmello Calábria. Nos meios trabalhistas de S. Paulo repercutiu de maneira mais favorável a instalação desta primeira Junta de Conciliação e Julgamento, a qual constitui o primeiro passo da Justiça trabalhista que V. Ex. realizará com a infatigável operosidade e a sábia proficiência de que é dotado. Respeitosas saudações. — Waldomiro Léon Salles, inspetor regional".[95]

Essa pequena nota nos revela a cogestão das coisas relativas ao trabalho no Estado de São Paulo, entre o DET e a IRT-SP, além de nos informar o nome do Inspetor Regional, Waldomiro Léon Salles, algo que desconhecíamos. A IRT sedia a referida Junta, pois, conforme vimos, cabia à Inspetoria a organização das Comissões Mistas. As informações até aqui colhidas nos indicam que o Departamento Estadual protagonizava a intervenção mais direta e a gestão das relações de trabalho, cabendo à Inspetoria a função de execução das ações impetradas pelo DET. Trecho do relatório de atividades apresentado pelo governador Armando Salles à Assembleia Legislativa em julho de 1936 sugere essa divisão de funções entre os órgãos:

---

(93) Conflitos de classes, debates, julgamentos, pareceres, fóruns, publicações especializadas são produtos da formação desse ramo do Direito, mas também são produtoras das chamadas *fontes materiais* que irão desaguar na consolidação do Direito do Trabalho. A citada obra de Magda BIAVASCHI trata, com algum nível de detalhamento, da formação da Justiça do Trabalho no Brasil. A autora mostra como a legislação social iluminou a atuação das Juntas de Conciliação e Julgamento no Rio Grande do Sul e auxiliaram na fundação do Direito do Trabalho.
(94) O art. 122 do título IV da Constituição promulgada em 1934, já instituíra a criação da Justiça do Trabalho que se institui por meio do Decreto n. 1.237.
(95) *Boletim do MTIC* n. 6, p. 370/371.

O serviço de verificação de infrações dos vigentes dispositivos federais produziu no 1º semestre os almejados efeitos: autuaram-se 664 casos, encaminhando-se 567 deles à Inspetoria Regional do Ministério do Trabalho, para imposição da multa cominada, de acordo com a hipótese.[96]

Entretanto, as informações oficiais já arroladas neste trabalho, testemunham que o Departamento paulista assumia, de fato, um papel mediador que acolhia as reclamações de empresas e trabalhadores. Os números sobre o desempenho do DET, informados pelos relatórios oficiais, não são desprezíveis, ainda que devam ser vistos com reservas. Optei por manter os dados em longa citação, por considerá-los relevantes, que demonstram a abrangência da ação assistencial do Departamento e por serem eles, pela primeira vez, divulgados, nesta perspectiva. Com relação ao ano de 1935:

> Passaram pela Seção de Fiscalização do Trabalho Industrial e Comercial perto de 46.554 processos, dos quais foram completamente liquidados 38.464.
>
> Liquidaram-se amigavelmente em favor de trabalhadores agrícolas questões no valor de 1.600:000$000 e recolheu-se à Caixa do Departamento a soma de 228:107$900, resultante da dívida dos empregadores para com os seus empregados.
>
> O movimento de sindicatos até 31 de dezembro foi de 295, sendo da lavoura e pecuária, 51 de empregadores e 13 de empregados; da indústria, 75 de empregadores e 36 de empregados, das profissões liberais 12.
>
> A Seção de Prontuários e Identificação expediu 52.231 carteiras profissionais (....).
>
> (...) Foram vendidas e entregues pelo Departamento, durante o ano, 132.484 cadernetas agrícolas oficiais de contrato entre empregadores e empregados da lavoura.
>
> (...) O número de questões liquidadas foi de 1.314 na seção industrial e 247 na agrícola.[97]

Os números impressionantes referentes ao ano de 1935 são agregados àqueles da primeira metade do ano de 1936:

> Os serviços da Seção de Fiscalização do Trabalho, que empreendem só o primeiro semestre acusam 17.339 processos, afora 7.716 de 1935,

---

(96) Mensagem apresentada pelo governador Armando de Salles Oliveira à Assembleia Legislativa de São Paulo, a 9 de julho de 1936, p. 33.
(97) Informações extraídas da referida Mensagem apresentada pelo Governador Armando de Salles Oliveira à Assembleia Legislativa de São Paulo a 9 de julho de 1936.

num volume geral de 25.055; ultimaram-se 20.959, baixando para 4.096 o número dos que pendiam de solução.

(...) Nos primeiros seis meses do ano receberam autorização para trabalhar 13.209 menores: 8.266 satisfazendo todas as exigências da lei (autorização definitiva) e 4.943 sob a condição de frequentarem a escola (autorização provisória). Submeteram-se à prova de alfabetização e foram aprovados, 5.683.

O serviço de verificação de infrações dos vigentes dispositivos federais produziu no 1º semestre os almejados efeitos: autuaram-se 664 casos, encaminhando-se 567 deles à Inspetoria Regional do Ministério do Trabalho para imposição de multa cominada, de acordo com a hipótese.

Os fiscais e subfiscais da Seção fizeram 1.759 visitas a estabelecimentos industriais e 223 a comerciais, na Capital; 667 a estabelecimentos industriais e 302 a comerciais, no interior — num total de 2.591 visitas.[98]

Os dados avultam quando somados aos números resultantes das ações da Seção de Fiscalização Comercial e dos Transportes, da Seção de Fiscalização do Trabalho Agrícola, da Agência de Colocação e, também, da Delegacia Regional de Santos. Vale destacar os números da Seção de Fiscalização Sindical, que autuaram 319 processos e 62 pedidos de reconhecimento de novos sindicatos, em 1936, que se somam aos 157 processos sindicais, oriundos do ano de 1935, e que ainda estavam em curso, sendo 32 de reconhecimento e 26 de adaptações de sindicatos. O relatório ainda cita as 50.595 cadernetas profissionais expedidas.

O projeto de lei que tramitou na Assembleia Legislativa, sob o n. 312, de 1936, propunha a reorganização do DET, baseado no "extraordinário" crescimento dos trabalhos naquela repartição, justamente em decorrência do aumento da demanda de serviços, principalmente por trabalhadores.

> Os algarismos sempre foram, em casos como este, bem mais eloquentes que as palavras, assim os quadros demonstrativos que acompanham a representação, provam que no ano de 1935 à Subdiretoria de Assistência Social coube 80% do movimento de papéis recebidos e protocolados do Departamento e 65% dos papéis expedidos, porque pelas suas seções movimentaram-se 51.117 processos, 26.208 trabalhadores foram encaminhados, 125.222 cadernetas agrícolas e 52.231 carteiras profissionais foram fornecidas.[99]

Creio que seria um trabalho de grande valia se levássemos adiante o aprofundamento desse item, analisando esses números e tentando localizar

---

(98) Informações extraídas de Relatório que acompanha a "Mensagem" citada acima.
(99) Cf. Projeto n. 312, de 1936, ALESP.

detalhes desses processos. Porém, isso requereria pesquisa que extrapolaria muito o escopo deste projeto. O fundamental seria analisar a natureza dessas "liquidações". A quem elas teriam beneficiado, essencialmente? Em que medida a intensidade de autuações resultou em aumento, de fato, das regularizações? O aumento constante e crescente das ocorrências trabalhistas pode indicar intensificação da atuação estatal, mas também aumento e/ou permanência da ocorrência de irregularidades, o que nos levaria a inferir sobre a ineficácia da ação estatal.[100] Como essa análise nos é impossível neste momento, apenas nos resta destacar que esses números absolutos (por exemplo, a passagem de 46.554 processos, sendo que cerca de 83% foram "liquidados"), mesmo sem entrar no mérito dos conteúdos e a natureza dos julgamentos, convenhamos, é algo bastante expressivo, pelo menos para indicar um sentido da ação e reação no conflito de classes naquele período. Temos que lembrar que esses números são representativos de apenas uma parcela da classe trabalhadora, posto que, só tinha direito a impetrar recurso perante os órgãos de conciliação e julgamento aqueles que possuíssem carteira profissional e também fossem sindicalizados.

Essa função arbitral que o DET vinha assumindo nos conflitos do trabalho em São Paulo explica porque o Departamento migrará da esfera da Secretaria de Agricultura para a Secretaria da Justiça e Negócios do Interior, em 6 de abril de 1935, mediante o Decreto n. 7.078. A partir de então, finalmente, o DET se libera totalmente das atividades voltadas para a imigração, que permanecerão sob jurisdição da Secretaria de Agricultura.[101] Tal Decreto fora editado "considerando que a obra de assistência social e as medidas referentes à defesa do trabalho e respectiva legislação são aspectos fundamentais da atividade que deve ser exercida pela Secretaria de Justiça".

Esses números expressivos indicam não apenas o papel importante protagonizado pelo DET, mas sugerem também que os trabalhadores estariam se adequando à nova realidade que impunha a mediação estatal, ao buscarem, por meio dela, reaver os seus direitos. Contrariados ou não, iludidos ou por completa falta de opções políticas sob uma conjuntura cada vez mais fechada para ações diretas, o certo é que os números indicam que parcela significativa dos trabalhadores submetia os seus problemas, individuais e coletivos, relativos ao trabalho, à mediação do DET e/ou MTIC, orientados pelos órgãos de classe, advogados, ou por iniciativa individual.

---

(100) Levanto essa questão baseado em cálculos trabalhados no artigo de CARDOSO, Adalberto e LAGE, Telma. A inspeção do trabalho no Brasil. Rio de Janeiro: *DADOS, Revista de Ciências Sociais*, n. 3, p. 451-490, 2005, que demonstram que, ainda nos dias de hoje, há uma alta taxa de autuação combinada com uma alta taxa de regularização, o que nos leva a concluir que a grande maioria dos empresários continua a não respeitar as leis do trabalho, respaldados, inclusive, pela ineficácia da fiscalização.
(101) Por esse Decreto, além do DET, outras repartições também passarão a compor a Secretaria de Justiça e Negócios do Interior: Imprensa Oficial, Departamento de Administração Municipal e a Procuradoria de Terras.

O DET e a metamorfose da Justiça do Trabalho

Foram esses números que aguçaram a minha curiosidade para compreender o papel que o Departamento assumia na cadeia administrativa e jurídica. Uma das formas que encontrei para nos aproximar desse pouco conhecido aspecto, foi pesquisando, ainda que superficialmente, alguns poucos processos que sobreviveram à sanha destrutiva do racionalismo estúpido daqueles que deveriam enxergar no documento algo mais do que o seu sentido de prova para o qual fora produzido.[102]

O Tribunal Regional do Trabalho de Campinas parece se esforçar em se redimir da prática dessa lógica arbitrária de queima de memória, pois estruturou o Centro de Memória, Arquivo e Cultura (CMAC) da Justiça do Trabalho, à base de um competente trabalho arquivístico.[103] Foi esse monumental esforço que me permitiu o acesso àqueles que, tudo indica, são os mais antigos processos trabalhistas do estado de São Paulo. Em duas simples pastas de arquivo couberam alguns processos trabalhistas do final da década de 1930, da cidade de Araraquara, nas quais o DET aparece como órgão mediador.

A caixa contendo processos de Araraquara revela-nos uma maior diversidade de caminhos percorridos nos trâmites judiciais no mesmo período, que, se expostos, nos dariam um panorama mais rico da realidade. O caso inconcluso de *Elias Laund* contra a firma *Diana Lopes e Cia. Ltda.*, que demonstra preocupação da Justiça com a aceleração do processo; o processo de *Ernesto Sieger* contra a *Beneficência Portuguesa*, que se iniciou a partir de uma carta de sua esposa, dirigida ao Ministro do Trabalho, que denuncia a demissão do marido, radiologista, mas que, em dado momento, exigiu-se que as partes contenciosas observassem a "Lei do Selo", impondo, assim, a tramitação pelos canais regulares; o caso da menor, de 15 anos, *Lucrécia Leiro*, assumido inteiramente pelo DET, que resultou no pagamento de indenização pelo acusado, o cirurgião dentista *Mário Opice*; o caso de *Elvira Perosa*, que engrossou as estatísticas dos empregados demitidos à beira de completar 10 anos de serviços prestados à empresa, no caso, a *Meias Lupo S.A.*, e que não foi mediado pelo DET; ou ainda, do médico *Otávio A. Camargo*, que acionou a *Santa Casa de Misericórdia*, cuja reclamação foi considerada improcedente. Todos esses seriam casos que agregariam elementos interessantes para uma análise e melhor ilustrariam esse processo de metamorfose da Justiça

---

(102) As ciências documentais concebem o documento com dupla característica: uma vez que eles perdem a sua função de prova, para a qual foram criados, alguns deles reservam a qualidade de guarda de informações consideradas de natureza histórica, motivo pelo qual devem ser preservados. O citado livro da Heloísa L. BELLOTO é excelente para introdução ao tema.
(103) Fica aqui registrado o meu reconhecimento ao trabalho arquivístico exemplar do Centro de Memória, Arquivo e Cultura (CMAC) do Tribunal Regional do Trabalho da 14ª Região, com sede em Campinas, porque raro no Brasil, em se tratando de arquivos judiciais.

do Trabalho, desde o âmbito do Executivo para o âmbito do Judiciário, mas que tornariam inoportuna a abordagem neste trabalho.

Por isso, resolvi proceder a uma breve descrição de um desses processos pesquisados, apenas com o intuito de melhor realçar o papel que cumpria o Departamento Estadual do Trabalho, interposto entre os institutos da IRT-SP, DNT e MTIC.

Fui tentado a relatar e analisar esses processos de Araraquara por serem os mais remotos existentes no TRT de São Paulo. Entretanto, a especificidade do meu objeto me impôs a escolha de um deles para descrição mais detalhada para que eu pudesse ilustrar como ocorria a tramitação integral de um processo naquelas circunstâncias de formação da Justiça do Trabalho. Uma verdadeira *via crucis* de um caso que se inicia em 1937 e só se encerra oito anos depois. Creio que seria mais representativo e elucidativo se analisássemos uma ocorrência na capital, buscando prováveis processos íntegros da década de 1940, que, porventura, tivessem sobrevivido em outra regional do Tribunal trabalhista. Porém, optei por esse por ele se localizar mais próximo do recorte temporal que limita esta pesquisa e representar bem o período de formação da Justiça do Trabalho.

O processo de Germano Bratfisch contra a Standar Oil

Tomo o caso de Germano Bratfisch como emblemático por ilustrar as diversas fases da tramitação de processo trabalhista e por revelar com algum detalhe essa metamorfose do que acontece dentro do aparelho Executivo paulista e federal e se conclui já no ambiente de funcionamento da Justiça do Trabalho.[104] Algumas minúcias na descrição visam chamar a atenção para os rituais jurídicos e administrativos utilizados nesse caso particular, mas que, de alguma forma, deve representar a prática comum naquele período.

O operário Germano Bratfisch foi demitido em 2 de setembro de 1937 e, em outubro do mesmo ano, deu entrada no Departamento Estadual do Trabalho em um processo contra a Standard Oil por ter sido demitido sob acusação de se dirigir ao trabalho embriagado. O requerente Germano se defende da acusação afirmando que a empresa não cumpriu os trâmites previstos em lei, nos casos de demissão, e ainda alega o fato de ter trabalhado mais de 10 anos na empresa. Por essa razão, na capa[105]

---

(104) Trata-se do processo n. CNT 2610/43 que compõe uma das caixas de Araraquara-SP, localizado no TRT de Campinas-SP. Para fins do meu propósito nesta tese, não tenho nenhum interesse em procurar analisar o processo em si, apenas quero extrair dele informações que revelem a mediação feita pelo DET e a tramitação entre as diversas instâncias.

(105) Este processo possui uma capa interna do DET, com um número de protocolo, indicando a instância primária a acolher o processo e outra externa, do Conselho Regional do Trabalho, com carimbo sobreposto do Conselho Nacional do Trabalho, com outro número de protocolo, em cuja capa aparece citação de que se trata de recurso contra a decisão de Juiz de Direito da comarca de Araraquara.

do seu processo consta o destaque da "Lei 62".[106] O depoimento de Germano gera um primeiro ofício, certamente elaborado por um advogado do DET, dirigido ao diretor do Departamento, expondo a motivação do processo, documento este assinado e com firma reconhecida, o qual é encaminhado à Seção de Indenizações do mesmo Departamento. O DET marca para o dia 26 de outubro de 1937 o comparecimento das partes envolvidas.

Na data marcada, um representante da Standar Oil comparece ao DET, o que gera documento justificando a demissão alegando "falta grave" e recorrendo à mesma "Lei 62". O preposto da empresa anexa uma carta que teria sido encaminhada ao DET um mês antes, comunicando a demissão e a sua motivação, e também documento com assinaturas de cinco trabalhadores, que "testemunhavam" a ocorrência reincidente de embriaguês do colega Germano.

Ao final de novembro, Julio Tinton, Chefe da Seção de Indenizações, encaminha o caso a um fiscal para que se buscasse uma "solução amigável ou instruir convenientemente" o processo.

Em 1º de dezembro, o gerente da Standard Oil reitera a posição da empresa, confirmando o motivo da demissão, em razão da "habitual embriaguês" do operário, sendo que, desta feita, ele teria ido acompanhado por três trabalhadores que assinaram testemunhos condizentes com o argumento da empresa. Mais três termos de declaração, datados de 2 de dezembro de 1937, assinados por trabalhadores da firma reclamada, reiteram o argumento da empresa contra Bratfisch.

A tramitação segue ainda dentro do DET, encaminhando-se o processo para análise, sem que tenha havido, até então, audiência com o operário reclamante, que, segundo se vê nos despachos, não fora localizado. Em 31 de dezembro, o processo é, então, encaminhado à Assistência Judiciária, para "o que for de direito". O subdiretor desta, J. Papaterra Limongi, encaminha o processo para o parecer do Advogado-Chefe da seção que considera a queixa improcedente, diante das provas da Companhia, mas que, no entanto, o reclamante ainda não havia sido ouvido para a sua defesa. Ao reclamante foi dado prazo de 15 dias para apresentar contraprovas. A carta de comunicação a Germano é emitida em 17 de janeiro de

---

[106] Conhecida como a "Lei da despedida" essa lei foi promulgada em 5 de junho de 1935 e regulamenta o estipulado no art. 121, § 1º, item *g* da Constituição de 1934, que trata da "indenização ao trabalhador dispensado sem justa causa". Entretanto, a demissão sem justa causa já havia sido regulamentada anteriormente pelo Decreto n. 20.465, de 1º de outubro de 1931, art. 53. Entre as principais deliberações da "lei 62", destacam-se a obrigatoriedade de indenização ao trabalhador demitido sem justa causa (art. 1º) e a restrição à demissão quando o empregado tenha mais de 10 anos trabalhando na mesma empresa, exceto por falta grave. Magda BIAVASCHI (*op. cit.*) chamou a atenção para a importância dessa "Lei 62" que teria inspirado boa parte dos processos trabalhistas, alguns dos quais ela analisa.

1938. Em 9 de março desse ano, o diretor do DET solicita que se reitere carta de comunicação da necessidade de contraprovas a serem apresentadas pelo reclamante. A Seção de Indenizações recebe a determinação em 15 de março e a encaminha dois dias depois.

Em 13 de junho de 1938, após reiteradas convocações do reclamante, os registros de tramitação revelam a solicitação de arquivamento do processo, por causa da improcedência da queixa, e solicita que o reclamante retire a carteira profissional que se encontrava anexa ao processo.

A especificidade do meu olhar sobre esse processo orienta a minha atenção para as marcas que revelam aspectos da diplomacia que trata da tramitação burocrática a revelar o curso do documento, em que se inscrevem quatro datas: uma da autenticação (25.4.1938) e três carimbos de protocolo com datas diferentes, 27 (da Diretoria), 28 (do Protocolo), ambas do mês de abril e 7 de julho do mesmo ano, quando é protocolado na Seção de Assistência Judiciária Industrial. Essas datas demonstram as dificuldades no fluxo documental do DET, porém, o teor do ofício elaborado pelo advogado que acompanha Germano Bratfisch é ainda mais revelador. O documento solicita prosseguimento do processo alegando que o advogado do DET que iniciara o serviço "foi obrigado a ir para São Paulo, e desde então, não mais teve curso o processo instaurado a bem dos direitos do requerente".

Há que se levar em conta que estamos tratando de um processo iniciado na "longínqua" cidade de Araraquara (em relação à capital, sede do DET), no entanto, a tramitação aparece assinada por funcionários que certamente estão em São Paulo. Isso pode explicar parte desse largo tempo entre as instâncias. Certo é que o DET estipula mais 30 dias para que o requerente produza as provas ao seu favor. Isso acontece já em 3 de novembro de 1938. Em 22 de dezembro do mesmo ano, o prazo para resposta é estendido em mais 10 dias.

Em ofício datado de 7 de dezembro de 1938, a defesa de Germano reclama que quer o prosseguimento do processo, que apenas havia sido iniciado pelo DET. Interessante que, até então, a defesa do requerente parece não contra-argumentar a alegação da empresa (de embriaguês recorrente), apenas alegando que a tramitação da demissão não ocorrera conforme a lei que reza a necessidade de aviso-prévio e da indenização pelo fato de ter o empregado mais de 10 anos de trabalho na empresa.

Os descompassos no tempo se acumulariam. Segundo um advogado do DET, o processo prescreveria em setembro de 1938, no entanto, ele recebera ofício solicitando encaminhamento dois meses após esse prazo. Em abril de 1939, os advogados ainda discutem sobre o endereço de morada de Bratfisch e tudo está a indicar dificuldades em localizar o operário. Enquanto isso, um ofício do Departamento, de 9 de abril de 1939, esclarece que a empresa requerida teria sede na capital paulista onde deveriam ser "tratados os assuntos referentes ao foro judicial".

Em ofício dirigido ao Diretor do DET,[107] datado de 24 de abril de 1939, o Subdiretor, Papaterra Limongi, dá o parecer de que o processo deva seguir para uma das Juntas de Conciliação e Julgamento da capital, por intermédio da 14ª Inspetoria Regional do MTIC, negando o argumento de prescrição, o que é acatado pelo Diretor e devidamente expedido. O ofício esclarece ainda que deu ciência ao Sindicato de Ofícios Vários de Araraquara, ainda que este não tenha intercedido, tendo em vista que o reclamante procurou diretamente o DET. Em ofício datado de 19 de maio de 1939, o Advogado-Chefe Adhemar Setúbal comunica a Germano Bratfisch que ele deverá "entender-se, com a possível urgência, por escrito, com a 14ª Inspetoria do Ministério do Trabalho, na capital paulista, onde a pendência será devidamente julgada".

Seja pela força do argumento da empresa, que tinha sede na capital, seja pela inexistência de Junta de Conciliação em Araraquara, certo é que o DET remete o processo para uma Junta de Conciliação em São Paulo, por intermédio da Inspetoria Regional, por meio de ofício datado de 13 de maio de 1939.

Uma folha de despacho da Delegacia Regional do Trabalho de São Paulo[108] flagra a aparente dificuldade de tramitação de um processo daquele tipo, naquela circunstância de dificuldade de coordenação das ações entre os diversos órgãos que fazem a mediação da Justiça. Um ano após ter sido encaminhado para São Paulo, o primeiro despacho, datado de 13 de junho de 1940, assinado pelo Delegado Regional do Trabalho, encaminha o processo para "a apreciação da Junta de Conciliação e Julgamento do Município de Araraquara". Mais de um ano depois (11.7.1941), o secretário (provavelmente da DRT) encaminha o processo para o presidente do Conselho Regional do Trabalho. Em 14 de julho de 1941 o presidente do Conselho remete o caso para o Juiz de Direito da comarca de Araraquara. Detalhe: todos esses despachos aparecem sequenciados na mesma folha da DRT-SP. Suponho que toda essa vacilação administrativa demonstre desconhecimento dos caminhos jurídicos a serem tomados, no contexto em que a Justiça do Trabalho está em processo de formação, ainda mais se tratando de município longe da capital. Quando se decide encaminhar o processo para a Junta de Conciliação de Araraquara, ao que parece, desconhece-se o fato de que tal Junta sequer existia. Por isso, o re-encaminhamento para o CRT-SP e deste para o um Juiz de Direito.

Na sequência das folhas do processo, curiosamente, há registros que indicam passagem do processo, de novo, pelo DET, pois há ofício assinado pela Procuradoria Judicial desse Departamento encaminhando o caso para o Juiz de Direito de Araraquara. Chamo a atenção para o fato de que, naquele momento, já estava em vigor o Decreto federal n. 6.596, de 12 de dezembro de 1940, que aprovou o regulamento da Justiça do Trabalho.

---

(107) Neste período Manuel Carlos de Siqueira aparece assinando como Diretor do DET, certamente de forma interina, em razão da morte de Jorge Street em fevereiro do mesmo ano.
(108) Por meio do Decreto-lei n. 2.168, de 6.5.1940 as Inspetorias Regionais do Trabalho passam a se denominar Delegacias Regionais do Trabalho.

Em 25 de fevereiro de 1942, o Tabelião Antonio di Nardo, de Araraquara, emite convocação para a Companhia Standar Oil, para Germano Bratfisch e para Álvaro Monteiro, Procurador do DET em Araraquara, para audiência de conciliação marcada para o dia 6 de março seguinte. A partir de então, começa, de fato, o julgamento do caso, passados quase cinco anos da demissão que originou o processo. Muitas páginas registram os argumentos e recorrências das partes. Testemunhas são arroladas e muitas fontes citadas. Entretanto, apenas me contento em destacar alguns detalhes do caso.

A ata gerada pela audiência mostra a tentativa de conciliação buscada pelo Juiz e reiteradas negativas, o que levou a autoridade a proferir a sua decisão que determinava a reintegração do empregado com pagamento de parte dos salários e encargos atrasados. Fundamentalmente, o Juiz alegou que, desde a admissão do operário, a empresa conhecia o hábito da bebida do empregado, o que o levaria a crer que este "não era um ébrio inveterado e perigoso, tanto que permaneceu mais de dez anos a serviço da firma".

Do parecer do Juiz destaco ainda o argumento que justificou a sua tolerância "tanto à falta de uns como a do outro dos contendores", em relação aos descumprimentos de prazos, uma vez que "a Justiça do Trabalho nessa época ainda não estava bem organizada" e também "a falta de orientação das novas leis trabalhistas, ainda nos seus primeiros dias de aplicação".[109] Enquanto a reclamada era acusada de não ter cumprido o ritual do processo administrativo, no caso da demissão, o reclamante foi acusado de negligência e de ser responsável pelo prolongamento do processo.

Na defesa da empresa, consta a citação de jurisprudência de 1941, decorrente de decisão do Conselho Nacional do Trabalho e publicada na *Revista Legislação do Trabalho*,[110] para um caso supostamente similar, em que a reivindicação do empregado era negada. Por outro lado, o advogado de Germano fez uma defesa calorosa, apelando sutilmente para argumentos classistas, com pitadas *antitrust* e também se respaldou em jurisprudências divulgadas pela mesma Revista do Trabalho.

Naquela altura, a defesa do trabalhador Germano Bratfisch não é feita pelo procurador do DET, mas por advogado particular, constituído quatro dias antes da audiência.

Cinco dias após a audiência, o advogado de Germano recorre da sentença e entra com recurso no Conselho Regional do Trabalho para que o processo siga para instância superior, pois considerou injusta a indenização que não chegou a um quarto do valor reivindicado. O advogado refuta os argumentos do Juiz,

---

(109) Os trechos entre aspas referem-se a termos da última peça referida do processo.
(110) Aquela mesma citada anteriormente, dirigida por Vasco de Andrade.

afirmando que nem a defesa foi negligente nem a Justiça do Trabalho estava mal organizada. O DET aparece citado pelo advogado de Germano como responsável pelo não encaminhamento do processo e ainda afirma que, "receando que o advogado do Departamento do Trabalho não comparecesse [à audiência], o que efetivamente ocorreu, outorgou procuração ao Bacharel Procópio de Oliveira para a mesma defesa".

Também a empresa estrangeira entraria com recurso, recorrendo ao CRT contra a decisão da primeira instância, ao tempo em que recolhia em juízo o valor estipulado pelo Juiz de Araraquara. Uma das alegações da empresa é que a regulamentação do art. 13 da Lei n. 62, que trata dos processos em caso de demissão, só ocorreu em 13 de dezembro de 1938, enquanto a demissão ocorrera em setembro de 1937, quando a Lei não vigorava.

Essas recorrências feitas pelas partes geram novos documentos, testemunhas, juntadas e todas as peças típicas de um processo. Entretanto, ao pesquisar a fonte que fundamentou a defesa do advogado da empresa, encontrei algo que me pareceu relevante. No *Diário Oficial do Estado*, de 13 de dezembro de 1938, o Departamento Estadual do Trabalho publica "instruções relativas aos inquéritos administrativos feitos *ex-vi* do art. 13 da Lei n. 62, de 5 de junho de 1935". Essas instruções visam **preencher lacunas da Lei**, definindo certos detalhamentos sobre procedimentos para a instauração e durante os inquéritos e, assim, elas passarão a vigorar "como normas processuais, enquanto outras instruções não forem expedidas pelos órgãos competentes do Ministério do Trabalho". Segundo o advogado da empresa, a Lei n. 62 não especificava o procedimento dos inquéritos, tanto assim que o DET a regulamentou, sendo que isso acontecera, no entanto, após a demissão do empregado.

Parece-me uma novidade que mereceria aprofundamento. Teria um Estado da federação poderes para regulamentar sobre aspectos de uma Lei Federal à revelia, pelo fato de ela não ser bastante clara? Ou seria esse mais um caso de "precipitação" dos administradores paulistas? Fica registrada essa instigante questão, que não será investigada para não fugir dos propósitos desta pesquisa.

Uma vez encaminhado ao Conselho Regional do Trabalho (19.03.1942), o processo passa à apreciação da Procuradoria Regional da Justiça do Trabalho. O parecer do Procurador-Adjunto, datado de 5 de junho de 1942, consta em três páginas e referenda a decisão anterior da reintegração do operário à empresa, mantém a condenação da empresa referente ao pagamento de salários e às contribuições ao instituto de aposentadoria. O processo retorna ao Conselho Regional do Trabalho. Até dezembro de 1942 o processo continuaria tramitando no Conselho Regional do Trabalho, tendo ocorrido reuniões com os vogais. Em 11 de dezembro de 1942, o Conselho Regional do Trabalho, revertendo as decisões anteriores, julga improcedente "*in totum*" a reclamação de Germano Bratfisch.

O advogado de Bratfisch solicita ao presidente do Conselho Regional a interposição de recurso extraordinário contestando a nova decisão do CRT, acusando divergências entre vários acórdãos do próprio CRT. No texto dessa interposição, aparece a informação curiosa de que o fiscal do DET, Altino Corrêa, durante o processo, passara à condição de advogado da Standard Oil. Quando fiscal do DET, Corrêa aparece dando parecer ao Chefe de Seção (7.12.1937), afirmando não ter encontrado o reclamante Germano e encaminhando o processo apenas contendo a defesa da empresa. O advogado particular de Germano, Procópio de Oliveira, cita esse fato no seu longo argumento, datado de 9 de janeiro de 1943, e encerra a sua solicitação pedindo justiça. De fato, o nome do advogado, Dr. Altino Corrêa, timbra o ofício da Standard Oil, datado de 15.12.1942 e outros subsequentes. O advogado da Standard Oil, Altino Corrêa, também interpõe documento contestando os argumentos do reclamante, também pedindo que se faça justiça.

O caso é re-encaminhado para julgamento na Procuradoria da Justiça do Trabalho, em 24.2.1943 e devolvido ao CRT, acusando falta da sentença do Juiz de Araraquara. Uma série de correspondências é gerada em busca de tal documento, só retomando o encaminhamento em 18 de agosto de 1943.

Em 18 de setembro do mesmo ano, a Procuradoria Geral da Justiça, desta vez, do Conselho Nacional do Trabalho, no Rio de Janeiro, analisa todo o caso e emite parecer negando provimento ao recurso, demonstrando julgar mais procedentes os argumentos da empresa Standard Oil. No entanto, o processo segue para a Câmara de Justiça do Trabalho, do CNT, que designaria conselheiros para julgar o parecer exarado.

Em 14 de fevereiro de 1944, a Câmara de Justiça do Trabalho, do Conselho Nacional do Trabalho, instância máxima de julgamento, por cinco votos a dois, decide dar provimento ao processo, revendo "em parte" a avaliação do parecerista. O Acórdão contendo a decisão e justificativas do CNT, datado de 8 de março de 1943, registra resolução que restabelece, em parte, a sentença do Juiz de Direito da Comarca de Araraquara, quanto a reintegração, pagamento de salários atrasados e as devidas contribuições ao Instituto de Aposentadoria.

O processo é restituído ao Conselho Regional do Trabalho de Araraquara. Uma petição feita pelo advogado de Germano ao Juiz de Direito de Araraquara, datada de 19 de maio de 1944, nos informa que a decisão do CNT, além da indenização, prevê também a reintegração do operário à empresa, mas que houve acordo entre as partes litigantes, segundo o qual o empregado abriria mão de tal reintegração. Pelo que pudemos avaliar, o valor da indenização ficou em um ponto intermediário entre aquilo que reivindicava a defesa do empregado e o valor proposto pela empresa. Assim, finalmente, pode Germano Bratfisch resgatar a sua Caderneta Profissional, que acompanhara todo o processo, que perdurou por quase sete anos.

Algumas ponderações necessárias

Esses relatos mostram o importante papel assumido pelo DET na cadeia administrativa e jurídica dos processos impetrados por trabalhadores. Certamente que os processos podiam seguir tramitações diversas, naquele período em que os mecanismos institucionais ainda estavam sendo criados ou em fase de consolidação.

Porém, é inegável que o Departamento aparecia como a primeira instância arbitral, pois a ele competia encaminhar o processo, antes ou depois das tentativas de conciliação nas Juntas. No caso de Bratfisch, aproveitando-se da deficiência estrutural do DET, nota-se a interferência de advogado particular, que tomou para si o caso, imprimindo-lhe outra direção jurídica e sugerindo que o advogado do DET teria sido corrompido e acabou por se constituir em defesa da empresa estrangeira.

Feito esse percurso que nos revelou o alcance e densidade da natureza conciliadora do DET, a ponderação se faz necessária, pois o discurso oficial traduz apenas uma parte da questão. Ao relativizarmos a grandeza absoluta dos números oficiais expostos, chegaremos a outro panorama.

As fontes primárias reveladas e aquelas citadas a partir dos autores especialistas no assunto demonstraram a leitura crítica feita pelos setores organizados do proletariado em relação à atuação do Departamento Estadual do Trabalho, em que se destacava, principalmente, a incapacidade de fiscalização por parte daquele órgão. Entretanto, críticas com esse mesmo teor foram constatadas pelos próprios funcionários do DET, fartamente relatadas nos depoimentos feitos à sindicância.

Vasco de Andrade, que por muito tempo fora funcionário graduado do Departamento paulista, com sólida formação no Direito do Trabalho, fundador de famosa publicação especializada,[111] se refere ao MTIC como um "organismo teratológico: uma cabeça enorme, quase sem corpo", para falar da incapacidade do órgão em dar conta, com o seu exíguo corpo funcional, em fiscalizar e impor a aplicação das leis:

> A mesma coisa se pode dizer do nosso Departamento Estadual do Trabalho, no que respeita a sua deficiente organização. É também macrocéfalo: sustenta na capital do Estado um numeroso corpo de funcionários, deixando ao abandono os grandes centros de trabalho, como Campinas, Ribeirão Preto, São Carlos, Sorocaba e tantos outros. (...). As rápidas viagens dos fiscais ao interior do Estado, limitando-se à solução

---

(111) Refiro-me à *Revista Legislação do Trabalho*, fundada em 1937 e que, após algumas mudanças de denominação, se tornou essa que é reconhecida como a mais importante publicação do ramo, conhecida pela sua sigla *LTr*.

apressada de casos ocorrentes ou a lavrar uns poucos autos de infração, não bastam para fazer chegar ao conhecimento do povo tantos direitos e obrigações, constantes de uma legislação verdadeiramente copiosa.[112]

Para Vasco de Andrade, que era nada menos que chefe de um dos setores de fiscalização do DET, "se não se fiscalizar o cumprimento da legislação do trabalho, ela será como inexistente". O que acontecia em quase todo o País, com exceção de algumas poucas capitais, segundo ele. Andrade parece ter tido uma carreira exitosa no âmbito do Direito do Trabalho. Quando do seu falecimento, o diretor-fundador da *Revista Legislação do Trabalho*, responsável pelo editorial que se tornou famoso pelo nome de "Glosas", recebera rasgados elogios de seus pares. No entanto, quando ele redige esse amargo editorial, em 1938, já não trabalhava no DET.[113] No episódio da sindicância, no relatório que sugeria a reorganização do Departamento, o nome dele figurou entre os "aproveitáveis", sem qualquer menção aos "bons serviços prestados", como ocorria para outros.

Muitas outras leis trabalhistas foram editadas depois de 1937 e todo esse acervo fora consolidado na CLT, em 1943, sendo que o seu arcabouço permanece até os dias de hoje. Oito décadas se passaram, desde a chamada revolução de outubro de 1930 e os trabalhadores continuam a reclamar da demora da tramitação dos processos judiciais, dos acordos que desfavorecem a justiça integral em seu favor e da incapacidade de fiscalização do poder estatal. O texto de Adalberto Cardoso e Telma Lage[114] relata resultado de projeto comparativo internacional, procurando observar a prática efetiva das leis trabalhistas. Os autores se propõem a responder à seguinte questão: *em que medida o sistema de inspeção do trabalho no Brasil está desenhado para cumprir o seu objetivo, que é o de fazer cumprir a lei?* Uma das conclusões dos autores demonstra a prevalência da racionalidade do empresário, que faz um cálculo levando em conta a variável de "risco de ser apanhado e sofrer sanção" cruzada com outra chamada de "montante relativo da sanção", cujos índices variam de *alto* a *baixo*. Tal índice resultante levaria o empresário a decidir pelo cumprimento ou não das leis. Dependendo do resultado, compara-se se é monetariamente viável ou não o descumprimento da lei. Segundo os autores, "a estratégia dominante é o não cumprimento da legislação".[115] Essa recorrência a texto que relata sobre a situação atual visa apenas concluirmos que não teríamos nenhum elemento para pensar que tal racionalidade não valesse para tempos pretéritos.

---

(112) Cf. *Revista Legislação do Trabalho*, n. 14, de junho de 1938, p. 201.
(113) Segundo comentário publicado na Revista Sindikê, de fevereiro de 1937, Vasco de Andrade deixara a chefia de Fiscalização Sindical do DET e fora designado para exercer cargo comissionado na Secretaria de Agricultura, como consultor jurídico. Vasco de Andrade presidiu a Comissão do Salário Mínimo entre 1938 e 1940. Seu "currículo" aparece na *Revista Legislação do Trabalho*, de setembro de 1945, a mesma que comunica a sua morte.
(114) CARDOSO, Adalberto e LAGE, Telma. *Op. cit.*, p. 451-490, 2005.
(115) *Idem, ibidem*, p. 454.

Ainda que se reconheça os avanços com todo aparato trabalhista que permaneceu e atravessou os mais diferentes matizes de governo, sobrevive também esse aspecto, que demonstra a incapacidade dos mecanismos legislativos em se atingir a utopia juridicialista/fiscalizadora em resolver as injustiças estruturais da sociedade brasileira, e sequer questões tão básicas como o desrespeito às leis instituídas.[116]

O DET como fonte material do Direito do Trabalho

Para efeito de conclusão deste capítulo gostaria de relevar mais uma questão. Conforme destacamos no capítulo anterior, o DET chega à década de 1930 com uma significativa estrutura e com um *know-how* acumulado durante duas décadas de envolvimento com o mundo do trabalho. Enquanto no período da chamada República Velha os seus gestores elaboraram um vigoroso discurso intervencionista regulamentador, logo nos albores do golpe de 1930 os novos dirigentes utilizam a "velha" máquina e sua experimentada burocracia para imergir-se, rapidamente, no âmago da luta de classes, com o objetivo de domesticá-la.

Essa trajetória do Departamento paulista resultou também na formação de uma geração de especialistas que se destacaram na área trabalhista. Demonstramos, anteriormente, que o DET funcionara como laboratório para jovens recém-formados na Faculdade de Direito de São Paulo atuarem na área do trabalho. Agora, o contato com publicações da área trabalhista, na década de 1930, nos chama a atenção para os dirigentes e funcionários do DET que despontaram com alguma elaboração teórica sobre o tema do trabalho. Mesmo sem realizar um movimento de garimpagem e cruzamento de fontes documentais, podemos ilustrar esse fenômeno com apenas alguns exemplos. Heitor Lobato do Valle, Frederico Werneck, Pedro Theodoro Cunha, Papaterra Limongi, Fernando Callage, Augusto Zanini e Vasco de Andrade são alguns dos nomes que aparecem em publicações que extrapolam as páginas dos boletins do próprio DET, e constam publicando também na *Revista da Agricultura*, *Boletim do MTIC* e nas variadas revistas especializadas no trabalhismo.

Em sua tese de doutorado, a fim de demonstrar o vigor dos debates em torno do tema da Justiça do Trabalho, Rinaldo Varussa cita vários canais impressos por onde circulavam os debates sobre o tema trabalho, na década de 1930, além da publicação oficial do Ministério do Trabalho, Indústria e Comércio, o boletim do MTIC:

> São exemplos disso a Revista Forense (de 1903), a Revista do Trabalho (de 1933), a Revista Legislação do Trabalho (1937) e livros como os de

---

(116) O percentual de trabalhadores com carteira assinada no Brasil (instituto legal obrigatório para registro da relação de trabalho) não chegava a 35%, conforme dados divulgados pelo IBGE em 18 de outubro de 2009.

Carvalho Neto, Legislação do Trabalho, Polêmicas e doutrina (1926), A. João Louzada, Legislação social — trabalhista (1933), W. Niemeyer, Curso de Legislação Brasileira do Trabalho (1936), F. Frola, O Trabalho e o Salário (1937), D. de Bitencourt, Das 'Ordenações Filipinas' à criação do Ministério do Trabalho (1938), dentre outros.[117]

O mesmo autor discorre sobre o destacado papel desempenhado pela *Revista Legislação do Trabalho*, criada em 1937:

> Essa revista se apresentaria como espaço onde são chamados a falar juristas, funcionários do DET e CNT, empresários e complementados pelas determinações oficiais do governo. O primeiro número desta revista circulou em maio de 1937, sob direção de um grupo de advogados[118] e com o sugestivo subtítulo de "Mensário paulista de legislação social, doutrina e jurisprudência", que firmava a regionalidade da publicação, um dos elementos que se destacavam em sua linha editorial. Pois, é para São Paulo e a partir de São Paulo que seus autores falam, o que fica bem caracterizado no seu editorial de lançamento.

A *Revista Legislação do Trabalho* foi fundada pelo funcionário do DET, Vasco de Andrade e sofreu várias modificações no seu título até o ano de 1963, quando assumiu o nome definitivo e circula até os dias de hoje, sob o conhecido título de *Revista LTr*, afamada no meio jurídico.

Porém, houve uma publicação, também intitulada de *Revista do Trabalho* que precede a acima citada e seu primeiro número surge datado de 13 de dezembro de 1931, em São Paulo, diferentemente dessa de 1933, citada no texto de Varussa. Como vimos anteriormente, entre os principais editores também estão vários funcionários do DET. No editorial da revista que inaugura a série, o ambiente gerador fica explícito: "Éramos um grupo bem pequeno que exercíamos a nossa atividade no Departamento do Trabalho".

Essa revista não nasce focada apenas no discurso do Direito do Trabalho, mas se pretendia ancorada em tríplice aspecto: "doutrinário, técnico e noticioso". Vimos que dentre renomados colaboradores figuravam vários funcionários do DET.

Todo arcabouço do Direito se baseia em **fontes** que inspiram os legisladores para a formação das leis. Costuma-se distinguir dois tipos de fontes: as *fontes formais* que se traduzem na legislação vigente (Constituição, leis, regulamentos etc.) e as *fontes materiais*, que são aquelas que se baseiam em pensamentos e ideias consubstanciadas nos congressos, nas produções acadêmicas e também

---

(117) VARUSSA, Rinaldo. *Op. cit.*, p. 44.
(118) Faziam parte da direção da revista Vasco de Andrade [diretor do DET], José Domingos Ruiz, Carolino de Campos Salles e Ruy de Mello Junqueira.

nas experiências concretas de atores e agentes sociais nos respectivos contextos sociais e políticos em constante movimento e que servem de suporte para o debate jurídico nos fóruns de julgamentos.

Sendo assim, todas essas informações arroladas nos permitem mostrar como o Departamento Estadual do Trabalho de São Paulo aparece na esteira da história da Justiça do Trabalho no Brasil, seja atuando como órgão mediador de primeira instância, seja formando quadros profissionais que atuarão nos equipamentos judiciários e também nos ambientes de formação acadêmica e profissional.

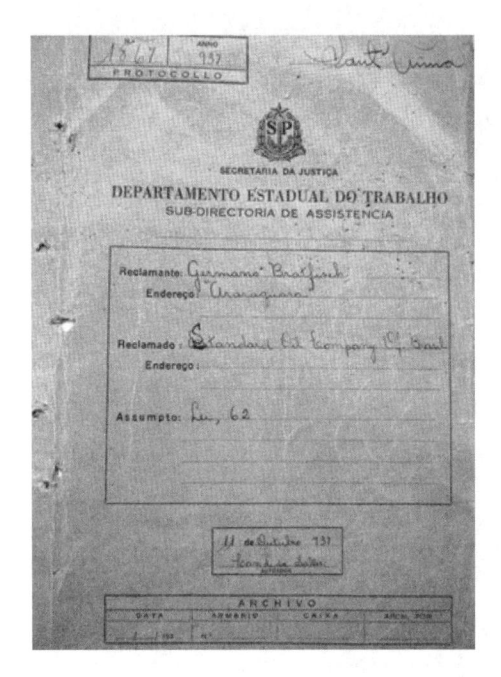

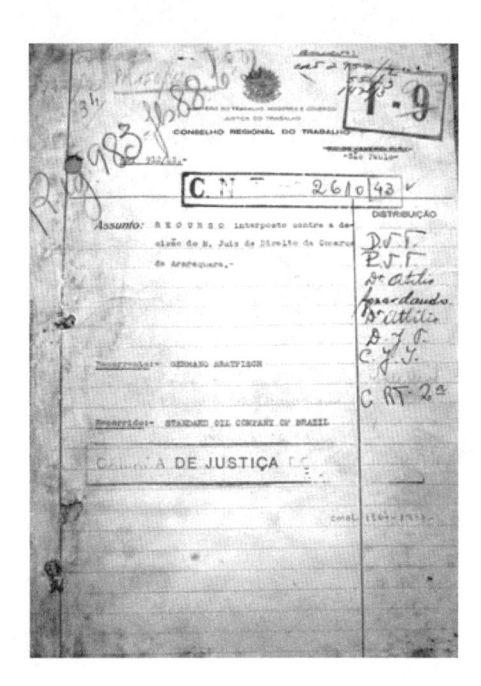

Figura 23: Capas do processo de Bratfisch contra a Standar Oil. A interna, do DET, superposta pela capa do CNT (Arquivo do TRT de Campinas)

CONCLUSÃO

Uma vez que a narrativa tecida nestes cinco capítulos tratou de responder às questões levantadas ao longo de todo o texto, não nos resta senão realizar um esforço conclusivo de síntese geral, para que possamos destacar os aspectos centrais das teses que aparecem bem construídas e daquelas que foram apenas esboçadas nesta escrita.

Talvez, o que mais se destaca desta pesquisa é a revelação, com algum nível de detalhe, das imbricações forjadas no plano regional, que interferem diretamente no esforço de construção de uma política trabalhista no âmbito da nação. Esta pesquisa deixa mais nítida a singularidade dos conflitos e da história produzida no estado de São Paulo, no momento de sua constituição em protagonista dos grandes eventos que forçaram um determinado sentido da história brasileira.

O Departamento Estadual do Trabalho foi um fenômeno institucional que só poderia ter acontecido em São Paulo, pois, ele expressa a magnitude da explosão demográfica, econômica, industrial e urbanística em um espaço que parece não conter em si mesmo. Um denso crescimento que não acontece apenas *no* espaço nacional, mas, em detrimento dele. A força da economia (e, portanto, da política) paulista, naquele período de crescimento vertiginoso, impunha necessidades diferenciadas em um espaço nacional que, em linhas mais gerais, experimentava outro tempo (portanto, outra velocidade).[1] O desenho institucional federativo, que dotava a província de certa autonomia, acentuava os traços desse descompasso.

Entretanto, fruto de peculiar contexto internacional, um movimento de grande alcance, que se mostrou mais forte que a pujança paulista, irrompe no alvorecer da década de 1930 e reconfigura as políticas regionais e nacional. A resultante mais visível é, não obstante a derrota da aventura "paulista" de 1932, a consolidação do processo de concentração da economia e do poder em São Paulo e a consequente acentuação das desigualdades regionais no Brasil. A trajetória do DET expressa, com fidelidade, esta tempestuosa e ziguezagueada interferência entre a região e a nação.

---

(1) Ao tentar expressar o crescimento vertiginoso de São Paulo, à mente vem-me com força a obra de Nicolau Sevcenko, *O Orfeu extático na metrópole: São Paulo, sociedade e cultura nos frementes anos 20*. São Paulo: Companhia das Letras, 2003, quando ele se refere à urbanização da capital paulista, nos anos 1920, como "uma situação surrealista transformada em experimento social..." (p. 294).

Essa pujança descompassada (se observarmos desde o plano nacional) do estado de São Paulo, torna bem plausíveis as teses apenas esboçadas nos dois primeiros capítulos.

A Seção de Informações criada na estrutura do DET, em 1911, foi o elemento diferencial que, combinando imigração e estudos do trabalho, conferiu ao Departamento uma intervenção peculiar em aspectos das relações de trabalho. O DET elabora inquéritos fabris, produz e transforma dados em informações com o fim de intervenção do Estado nas relações de trabalho; produz um discurso fortemente intervencionista, antiliberal, e chega a desenhar uma intervenção de fato nas relações de trabalho, pelos seguintes mecanismos: controle e espacialização do fluxo de imigrantes; elaboração de diagnósticos socioeconômicos que leva à intervenção direta no custo de reprodução da força de trabalho ao difundir experiências como as feiras livres na capital; resignificação das legislações existentes, como aquelas de higiene e saúde pública; formulação de leis, como aquela que é considerada a primeira lei trabalhista, que foi a de acidentes de trabalho, a qual o Departamento quis utilizar como uma espécie de código tacitamente normatizado; inspira diretamente (para dizer o mínimo) a criação de equipamento gerenciador das relações de trabalho, no âmbito nacional (o Departamento Nacional do Trabalho, em 1918), e serve de modelo para a criação do Ministério do Trabalho, Indústria e Comércio.

Entretanto, não obstante a comentada atuação do DET no processo de mediação no episódio da greve de 1917 (ou aquela visita a Santos, quando lá se desenrolava uma greve de estivadores, em 1913), não se pode comparar o padrão de intervenção do Departamento nas relações de trabalho, com aquele praticado a partir de outubro de 1930. A comparação se torna desproporcional.

Outro grande aporte legado pelos capítulos iniciais é a periodização da trajetória do Departamento, que sofre nítida inflexão em meados da década de 1920, em que o órgão não desaparece, pois continuava com suas insubstituíveis atribuições com a política imigracionista, mas perderia o seu vigor militante pela causa da regulamentação das relações de trabalho.

Quando se somam as características desveladas do DET à intervenção explícita do Patronato Agrícola nas relações de trabalho, como sendo duas faces de um mesmo fenômeno, então, os argumentos acima expostos ganham muito em vigor.

Ademais, o sintético balanço analítico do conjunto dos boletins, além de realçar os argumentos intervencionistas do DET, salda, parcialmente, uma dívida da historiografia com esse espetacular manancial de informações sobre o *trabalho na* Primeira República.

Por fim, ao constatar o discurso antiliberal daquele órgão de segundo escalão do Estado paulista, esta tese reforça documentalmente os pressupostos dos historiadores que relativizaram o conceito (e a prática) do liberalismo durante a Primeira República.

Os demais capítulos também formulam uma bem sustentada periodização da trajetória do DET, entre 1930 e 1937, quando ele veste o uniforme militar dos tenentes, até agosto de 1933, e quando ele (re)assume as feições de uma oligarquia decrépita, mas renovada (renovadora), sob a batuta do exótico Jorge Street.

Nos capítulos 3, 4 e 5 define-se a tese mais importante da pesquisa: o DET não é mera extensão do MTIC, mas, muito mais que isso, é expressão das tensas relações entre as esferas estadual e federal. O DET é a reafirmação de que a burguesia paulista não abrirá mão da cogestão do processo de mediação das relações de trabalho no Brasil.

E mais: o DET, aproveitando-se da desarticulação do poder federal nos primeiros momentos da revolução de 1930, antecipou a edição da legislação do trabalho, atendendo à pressa que tinha em responder às necessidades impostas pela realidade diferenciada do espaço paulista. Pouco antes do MTIC, o DET enquadrou os sindicatos, lançou carteira de trabalho, elaborou lei de 8 horas de trabalho, projetou legislação sobre salário-mínimo e produziu jurisprudências, no âmbito do Direito.

Ao se descortinar a trajetória do DET no pós-30, vislumbram-se mais detalhes da oportunista e cínica relação dos empresários, por intermédio do CIESP-FIESP, com o Estado. A FIESP combate e desrespeita a legislação do trabalho, mas, também, reforça-a ao aceitar o jogo proposto pelos gestores do Estado, atuando por dentro dos canais institucionais oferecidos e resignificando os textos das leis, conforme os seus interesses de classe.

Ao se desvelar a trajetória do DET no pós-30, descobre-se um Estado mais real, composto por um mecanismo humano que se imiscui no ambiente operário a disputar espaços e fortalecer o projeto governamental. Mas o DET aparece ali desenhado com as suas múltiplas faces: concedendo ao movimento operário e ajudando a legitimar a representação das classes subalternas no Estado; interferindo brutalmente em conjunção com o DOPS, a fim de desmantelar todas as iniciativas críticas e combativas do movimento operário e impor um sindicalismo de único tipo (aquele conveniente), atuando sorrateiramente e disseminando o sindicalismo "plural", quando necessário, com o fim único de dividir; e, também, servindo como experiência de órgão executivo que se metamorfoseia em equipamento mediador de justiça (a seu modo, é claro).

Dentro desse espectro de grandes argumentações sob a forma de teses, importantes revelações se tornam fatos, no mínimo, curiosos: uma reação inusitada, com ameaças de sangue e revolta, no episódio da saída de Waldomiro Castilho de Lima; uma sindicância com claros contornos políticos; as promíscuas relações entre partido, sindicato e poder público, ou mesmo os inusitados Convênios entre os entes estatais, reveladores dos "jeitinhos" jurídicos que tentam dar conta de uma política desajeitada.

Concluo reforçando tudo aquilo que já estamos, os historiadores, fartos de saber: a busca de novas fontes primárias é essencial para se reacender novos olhares sobre velhas fontes visitadas, mas, principalmente, para a renovação do constructo discursivo historiográfico. Não obstante a singularidade paulista, o estudo sobre o DET abre caminho para que se intensifiquem as pesquisas em âmbito regional e se revisite a história de implantação das instituições regionais quando da criação do Ministério do Trabalho, Indústria e Comércio. As pesquisas sobre as IRT's, criadas em 1932, poderão revelar muito mais que aspectos da história do Ministério federal nas regiões, mas realçar as peculiaridades de cada lugar e revelar os aspectos gerais (e nacionais) embutidos nas histórias que aparentam singulares dos locais.[2]

Epílogo: defunto insepulto

Conforme já me referi anteriormente, por força da densidade da pesquisa e da disponibilidade de fontes, limitamos os nossos estudos ao ano de 1937. Entretanto, vale informar que as atividades do Departamento Estadual do Trabalho só se encerram, definitivamente, em julho de 1952, quando a Delegacia Regional do Trabalho, finalmente, faz prevalecer o texto constitucional que dá prerrogativa exclusiva à União para legislar sobre questões pertinentes ao trabalho.

Até o encerramento das suas atividades, o DET continuaria a causar controvérsia, dividindo opiniões e interesses. Certamente não foi fácil desarticular os grupos políticos que o cercavam. Afinal, até o ano de 1952 o Departamento sofreu intervenções, sendo que uma delas chegou a extingui-lo, mas por pouco tempo. Em 30 de novembro de 1944, é aprovado acordo entre o Ministério do Trabalho e o Estado de São Paulo que extingue o DET, o qual é normatizado por meio do Decreto-lei n. 7.127, de 7.12.1944. A Delegacia Regional do Trabalho (DRT) é restabelecida pelo Decreto-lei n. 7.128, de 7.12.1944.

É muito curioso o texto do acordo assinado pelo ministro Alexandre Marcondes Filho e o interventor paulista Fernando Costa, que alega que tal modificação na jurisdição "se orientou no sentido de favorecer a devolução oportuna

---

(2) A citada tese de doutorado de Samuel Souza, ao pesquisar a história do Conselho Nacional do Trabalho, faz ligeira incursão em algumas experiências de Inspetorias do Trabalho em algumas partes do país. Aqui se faz obrigatória a citação da obra de Ângela Castro Gomes que esboça uma história do Ministério do Trabalho, toda baseada na memória de gestores das Delegacias Regionais do Trabalho, pelo Brasil afora. Trata-se da obra já citada, *Ministério do Trabalho, uma história vivida e contada*. Também menciono a monografia por mim produzida, intitulada *Documentação do Ministério do Trabalho: elementos para configuração de diagnóstico*, defendida em dezembro de 2008, depositada no IEB/USP, na qual eu faço uma breve consideração sobre a guarda da documentação histórica do MTIC e amplio a divulgação da dramática situação da documentação histórica de algumas DRT's no Brasil.

à autoridade federal do exercício das atribuições delegadas, sem todavia operar solução de continuidade com a cessação dos valiosos serviços prestados pelo Departamento Estadual do Trabalho". A última das considerações que justificam o acordo relembra o texto constitucional:

> Considerando que a ultimação dos estudos respectivos já agora permite, por forma definitiva, a concretização daquele duplo objetivo, para o fim de permitir o cumprimento dos arts. 57-61 da Constituição Federal...

Resolve-se, assim, extinguir o último Convênio que havia sido celebrado em 6 de junho de 1942. Desmonta-se toda a máquina administrativa estadual e abre-se o processo penoso de transferência de bens ativos, numerários e extranumerários, entre as esferas.

Entretanto, só não se previa que as forças do campo de gravidade da política superassem, mais uma vez, a força da lei de magnitude constitucional. Ou seja, a "forma definitiva" expressa pelo acordo, demonstrou ser provisória. Dessa vez, a norma que decreta a extinção da DRT-SP vem antes do Decreto que normatiza o novo acordo. O Decreto-lei n. 9.480, de 18.7.1946 extingue a DRT-SP, enquanto que o acordo celebrado pelos governos da União e do Estado de São Paulo, em 20 de julho do mesmo ano, é sacramentado pelo Decreto-lei n. 9.509, de 24.7.1946. É óbvio que, neste caso, não se encontrará qualquer redação de justificativas e "considerandos" antecedendo o texto do acordo entre os entes, que teve duração estipulada por mais cinco anos. O silêncio (de vergonha, talvez) será a única explicação plausível para justificar as lutas intestinas que determinaram o retorno do DET. Imaginem-se os esforços burocráticos determinados por mais essa reversão.

Não nos cabe, neste momento, buscar explicações para esse fato que extrapola os marcos desta pesquisa. Porém, ainda em 1946, o governo do Estado de São Paulo, por meio do Decreto n. 16.401, de 3.12.1946, cria a Secretaria do Trabalho, Indústria e Comércio, que incorpora o DET.

Jonh French flagra, de forma contundente, a importância da problematização dessa relação entre as esferas estadual e federal, no que diz respeito à interferência do Estado nas relações de trabalho, principalmente no pós-1930:

> "A 1º de agosto de 1946, esse processo foi levado a seu extremo lógico no estado mais industrializado do Brasil, quando, pela segunda vez desde 1930, São Paulo tornou-se o único Estado não submetido à supervisão do Ministério do Trabalho. As responsabilidades, pessoal e instalações da Delegacia Regional do Trabalho, órgão federal, foram transferidos para o Departamento Estadual do Trabalho (DET)".[3]

---

(3) FRENCH, John. *Op. cit.*, p. 183.

De fato, a turbulência não seria pequena. A partir de 1948, o Departamento Estadual do Trabalho reinicia nova série de boletins, intitulada *Boletim Mensal Informativo do Departamento Estadual do Trabalho,* que revela uma enorme disputa envolvendo esse Departamento e órgãos do governo federal que atuam no Estado de São Paulo. Tais boletins, muito provavelmente, refletiam aspectos de uma resistência ao processo de dissolução definitiva daquele órgão.

O boletim datado de 31 de julho de 1951, de forma melancólica, registra até a hora do ocaso definitivo da entidade, em tom de lamento e frustração decorrentes da extinção do órgão:

> Precisamente no dia 26 do corrente, às 24 horas, o Departamento Estadual do Trabalho cerrou suas portas que sempre estiveram abertas em favor dos que trabalham e que dele se socorriam em suas aflições, quando necessitavam do amparo legal. Em face da denúncia do Convênio Trabalhista, convênio esse que fora reiniciado em 1945 e que teve a sua vigência condicionada precisamente à data acima indicada, não mais caberá ao Estado de São Paulo a fiscalização e o controle dos postulados contidos na CLT, que passaram, tacitamente, à órbita federal, com a instalação da 14ª Delegacia Regional do Ministério do Trabalho, em nossa Capital.

> (...) Mas, como tudo tem um fim, no conceito biológico, chegou também — e pela segunda vez — a oportunidade de retirar de São Paulo a função de controlar aquela legislação (...) Assim, volta ao ostracismo glorioso de suas épicas jornadas anteriores, o Departamento Estadual do Trabalho, uma das mais pujantes, evidentemente, e também a mais perseguida de todas as repartições públicas do Estado, justamente pelo fato de sempre haver amparação os que necessitavam de auxílio".[4]

Porém, os viúvos saudosos do quarentão Departamento do trabalho paulista não se deram por vencidos. Em novembro de 1951, já dissolvido o DET, encontramos o boletim de n. 35, que aparece com o título *Boletim Informativo do Trabalho,* com epígrafe informando que se trata do "Antigo Boletim Informativo do DET". Os boletins de ns. 49 e 54, de janeiro de 1953 e janeiro de 1954, respectivamente, evidenciam o DET como um corpo insepulto, com uma epígrafe ainda mais esdrúxula: *Noticiário oficioso da DELEGACIA REGIONAL DO MINISTÉRIO DO TRABALHO, INDÚSTRIA E COMÉRCIO, DE SÃO PAULO.*

Esses eventos nos indicam que ainda há muito que se revelar e se explicar. A força dessa sigla *DET* foi tamanha, que no Decreto n. 51.187, de 26.12.1968 (isso mesmo, 1968!), que transforma a Secretaria do Trabalho, Indústria e Comércio em Secretaria do Trabalho e Administração, lá aparece ela, renitente, compondo a estrutura do órgão governamental paulista. O art. 15º, do capítulo VI do Decreto determina que "O **Departamento Estadual do Trabalho** fica transformado em **Divisão de Assistência aos Sindicatos e ao Trabalhador**".

---

(4) *Boletim Informativo do Departamento Estadual do Trabalho,* n. 31, julho de 1951.

BIBLIOGRAFIA

ABREU, Luciano Arone de. *A questão do federalismo no Estado Novo*. São Leopoldo: Simpósio Nacional de História — ANPUH/2007.

AFFONSO, Rui de B. Álvares & SILVA, Pedro Luiz de Barros (ORGs). *A federação em perspectiva:* ensaios selecionados. São Paulo: FUNDAP, 1995.

ALMEIDA, Maria Hermínia de. *Estado e classe trabalhadora no Brasil (1930-1945)*. Tese de Doutoramento. São Paulo: Universidade de São Paulo, 1978.

ANDREWS, George Reid. *Negros e brancos em São Paulo (1888-1988)*. Bauru: EDUSC, 1991.

ANTUNES, Ricardo. *Classe operária, sindicato e partido no Brasil*. São Paulo: Cortez/Editora Ensaio, 1988.

ARAÚJO, Ângela Mª Carneiro. *A construção do consentimento:* corporativismo e trabalhadores nos anos 30. São Paulo: Scritta, 1998.

_____ (Org.). *Trabalho, cultura e cidadania*. São Paulo: Scritta, 1997.

_____. *Do corporativismo ao neoliberalismo:* Estado e trabalhadores no Brasil e na Inglaterra. São Paulo: Boitempo, 2002.

ARAÚJO NETO, Adalberto Coutinho de. *Entre a revolução e o corporativismo*. A experiência sindical dos ferroviários da E.F. Sorocabana nos anos 1930. São Paulo: Dissertação de Mestrado, Departamento de História, FFLCH-USP, 2006.

ARAÚJO, Rosa Maria Barbosa. *O batismo do trabalho:* a experiência de Lindolfo Collor. São Paulo: Civilização Brasileira, 1981.

ARQUIVO Municipal de São Paulo. *Revista do Arquivo Municipal de São Paulo*. São Paulo: Secretaria Municipal de Cultura, vários volumes, desde 1934.

ASSUMPÇÃO, Antonio de Castro. *Estado Federal:* anotações jurídico-doutrinárias — conceito. Rio de Janeiro, 1963.

BARRETO, Benedito Carneiro Bastos. *Idéias de João Ninguém*. Sítio Domínio Público (<www.ebooksbrasil.org>)

BATALHA, Cláudio H.M. *Le syndicalisme "amarelo" à Rio de Janeiro (1906-1930)*. Tese de Doutorado, Paris, Université de Paris I, Panthéon-Sorbonne, 1986.

_____. *Uma outra consciência de classe?* O sindicalismo reformista na 1ª República. In: Ciências Sociais Hoje, ANPOCS/Vertice, 1990.

BEIGUELMAN, Paula. *Os companheiros de São Paulo:* ontem e hoje. São Paulo: Cortez, 2002.

BELLOTTO, Heloísa Liberalli. *Arquivos permanentes:* tratamento documental. Rio do Janeiro: FGV, 2006.

BERLINCK, Manoel T. & HOGAN, Daniel. *O desenvolvimento econômico do Brasil e as migrações internas para São Paulo:* uma análise histórica. (Mimeo). Campinas: Unicamp, 1974.

BIAVASCHI, Magda. *O direito do trabalho no Brasil, 1930-1942*. A construção do sujeito de direitos trabalhistas. São Paulo: LTr, 2007.

BOITO, Armando. *O sindicalismo de Estado no Brasil*. Campinas: Unicamp, 1991.

BORGES, Vavy Pacheco. *Getúlio Vargas e a oligarquia paulista*. São Paulo: Brasiliense, 1979.

_____. *Tenentismo e revolução brasileira*. São Paulo: Brasiliense, 1992.

CANÊDO, Letícia Bicalho. *O sindicalismo bancário em São Paulo*. São Paulo: Edições Símbolo, 1978.

CANO, Wilson. *Raízes da concentração industrial em São Paulo*. São Paulo: Hucitec, 1990.

CAPELATO, Maria Helena. *O movimento de 1932, a causa paulista*. 3. ed. São Paulo: Brasiliense, 1981.

CARDOSO, Adalberto e LAGE, Telma. A inspeção do trabalho no Brasil. Rio de Janeiro: DADOS, *Revista de Ciências Sociais*, n. 3, p. 451-490, 2005.

CARNEIRO, Mª L. Tucci e KOSSOY, Boris. *A imprensa confiscada pelo DEOPS, 1924-1954*. São Paulo: Imprensa Oficial/Ateliê Editorial, 2003.

CARONE, Edgard. *A segunda República*. São Paulo: Difel, 1974.

_____. *A terceira República (1937-1945)*. São Paulo: Difel, 1976.

_____. *A República Nova (1930-1937)*. São Paulo: Difel, 1974.

CARONE, Edgar. *Brasil, anos de crise:* 1930-1945. São Paulo: Ática, 1991.

CHAVES, Marcelo Antonio. *Da periferia ao centro da(o) capital:* perfil dos trabalhadores do primeiro complexo cimenteiro do Brasil, 1925-1945. Campinas: Unicamp, dissertação de mestrado, 2005.

_____. *Documentação do Ministério do Trabalho:* elementos para configuração de diagnóstico. São Paulo: IEB/USP, monografia defendida em dezembro de 2008.

COLEÇÃO DE LEIS DO ESTADO DE SÃO PAULO

COLEÇÃO DE LEIS FEDERAIS DA REPÚBLICA DOS ESTADOS UNIDOS DO BRASIL.

CORRÊA, Larissa Rosa. *A tessitura dos direitos:* patrões e empregados na Justiça do Trabalho, 1953 a 1964. São Paulo: LTr, 2011.

COSTA, Hélio da. *Em busca da memória*. São Paulo: Página Aberta, 1995.

COSTA, Vanda Maria Ribeiro. *A armadilha do Leviatã*. A construção do corporativismo no Brasil. Rio de Janeiro: UERJ, 1999.

DALLARI, Dalmo de Abreu. *O Estado Federal*. São Paulo: Ática, 1986.

DEAN, Warren. *A industrialização de São Paulo (1880-1945)*. São Paulo: DIFEL/USP, 1971.

DE DECCA, Edgard. *O silêncio dos vencidos*. São Paulo: Brasiliense, 1981

DE DECCA, Maria Auxiliadora Guzzo. *A vida fora das fábricas:* cotidiano operário em São Paulo, 1920-1934. São Paulo: Paz e Terra, 1987.

DEPARTAMENTO ESTADUAL DO TRABALHO. *Boletim do Departamento Estadual do Trabalho*. São Paulo. Números 1/2 a 71, de 1912 a 1933.

DICIONÁRIO Histórico-Biográfico Brasileiro: 1930-1983. Rio de Janeiro: Forense-Universitária, 1984.

DINIZ, Eli. O Estado Novo, Estrutura de poder, relações de classe. In: *H.G.C.B.* t. III, v. 3. São Paulo: Difel, 1981.

FAUSTO, Boris. *A revolução de 1930:* história e historiografia. São Paulo: Brasiliense,1970.

_____ (Org.). *História geral da civilização brasileira*, t. III, v. 2. São Paulo: Difel, 1981.

_____. *Trabalho urbano e conflito social*. São Paulo: Difel, 1986.

FENELON, Déa. Fontes para o estudo da industrialização no Brasil, 1889-1945. In: *Revista Brasileira de História*, n. 3. São Paulo: ANPUH, março de 1982.

FONTES, Paulo R. *Comunidade operária:* migração nordestina e lutas sociais. São Miguel Paulista (1945-1966). Tese de doutorado, Campinas: Unicamp, 2002.

FERREIRA, Maria Nazareth. *A imprensa operária no Brasil*. São Paulo: Ática, 1988.

FLORINDO, Marcos Tarcísio. *O arquivo reservado da Delegacia de Ordem Política e Social de São Paulo na era Vargas*. São Paulo: UNESP, 2006.

FORTES, Alexandre. *"Buscando nossos direitos"*. Trabalhadores e organização sindical na Porto Alegre de 1933 a 1937. Tese de Mestrado, Campinas: Unicamp, 1999.

_____. Nós do Quarto Distrito. A classe trabalhadora porto-alegrense na Era Vargas. *Tese de Doutorado*. Campinas: Unicamp, 2001.

FRENCH, Jonh. *O ABC dos conflitos operários*. Conflitos e alianças de classe em São Paulo, 1900-1950. São Paulo: Ed. Hucitec/Pref. de São Caetano do Sul, 1995.

_____. *Afogados em lei*. A CLT e a cultura política dos trabalhadores brasileiros. São Paulo: Perseu Abramo, 2001.

_____. *Drowning in laws*. Labor law and Brasilian political culture. Chapel Hill: University of North Carolina Press, 2004.

_____. Proclamando leis, metendo o pau e lutando por direitos. A questão social como caso de polícia, 1920-1964. In: LARA, S. H. & MENDONÇA, Joseli Mª. (orgs.) *Direitos e Justiças no Brasil*. São Paulo: Unicamp, 2006.

GALVÃO, Patrícia. *Parque industrial*. Porto Alegre: Mercado Aberto/Edufscar, 1994.

GOMES, Ângela de C. *A invenção do trabalhismo*. Rio de Janeiro:Vértice/IUPERJ, 1988.

_____. *Burguesia e trabalho. Política e legislação social no Brasil (1917-1937)*. Rio de Janeiro: Campus, 1979.

_____. Sociedade e política. Confronto e compromisso no processo de constitucionalização. In: *H.G.C.B.*, t. III, v. 3, São Paulo: Difel, 1981.

_____. *Ministério do Trabalho:* uma história vivida e contada. Rio de Janeiro: CPDOC, 2007.

GOMES, Ângela M.C. (Coord.) *et alii. Regionalismo e centralização política:* partidos e constituinte nos anos 30. Rio de Janeiro: Nova Fronteira, 1980.

GOVERNO do Estado de São Paulo, Memorial do Imigrante. *Breve história da hospedaria de imigrantes e da imigração para São Paulo*, série resumos, volume n. 2. São Paulo: Secretaria de Estado da Cultura, 2007.

_____. *Introdução à história da Hospedaria de Imigrantes em seus aspectos institucionais e guia do acervo*, v. 6, São Paulo: Secretaria de Estado da Cultura, 2000.

GUAZZELLI, César A.Barcellos. *Federação ou Confederação?* Visões do federalismo na imprensa rio-grandense. São Leopoldo: Simpósio Nacional de História — ANPUH/2007.

HADLER, Maria Silvia Duarte. *Sindicato de Estado e legislação social:* o caso dos gráficos paulistas nos anos 30. Dissertação de mestrado. Campinas: Unicamp, 1982.

HARDMAN, Francisco Foot e LEONARDI, Victor. *História da indústria e do trabalho no Brasil*. São Paulo: Global, 1982.

HILTON, Stanley. *1932*: a guerra civil brasileira. São Paulo: Nova Fronteira, 1982.

HOFMEISTER, Wilhelm & CARNEIRO, José M. Brasiliense (ORGs). *Federalismo na Alemanha e no Brasil*. São Paulo: Fundação Konrad Adenauer, 2001.

HOGAN & BERLINCK. *O Desenvolvimento econômico do Brasil e a imigrações internas para São Paulo:* uma análise histórica. (Mimeo), Campinas: Unicamp, 1974.

KAREPOVS, Dainis. PSB-SP: socialismo e tenentismo da Constituinte de 1933-1934. Florianópolis: Universidade Federal de Santa Catarina, *Revista Esboço*, n. 16, 2º semestre de 2006.

_____ (Coord.). *A história dos bancários:* lutas e conquistas. São Paulo: Sindicato dos Bancários e Financiários de São Paulo, 1994.

KORNIS, Mônica A. *Metalúrgicos paulistas:* experiências de organização (1919-1935). Dissertação de Mestrado. Campinas: Unicamp, 1991.

LEOPOLDI, Maria Antonieta P. *Política e interesses na industrialização brasileira*. São Paulo: Paz e Terra, 2000.

LOPES, José Sérgio Leite. *A tecelagem dos conflitos de classe na cidade das chaminés*. São Paulo: Marco Zero/UnB, CNPq, 1988.

LOVE, Joseph. *A locomotiva:* São Paulo na federação brasileira, 1889-1937. São Paulo: Paz e Terra, 1982.

_____. *Autonomia e independência:* São Paulo e a federação brasileira (1899-1937). In: História Geral da Civilização Brasileira, t. III, v. 1.

MADDI FILHO, Ramiz. *Relações de trabalho e política no Brasil:* suas conexões no contexto da Primeira República e Estado Novo (1910-1937). São Paulo: PUC-SP, tese de doutorado, 2006.

MARAM, Sheldon L. *Anarquismo e anarquistas no Brasil (1890-1920).* Rio de Janeiro: Paz e Terra, 1979.

MARTINS, Heloísa H.T. de Souza. *O Estado e a burocratização do sindicato no Brasil.* São Paulo: Hucitec, 1979.

MARTINS, José de Souza. *Conde de Matarazzo, o empresário e a empresa.* São Paulo: Hucitec, 1973.

MARX, Karl. *O capital.* São Paulo: Nova Cultural, 1982.

MATOS, Marcelo Badaró. *Trabalhadores e sindicatos no Brasil.* São Paulo: Expressão Popular, 2009.

MENDONÇA, Joseli Maria Nunes. *Evaristo de Moraes, tribuno da República.* Campinas: Unicamp, 2007.

MICELI, Paulo. *Além da fábrica.* O projeto industrialista em São Paulo, 1928-1948. São Paulo: FIESP, 1992.

MINISTÉRIO DO TRABALHO, INDÚSTRIA E COMÉRCIO (MTIC). *Bibliografia de assuntos trabalhistas.* Rio de Janeiro: Serviço de Documentação, Coleção Lindolfo Collor, 1958.

MORAES, Evaristo de. *Apontamentos de direito operário.* São Paulo: LTr, 1971.

MORAES FILHO, Evaristo de (Org.). *Idéias sociais de Jorge Street.* Brasília/Rio do Janeiro: Senado Federal/Fundação Casa de Rui Barbosa-MEC, 1980.

MORAES FILHO, Evaristo de. *Introdução ao direito do trabalho.* São Paulo: LTr, 1971.

_____. *O problema do sindicato único no Brasil.* São Paulo: Alfa-Omega, 1978.

MOREL Regina L. Moraes; PESSANHA, Elina G. da Fonte. Magistrados e trabalho no Brasil: entre a tradição e a mudança. *Revista Estudos Históricos*, n. 37. Rio de Janeiro, 2006.

MOURA, Soraya (ORG.). *Memorial do imigrante.* São Paulo: Imprensa Oficial do Estado de São Paulo, 2008.

MUNAKATA, Kazumi. *A legislação trabalhista no Brasil.* Coleção Tudo é História. São Paulo: Brasiliense, 1981.

NAVES, Márcio Bilharino. *Marxismo e direito:* um estudo sobre Pachuckanis. São Paulo: Boitempo, 2000.

NOBRE, Freitas. *História da imprensa em São Paulo.* São Paulo: Edições Leia, 1950.

PAES, Maria Helena S. *O Sindicato dos Metalúrgicos de São Paulo: 1932-1951.* São Paulo: Dissertação de Mestrado, Departamento de História, FFLCH-USP, 1979.

PAIVA, Odair Cruz. *Caminhos cruzados.* A imigração para São Paulo e os dilemas da construção do Brasil moderno, 1930-1950. São Paulo:Tese de doutoramento, USP, 2000.

PAIVA, Odair Cruz e MOURA, Soraya. *Hospedaria de imigrantes de São Paulo.* São Paulo: Paz e Terra, 2008.

PINHEIRO, Paulo Sérgio. *Estratégias da ilusão:* a revolução mundial e o Brasil (1922-1935). São Paulo: Companhia das Letras, 1992.

PINHEIRO P. S. & HALL, M. *A classe operária no Brasil, 1889 a 1930*, v. I. São Paulo: Brasiliense, 1979.

_____. *A classe operária no Brasil, 1889 a 1930*, v. II. São Paulo: Brasiliense, 1981.

PINSKY, Carla Bassanezi (org.). *Fontes históricas.* São Paulo: Contexto, 2005.

POULANTZAS, Nicos. *Poder político y clases sociales en el estado capitalista.* Mexico: Siglo Veintiuno Editores, 1972.

_____. *Hegemonia y dominación en el estado moderno.* Cordoba (AR): Ediciones Pasado y Presente, 1969.

PRADO, Jr, Caio. *História econômica do Brasil.* Círculo do Livro. S/data.

PRESTES, Anita Leocádia. *Os militares e a reação republicana:* as origens do tenentismo. Petrópolis: Vozes, 1994.

RIBEIRO, Maria Alice Rosa. *Condições de trabalho na indústria têxtil paulista (1870-1930).* São Paulo: Unicamp/Hucitec, 1988.

RODRIGUES, José Albertino. *Sindicato e desenvolvimento no Brasil.* São Paulo: DIFEL, 1968.

RODRIGUES, Leôncio M. Sindicalismo e Classe Operária (1930-1964). In: *H.G.C.B.*, t. III, v. 3, São Paulo: Difel,1981.

RODRIGUES, João Paulo. *Autonomia versus centralização:* o caso da "Revolução Constitucionalista de 1932". São Leopoldo: Simpósio Nacional de História — ANPUH/2007.

SAES, Décio. A classe média e política no Brasil (1930-1964). In: *H.G.C.B.*, t. III, v. 3, São Paulo: Difel, 1981.

SANTOS, Wanderley Guilherme dos. *Cidadania e justiça:* a política social na ordem brasileira. Rio de Janeiro: Campus, 1979.

SARTI, Ingrid. *Porto Vermelho*. Rio de Janeiro: Paz e Terra, 1981.

SCHLESINGER, Hugo. *Enciclopédia da indústria brasileira*, 2º v., São Paulo: Brasiliense, 1959.

SECRETARIA de Agricultura, Indústria e Comércio. *Reorganização dos seus serviços de dezembro de 1930 a junho de 1931*.

SEVCENKO, Nicolau. *O Orfeu extático na metrópole.* São Paulo, sociedade e cultura nos frementes anos 20. São Paulo: Companhia das Letras, 2003.

SILVA, Fernando Teixeira da. *Operários sem patrões:* os trabalhadores da cidade de Santos no entreguerras. Campinas: Unicamp, 2003.

SILVA, Fernando T.; NAXARA, Márcia R.C.; CAMILOTTI, Virgínia C. (Orgs.). *República, liberalismo e cidadania*. Piracicaba: UNIMEP, 2003.

SILVA, Hélio. *1933: A crise do tenentismo*. São Paulo: Civilização Brasileira, 1968.

SILVA, Sérgio e SZMRECSÁNYI, Tamás (Orgs.). *História econômica da Primeira República:* coletânea de textos apresentados no I Congresso de História Econômica, USP, setembro de 1993. São Paulo: Hucitec/FAPESP, 1996.

SILVA, Zélia Lopes da. *A domesticação dos trabalhadores nos anos 30*. São Paulo: Marco Zero, 1990.

SILVA, Sérgio. *A expansão cafeeira e origens da indústria no Brasil*. São Paulo: Alfa-Omega, 1980.

SIMÃO, Azis. *Sindicato e Estado:* suas relações na formação do proletariado de São Paulo. São Paulo: Dominus, 1966.

SKIDMORE, Thomas. *Brasil:* de Getúlio a Castelo. São Paulo: Paz e Terra, 1996.

SODRÉ, Nelson Werneck. *História da imprensa no Brasil*. 2. ed. Rio de Janeiro: Graal, 1977.

_____. *O tenentismo*. São Paulo: Mercado Aberto, 1985.

SOUZA, Antonio Manoel Braga de. *Histórico do M.T.I.C.* 1ª, 2ª e 3ª partes. Rio de Janeiro: Serviço de Documentação do M.T.I.C., 1955.

SOUZA, José Inácio de Melo. *O Estado contra os meios de comunicação (1889-1945)*. São Paulo/SP: USP/Annablume, 2003.

SOUZA, Samuel Fernando de. *"Coagidos ou subornados":* trabalhadores, sindicatos, Estado e as leis do trabalho nos anos 1930. Campinas: Unicamp, tese de doutorado, 2007.

SOUZA, Wlaumir Doniseti de. *Interfaces e continuidade dos distritos eleitorais e do federalismo*. São Leopoldo: Simpósio Nacional de História — ANPUH/2007.

STOLCKE, Verena. *Cafeicultura, homens, mulheres e capital*. São Paulo: Brasiliense, 1986.

TEIXEIRA, Palmira Petratti. *A fábrica do sonho:* trajetória do industrial Jorge Street. São Paulo: Paz e Terra, 1990.

VARGAS, João Tristan. *O trabalho na ordem liberal*. O movimento operário e a construção do Estado na Primeira República. São Paulo: CMU, 2004.

VARUSSA, Rinaldo José. *Legislação e trabalho:* experiências de trabalhadores na Justiça do Trabalho em Jundiaí-SP, 1940-1960. São Paulo: PUC-SP, tese de doutorado, 2002.

VIANNA, Luiz W. *Liberalismo e sindicato no Brasil*. Rio de Janeiro: Paz e Terra, 1989.

VIANNA, Marly. *Política e rebelião nos anos 30*. São Paulo: Moderna, 1995.

_____. *Revolucionários de 1935. Sonho e realidade*. São Paulo: Expressão Popular, 2007.

WEINSTEIN, Bárbara. *(Re)Formação da classe trabalhadora no Brasil (1920-1964)*. São Paulo: Cortez, 2000.

Acervos documentais consultados

Arquivo Edgard Leuenroth — AEL — Unicamp — Campinas
Arquivo do Estado de São Paulo — AESP — São Paulo
Arquivo do IEB/USP
Arquivo da Assembleia Legislativa do Estado de São Paulo — São Paulo
Arquivo do Ministério do Trabalho — Brasília
Arquivo do Senado Federal — Brasília
Arquivo Nacional — Brasília
Arquivo Nacional — Rio de Janeiro
Arquivo do TRT de Campinas — Campinas
Arquivo do CPDOC — FGV — Rio de Janeiro
Biblioteca Depositária do Ministério do Trabalho e Emprego (Brasília)
Biblioteca Mário de Andrade — São Paulo
Biblioteca do IFCH/UNICAMP, acervo da FIESP
Biblioteca do Memorial da Imigração — São Paulo
Biblioteca do Instituto Agrícola de Campinas (IAC) — Campinas
Centro de Documentação e Memória da UNESP — São Paulo
Sindicato dos Trabalhadores da Indústria de Cimento, Cal e Gesso de São Paulo
Sindicato dos Bancários de São Paulo

Créditos das imagens

Figura 1: Arquivo Gustavo Campanema, CPDOC/FGV. (GC721-66), p. 8.
Figura 2: Arquivo do Estado de São Paulo, Correio de São Paulo, 19.10.1932, p. 8.
Figura 3: Biblioteca do Memorial do Imigrante, Boletim do DET, n. 4, 1912, p.28.
Figura 4: Biblioteca do Memorial do Imigrante, Boletim do DET, n. 4, 1912, p. 28.
Figura 5: Biblioteca do Memorial do Imigrante, Boletim do DET, n. 1/2, 1912, p. 32.
Figura 6: Biblioteca do Memorial do Imigrante, Boletim do DET, n. 1/2, 1912, p. 35.
Figura 7: Biblioteca do Memorial do Imigrante, Boletim do DET, n. 8/9, 1913, p. 67.
Figura 8: Biblioteca do Memorial do Imigrante, Boletim do DET, n. 6, 1913, p. 68.
Figura 9: Biblioteca do Memorial do Imigrante, Boletim do DET, n. 7, 1913, p. 85.
Figura 10: Biblioteca do Memorial do Imigrante, Boletim do DET, n. 12/13, 1914, p. 90.
Figura 11: Fotografias do autor (M.A.C.), p. 126.
Figura 12: Fundo IDORT/AEL/UNICAMP, p. 128.
Figura 13: Fundo IDORT/AEL/UNICAMP, p. 148.
Figura 14: Arquivo do Estado de São Paulo, Correio de São Paulo, 17.5.1933, p. 172.
Figura 15: Biblioteca do Memorial do Imigrante, Boletim do DET, n. 1/2, 1912, p. 185.
Figura 16: Arquivo do Estado de São Paulo, Correio de São Paulo, de 31.5.1933, p 191.
Figura 17: Arquivo do Estado de São Paulo, Correio de São Paulo, de 31.5.1933, p. 192.
Figura18: Arquivo do Estado de São Paulo, Correio de São Paulo, de 12.4.1933, p. 199.
Figura 19: Arquivo do Estado de São Paulo, A Gazeta, 24.4.1934, p. 249.
Figura 20: Arquivo do Sindicato dos Bancários, *Vida Bancária* de 16.11.1935, p. 256.
Figura 21: Arquivo do Estado de São Paulo, Correio de São Paulo, de 31.5.1933, p. 271.
Figura 22: Tribunal Regional do Trabalho, de Campinas, p. 302.

CRONOLOGIA JURÍDICO-ADMINISTRATIVA DO DET

Espécie	Número	Data	E/F	Conteúdo
Decreto-lei	1.205	06.09.1910	E	Autoriza reorganização da Secretaria da Agricultura
Lei	1.299-A	27.12.1911	E	Cria o Patronato Agrícola
Decreto	2.071	05.07.1911	E	Cria o Departamento Estadual do Trabalho
Decreto	2.400	09.07.1913	E	Consolidação de leis e decretos sobre a imigração, colonização e patronato agrícola
Decreto	3.550	16.10.1918	F	Criação do Departamento Nacional do Trabalho
Decreto	3.724	15.01.1919	F	Institui legislação sobre acidentes de trabalho
Decreto	16.027	30.04.1923	F	Cria o Conselho Nacional do Trabalho
Decreto	18.074	19.01.1928	F	Reforma delega poderes de fiscalização ao CNT
Decreto	4.813	31.12.1930	E	Cria o Departamento do Trabalho Industrial, Comercial e Doméstico
Decreto	4.819	07.01.1931	E	Cria o Departamento do Trabalho Agrícola
Decreto	4.900	20.02.1931	E	Institui no DTICD serviço de Inspeção Médica
Decreto	21.690	01.08.1932	F	Cria Inspetorias do Ministério do Trabalho
Decreto	22.244	22.12.1932	F	Regulamenta Inspetorias do MTb
Convênio		02.01.1933		Governos federal e estadual assinam convênio que delega poderes ao DET
Decreto	5.795	10.01.1933	E	DTICD e DTA são unificados no Departamento Estadual do Trabalho. Convênio é ratificado
Decreto	22.969	19.07.1933	F	Atribui ao DET encargos sobre Carteira Profissional Federal
Decreto	23.288	26.10.1933	F	Cria mais cinco Inspetorias Regionais
Decreto	6.241	28.12.1933	E	Aprova Convênio de 16.12.1933 entre MTb e Governo de SP
Decreto	6.405	19.04.1934	E	Reestrutura o DET
Decreto	7.078	06.04.1935	E	DET migra da Sec. Agricultura para a Sec. de Justiça e Negócios do Interior
Decreto-lei	1.970	18.01.1940	F	Delega ao DET atribuições da IRT-SP e aprova Convênio de 12.01.1940
Decreto-lei	2.168	06.05.1940	F	Transforma as Inspetorias Regionais em Delegacias Regionais
Decreto-lei	4.479	15.07.1942	F	Suprime DRT-SP e aprova Convênio de 06.07.1942
Decreto-lei	7.127	07.12.1944	F	Aprova Acordo de 30.11.1944 entre MTb e São Paulo; Extingue o DET
Decreto-lei	7.128	07.12.1944	F	Restabelece a DRT-SP
Portaria Ministerial		29.06.1945	F	Designa Comissão
Decreto-lei	9.480	18.07.1946	F	Extingue DRT-SP
Decreto-lei	9.509	24.07.1946	F	Aprova Acordo de 20.7.1946 entre União e Governo de SP
Decreto	16.401	03.12.1946	E	Cria Secretaria do Trabalho, Indústria e Comércio, que incorpora o DET
Lei	1.599	09.05.1952	F	Restabelece a DRT-SP
Decreto	31.259	11.08.1952	F	Aprova o Regulamento da DRT-SP